ニコラス・チェア／ドミニク・ウィリアムズ

アウシュヴィッツの巻物　証言資料

二階宗人訳

みすず書房

MATTERS OF TESTIMONY

Interpreting the Scrolls of Auschwitz

by

Nicholas Chare and Dominic Williams

First Published by Berghahn Books, New Yrok / Oxford, 2015

アウシュヴィッツの巻物　証言資料

目次

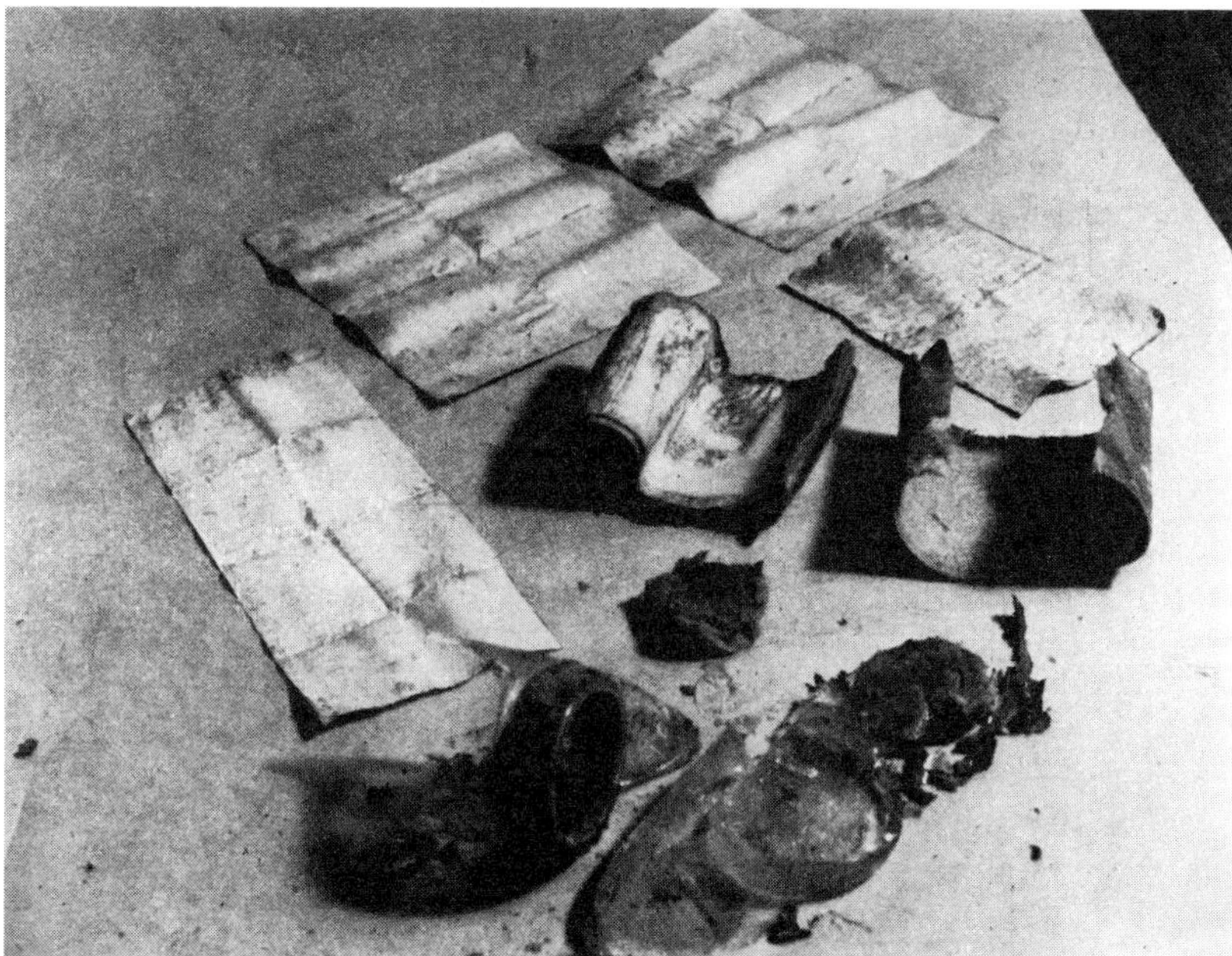

発掘されたザルマン・レヴェンタルの手書き文書と容器
ポーランド政府による撮影，1962 年

まえがき

本書は、ビルケナウ強制収容所の死体焼却施設の作業に従事したゾンダーコマンド〔特別作業班〕の班員たちが、七十年以上前に書き記した一連の手書き文書を取り上げたものである。これらの文書は一般に「アウシュヴィッツの巻物」と呼ばれ、書かれた後、いつの日か掘り出されて日の目を見ることを願って、灰や土の下に入念に埋めて隠された。死体焼却施設《クレマトリウム》の敷地はその結果、ほかに類をみない蛮行の記録を保存する最初の現場となった。驚くべきこれらの証言文書は、「死の工場」の心臓部に閉じ込められていた者たちによって、ひそかに書かれたものであり、いろいろな意味で区別されはするが、読み手に責任感や感受性を要求する点では、すべてのホロコーストの証言と変わりがない。それゆえこの「巻物」に取り組むとき、ときに気力をくじかれる思いをすることもあった。それらは「巻物」がもっとも凄惨な出来事を伝える目撃者の証言であるとともに、証言の本質と限界にかんする複雑で、ときにきわめて悩ましい問題を提起しているからである。古びて、ばらばらになった物としての文書。それらには作者たちの霊がまとわり、また彼らが書いたときの状況を物語っているかのようで、手にすると不安にかられる。

「巻物」は検討を要する資料を多々含んでいる。それらにかんするわれわれの読解は、資料やその意味についての、複雑ではあってもきわめて実りの多い、そしてときには緊張をはらんでもいる一連の議論や検討を必要とした。本書のいくつかの章は、執筆を担当した者の見解をつよく反映しているが、どこまでも共同作業によっている。研究と執筆の最終的な責任は一、五、そして六章がニコラス・チェアに、また二、三、四章についてはドミニク・ウィリアムズにある。これは、この共著を書き進めるうえで求められる特定の知識や専門性、語学力、分析力のためである。とはいえ取り上げ方や主題によっては両者の分担がしばしば重複しあうこともあった。レヴェンタルにかんする章〔第四章〕での手書き文書の物理的状態をめぐるドミニクの精緻な見解や、グラドフスキにかんする章〔第二章〕で取り上げた「持続しようとする舌」についてのニコラスの文学的分析、あるいはラングフスの章〔第三章〕の最後の段落も、そうした事例にあたる。だがいずれの章も執筆者どうしの話し合いにもとづいて書かれ、手直しや確定稿も共同作業によった。これはわれわれが比較文学と美術史の双方をともに研究してきたことによるのであり、共同研究としてはおそらくほかにあまり例がないものと思われる。教育と研究の双方における、われわれの学際的な取り組みこそがこの努力を実らせた。それゆえ本書が学際的な研究の可能性を示す明確な実例となることを願っている。

本書を執筆するにあたり、この研究を少なからず後援していただいた英国学士院とエリザベス・バーカーの遺贈に感謝の意を表したい。またアウシュヴィッツ＝ビルケナウ国立博物館に、とりわけ訪問先の記録文書《アーカイヴ》館で手伝ってもらえたヴォイチェフ・プウォサとアグニェシュカ・シェラズカに感謝する。ワルシャワのユダヤ歴史研究所の職員、なかでもミハウ・チャイカとアグニェシュカ・レシュカに、またロンドン大学ロイヤル・ハロウェイ図書館のとくにラッセル・バークに、そして同じくロンドンのウィーナー図書館に感謝したい。米国ホロコースト記念博物館のブルース・レヴィには『ショア』〔映画作品〕にかんする保存資料についてのわれわれの研究調査に快く対応してもらえた。ジャスティン・クレメンス、アウレリア・カリスキー、マーセル・スウィボダ、ミリアム・トリンからは有益な助言を得た。彼らは本書の原稿に目を通し、意見を述べてくれた。マルセル・ナジャリの手紙をわれわれのために熱心に英訳してくれたニコス・

パパステルギアディスとクリスラ・スタムリスに感謝を申し上げる。アレックス・エマニュエルにはナジャリが戦後書いた文書についての貴重な評釈と翻訳をいただいた。クルシシュトフ・マイエルはポーランド語にかんするわれわれの土壇場の質問にてきぱきと対応してくれた。ダニエル・ヘラーには両大戦間期のポーランドにおける青年運動組織ベタルにかんする助言に、またルース・マーカスにはザルマン・グラドフスキにかんする個別の質問への対応に、それぞれ感謝したい。ナセル・フセイン、ロバート・スタントン、そしてジェイムズ・ワードからは文体上の的確で、迅速な助言をいただいた。本書の誕生にはこのほかにも多くの個人の助力を得ている。以下の人びとから寄せられた知的な、そしてしばしば実務的な示唆に深く感謝したい。スザンナ・ビエルノフ、サラ・チェア、エスター・チェア、ブライアン・チェイエット、マリア＝ルイザ・コエーリョ、ヴァネッサ・コービー、D・フェレット、アン・フリードマン、キャシー・ゲルビン、ベンジャミン・ハナヴィ＝クーセン、ジェンマ・ヘフター、エヴァ・ホフマン、アン・カープ、ピータ ー・キルロイ、シルヴェストラ・マリニェッロ、ミレナ・マリンコヴァ、マリア・ミレーエヴァ、ジェイン・ムーディ、アンジェラ・モーティマー、ピーター・オットー、スー・ヴァイス、エマ・ウィルソン、そしてロイ・ウルフ。またわれわれを励まし、無私の精神でその知見を分かち合ってくれたグリゼルダ・ポロックとダン・ストーンには特別に感謝の意を表したい。われわれをロンドン大学バークベック校に招き、まだ中間段階の研究を発表する機会を与えてくださったタグ・グロンバーグにも謝意を表する。くわえて「アウシュヴィッツの巻物」のさらなる調査研究に向けて肩を押してくれたジャクリーヌ・ローズに多大なる感謝の気持ちを表したい。彼女の思慮深い激励の言葉がなければ、本書が実現することはなかったであろう。

本書にかんする企画書をわれわれに提出するよう最初に誘い、刊行にあたってわれわれをつねに支えたマリオン・バーガンに深く感謝する。そして本書の編集のさまざまな段階で協力を得たバーガン・ブックス社のクリス・チャペル、シャーロット・モーズデール、ナイジェル・スミス、アン・プシジツキ＝デ・ヴィータ、そしてモリー・モッシャーにも謝意を表したい。

原書による凡例

＊ごくまれに原註中の文末に［NC］とか［DW］と表記したのは筆者のいずれかの頭文字をとったものであり、個人として書いたことを意味する。

＊アウシュヴィッツ＝ビルケナウ強制収容所の死体焼却施設〔クレマトリウム〕の番号表記には二つの方式がある。ひとつはアウシュヴィッツ博物館と大多数の歴史家が採用している（設計図にも使われた）もので、アウシュヴィッツⅠ・基幹収容所の死体焼却施設も含め、これを「クレマトリウムⅠ」としている。もうひとつはゾンダーコマンド自身が使った表記で、ビルケナウ収容所の四つのクレマトリウムだけを数えるものである。本書はこの二つの方式を区別するもっとも簡略で明快だと考える表記法を採用した。ゾンダーコマンドはクレマトリウムに言及するさいアラビア数字（1，2，3，4）を使っており、本書の引用ではそのまま用いた。そうでない箇所では、一般的な用法に従って、すべてローマ数字を用いることにし、ビルケナウのクレマトリウムをⅡ、Ⅲ、Ⅳ、Ⅴで表記している。したがって〔ゾンダーコマンドの〕十月の蜂起で破壊されたクレマトリウムはゾンダーコマンド文書からの直接引用では「クレマトリウム3」、そうでなければ「クレマトリウムⅣ」と表記している。

＊しばしば傷みが激しい文書のテクストから引用する場合、手書き文書の脱落（言葉が判読されていない箇所）や、推量にもとづく箇所を含んでいれば、そのこともまた明示する必要があると考えた。本書では、それをできるだけ明確にするため、下記の表記符号

を用いた。

＊＊＊＊＊　欠落（脱落）している箇所。欠落の分量はこの符号ではなく、たいていの場合、引用文に記した行番号によって示される。

×××　一語の欠落を示す。

〈　〉　推測である箇所を示す。出典がMS〔手書き文書〕である場合は筆者、出版物にかかわる場合は編者のものである。

［　］　特記がなければ、われわれが補ったものである。

ほかの既刊の版で別の符号が使われている場合も、本書では上記の原則で統一した。

＊イディッシュ語から翻字する場合、ＹＩＶＯ・ユダヤ調査研究所の表記法を採用した。ベル・マルクは原文の語の綴りをできるだけ忠実に守っており、本書はこれを尊重した。本書では、手書き文書にある綴り、もしくは文書の綴りを実見できない場合はイディッシュ語の写しをＹＩＶＯの表記法によって翻字している。このため **zeht** はしばしばＹＩＶＯの表記法によって **zet** に、また **farvandelt** は **fervandelt** などと表記される。[1]

＊ゾンダーコマンドの班員名を記すにあたって、ポーランド系ユダヤ人の三人の姓についてはポーランド語の翻字法を使用した。これはグラドフスキの場合のように広く認められた綴りであること、一貫していること、そしておそらく彼ら自身がよく使った表記であったと思われることによる。ヤド・ヴァシェム記念館は、グラドフスキの姪とレヴェ

ンタルの兄弟が自分たちの氏名の綴りに使っていたことを根拠として、この表記を採用している。マルセル・ナジャリにかんしては彼の妻が使用していた英語の綴りをとった。おそらく彼自身が用いた綴りでもあったと思われる。ほかの原典資料では、じつにさまざまな異なる綴りが使われている。わかる範囲でそうしたあらゆる綴りをここに掲載しておく。ただし誤植や写し間違いは省いた（たとえばクロード・ランズマンが行ったフィリップ・ミュラーとのインタビューを書き起こしたものなど）。

זלמן גראַדאָווסקי　Zalman Gradowski あるいは Salman, Salmen, Załmen, Zelman, Gradowski, Gradovsky.
לייב לאַנגפֿוס　Leyb Langfus あるいは Lajb, Leib, Lejb, Langfuss.
זלמן לעווענטאַל　Zalman Lewental あるいは Salman, Salmen, Załmen, Zelman, Levental, Leventhal, Lewenthal, Loewenthal, Löwenthal.
Μαρσέλ Νατζαρή　Marcel Nadjary あるいは Nadjar, Nadjari, Nadsari, Nadzari, Natsaris, Natzari.
Chaim Herman　Haïm, Hermann.

日本語版のための凡例

＊〔　〕は訳註である。それ以外の表記符号の説明は、「原書による凡例」にある。

＊ゾンダーコマンドの手書き文書（MS）に付された番号は、アウシュヴィッツ博物館アーカイヴのデジタル・ファイルに付された番号にもとづく。

＊ラングフスの「移送」（第三章）にはポーランド語版とそのドイツ語訳があり、引用文末の（　）内にポーランド語には［　］を付して、それぞれの頁が示されている。（第三章の原註22参照）

＊ザルマン・レヴェンタルの手書き文書（第四章）の頁は筆者たちが再構成をしており、（　）内の最初の数字は頁番号を、続く数字は行番号を示す。たとえば、（1.2-3）は、1頁の2-3行目を表す。（第四章の原註21参照）

＊目次の次の頁、第六章、三一四頁の写真は原書にはなく、日本語版として掲載した。

序文　証言問題

発見

オシフィエンチム〔ポーランド南部の町〕は〔ソ連の赤軍〕第一ウクライナ戦線所属の第六十軍によって解放された。それから数週間たった一九四五年二月当時のアウシュヴィッツ・ビルケナウ強制収容所をめぐる状況は、その巨大な複合施設を管理することが容易でないことを示していた。赤軍はドイツ軍がシレジアという重要な工業地帯を奪還するために攻勢をかけてくることを警戒し、形勢の維持に力を傾注していた。このため多数の施設をかかえる収容所にその資源をあまねく供給することはほとんどできなかった。ビルケナウ強制収容所の構内は瓦礫やごみが散乱していた。引き込み線の降車場に停車したままの車両には手荷物が残され、それらは近辺に放り投げられてもいた。立ち去ったSS〔ナチ親衛隊〕は倉庫に火を放ち、死体焼却場を爆破していた。雪は融けはじめており、あらゆるものがおびただしいぬかるみに浸かっていたが、覆われていた別のものも姿を現しつつあった。大規模な墓穴と焼かれた死体である。建物のなかや雪に横たわっていた死体は六百体ほどにのぼり、それらの遺体を埋葬する必要があった。一月二十七日に解放された収容者七千人のうち五千人ちかくがなんらかの治療を必要としていたため、ソヴィエト軍の医官やポーランド赤十字社のボランティアが収容所に来て、彼らを手当てした。[1]

クラクフに駐在する二十一歳の医師アンジェイ・ザオルスキもそうしたボランティアのひとりであった。彼がアウシュヴィッツに来たのは収容所の解放から一、二週間後のことである。二十五年後の彼の回想によると、彼が宿泊させられたのは〔強制収容所の〕所長の官舎であった。残されていた書類のなかに彼は豪華な挿絵の入った本を見つけている。著者はSS親衛隊員で、収容所周辺の野鳥の生態について記し、観察を許可した所長に謝意を表している。収容所の周りの木々には巣箱が数多くかけられていた、とザオルスキは述べている。収容されていた人びとの手当てに専心していた当初、彼は基幹収容所であるアウシュヴィッツIに留まっていた。彼がやって来たときには、収容者全員がここに移されており、バラック〔建物〕に収容されていたためビルケナウ〔いわゆるアウシュヴィッツ強制収容所の一部〕とモロヴィッツ〔同〕は無人と化していた。元収容者たちは支給されるパンをマットレスの下に隠したり、入浴を告げられると〔ガス室送りとなると考えて〕脱走しようとしたりして、患者として扱われることに明らかに適応できずにいた。

何日かしてザオルスキはボランティア仲間数人といっしょに三マイル離れたビルケナウを訪れる機会をもつ。彼は〔ガス室や死体焼却場を備えた複合施設〕クレマトリウムIIと同IIIの廃墟の裏に灰の山を見つけることになる。そこにはすでにほかのグループの者たちがいて、灰を掘り返していたが、医師たちが近づいてくるのに気づくと走り去った。ザオルスキはひとつの灰の山の上部から紙の束を詰めて封印された半リットル大のガラス瓶を発見した。

私は瓶を開け、中からきわめて保存状態のよい数枚の方眼紙を取り出した。それらは手紙のかたちにきちんと折りたたんであった。間に合わせの封筒のかたちに折られた紙の束の一番外側には、ポーランド赤十字社の住所が書かれてあった。手紙のなかには別の住所も記されていて、それはフランス国内に実際に存在する受取人のものであった……折りたたまれた手紙は紙に巻かれ、しかも閉じた封筒に入っていなかったことから、フランス語で書かれた何枚かの紙を私は広げてみた。それは妻に宛てた私信であった……手紙の作者は、ドイツ人によってクレマトリウムの労働班に加わることを強制され、死体焼却場での作業に従事するというその恐ろしい運命と体験を記していた。彼は、同じ仕事を強要されたすべての同僚や前任者たちと同じように、確実に死ぬであろうと明言していた。そして妻に銀行口座などとともに戦争後の生活について一連の指示を与えていた。またポーランドにけっして戻ったり、旅行したりしないように求めていた。[2]

手紙を書いたハイム・ヘルマンが言及している作業班は一般にゾンダーコマンド（「特別作業班」）の呼称で知られる。[3]ザオルスキは死体焼却場の地中に班員たちが隠した多くの資料のひとつを初めて発見したと考えられる。その証言が示唆するように、監視の行われていない敷地内で地域住民は死体の周辺を掘り返し、貴重品を探し出すことに必死で、それが貴重品でなければもっぱら捨て去っていたのであろう。[4]ところが行き当たりばったりであるにもかかわらず、発見者たちは一九四五年中に新たな文書をみつけて保管し、しかもみずからの裁量でそれらを自由に処分していた。ザオルスキは自分の発見物がそこに記された宛先に送られるべき手紙であると考えて、ワルシャワのフランス大使館に届け出た。まったく対照的に、ソヴィエト当局のドイツ人ファシスト残虐行為調査特別国家委員会の代表たちは証拠物の発見に強い関心を寄せていた。そうしたなかゾンダーコマンドの元班員で、アウシュヴィッツからの「死の行進」を逃れることができたシュロモ・ドラーゴンが、クレマトリウムⅡの近くで掘り出した筆記帳と手紙を、彼らに提出した。一九四五年三月五日のことである。手紙はザルマン・グラドフスキと署名されていた。だが代表たちは、ニューヨークの親類と連絡をとるように求めていたグラドフスキの願いを無視し、ソビエト本国に資料を持ち去った。[5] アマチュアの物色者たちも、自分がみつけたそのいくつかを保存していた。彼らは、掘り出した資料によって将来儲けることができるかもしれないとか、あるいはたんに収集に値する面白いがらくたであると考えていた。一九四五年の初めのころ、別の手書きの文書をあるポーランド人の若者がみつけ、これをオシフィエンチムからパレスチナに移住する準備をしていたポーランド系ユダヤ人のハイム・ヴォルネルマンに売り渡した。本文に記された単純な暗号数字から、ヴォルネルマンは書き手の氏名がザルマン・グラドフスキであることを解き明かす。この手書き文書もまたアメリカの親類に連絡をとるよう発見者に求めていた。ヴォルネルマンはそのとおりにした。[6] 同じくオシフィエンチムの出身で、ドイツで強制労働に従事させられたグスタフ・ボロフチクは、帰郷して、ビルケナウを「訪問」していたさい、そこで一冊の帳簿を掘り出した。一九四五年四月のことである。そこには彼には読めないイディッシュ語の書き物が入っていた。彼はそれを家の屋根裏にしまいこみ、文書の存在は一九七〇年まで忘れ去られることになる。[7]

文書はほかにも掘り出されていく。その間、収容所跡の敷地に博物館が建てられたが、博物館が資料の発掘を管理するようになるのはもう少し先のことであった。フランチシェク・レドウォンは一九五二年、クレマトリウムⅢ周辺の草刈りをしていたときに一冊の練習帳を掘り出した。練習帳は、利害対立にもとづく所有権争いが続き、何人かの手を渡って、最後にワルシャワのユダヤ歴史研究所の手に移ったようである。[8] クレマトリウムⅢ跡の敷地では、一九六〇年代の初めに、より組織だった調査が再度行われた。そこで発見された二つの資料は丹念に整理され、その状態が記録された。一九六一年七月二十八日に腕輪一つと二冊の手書き文書がいっしょに発見される。後者はウーチ・ゲットーの日記とザルマン・レヴェンタルの署名のある評釈であった。一九六二年十月十七日、同じレヴェンタルの署名がある練習帳が一冊、署名のないばらばらの紙数枚、そしてリスト一部がみつかる。一九七〇年、グスタフ・ボロフチクの兄弟ヴォイチェフが屋根裏でみつけた筆記帳《ノートブック》のことを発表し、両兄弟はその発見の経緯を報告にまとめた。[9] 翌年、アンジェイ・ザオルスキもまたハイム・ヘルマンの手紙をみつけた経緯について証言している。また一九七〇年代の初めには、一九五二年に発見されながらその後所在がわからなくなった手書き文書を見つけだす努力もなされた。[10] 一九八〇年十月二十四日、クレマトリウムⅢ周辺の草刈りをしていた学生の一団がギリシャ語で書かれた手書き文書を偶然みつけた。今回は同じ過ちは繰り返されなかった。持ち込み先が博物館であることはもはや争う余地がなかった。ギリシャ語の読める者が探し出され、マルセル・ナジャリという者がその作者であることが確認された。[11]

「われわれ全員にとって残念であり、不幸なことは、文化史のなかで概してもっとも注目に値するこれらすべての発見資料のなかで、これまでに公刊されたものがごく一部であるということである」。一九六六年にナフマン・ブルメンタルはそう嘆いている。[12] 名前をあげていないが、ブルメンタルが向けた怒りの矛先はワルシャワのユダヤ歴史研究所の責任者で彼の後任となったベル・マルクにも向けられていたようである。マルクは信用のおける共産党員としてこの役職を与えられたのだが、忠実な党員でありつつも、ポーランドにおけるユダヤ人の生活再建や、ユダヤ人共同体の関係の維持に熱心であった。だが一九六〇年代の末から、こうした綱渡りをうまくやり遂げることが難しくなってゆく。ユダヤ人の共産党員は公然と非難されるようになり、マルクはイスラエルに移住しなければならないと考えるようになる。彼は戦後の人生の大半をショア〔ユダヤ人の殲滅〕の歴史研究に費やしている。とりわけワルシャワ・ゲットーの蜂起にかんする著作をとりつかれたように次々と著した。[13] 死去する一九六六年までに彼は『メギレ・オイシュヴィッツ』、すなわち「アウシュヴィッツの巻物」とみずから題した著作をほとんど完成させていた。そこにはザルマン・グラドフスキのテクストが一部とザルマン・レヴェンタルの両文書、そして一九五二年に発見された作者不詳の手書き文書が含まれるはずであった。彼の死後、妻のエステルは本がポーランド国内で出版されるものと考えていたが、「反シオニスト」運動が一九六八年三月に起こり、それが不可能となった。[14] エステル・マルクはユダヤ歴史研究所の多くの職員と同様に、イスラエルに向けてポーランドを出国せざるをえなくなる。彼女はイスラエルで研究を進め、「不詳の作者」がレイブ・ラングフスであることを突き止めることになる。[15] イスラエルでは、ハイム・ヴォルネルマンがその手書き文書を刊行してくれる出版社がなかなかみつからず、結局みずから出版する。ヴォルネルマンとマルクの本はともに一九七七年に出版されるが、いずれも互いの本について言及していない。[16]

他方、アウシュヴィッツ博物館はゾンダーコマンドの文書を一九七一年と七三年にたて続けに二版、出版している。最初の版は、マルク版に掲載されているものと同じ一連のテクストと、ハイム・ヘルマンの手紙をポーランド語に訳したものである。一九六二年の発見文書はいずれもザルマン・レヴェンタルの作とされ、「作者不詳」の手書き文書については作者への言及はなされてない。一九七三年の版はまたボロフチク兄弟が紹介した筆記帳を掲載している。[17] ポーランドではイディッシュ語の専門家がいちじるしく不足していた。このため博物館はテクストの翻訳をアラム語が専門の比較言語学者であるロマン・ピテルに依頼する。文書の作者は筆記帳に「移送」と表題をつけ、署名をしていないが、話のなかで「レイブ」と呼ばれていた。博物館はその者がレイブ・ラングフスであると結論づけたが、彼がそのほかのテクストの作者でもあることを明らかにしたエステル・マルクの貢献については、まったく注意を払わなかった。

一九七七年までには、それまでに発見されたすべての文書がなんらかのかたちで公刊された。しかしながらほかの言語への翻訳はまったく不完全で、しばしば重訳であった。グラドフスキの文書の抜粋から直接訳したものを別にすれば、唯一英語に翻訳された「巻物」はポーランド語による最初のアウシュヴィッツ版とマルクの本のヘブライ語版である。[18]「移送」についてはポーランド語版とドイツ語版だけが存在する。ナジャリの書簡の英語版は出版されていない。二十一世紀に入ってこれらの文書、とりわけザルマン・グラドフスキのものへの関心はほかの国々で高まったが、英語圏でのそれらについての理解は依然として限られている。[19]これらの文書にかんする記述はしばしば説明の範囲にとどまっている。二〇一三年以前に公刊された記述は、いくつかのテクストの作者に疑義があることに言及すらしていない。[20]本書はあらゆる言語のなかで初めて「アウシュヴィッツの巻物」の全体像を詳しく考察した。こうしたことは研究者たちがこれまで敬遠してきたことなのかもしれない。そうした自重はゾンダーコマンドにつきまとう広範な困惑と符合する。

ゾンダーコマンド

「特別作業班」は基幹収容所アウシュヴィッツとビルケナウとでガス殺された人びとの死体を取り扱った収容者の集団をさし、ナチによるその婉曲な言い回しであった。種々の担当者が、それぞれ異なる仕事についていた。「役立たず Schleppers」もしくは「死体運搬係 Leichenträger」がガス室から死体を引き出し、「歯医者」が金歯を抜きとった。「床屋」が死んだ女性の頭髪を刈り取り、「かまたき Heizer」は炉や掘った坑で死体を焼却した。最悪の担当と目されていたのが「人灰処理班 Aschenkommando」で、彼らは骨をすりつぶし、廃棄しなければならなかった。[21]このほかの雑多な職務には、近くにある「カナダ Kanada」と呼ばれていた区域の倉庫に運び入れるのに先立って、死者の衣服や遺留品をえり分ける仕事や、死体焼却施設《クレマトリウム》の全般的な保守があった。彼らの存在が犠牲者たちの気を静めるのに役立つことがわかると、人びとが脱衣するあいだ、彼らもいっしょにいなければならなかった。[22]

ゾンダーコマンドの役割や構成は時を追って大きく変わるが、一九四二年十二月の初めに明らかにひとつの転換点があった。この時期以前にゾンダーコマンドであった者で生き残った者はほとんどいないと考えられる。以前は主としてスロヴァキアのユダヤ人が必要に応じて徴用されていた。しばらくするとそれより多少長期にわたり徴用されるようになり、ガス殺されたばかりの死体を片付けたり、焼却炉が故障したときに地面に掘った坑で死体を焼いたりさせられていた。一時的に動員されたこれらの人びとは仕事が終わるとたいてい殺された。最後の集団が全員抹殺されたのが一九四二年十二月の初めである。[23] 彼らと入れ替わりに徴用されたのが、レイブ・ラングフスやザルマン・グラドフスキたちの集団と、ポーランド中部および北東部からの人びとであった。ラングフスやグラドフスキと同様に、ほとんどの者が収容所に到着して数日もたたず、まだ頭が混乱し、ほとんど抵抗できない状態にあるときに徴用されているが、なかにはすでに収容所生活を送っていた者もいた。たとえばザルマン・レヴェンタルの場合、アウシュヴィッツに着いたのが一九四二年十二月初めで、ゾンダーコマンドに移されたのが一九四三年一月である。

その年の春にかけてゾンダーコマンドは、農家をガス室に改造した二つの掩蔽施設「ブンカー」でおもに働き、近辺に掘った坑で死体を焼いていた。脱衣室とガス室、そして焼却炉を兼ね備えた特別設計の建造物であるクレマトリウムが稼働しはじめるのが三月である。並行してゾンダーコマンドは組織として整備される。彼らは一九四三年七月に収容所BⅠb区のブロック2から、刑事犯収容者のためのブロック11とあわせて塀で囲まれていた収容所BⅡd区のブロック13へと移された。そこは収容所のなかでほかから隔離されていた。とはいえ、彼らとほかの収容者とが接触していたという報告が数多くあることは、境界線を越えることが、危険ではあっても、ときには可能であったことを示唆する。[24] ゾンダーコマンドは赤い縞の入った平服を着用し、きちんと髪を短く刈り込んでいた。彼らが居住するブロックの収容人数はビルケナウの標準と比べるとはるかに少なく、洗面所への便もずっとよかった。彼らが殴られていたとされる報告は数多くあるが、SS親衛隊は彼らに仕事を続けさせるほうが得策だと考えていたふしがある。SS隊員にはゾンダーコマンドの「カポ」〔SSの補助要員として班長の役割を果たした〕やそれ以外の者を名前〔番号でなく〕で呼ぶ者もいたようである。[25] ゾンダーコマンドの食糧事情はほかの収容者に比べてはるかによかった。それは主として彼らがクレマトリウムで殺戮された人びとの食べ物を漁ることができたからである。[26]

ビルケナウにさまざまな国から移送列車が到着するようになると、ゾンダーコマンドの新規の徴用が行われた。一九四三年の春にフランスからユダヤ人が移送されてくると、多くの者が班員としてゾンダーコマンドに編入された。ハイム・ヘルマンはそのひとりである。ギリシャからの搬送列車が到着しはじめると、ギリシャ系ユダヤ人の班員が多数選別されている。一九四四年四月のことである。彼らは健康で頑強であったが、大多数がドイツ語を理解しなかった。彼らはしばしばもっともつらい仕事を与えられた。そのなかにマルセル・ナジャリがいた。ゾンダーコマンドの定期的な選別と増員とが行われたが、この場合、四か月で殺されることになるという伝説はあてはまらない。経験を積んだゾンダーコマンドの職能がなによりも貴重であったからである。[27] 上述の書き手全員が一九四四年秋まで生存していた。一九四四年の夏、ビルケナウに五十万人ちかいハンガリーのユダヤ人が移送され、殺戮されたとき、彼ら全員が加担を余儀なくさせられたのである。[28]

「巻物」の作者全員はまた、なんらかのかたちで蜂起の計画に関係していたとみられる。計画は複雑かつ困難きわまりなく、完遂することもなかった。さまざまな出来事によってたびたび妨げられ、収容所当局から疑いの目を向けられてもいた。収容所のほかの箇所との接触を防ぐために一九四四年七月、ゾンダーコマンドの大多数がクレマトリウムのなかで生活し、働かされるようになる。蜂起が起きたとき、それは打ち合わせどおりの統制のとれた行動というより、むしろ死を前にした者たちの絶望的で、ばらばらの無秩序と化した混乱となった。[29] 彼らはなんらかの武器を入手しようとしていたが、それらが実際に使用されたのかどうかははっきりしない。各クレマトリウムの特別作業班は別々に行動した。クレマトリウムⅣとⅤでは、殺されるために選別されていた班員たちが親衛隊員を襲った。ある者は逃亡を企て、別の者はクレマトリウムⅣに駆け込み、火をつけた。だが親衛隊は中庭とクレマトリウムⅤを押さえることに成功する。クレマトリウムⅡの班員は、カポひとりを殺すと、建物の外に走り出し、鉄条網を切断して逃走した。しかし彼らは捜し出され、近くの野原で殺されている。「巻物」の作者は全員クレマトリウムⅢの班員であった（グラドフスキを除く必要があるかもしれない）。彼らは状況を把握できずにおり、その日の後刻に蜂起する計画に固執していた。[30] ゾンダーコマンドの約四五〇名がこの蜂起もしくはその後の報復措置で殺されたが、殺されたグラドフスキを除き、作者たちは全員が生き残る。引き続き稼働が可能なクレマトリウムで彼らは働いたが、〔当局から〕ガス殺の停止命令が出ると、最後はその解体作業に従事した。彼らのうち一六〇名が殺されたのは十一月末である。このなかにはおそらくヘルマンとラングフス、そしてレヴェンタルが含まれていた。[31] マルセル・ナジャリをはじめとするおよそ百名は、アウシュヴィッツからマウトハウゼン強制収容所に向けて強制行軍する一団に、どうにか紛れ込むことができた。全期間を通して約二千名がゾンダーコマンドに徴用されたと考えられる。このなかで生き残った者は八〇名ばかりである。

　ゾンダーコマンドはながらく多くの人の関心を集めてきた。しかしそれは多くの場合、〔対独〕協力という神話や幻想、もしくは復讐、あるいはその双方とのかかわりにおいてであった。彼らにかんする初期の記述は、彼らをわずか数週間生きながらえるために魂を売り渡した哀れな利己的な人間として、しばしば描いている。[32] ゾンダーコマンドの生き残りたちは早い時期から証言を行っていた。それにもかかわらず、その証言は彼らにまつわるほかの伝説と結びつけられたり、それどころかさらなる伝説をつくりだしたりした。そうした初期の二つの事例が、証言を編纂したオタ・クラウスとエーリヒ・クルカの『死の工場』であり、そしてアウシュヴィッツでの日々をつづったミクロス・ニーシュリの回顧録である。クラウスとクルカの『死の工場』はフィリップ・ミュラーの行った一次証言を紹介する一方で、ゾンダーコマンドを「無感動で無神経」と記す。「彼らの表情は劇変し、みな残忍性を帯びていた」。[33] ニーシュリはゾンダーコマンドの医師であるとともに、メンゲレ〔アウシュヴィッツの医師〕が執刀する人体解剖を手伝っていた。彼は自分の四か月の経験にもとづいて、たとえば一九四一年当時、ゾンダーコマンドが十二の作業班で構成されていたと主張する。ゾンダーコマンドの豪勢な暮らしぶりにかんする彼の記述は誇張以外のなにものでもなかろう。[34]

プリーモ・レーヴィの「灰色の領域」（一九八六年）は、ニーシュリの証言に大幅に依拠しながら、ゾンダーコマンドの倫理的な地位《ステイタス》を考察している。[35] このエッセイは、ホロコースト下におけるユダヤ人の行動の道義的なあいまいさや問題点がきわだつ例として、特別作業班を取り上げている。レーヴィにとって、彼らはウーチ・ゲットーのユダヤ人評議会の最長老ハイム・ルムコフスキの事例とともに論じなければならない、道義的な困惑の種であった。[36] ゾンダーコマンドの班員はドイツ人によって強制労働に従事させられたのであり、それゆえ直接の協力者ではない。ナチがガス室を維持し、自分たちの労働力を節約できるようにユダヤ人捕虜を焼却炉に配置したこと、そして彼らが自分たちの犯罪に付随する「もっとも残虐な任務」から距離を置くようにしたことを、レーヴィは認めている。[37] 彼はまた特別作業班を設けることが、ナチにとってユダヤ人犠牲者たちに屈辱を与え、自壊させるひとつの手段であることも認識していた。

レーヴィにとって作業班は惨めな存在であり、ユダヤ人は「どんな屈辱」であっても受け入れるのだというナチの信念を体現する存在であった。[38] 班員は総体としてユダヤ人を代表し、主人であるナチの忠実な召使として従順にふるまう存在なのである。レーヴィは作業班を否定的に捉えているようで、彼らの行動を評価するときに判断をためらう。それゆえそのエッセイには強烈な緊張がある。レーヴィはゾンダーコマンドにたいする不快の念を隠さず、断罪するが、彼らにたいする陰鬱ともいえる同情も示す。特別作業班の班員の行動は、彼がいうところの「痙攣を起させるような問題」（domande convulse）を引き起こすのである。[39] それゆえ彼にとってゾンダーコマンドは断腸の思いをさせるところがあった。それらは少なくとも最初のうちは、認識的なというより、直感的な反応を引き起こすのである。このこととの関連でいえば、ゾンダーコマンドの体験についてのレーヴィの執拗な考察は、そうした本能的な嫌悪を克服し、彼らについて慎重に熟考しようとする懸命の努力であったと解することができる。

班員の倫理的な地位をめぐるレーヴィの多義的な内省は説得力をもち、奥深いが、幅広さに欠けることも示唆しておきたい。彼は特別作業班の班員を対独協力者として裁いたり、彼らを犠牲者と犯罪者との境界線を消す口実に使ったりすることを拒む。しかし彼らが何者であり、なにを感じていたのかということについての理解には限界があった。彼が「日記の頁に明日への記憶のために無我夢中で書かれ、死体焼却場の近くに注意深く埋められた」と記すとき、ゾンダーコマンドの文書が存在することを承知していても、それを読んでいたようには思われない。[40] レーヴィの記述は、その大部分がミクロス・ニーシュリの本に書かれた個別の記述にもとづいているように思われる。それゆえレーヴィにとってゾンダーコマンドが行える唯一の証言は「哀悼、呪い、罪の贖い、自分たちの弁明と名誉の回復をはかること」なのであった。[41] 彼らは自分たちの状況を内省したり、証人となったりすることはできなかったと、レーヴィは示唆する。彼らは「恒常的にまったく卑しい地位」にあって生きていたのである。[42] ただ彼は同時に、作業班が将来の法廷傍聴人のために証拠を残し、力を尽くして隠したことは認めている。

　ゾンダーコマンドの生存者とのインタビューをまとめたギデオン・グライフの『われわれは涙を流さずに泣いた』は、レーヴィの理解をさらに深めるために不可欠な資料である。グライフのおもな関心はゾンダーコマンドを人間として取り上げることであり、それ以前のレーヴィらによる批判にたいして、彼らを弁護することに向けられている。彼は、元班員に直に話しかけるといった個人的な人間関係をしばしば強調し、自分の言葉が彼らを記念するものとなることを望むと語っている。彼ら一人ひとりのペン描きの肖像画を挿入し、その人間性や美徳、そして彼らが戦後どう人間関係を結び、築くことができたのかを力説する。[43]「巻物」にかんするグライフの読解も同様にそうした関心にもとづいている。彼はゾンダーコマンドたちが、いかに感情のないロボットなどではなかったかを示すために「巻物」を用いている。あるいはさらに〔読むのが〕つらい箇所ではときに「巻物」に書かれていることにたいして謝罪しさえしている。[44] しかしながらグライフは、それらの文書がゾンダーコマンドのたんなる魂の記録なのではなく、外部の世界に届けるというひとつの目的をもって意識的に書かれた作品であるという事実を十分論じていない。特別作業班の元班員にインタビューするとき、彼の感性や共感は不可欠であった。そしてそれらのインタビューにもとづく彼の著書は、ゾンダーコマンドにかんする豊富な情報を提供するものである。とはいえ、その手法はあまりに弁護と弁解に偏し、ゾンダーコマンドをめぐるかつての歪んだ言説にたいする反発に留まっている。

　ギデオン・グライフの著作は一九九九年にヘブライ語で刊行されたが、翻訳されたのは二〇〇五年である。その同じ年にエリック・フリードラー、バルバラ・ジーベルト、そしてアンドレアス・キリアンの『死の領域の証人』（*Zeugen aus der Todeszone*）が出版される。ゾンダーコマンドにかんする唯一の本格的な歴史的研究である同書はまた、事実の確証と、いくつかの神話を払いのけることに役立った。ゾンダーコマンドと彼らの記述についての知識を豊富にすることは、プリーモ・レーヴィの提起した道義的問題により適切に取り組むことを可能にする。また証言にかんするわれわれの研究方法に影響を与えもする。しかも絶滅収容所とその稼働にかんするわれわれの全般的な理解も深めるはずである。しかしながら同書はそうした考察にほとんど関心を示していない。[45] この著作が英語に翻訳されずにいるという事実やグライフのインタビュー集が翻訳出版されるのに時間がかかったことは、こうしたきわめて重要な問題をさらに突っ込んで調べることへの抵抗が、とりわけ英語圏の学界に存在することを物語っている。

数少ない生存者のなかにガス殺に居合わせた者もいた。このためゾンダーコマンドは彼らが目撃したことをときに詳述する機会を与えられた。ゾンダーコマンドの班員はポーランドとドイツにおける主要な戦争犯罪裁判で証言を行っている。[46] 最終解決〔ナチによるユダヤ人絶滅政策〕の中心にあくまでもガス室を据えようとする説明においては、ゾンダーコマンドの証言はとりわけ重要な位置を占めた。これはとくにクロード・ランズマンの映画『ショア』（一九八五年）にあてはまる。だがアダム・ブラウンが論じたように、ここでさえもゾンダーコマンドは彼らのとった行動のいわば贖罪として自分たちの過去の胸も裂けそうな場面を再演しなければならないというランズマンの予期のなかに、ゾンダーコマンドのあいまいな立ち位置が浮かび上がる。[47] フィリップ・ミュラーはガス室を目にし、実際そのなかに入ったひとりであり、ランズマンにとって要となる証人である。しかしその証言は過去を振り返るものとして行われなければならず、インタビューアーによってつくられ、誘導されたものであった。意識的に展開させる話法によってミュラーに語ってもらうことが、ランズマンにとっては目撃証言の、もしくは〔彼が考える〕受肉〔incarnation〕の決定的瞬間へと導くのである。実際、ランズマンはミュラーの声すらも意識的に編集しており、彼が撮影した映像と同期するようにゆっくりとした速さに編集している。[48]

ランズマンは、状況を表現したり、熟考したりするゾンダーコマンドたちの能力をあまり評価していない。このことはゾンダーコマンドの班員のひとりが撮影した四枚の写真をめぐる論争において、いっそう明らかになる。その班員についてはアレックスという名だけが知られている。異なる主題のもとで、それらの画像は繰り返し取り上げられてきた。だがダン・ストーンやジョルジュ・ディディ＝ユベルマンの論考の拡大版が二十一世紀初めに出るまで、これらの写真が批判的に検討されることは概してなかった。ランズマンとその信奉者たちは、これらの写真が「最終解決」を表現しておらず、「想像力を欠いた画像」であると論じた。論考を単行本にまとめたディディ＝ユベルマンの『イメージ、それでもなお』は、彼の分析にたいするランズマンらの批判に反駁するものであった。[49]

このようにゾンダーコマンドをめぐる論議において繰り返し浮上するのが、彼らが自分たちのおかれた状況を考察できなかったとか、あるいは目撃証人として独立した立場をとることができなかったという評価である。本書で論じようとしていることは、ゾンダーコマンドがそれをまさしくできたということである。われわれは「巻物」が重要な、しかも十分読み込まれていない、ホロコースト文書のアーカイヴであることを論じたいと思う。

ホロコースト文書

「巻物」のいくつかの側面は独特である。そしてその独特さの多くはゾンダーコマンドの地位《ステイタス》によっている。彼らの生活がほかより恵まれていたことや彼らの地位が相対的に高かったことが、おそらくなんらかのかたちで主体性を保持するのに役立った。彼らには証言する余力があった。同時に、彼らに課された労務と、彼らが生きて収容所を出る可能性がまったくなかったことは、彼らに多大な精神的損傷を与えた。後者の要因は、プリーモ・レーヴィが予期したようなかたちで、彼らの文書に影を落としている。しかしこれら二つの側面にもっぱら焦点を当てることは、それらをホロコーストのほかの種類の文書と比較するための条件の多くを無視することになる。彼らの書き物は「組織化」と呼ばれた手段、すなわち品物を入手するための手の込んだ交換網によってはじめて可能となるものであった。「カナダ」区〔倉庫〕の労働班の収容者たちが彼らに紙やペン、あるいはインクを渡していたはずである。[50] また明かりさえもが希少資源であり、彼らのなかの掃除当番は書き手たちのために窓際に寝台を配置する必要があった。地中に隠す文書を保存するための用具を見つけてくる仕事は、多くのゾンダーコマンドに課された。彼らは容器を密閉するためのろうをたえず探しまわっていた。[51]

第二に、ゾンダーコマンドはビルケナウで起きている事柄を証言しようとした集団のなかのひとつでしかない、ということである。自分の名前をなにかに刻むことですら、ある種の証言をすることであったが、収容者たちはそれ以上のことをした。収容所で起きていることを記した報告とともに逃走した収容者もいれば、[52] 極秘のリストを作成した者、公文書や写真を隠したり複写したりした者もいる。[53] 収容所の生活を描いた素描や作品が構内に隠され、場合によっては収容所の外に持ち出されもした。[54] 歌が歌われ、改作したり作曲されたりした。[55] イスロエル・レヴェンタル作の歌「オシフィエンチムから」の合唱部は「私はどうしてアウシュヴィッツに来たのか」と自問し、続けて「アウシュヴィッツのパン」を食べるより死ぬほうを選ぶと謳う。

歌詞はいくばくかの情報を提供する。それは収容所に到着したときの出来事、カポがふるう暴力やその恐怖、あるいは死体焼却場への言及でさえあったりする。それは収容所における体験を少しでも耐えられるものにし、哀れなユーモアをわずかばかり供することがおそらくその目的であった。とりわけ合唱部は、まさにその一節を皆で歌ったことを示唆する。[56] アウシュヴィッツで詩を書いた収容者さえいたが、それは通常、出来事を記録するためではなく、周囲の状況から逃避するためであった。ルース・クルーガーの詩には、アウシュヴィッツで心のなかで構想され、記憶しておいて後に書き留められたものがある。詩は「彼女が収容所で正気を保つためであり」、彼女の体験を通常のものにしてその体験から加害者の存在を消し去るためのものであった。[57] チェコの家族用収容棟で氏名不詳の女性によって書かれた三つの詩があるが、それらの詩は殺害される直前にカポに手渡され、ついでエーリヒ・クルカにわたった。キリスト教の修辞的な表現を多用したこの詩で、作者は彼女を苦しめる者たちをあざけり、目前に迫る死を正視する。また家族用収容棟でいくらかの文化的な生活を送るために力を尽くしたことをうたっている。[58]

収容所の各集団が直面した状況は多様であった。その結果、その記述や記録もさまざまな形式をとっている。それぞれの特異性は特筆に値する。また比較することもできる。それぞれが異なる場所で作成された文書にもこのことはあてはまる。アラン・ローゼンは、以前の研究では収容所における体験が強調され、そこでなにかを書くことが通常なら無理といえるほどに困難であったことから、ホロコーストについて書くことは戦争が終結した後に始まったと長いこと考えられてきた、と述べている。[59] だが現在では、ゲットーや潜伏中に書かれた文書の重要性を数多くの論文が認めている。最近の研究はまた、戦争前の歴史的日常とゲットー内のそれとの継続性、そしてそのことと戦争から生き残った歴史家たちによる戦争直後の研究との連続性を明らかにしている。[60] ゲットーと強制収容所、もしくは絶滅の現場とのあいだにすら、ある種の連続性を見ることもできる。たとえば収容所における無力感とか恣意的に行使される暴力にたいする自分たちの圧倒的な無力さ、惨めさ、あるいは飢え、不衛生とかにたいする感情の多くは、ゲットーで経験した事柄でもあった。ゲットーで書くことを企てることと収容所内で書くことには類似するところがある。たしかにワルシャワ・ゲットーの「オネグ・シャバト」〔地下記録保管所の暗号名〕における資料の編纂と保管はアウシュヴィッツの収容者がなしえたことよりも大規模であった。しかし収集し、記録しようとする欲求という点では両者は共通する。ワルシャワよりもいくぶん混乱した状況下で仕事をしていたビャウィストク・ゲットーの記録保管人たちは本職の歴史家ではなく、むしろ武装抵抗運動に直接たずさわる人びとであった。ゾンダーコマンドにとっても、書くことと抵抗運動は密接に絡み合っていた。ウーチ・ゲットーの年代記《クロニクル》は、ドイツ人にはわからないようにして「ゲットー管理局の事務所の一室で編集されていた」[61]。アウシュヴィッツにおいて証言行為が可能であったのは、しばしば「特権的」な地位にあることの結果でもあったのである。

ゲットーで書かれたり隠されたりした日記は、収容所におけるそれを大幅に凌駕するが、それでも後者はいくつか存在する。ドイツとオランダの強制収容所ではときに、収容所で通常、上位の階層にある者によって日記がつけられていた[62]。グリュンベルク収容所で日記をつけていたフェラ・シェプスは、さまざまな様式《モード》の記述を試みたり、綴ったりすることとすらできた[63]。レオン・ヴェリチュケル・ヴェルスの著書『死の旅団』は、ヤノフスカ通り強制収容所でつけていたとみられる日記を翻案したものである[64]。ゲットーはまた、絶滅の工程が記録された場所でもあった。絶滅収容所のトレブリンカやヘウムノから逃亡した者たちはワルシャワに戻り着くと証言した[65]。ポナリ〔ヴィルノ近郊の殺戮現場〕から逃亡した者はビャウィストク〔・ゲットー〕の公文書保管人たちに証言している[66]。こうした証言はゲットーだけで行われたのではない。カジミエシュ・サコヴィチは、犠牲者というより局外者であったが、それでも個人的に非常な危険を冒してポナリの森で続けられていた大量射殺のことを日記に記している。彼も日記帳を地中に埋めて隠した。[67] ヘウムノの収容者はイディッシュ語やポーランド語の手紙をなんとか書き記し、目にした出来事を記録した。彼らのなかにはより長文の文書を作成し、現場でなにが行われていたのかを説明し、復讐を訴える者もいた。[68]

ゲットーの詩人たちはユダヤ人の絶滅を詠んでいる。ヴワディスワフ・シュレンゲルによるスカマンデル〔ポーランドのそれまでの愛国的な詩風などにかえて、日常生活に根差す詩作運動〕風の軽妙な詩想は「トレブリンカの小さな駅」という詩や、その結句で「ガスで料理を」と説く〔駅舎に貼られた〕広告の残像へと飛翔する。[69] いくつかの詩も死の絶滅収容所で見つかっている。ユダヤ歴史中央委員会のために調査を行ったナフマン・ブルメンタルはヘウムノ絶滅収容所跡の残骸のなかに紙束を発見している。それは不可解な一連の詩歌で、彼はそれをドイツ人を風刺したものと解釈した。彼は死の収容所に関連する歌詞も書き留めている。ベウジェツ絶滅収容所をうたった「わが集落ベルツ」(Mayn shtetele Belz) の改作はその一例である。[70] 二つの詩が委員会に提出されている。それらはトレブリンカ絶滅収容所でM・シェンケル（名は不詳）なる人物のポケットから見つかったもので、本人がまさに収容所内で書いたものであろう。「わたしは恥じている」(Kh shem zikh) と彼は記し、妻と子どもが死んだあとに自分だけが生き残った罪悪感を詠んでいる。わが子の死を悼んだシェンケルのもうひとつの詩「眠れ、わが子よ」(Shlof mayn kind) と、同じくトレブリンカで書かれたらしいアロン・リベスキンドの「焼却炉のなかの幼いわが子のための子守唄」(A viglid far mayn yingele in krematoryum) は、フリーダ・アーロンが論じるゲットーの子守唄と通底する。[71]

このように記すのは、なにも時間や空間的な差異が無意味だと言うためではない。ゲットーで作成された文書と収容所のものとにかんするゾエ・ワックスマンの区分は依然有効であり、[72] またアレクサンドラ・ガルバリーニが指摘したように、一九四二年初めに書かれたものと四三年のものとの経験は異なるのである。[73] 言おうとしているのは、薄く、もろい連続性が存在したのであり、それはまれな、しかも特異な状況下に限られるかもしれないが、一部の証言が書き続けられることを可能にしたということである。こうした証言は読まれなければならないのである。

上述したように、目下のところ「アウシュヴィッツの巻物」にかんする読解を提示することへの抵抗がどうやらある。そうした心情にはもっともな面もある。トム・ローソンは、ゾンダーコマンドに言及することが自分にとって恥辱であり[74]、彼らの文書を文学分析の対象とするのは誤りであると記す。ジョージ・スタイナーはハイム・カプランの『ワルシャワ・ゲットー日記』（『苦悩の巻物』）について「穏当な唯一の「批評」は……彼の本を一行一行、書き写すことだ」と述べる。[75] ギデオン・グライフは自著の序文でゾンダーコマンド文書を長々と引用しているが、それはしばしば評釈をいっさい加えないで一頁を超える長さであり、スタイナーの助言を地で行くかのようである。サユル・フリードレンダーをはじめとする研究者も彼に続くのかもしれない。ゾンダーコマンド文書にかんする入手可能で有益な入門書や概説書は数多くあり、なかでもナタン・コーヘンやスーザン・ペントリンのものをあげることができる。[76] ところがそれらはたいてい「巻物」についてそれ以上のことを語るために必要なスペース（ことによると熱意もか）を割いていない。「巻物」を前向きに取り上げている場合でさえも、記録の断片をつなぐドキュメンタリーのコラージュ手法がしばしばとられ、評釈することなく文書から直接引用するに留まっている。[77] しかしこうした状況も変わりつつある。フィリップ・メスナールとパーヴェル・ポリャーンはグラドフスキの文書を文学作品として位置づける意義を明らかにした。[78] デイヴィッド・ロスキースもグラドフスキの文学的志向を認めている。[79] トム・ローソンはいくつかのゾンダーコマンド文書について簡潔だが思慮深い評釈をしている。[80] ダン・ストーンは、ゾンダーコマンドを自分たちの体験をたんに記録するのでなく、歴史を書く行為主体《エージェンシー》として促えた。[81] アレクサンドル・プルストイェヴィチはゾンダーコマンドの記述が「表現形式や文体は多様であっても、そのいずれもがありのままの事実を超えようとするものであることは明白である」ことを強調し、説得力をもって論じている。[82] われわれはこれらの先行例にくわえて、収容所やゲットーで書かれたほかの文書に光をあてた人びとの研究も参考にした。[83] 本書は「巻物」についての入り組んだ読解を提示した。それらの読解は「巻物」が注意深く扱われなければならず、またそれに応えるものであることを示している。「巻物」を、それらが別々のものであっても比較が可能な、そうした書き物のネットワークに位置づけることができるという事実は、「巻物」にいっそう幅広い意義があることを示唆する。またほかの第一次資料やホロコースト証言の読解の様式《モード》と対話させるなかで読むことが可能であることを示している。しかしそれは「巻物」がこうした様式《モード》のうちにもっぱら安住するものであることを意味しない。

出来事の内部にいるということ

ゾンダーコマンド文書の存在は、ホロコーストの言表不可能性もしくは表象不可能性をめぐる論争に、大きな影響を与えてきた。ホロコーストとかアウシュヴィッツは最近まで「名づけられない事柄を指すための特権的な用語」であったとドミニク・ラカプラは断言する。[84] ラカプラが述べていることはそうした見方への批判が高まってきていることを示していよう。[85] ゾンダーコマンドの文書は、作成の経緯や表現形式、内容のいずれをとっても表象不可能性という観念に異議を唱えるものである。ホロコーストの期間をとおして「出来事は目撃証人をつくらなかった」と述べるドーリー・ローブの主張に、これらの文書が疑義をさしはさむものとなってることは、すでに探究されている。[86] ロープはホロコーストを内部から立証することはできないと主張する。それは「まさに**出来事の内部にいる**という状況」が「そのなかで出来事が進行する強圧的な全体主義的な人間らしさを失わせる参照枠〔意味を理解するさいに働く枠組み〕の外に出ることや、独立した参照枠によって出来事を観察する」のをまったく考えられなくさせているというのである。[87] しかしロープは、目撃証言が行われるための必要条件であると彼自身も気づいている独立性とか、あとから振り返って過去を捉える客観性とは何であるのかを自らが明確にしていないことによって、最近批判されている。[88]

ゾンダーコマンド文書はたしかに偏っていて不完全であり、そのことは次章以降で明らかにしていく。それらは加害者であるナチにたいするあからさまな憎悪にみちている。復讐への呼びかけが共通の主題となっており、出来事を概観するためには断片的である。たとえばドイツの行動部隊《アインザッツグルッペン》が一九四一年以降にユダヤ人にたいして犯した残虐行為に直接言及していない。また受身の距離の置き方を意味するロープの用語を用いるなら、彼らの記述は出来事を**観察**していない。「アウシュヴィッツの巻物」の作者たちはクレマトリウムの円滑な稼働に、自発的ではなかったにせよ、実際に従事した。彼らの叙述には膨大な死者の血がこびりついていたのである。このことがおそらく、ロープが手書き文書の存在を認めながらも（彼は書かれたあとに地中に埋められた日記について記している）、それらを退けた理由のひとつなのであろう。[89] だが彼がそれらを黙殺するおもな根拠は次のとおりなのである。

> 目撃証言を行うのに求められる、またそれに伴う出来事の範囲、帰結、とりわけすべての既知の参照枠にたいしてそうした出来事のもつ本質的な他者性にかんする、とてつもない自覚や理解がどの程度であるのかは、把握し、伝達し、もしくは想像する人間の能力（そして意志）の限界を超えていた。[90]

人間の理解力や意思疎通の能力をはるかに超えた体験について述べているローブが、ここで用いているもろもろの用語は、心理学でいう心的外傷《トラウマ》を想起させる。キャシー・カルースのよく知られた定義によれば、トラウマとは捉え損ねられた体験〔missed experience〕である。トラウマを引き起こす出来事は「それを十分に認識するためにはあまりにも速く、不意に体験される。それゆえ再度といわず繰り返し、生存者の悪夢や反復強迫的行為のうちに発現させるのでなければ意識に上ってこない」[91]。トラウマはしたがって取り戻されることを先延ばしにした経験にほかならない[92]。ローブはこれを「完了せず、完了に至らなかった出来事。処理されず、終了に至らない事柄である。それゆえ生存者にかんして言えば、出来事は現在において進行し、あらゆる点でそれは現時点の事柄なのである」と述べる[93]。傾聴者である精神分析医の仕事をつうじて、はじめてトラウマを引き起こした出来事に到達し、言葉にすることができるようになる。聞き手は「出来事をはじめて映し出す真っ白なスクリーン」の役割を務めるのである[94]。

　トラウマの軽減の仕方にかんするローブの見解は、精神分析医ならびにイエール大学の「ホロコースト証言のための映像アーカイブ」事業のインタビューアーとしての経験にもとづく。彼が論じる目撃証言は（そのとき）生きていた者のものである。ひとり生存者だけが、被ったトラウマ体験について話すタイミングと機会をもち、またそれによって部分的にせよ、それを克服することができるのである。ホロコーストの内部では、類似するいかなる精神療法も存在する余地がなかった。ヨーロッパにおけるユダヤ人絶滅政策に巻き込まれたヴィクトール・フランクルをはじめとする精神科医たちは、仲間の収容者が必要とした精神面の世話よりも自分が生き残ることに必死であった[95]。だが次章でわれわれは、「巻物」の作者たちが用いた無地の紙面が、ときに精神分析医と同等の「真っ白なスクリーン」を用意したことを論じる。書くことがトラウマ体験を言葉にし、それをある程度まで制御できる機会となったのである。用紙が「傾聴」したのである。紙に投射される言葉が作者たちを精神的に支える力となった。それらはローブが内部から証言することを不可能にしていると主張していた主観性の喪失を防ぐのに役立ったのである。[96]

口述証言と記述証言とは通常、区別される。映像証言を書かれた証言と比較したローレンス・ランガーは「われわれを「そこ」へと連れ戻そうとする出来事にかんする回顧談を読む」ことは、映像証言とは「まったく異なる系統の経験」に属する、と主張する。[97] 映像証言はその「複合的な即時性」によって、「安全な現在と破滅的な過去とから同時」に声がわれわれのもとに届く状況をつくりだすのである。[98] ランガーは映像を通じて証言しているバーバラ・Tの事例を取り上げる。「この女性は話しているとき、われわれとの接点を失い、自分が記憶を呼び覚まそうとしている世界をわれわれのためにいま再現するのではなく、その世界に束の間、回帰してしまっている」。[99] この描写はローブがあげているある女性の例を思い起こさせる。イェール大学映像アーカイヴにインタビューをされたこの女性は、アウシュヴィッツの思い出を話しているうちに突然「そこに完全に」いるのであった。[100] 映像証言はしたがってクロード・ランズマンが「受肉」と呼んだものに似た、なにかが生じる状況を引き起こす。[101] それは過去をただ物語るのではなく、むしろ追体験する状況を生みだす。過去はもはや過去であることを止め、現在に存在するようになるのである。本書の「結論」ではゾンダーコマンド文書を、ランズマンの受肉の観念とアーカイヴとの関連において検討することになる。

ランガーにとって書かれた証言は、インタビューとして制作されたなまの記録と比べると、あまりにも脚色され、熟考されたものである。書くことは、過去を体現するというよりもつねに描写する。[102] ランガーにとって、ゾンダーコマンドの手書き文書は、文体や比喩的描写、年代順の配列を用いている点で、回顧された記述文書と異ならない。それらは表象的であり、物語論的なのである。しかしながらビルケナウで作成された文書はその時点のものでもあり、死の工場の世界から語られている。したがってそれらは、回顧して作成された記述がなしえないような仕方で、その世界を内包しているといえる。彼らがそこで使っている文学的な技法は読み手に過去を回想させようとするのではなく（あるいはそれだけではなく）、体験を将来へと伝えようとするものでもあった。作者は、自分たちが「現在として生きた過去」を別の「現在」に、すなわち自分たちが生きて目にすることのない「未来の現在」に持ち越そうと努めているのである。それゆえに口述証言を道理にかなうようにしようとしてランガーが用いた時間性の概念を、これらの文書と調和させるのは難しい。

われわれはゾンダーコマンドの文書が、その書かれた状況から考えて、映像証言にどこかまさっていることを示唆しようとしているのではない。ランガーが主張する序列のようなものの有効性には疑問の余地があるが、それを逆転させても有意義ではない。それでもこのあとに続く章では、口頭での話に帰される特質が書くことにも存在することを明らかにしている。手書き文書にも同じように複合的な即時性がある。それらが特定の出来事に即時に応答するものでなかったとしても、書かれているその時が、それが描こうとしている状況のなかに崩落しそうになることがある。それはラングフスが記した最後のメモ書きのなかにとりわけ痛切なかたちで現われる。このことは第三章で論じることとした。またそれは頓挫した反乱の直後に急いで書かれたレヴェンタルの、ゾンダーコマンドによる蜂起の歴史のなかにも、はっきりとうかがえる。このことは第四章で検討する。こうした事象が起こっているときには再－現前は**ただの**現前に近づく。ホロコーストの表象にかんする論考でベレル・ラングは、もしどの表象にも「原物《オリジナル》を表象に置き換える複合概念がある」と仮定すると、「いかなる表象もオリジナルで**ある**ことはなくなり、したがって表象もまたまったく根拠を失うことになる」と述べている。[103] 出来事と説明、そして言葉と事柄とのあいだにはかならず隔たりがある。だがラングは日記がこの隔たりの橋渡しをしようとするものであることも認めている。彼は「日記は、それが取り上げている出来事を詳述するよりも、むしろその出来事が生みだす表象に似たものとなる。それは、それがかかわる歴史における、すべてではないにせよ、ひとつの行為にほかならない」と述べている。[104] それ

ゾンダーコマンドの文書は日記ではないが、それらは出来事を表象するというより、遂行するものに近い。[105] しかしそれらの文書が、完全にではないにしても、日記のようにそれらがかかわっている歴史のなかにあると考えるのは間違っていよう。それらの文書のいくつかは明らかに歴史であること、もしくは歴史がどのように書かれるのかを具体化することに注意を払っている。どの文書にもある程度の歴史意識が流れている。第五章で論じるヘルマンの手紙は、たとえばゾンダーコマンドの行動が将来どのように受け止められ、解釈されるのかに関心を払っている。第一章では、手書き文書の物質性が、そのうえ、どのようにしてそれらがかかわる歴史「についての」文書にしているのかも考察する（ラングがかならずしも評価しない仕方によってではあるが）。現存する手書き文書は、文字どおりビルケナウで起きた出来事の痕跡をそのうちにとどめている。ラングは、表象的であることの反対は、抽象的ということであるよりも、むしろ直写的であることであると示唆している。[106] ゾンダーコマンド文書はしたがって、表象をなしているが、描写的ではない付加的な特質をもっている。この文脈において、ラングフスにかんする章〔第三章〕では彼の記述のいくつかに働いている強い感情の表出を確認した。彼は出来事について抱いた感じを提示するとともに、それらについての事実も伝えている。このことが彼の記述にせき立てるような感情表現の激しさをもたらしているのであり、たとえそれが描写的な側面によって引き起こされていたとしても、それらと同一視することはできない。

言葉を見つける

トラウマに対処していくにあたって重要なことは、感情にかんする言葉やその感情を伝えることのできる言葉を見つけることである。ジュディス・ハーマンは、トラウマを経験した者が「目にしたことを十分かつ説得力をもって伝える言語《ランガージュ》」を見出すことの難しさを記している。[107]「人が感じたこと」と彼女は付け加えるべきであったかもしれない。ラカプラは「トラウマは感情と表象との分離を引き起こす。すなわち表象できないことを人は当惑しながら感じ取り、感じ取れないことを麻痺しているように表象する」と述べている。[108]だがラングフスは、表象や言語がもつ比喩の力を用いて、言葉と感情とのある種の調和を図ることができた。彼はそれゆえ、ラカプラが示唆したような対処に取り組んでいるのである。ラカプラは次のように述べている。

過去を回想できるようになり、言語によってある程度意識的に制御し、批判的な距離感や展望をもてるようになるとき、人はトラウマを徹底して調べ、対処するための困難な道のりを歩みはじめることになる。それは行動で示されること（あるいは亡霊を目にしたり、打ち砕かれるような激しさで過去を追体験したりすること）によって完全に克服されることはないかもしれないが、判断のプロセス、および少なくとも有限責任と倫理的に責任をもつ行為者性《エージェンシー》を可能にするはずである。[109]

クレマトリウムの内側でラングフスはこのつらい工程に手をつけた。ラカプラは、ホロコーストの表象可能性を否定すること、したがってその体験を克服できるという考え方を否定することは、同時代や歴史的な証言における道徳的な行為者性にかんする問題を早期完了《フォークロジャー》させることになると指摘する。[110] これはたしかにゾンダーコマンド文書の一部の作者がその記述のなかで「他者への思いやりなどの倫理的に責任ある行動」をどのようにとっているのかを精査した研究が、これまでなかった理由を説明する。[111] 第三章では、ラングフスが自分の置かれた悪夢のような状況にたいして倫理的に考えてとった行動や、彼が事態を説明するのにふさわしい文章を練ろうと努めていたことについて分析した。また関連して、証言にかんする彼の姿勢をグラドフスキのものと比較した。女性の集団が殺戮されたことをめぐる記述において、グラドフスキが板挟みとなって苦しんでいる倫理的な問題については第二章で検討した。グラドフスキは女性たちの体験を表現しようと苦闘していた。ラカプラの指摘する種類の行為者性の問題は、したがっていくつかの文書に見出すことができる。それはまた死体焼却用の坑やガス室に向かう女性の集団を撮ったアレックスの四枚の写真にも見出せる。このことについては第六章で分析した。アレックスは、グラドフスキにとっての居心地の悪さと対になった、同じような責任感をのぞかせているのである。

アレックスが撮った最後の写真は、こずえのなかの一本が明るい日差しを受けてぼやけている、ほとんど抽象的な画像である。非表象的なものに近く、殺戮工程の様相を描くのを拒絶しているかのようである。ここで考察しているゾンダーコマンドの証言には、表象の可能性もしくはその適切性をめぐる疑念が繰り返し浮上する。したがってホロコーストの表象可能性をめぐる回顧的な論議は、出来事の内部からなされた記述のなかに予示されているのである。たとえばナジャリは「自分の目にした「劇的な状況」は筆舌に尽くしがたい」と言明する。[112] それはホロコーストの表象をめぐる主題やその内容によっては「いかなる芸術的な表現形式もふさわしくない」と主張したラングの心情を先取りするものである。[113]ところがその言明にもかかわらず、ナジャリは自分が体験したことを表現する言葉を探しつづけている。ゾンダーコマンドのなかの作者たちは、表象がもつ可能性を自問したにちがいないが、完全に断念することをしていない。目撃したことを証言する彼らの種々の努力が、それを力強く証明している。第二章で取り上げたグラドフスキの月への衝撃的な呼びかけのように、彼らの苦心はきわめて独創的な文学作品を生んだのである。

したがって、表象可能性をめぐる積年の信念にたいして、これらの文書の多くがもつ意味は計り知れない。とはいえ、いくらかの慎重さは求められる。ゾンダーコマンドはアウシュヴィッツ＝ビルケナウ強制収容所内で特異な立場にあり、このあとの章で明らかにされるように、彼らの記述がそのことを裏付けている。表象をめぐる議論は、あまりにも多くの場合、出来事にたいする同工異曲な捉え方にもとづいている。しかしゾンダーコマンドが証言しているのは、なによりも「絶滅の世界」がもつ恐怖である。なにかしらの比較は可能であるとしても、比較する場合は彼らの文書とl'univers concentrationnaire すなわち「強制収容所の世界」（ダヴィッド・ルーセの強制収容所をさす用語）のそれ〔恐怖〕との違いを明確にすることは重要である。[114]ホロコースト証言を理論化する研究の多くが、前者より後者に集中している。この一般的な傾向を代表する最近のおもな例として「回教徒《ムーゼルマン》」〔生きる希望を失った収容者〕の形象を取り上げて「その者については誰も証言した者はいなかった」と論じるジョルジョ・アガンベンの『アウシュヴィッツの残りのもの』をあげることができる。[115]

アガンベンは『アウシュヴィッツの残りのもの』の序文で、ゾンダーコマンドの手書き文書に言及している。彼は、レヴェンタルがウーチ〔・ゲットー〕にかんする補遺のなかで、その目撃した惨事がいかに想像を絶するものであったのかを述べていることに、注意を促す。それは、アウシュヴィッツで「必然的にその事実の側面を超える現実」が存在するにいたったという状況が、どのようにして生まれるのかを証明する手段としてであった。[116] レヴェンタルは、アガンベンが引用していない一節でアウシュヴィッツの歴史的な状況について、読み手に同様の指摘を行っている。「君は真実を信じたくない〈二字加筆〉のであり、ついで実際の事実〈二字加筆〉を信じなくなり、そしてのちにいろいろな言い訳をおそらく探す〈三字と五語加筆〉ことになるのだろう」[117]。アガンベンが、「強制収容所の世界」の生政治《ビオポリティクス》的な次元に焦点を合わせていることは、死の工場における抵抗活動として存在した言語《ランガージュ》の重要性を、彼が見過ごしていることを意味する。アガンベンによるレヴェンタルの補遺の無節操な用い方を調べたフィリップ・メスナールとクロディーヌ・カアンは、彼がその補遺を正しい文脈に置くことをせず、その引用の仕方がいかに雑であるかを詳述している。[118] メスナールとカアンにとって、アガンベンはまた絶滅収容所に特有の恐怖を無視し、目を向けることなく、相互に関係はしていても異なる二つの収容所の世界をひとまとめにしてしまっている点で、間違いを犯しているのである。[119] やせ細った、ほとんど死者のような強制収容所の収容者であり、能動的に生きながらえるのではなく、むしろ希望を失って露命をつないでいる「ムーゼルマン」のことを証言するためにゾンダーコマンドたちは書いたのではなかった。死の工場の書き手たちは、そうではなく「生きることへの願望があふれんばかり」であった犠牲者のことをしばしば証言した。[120] したがって彼らは「ムーゼルマン」がその極限的な姿ともいえる無気力でやせ衰えた犠牲者であるという固定観念に異議を唱えているのである。

　ゾンダーコマンドは、こうした用心深く、勇気ある犠牲者たちの死を何度も目撃し、しかも彼らの生のあらゆる痕跡を消し去る作業に従事していた。そうした状況下でゾンダーコマンドの作者たちが紙に刻んだ言葉の一語一語は、そして文字の一字一字は、自分たちの生の証として、また記憶と体験《ライフ・ライティング》の叙述として、ナチの絶滅政策に抵抗しているのである。そうした努力はときに自分たちのアイデンティティの意識を保つためのものであった。第二章では、グラドフスキが死体焼却過程の精緻な描写によって、彼が死の工場の決定的な次元をどのように証言しているのかを考察する。その描写は、個人が未来を創出する力を消滅させられることと結びつけられている。そしてそれは同時に作家としての力量を証明し、自分の創造力を表現し、保持しているのである。第四章では、これとは対照的にレヴェンタルが他者の生にどう関心を寄せたのかをたどった。ゾンダーコマンドの蜂起にかんする彼の叙述は、特定の人びとの記録を残し、思い出を守ろうとするために言葉を用いている。

この文脈において、洗練されていない文書ですらもがもちうる力については第五章で光をあてた。ここではハイム・ヘルマンとマルセル・ナジャリの手紙と、ヘウムノ絶滅収容所の最後のユダヤ人労働班が残した証言とを、簡潔に比較した。ゾンダーコマンドの文書はいずれも死の恐怖のなかで書かれている。どの作者も、自分たちの死のあとに生のなにかを残そうと、言語の力を意識的に活用した。それゆえ彼らにとって、表象として書くことは、死後の脱出や、犯罪のあらゆる痕跡を抹消しようとするナチにたいする、事実上の勝利を約束するものであった。またそれらの犯罪を記録する手立てともなった。文書の大部分は考え抜かれた証言として書かれたのである。後続の章では「アウシュヴィッツの巻物」の、こうしたあらゆる側面の検討を行った。また〔ホロコーストという〕出来事が表象を超えていると考えることを拒否する、説得力のある論拠を「巻物」が提示していることを、さまざまな角度から明らかにしようと試みた。

この序文では「巻物」が発見された経緯を論じた。そこで次は、これらの文書の物質性がもつ証言上の地位について考察する。ついで、文学的な観点からみて、作者のなかでもっともきわだつザルマン・グラドフスキを論じることにした。またゾンダーコマンドのほかのイディッシュ語の作者〔の書き物〕も精読すべきであることを明らかにした。すなわち、感情表現と倫理的な次元を明らかにするためにラングフスを、その歴史性と追悼の側面からレヴェンタルを取り上げている。つぎにヘルマンとナジャリの手紙を取り上げた。それらは、ゾンダーコマンドの集団力学にかんする知見や男性性をめぐる諸問題を考察するうえで、あらたな側面を提示するものである。これらすべての章をつらぬく主題は、抵抗活動であり、その一部をなす書くことがもつ力である。最後に、これまでの一連の読解をもとに、ゾンダーコマンドが撮った写真についてあらためて考察することにした。そして「巻物」をより深く知ることが、ディディ゠ユベルマンが手をつけた論争で取り扱われなかった諸相に、光をあてることになることを論じた。

第一章　歴史問題

「われわれは今後、すべてのものを地中に埋めることにしよう」[1]

歯

アウシュヴィッツ＝ビルケナウ強制収容所の「死の工場」が稼働を停止するまでの最後の数か月は、ゾンダーコマンドが大量殺戮について記し、その文書を地中に埋めて隠した時期と重なっている。ゾンダーコマンドはまた、大量の人間の歯をクレマトリウムの構内に埋めて隠した。[2] ザルマン・グラドフスキは数多くの歯が埋めて隠されたと書いている。「われわれ、労働作業班の従事者はとくにそれらをあたり一面に、できるだけ多く、まいた［tseshotn］。殺された何百万もの人びとの生のしるし［lebedige simonim］を世界が見出せるようにするためである」。[3] この言い回しに注目したい。テクストは、竜の歯を地にまき、それが戦士として生き返るという〔ギリシア神話のフェニキアの王子〕カドモスと〔英雄〕イアソンの逸話を暗示するもので、そこには歯が生きた実在として戻ってくるという観念がある。[4]

ジョルジュ・ディディ＝ユベルマンは、死体を埋めることは「なにが起きたのかを大地そのものがいつの日か考古学的に証言する」ことを保証する手立てとなる、と解釈する。[5] ゾンダーコマンドの意図のひとつが、彼らの目撃した犯罪の確かな証拠を残すことであったことは間違いない。主として無機物の成分からなる歯のエナメル質は人体のなかでもっとも硬い物質である。非常な高温下で変質することがあるとしても、歯が含む無機物は高い耐火性をもっている。[6] その強靭さは物的証拠とするための間違いのない材質である。[7] 歯の大きさもまた、それが小さく、たやすく隠せることから賢明な選択であった。

特別作業班の労務のひとつはガス殺された死体を消滅させることであった。彼らは「死体を焼き、その骨を砕いて粉状にする」よう指示された。[8] グラドフスキの記述からすると、彼やおそらくほかの者たちにとって歯を地中に埋めるということは、死者を特定することが不可能な状況のなかで、個人を識別するしるし(siman muvhak)を残そうとする営みであったように思われる。もう一つの理由は、彼の記述がイアソンの逸話に暗に言及していることから明らかなように、復讐心を鼓舞することであった。殺された者の死に復讐することは、このあと第五章で論じるように、班員にとっての変わることのない関心事であり、それは彼らを精神的に支えていた。

ゾンダーコマンドの文書は歯のことに触れてはいるが、通常それを自分たちと結びつけて語ったり、考察したりはしていない。しかしグラドフスキの言及からは、そう捉えるべきであることが明らかである。歯は同じひとつの計画、すなわち恐ろしい犯罪について証言しようとしたものなのである。クレマトリウムの地中に歯を隠そうとした彼らの判断は、それゆえ彼らの手書き文書の理解に役立つ。たとえば歯は記述を裏づけ、書き物ではできない仕方で殺戮を指し示すのである。この点は後述する。証言文書といっしょに埋められた歯は、大量殺戮の記述箇所に肉体の実体性や有形の事実性を付け加える。ゾンダーコマンドたちは、物的な証拠とテクストによる証拠とがいっしょに発見され、一体のものとして人びとの心に留められることを明らかに願ったのである。

だが歯は、証拠品としては、殺害についての証言を構成するものであって、そうした証言はあとから回顧する場合には不要だとする論者がいる。クロード・ランズマンもそのひとりで、彼はショアの証拠品を提示することが否認主義者の論理にはまることになると考えている。ジョルジュ・ディディ＝ユベルマンは、ゾンダーコマンドがビルケナウで撮った四枚の写真の証拠としての意味を考察することにしたとき、この種の論法と衝突した。これらは第六章におけるわれわれの論述の焦点をなしている。ランズマンはこれらの画像の地位《ステイタス》を証拠品としての地位へと導くことによって、それらの写真が立証をまったく必要としない証拠の役割を果たしていることを示唆することができた。[9] 自分に向けられた批判にたいしてディディ＝ユベルマンは、立証にかんするランズマンとその門下のとっぴな判断が、証拠物の評価の上になりたつ歴史の実践をねじ曲げたものにするやり方であることに注意を喚起した。[10] 実体化にたいするこの姿勢、写真のアーカイヴのような歴史の実体にたいする姿勢を、ランズマンは記録画像が想像力を欠くことを理由に正当化したのであった。[11]

ランズマンにとってアーカイヴは無感情な情報の貯蔵庫であり、真実の地位《ステイタス》に到達しうる事実の集積である。[12] これは見たところ歯についてもあてはまるのかもしれない。たしかに石灰化した遺物は、殺戮を目録化したアーカイヴであり、たんなる物質からできているものにすぎない。だが人間の歯を地中に埋めることには、凄惨な出来事の証拠物をたんに隠し、保存するということを超えて、復讐を呼び覚ますことへの願いが込められている。一つひとつの歯がそれぞれの身元を証しする埋葬された痕跡をなしている。スペンサー・ロジャースはその著書『歯は証言する』のなかで「歯だけからも、幼少時の環境や食習慣、職業、治療歴といった個人史について、少なからぬ情報を得ることができる」と説明する。[13] ロジャースはさらに「[歯は] その永続性と可変性とから個人を特定するうえできわめて貴重な材料となる」と述べている。[14] これはなにも、いつの日か犠牲者個人を特定するのに歯が役立つとゾンダーコマンドたちが考えていた、と言っているのではない。想像を絶する殺戮の規模を考えれば、そうしたことが不可能であることを彼らはわかっていたに違いない。それでも、地中に多量の歯を埋めた者たちが、それらが「思い出させる」力、〔修辞法で言うところの〕換喩的な潜在力をもつことを理解していたと考えることはできる。

ロジャースは「歯は、死者の死亡直前の過去とつながる、その〔原文のまま〕もっとも確かな身体部分である」と主張する。[15] 歯は人の死後、その人生の諸相を保存する。犠牲者の歯は戦後、待ち望まれていたとおり回収されたが、無名の犠牲者の身元を特定することはなかった。だが殺害された人の年齢や育ちといった、その人のおよその姿形を推量することはできたはずである。一つひとつの歯は個人が存在した痕跡を伝えるのであろう。科学捜査官が「骨の形態や組成に則して」個人史を考えるのと同じように、ゾンダーコマンドたちが歯の個人史性を認識していたことはありうる。[16] ところが実際は収容所が解放されると、骨の断片や全身のままのおびただしい数の死体が見つかり、ゾンダーコマンドたちの埋めた歯は注目されなくなった。それらの歯は、クレマトリウムとその周辺の地中に埋められたり、あちこちに放置されていた膨大な数の死骸のなかに埋没してしまったのである。[17] しかし彼らの文書は同じ運命をたどることはなかった。それらの重要性は十分に評価され、その多くが修復され、保存されるか少なくとも転写されるかした。それらがもつ歴史的な意義は認められたのである。

隠れた歴史

ザルマン・レヴェンタルの証言は、アウシュヴィッツにおける抵抗運動にかんする長い記述であるとともに、ウーチ・ゲットーの状況や出来事を詳述した作者不詳の手書き文書にかんする補遺である。それはナチが犯した大量殺戮を検討し、解釈するにあたって、歴史家が果たすべき将来の役割に光をあてている。レヴェンタルは、ゾンダーコマンドが殺戮についての類のない全体像を提示できることを理解している。[18]「もちろん皆がわれわれになにが起きたのかを知りたいと思っている。われわれがいなければ、なにが、いつ起きたのかをだれも知ることができないからだ」と記すとき、第四章で詳述するように、彼は自分を歴史家とみなしている。彼の意図は文学的であるというより、なによりもまず歴史記述的なのである。ゾンダーコマンドが文書を地中に埋めることについて論述するなかで、彼は次のように述べている。「君たちは多くの＊＊＊＊を見出すことになろう。というのは、われわれはこれまで、＊＊＊＊＊出来事＊＊＊＊＊まで、世界に向けてあらゆることを時系列の、そして歴史的な順序にもとづいて伝えなければならないからである」[19]。レヴェンタルは、生じた出来事を時間軸で記述する語り《ナラティヴ》を書きたいと考えている。彼は歴史がどのように記述されるべきであるかについてひとつの構想をもっているのである。

ダン・ストーンは、絶滅収容所の内部から書かれた歴史家の文書を読むことが、どれほど例外的な事柄であるのかに注目している。そしてレヴェンタルの言葉が、「アウシュヴィッツの心臓部にいる同僚から語りかけられているようであり、今日の歴史家に身の毛もよだつ感覚を与えるものである」と述べる。[20]ストーンは、レヴェンタルの書き物のなかで取り上げられた問題がユダヤ人の対独協力をめぐるその後の、今も進行中の論争を予示するものであると分析する。それはホロコーストの歴史家にとって、それらの問題がもつ今日性と関連する、有力な議論を含んでいる。[21]だが、これらの証言や「アウシュヴィッツの巻物」のほかの作者の証言が歴史家にもたらしうる洞察を、ストーンが十分語り尽くしているとはいえないかもしれない。彼は、レヴェンタルが「ハードな事実についての冷静な（そして地味な）議論」を提示していると読解している。[22]歴史記述は一般的に「「ハードな」事実や具体的な遺物を「よりソフトな」［過去の］はかない痕跡に優先させる」ことを告白する営みであると考えられてきた。[23] レヴェンタルの文書や、肉筆の原稿が残っているほかのゾンダーコマンドたちの証言は、いずれも事実と仮構の叙述である。そのうえそれらの仮構性はそれが伝える事実に役立ち、切り離すことができないのである。

　歴史は通常、すでに起きた話を同定し、その話を物語るという語り《ナラティヴ》の作成作業であるとされる。それは書かれたものであれ、そうでないものであれ、テクストを産む回顧的な物語を構成する行為である。[24] アラン・マンスロウは歴史家が行っている作業についてのこの説明に「表現」〔expression〕という範疇を補足し、語りがとりうる表象の形式に言及している。[25] グリゼルダ・ポロックが簡潔に要約しているように、表象は「修辞やテクストもしくは画像のかたちでつくり直され、コード化されたもの」である。[26] この意味では、過去が歴史のうちに存在することはけっしてない。歴史は「歴史家によってつくり直された」過去についての語りなのである。[27] ゾンダーコマンドの手書き文書もその例外ではない。彼らは、すでにさまざまに異なるかたちで生じた出来事を、独特な造形の形式を用いて記述する。だがそれらはストーンやベル・マルク、あるいは本書がとる歴史化の手法にもとづく歴史とは、いちじるしく異なる。手書き文書の作者たちは、彼らの記述する出来事が彼ら自身もその一部となってなおも展開するなかで、書いているのである。このことが意味するところを過小評価することはできない。

　過去にかんするレヴェンタルの叙述は戦争後の未来へと向けられている。そしてそれを歴史的な意義をもつ現在の内部から思い描くのである。そうした未来を先見する彼の能力は、それ自体がもちろん注目に値する。彼が記述しているその現在は、手書き文書を構成する物理的な素材のなかに部分的に保持されている。そこで、ここではアウシュヴィッツ＝ビルケナウ国立博物館が収蔵する、現存するゾンダーコマンドの手書き文書の物質性がもつ歴史的な意義を取り上げることにしたい。[28] 文学研究ではテクストの物理的な特徴がもたらしうる洞察に関心が高まっている。たとえばジェイムズ・デイベルは、素材形態に留意することが、近代初期の英文学の文学分析をいかに実り豊かなものにしたかを解明している。[29] こうした物質的な問題への関心が高まりをみせているにもかかわらず、ゾンダーコマンドの作成した文書の物質性、すなわち、それらの物理的な特徴や状態は、めったに議論されたり評価されたりすることのないテクスト性の層をなしている。[30] 残存する「巻物」の物理的な次元は、歴史家にとって重要な価値をもつ証言となる見方を宿しているのである。

マンスロウが述べている歴史における慣行のように、このことは表象すること、すなわち人工物に声を与えることが必要となる。トーマス・キーナンとエイヤル・ヴァイツマンは、その『メンゲレの頭蓋骨』において、説得のための技法としての弁論術を論じるなかで、古典的な修辞学《レトリック》のひとつとして使われていた手法について述べている。それは討論の場で物に語らせるという手法であり、それらの物は討論が行われているあいだ公共広場に公開されていた。それらの物は「自ら語ることはできないので、「物の言語」と人間のそれとのあいだに置き換えなり媒介《トランスレーション》、あるいは解釈が求められる」と二人は述べている。[31]「生命のない物に声を授ける」働きをなす活喩法《プロソポピーア》〔擬人法〕がそこに求められるのである。[32] キーナンとヴァイツマンにとって、無生物に命を吹き込むこの技法は、無言の証人にほかならない物的痕跡に言葉を授ける科学捜査官の役割を想起させるものであった。捜査官は物的痕跡になり代わってそれらの話を語るのである。

ゾンダーコマンド文書は、いっしょに埋められた歯との関連において、活喩法を果たしているものとして読むことができる。文書がこれらの無言の遺物に代わって語るのである。だが文書そのものもまた、合わさって記述の材料をなしているさまざまな紙や顔料のように、物言わぬ側面をもっている。手書き文書の無言の側面にはまた、それらが生み出す古びた色が含まれる。くわえて文書を地中に埋めるにあたって用いた保護用の容器も、同様の沈黙を呈する。この種の（広義の）記述もまた歴史の記録となるもので、歴史として捉えることができるし、またそうすべきである。とかく言葉だけに焦点を当てがちだが、しばしば見過ごされてきたこれらすべての素材は、文書の一部をなすのであり、文書に形態を与える。たとえば、言葉とそれを記したインクや書かれている頁とを、切り離して考える気がかりな傾向が見られる。これらの素材はそれ自体が考察に値する媒体であるというよりも、伝えようとする事柄のための手段であると考えられている。しかし頁に言葉がどう記されたのかに留意すれば多くの情報が得られるのである。

ゾンダーコマンドの蜂起にかんするレヴェンタルの記述は、見たところ罫線のない筆記帳の頁に、薄い黒インクで書かれてある。レヴェンタルの別の短い手書き文書は、原物が現在、保存措置がとられているので、複製の写真によってしか見ることができない。こちらは濃い黒インクで記されている。ばらばらの頁のかどは湾曲し、それらも元は筆記帳であったことを示す。レイブ・ラングフスの「移送」は小さな帳簿に万年筆で書かれている。一定期間にわたって書いているため、さまざまな色のインクが使われたようで、筆跡は濃い青色から薄い紫がかった青に、そしてあせた灰色へと変わる。鉛筆を使って書かれた計算式もひとつあるが、文書のほかの箇所との関連はなさそうである。これは帳簿の元の持ち主の手になる唯一の記述かもしれない。そのうえ「移送」の筆跡の一部にペンで紙をひっかいた跡があるが、これはラングフスのインクが尽きたためと思われる。帳簿の頁のあいだから、住所録からとられたルーズリーフ式の紙二枚が見つかっている。第三章で考察するが、そのうちの一枚にはテクストの結びの文章の草稿が記されている。インクは灰色に見える。マルセル・ナジャリの手紙は真っ白な紙に書かれたようで、見た目には暗青色のインクが使われている。そして最後に、各地から移送され、クレマトリウムで一九四四年十月に殺されたゾンダーコマンドを含む集団のリストがある。このリストは長めの、薄い紙に鉛筆で記されている。上部には切り取り線がそのまま残っており、紙を簡単に破りとることのできるメモ帳に由来することを示している。頁は切り取り線に沿って切り離したというより、束ねてあったものから抜き取られたものである。サンクトペテルブルクの軍事医学博物館が所蔵するグラドフスキの文書は、その複写版をアウシュヴィッツ＝ビルケナウ国立博物館で検分することができる。それは筆記帳と手紙の二つからなり、いずれもインクで書かれている。

これらの手書き文書を作成するために使われたさまざまな紙や筆記用具は、入手できる保証などなかったにせよ、ゾンダーコマンドが比較的容易に手に入れることができたことを示す。これまでに発見された文書よりも実際にははるかに多くのものが、班員によって作成されていたことを、残存する文書は物語っている。[33] 記述という観点からみると、彼らの創造力が憑かれたように発揮された時期が、夏の数か月間にみられた。これは、一九四四年の夏の終わりにかけて、ビルケナウ収容所へ収容者の大規模な移送がたてつづけに行われたことが背景にあるのは明らかである。搬送リストは、たとえばスロヴァキアやテレジン〔チェコの収容所〕からの人びとの到着を列挙している。「移送」などの手書き文書に使われた道具の一部が、それらの移送者の持ち物であった可能性もある。万年筆やインク、ノートといった所持品の存在は、これらの人びとが属する階層や読み書きの能力を物語っている。それらの所持品をゾンダーコマンドが入手していたことは、アウシュヴィッツの収容者の階層のなかで彼らが占めていた比較的特権的な地位を示している。現存する文書は、ゾンダーコマンドの抵抗活動が、それが書き物であるかどうかを問わず、彼らに許容されていた特権の産物であったことを例証する。収容者の大半が手にすることのできなかった物品を彼らは入手できたのである。

ここで取り上げた現存する手書き文書は三つの言語で書かれている。大多数はイディッシュ語であり、ナジャリの手紙はギリシャ語、そしてリストはポーランド語である。くわえてグラドフスキの記述にはポーランド語、ロシア語、フランス語、ドイツ語、そして英語で書かれた前文がある。文書のこのはしがきには五言語に訳された一文があり、そこには「歴史家にとって重要な内容を含むこの文書に関心をもつように」と書かれてある。[34] グラドフスキはここで、レヴェンタルと同様に、自分の書き物に歴史的な意味を見出そうとしている。そうした意味では、グラドフスキの序文やゾンダーコマンドたちの文書全体における言語の選択は重要な事柄である。使われていた言語の多様性は原資料を参照すれば容易にわかるが、翻訳すると見失われるものである。作者たちの筆跡にはいずれも特徴がある。たとえばイディッシュ語の記述には筆記体のヘブライ文字が使われており、それゆえナジャリが使うギリシャ語のアルファベット文字とは明確に異なる。文書の字体や異なる筆致は植字されると消失する。活字は手書きの文字を均質化し、同じ標準化された印刷文字にしてしまう。

筆跡は人の個性と結びついている。各人の筆づかいは「特有の字体の組み合わせをつくりだし、その筆跡を個性的にする」。[35] 残存する手書き文書のそれぞれの作者の筆記体がもつ特徴は明確である。ラングフスの字はもっとも曲線的で、華やかである。対照的に、レヴェンタルの字はもっと細く、文はより規格どおりに頁にまっすぐに書かれている。ラングフスの字は直立し、レヴェンタルの筆跡はときに傾く。ナジャリの書体は両者に比べて幅広く、鷹揚で、平均すると一行の単語数は六、七語である。はっきりとした個性を示すこれらの書体は総じて、ホロコーストが「人は**自分自身について証言することができない**」世界をつくったと主張するドーリー・ローブに、視覚的な観点から異議を唱えるものである。[36] 独特な筆跡は、それらを書いた者たちが何者であり、どのような者であったのかを視覚的に浮かび上がらせる。ローブは、ホロコーストが「**他者**を想像することがもはや不可能」な状況をつくりだしたと論じている。[37] だが自分の手で書くことは、アイデンティティを確認する手立てを与える。[38] 頁空間は、それが書き手にとっては他者であることによって、主観性を主張する手段を提供する。それは個人の人格を目に見えるかたちで再認識させてくれる。紙に書き記された言葉には、その特有の筆跡を通して、原文だけがもつ、それゆえ写されたものにはない力があるのである。

行為の残滓

文書はまた、作者やそのテクストが書かれた状況といったほかの情報を伝える。オードリー・ジャイルズはその論文「文書の法医学的考察」のなかで、「酒や麻薬の使用、ストレスや疲れに起因する書くときの悪い姿勢」によって、書き手の意思とはかかわりなく、筆跡が変わってしまうことを述べている。[39] グラドフスキは自分がそのなかで働いている切迫した状況に強い関心を寄せ、「自分はいまこれらの言葉を非常な危険と不安のうちに書いている」と記した。[40] ナジャリの手紙のふぞろいな筆跡はそうした騒然とした状況、そしてジャイルズがあげている無意識の筆跡の変化といったものの印象的な事例である。それらは、グラドフスキやラングフスの主要な文書のように慎重な、系統立てた方法によって書かれたようには思われない。むしろ見たところ、その場で、ひどく急いで書かれた文面である。[41] たとえばナジャリの手紙のもっとも読みやすい頁でも字がうねっており、とくに二行目と三行目は小さく波打っている。ナジャリのうねるような文面は、たとえばラングフスの几帳面なメモやレヴェンタルの規則正しく、整然とし、秩序だった行の並びとは著しく異なる。また彼の書法は、字の大きさが一定不変でない。頁の下に書き進むにしたがって字は大きさが大幅に縮み、流れ、薄らいでいるのである。手紙は、イディッシュ語で書かれたもっと長文の文書とは明らかに異質であることが見てとれる。

このことはほかの文書に不安の徴候がみられないということではない。既述したとおり、ラングフスの「移送」にはインクが薄れ、尽きてしまったらしいときがある。作者は書くことを止めず、新たに手に入るのを待ちつつも、なおも書き続けようとして、紙にペン先でひっかくようにして字を書いている。これらのひっかいた跡は、力を込めて書かれているので、斜め方向から光をあてるとはっきり読み取れる。これはインクが不足していたこと、すなわち十分特権的な地位にあっても筆記用具の入手が難しかったことを物語る。ラングフスがそうした局面で、インクを新たに手に入るのを待たずに書きつづけた動機は、ただ推測するほかない。思考の流れ、その湧出が止まるのを恐れたのかもしれないし、文書をできるだけ早く仕上げたかったのかもしれない。もしくはその双方が混ざっていたのかもしれない。「移送」の字にも大小があるが、それはナジャリの手紙のものとは異なる。差異は頁上方の天と下方の地とに見られるのであり、ラングフスが紙をできるだけ節約するために、記述を圧縮しようとしていたことをうかがわせる。この節約行為は紙が彼らにとってどれだけ貴重であったかを示している。ラングフスの叙述は、筆記用具の入手が困難であったことについては触れずに、むしろいっそう差し迫った問題を取り上げている。それでも字形の変化は、インクや紙が不足していたことを無言のうちに物語っている。また明らかに凝縮された、字がびっしり並び、詰め込んだような記述は、ラングフスがそれを書いていたときの重苦しい状況を、顕著に反映している。その頁の言葉づかいは、陰惨な状況のなかで慎重ながらも必死であった印象を与える。字句がぎっしり詰まった帳簿の紙面は、証言することについての作者の慎重な失望を、まるで裏切っているかのようである。

インクが尽きるなかでのラングフスの記述の力強さは、一種の証言として捉えることができる。そうした状況下で紙に刻字し続けることは、不安もしくは決意、あるいはそれらの動機が入り混ざっていることを示唆する。レヴェンタルの主要な叙述にはSS〔ナチ親衛隊〕という文字がきわだつテクストがある。[42] その実在感は前後の筆致や言葉と対照的で、鮮明である。略語はなぞり書きされるか、もしくは筆圧を加えて書かれている。どちらにしてもこの二文字を記すのに明らかに多大な精力が費やされている。この印象的な行為は、それが正確を期すことを願ってなのか、もしくは、というよりもそれがたぶん憎悪の表現であることを、はっきりとあらわしている。ゾンダーコマンドを支配するあからさまな感情が、抑圧者であるナチに向けられた復讐心であったことを考えれば、強調するように書かれた文字は間違いなく憎悪の産物なのである。(たとえ原文から過去の特定の感情や興奮を確実に明示することができないとしても) 肉筆にはタイプ原稿が捉えることのできない感情がある。残存する手書き文書は、作者たちの人格を物語るだけでなく、それらが記されたときの感情の状態をも明らかにしている。この感情領域は表立った語り《ナラティヴ》を超えて働いている。

文書のなかで示され、ここで推量されているラングフスやレヴェンタルの感情は事実とは異なる。手書きされた筆跡はいずれも重複決定され、不確かである。だが感情は事実を彩ることができる。ヘイドン・ホワイトは、プリーモ・レーヴィの文飾に富んだ散文がどれほど事実に感情を添えるものであるかについて書いたことがある。[43] 手書きの字はそれと似た、感情に訴える力の源泉になると考えることができる。それらの装飾性や強調性は字形に比喩的な性格を与える。記述にそなわった形態は詳細に検討することができ、たとえば「移送」のなかのインクを欠いた線条は、それがどのような感情にもとづいているのかが明確でないとしても、見れば明らかである。手書き文書の感情的な要素に付随して必然的に生じる分析的客観性の欠如は、一部の歴史家にそれらの価値にたいする疑問を抱かせることになるかもしれない。ストーンが述べているように、とりわけ「方法論的に完全に確定している」分野であるホロコーストという文脈においては、そのとおりであろう。[44] しかしビルケナウでの出来事は鋭敏に感じとられていたのである。

ゾンダーコマンドの作業に従事しはじめたころのレヴェンタルは、感情を保ち、憎悪し続けるための苦闘について記している。彼は、「なにがあっても慣れに押し流されず、従順となったり自分を見失ったりしない、そうした個人としての〈人間〉」はごく少数であったと述べている。[45] ゾンダーコマンドの多くが明らかに恐怖の感覚を失い、もしくはそのように見せかけるようになっていた。そうした状況の下では、感情自体が反抗の行為となり、文書を書くことがそうした感情を促す手立てのひとつとなる。書くという行為が、それが生み出す言葉と同様に、感情を表現するための不可欠な手段となるのである。それぞれの筆跡のうねりや筆圧に生気を与える情動が存在していたという認識は決定的である。それは歴史的な重要性をもつ。現存する手書き文書に取り組むことによってはじめて、そうした心の状態のいくつかの側面を十全にたどることができるのである。

言葉は情動を記述し、表し、関係づけることができる。だが手にこめた力や、一語一句を刻むペンと頁は、もうひとつの同じように興味をそそる感情の領域をなしている。ナジャリがたとえばその手紙のなかで、ΕΛΛΑΣ もしくは HELLAS〔ヘラス、ギリシャの古代ギリシャ語名〕を注意深く綴るとき、その綴り方には疑いなく強烈な自負がみられる（第五章掲載、**写真5・1**を参照のこと）。ほかの手書き文字が筆記体で書かれているのにたいして、この語は大文字で記されている。そのように書くためにはペンを紙の上でくりかえし行き来させる必要があるだろう。おそらくこの文書を書いたときの困難な状況を考えると、祖国を指すこの名称にたいするナジャリの意識は注目に値する。ほかの字のなかにあって、明らかにきわだつことで、この語は感情そのものを表現している。印刷された語句では、それが愛国主義的なのかを問わず、この種の心情の表現はできない。動作の軌跡や費やされる気力、そのために要する時間のうちに包含されているのは情動であり、それを筆跡が指し示している。ナジャリの手紙の、その歴史的な文書としての意義を十分に評価するためには、それが記述されたときの気分に留意する必要があるのである。

この留意は、これらの手書き文書のなかのいっそう傷んだ箇所を判読する過程ともしばしば密接につながっている。判読を保証する一方で判読されることに抵抗もする、そのような不完全な判読性をもつことによって、書くことは別のなにものかになる。言葉の断片を凝視し、組み合わせてはじめて意味をなす文字を見つけだそうとしていると、あるいはペンの軌跡をたどりながら、そこにある染みが人間の意思によるのか、それともちりや湿気によるのかを識別しようとしていると、不可解な感覚がおこる。クレイグ・ドウォーキンは、ほとんど判読できない原文を読む「読み手は、通常の読み手が普通、見落としてしまうような視覚的認知のもっともささいな側面をくりかえし意識させられる。たとえば読書をしている空間の全体状況や書物の立体性、読み手の全身の身体的特徴などである。それらは文書と精神的に直接かかわりあっているという幻想のなかで、もはや無視できないものとなる」と述べている[46]。そうしたとき研究者の応答を呼び覚ますのは、言葉の意味よりも、むしろ言葉が動作のなされたしるるし、記録としてのみ存在する瞬間なのである。一方が他方に応答している、もしくは応答しようとしているのである。

「アウシュヴィッツの巻物」をこのように読むためには、その副次的な語り《サブナラティヴ》の次元に留意し、筆跡に精通するとともに、それらをつくりだした手の動きをたどってみる必要がある。レベッカ・シュナイダーは、ある動作が時を超えて思い出されるならば、それは反復され、さまざまな時間性で脈打つかもしれない、と述べた[47]。書いている手の動きをたどる行為、その動作を現在に再現することは、当時と今とが重なりあわさった状態へと導くかもしれないのである。シュナイダーは「何度もなんども繰り返された行為は、それが崩れていたり、部分的もしくは不完全であったりしていても、いつまでも残存するある種の耐久力をもつ。しかもある意味で、それ自体を再現するいわば生きた「文書」として役立ちさえもする」と主張する[48]。この種の反復動作は感情にかんする洞察をもたらしうるのであり、それゆえ証拠としての地位をもつ。〔とはいえ〕手書き文書の筆跡の背後にある感情は、そこに存在することがはっきりしているとしても、確信をもって同定することはできない。このことはすでにわれわれが認めていることである。

文書のなかの情動が不確かな存在であるとしても、このことはかならずしも否定的な意味をもたない。ドミニク・ラカプラは、ホロコーストの証言にたいする感情移入にもとづいた応答について熱心に論じている。ラカプラはそれを「捨て去ったかもしれない他者の体験の感情的次元を、限られた範囲で回復」しようとする「無感覚化への対抗措置」と考える。[49] 感情移入にもとづくこの種の応答には、他者の体験を奪うことなく、そのトラウマ体験に応答することが含まれる。[50] ラカプラはこの過程を「感情移入がもたらす揺らぎ」と呼ぶ。それは他者の痛みと同化したり、同一化したりすることではなく、むしろ親密な距離感を保ちつつ認識することである。感情移入がもたらす揺らぎは自我を過去に関与させる。[51] それは限られた感情理解を生み、他者の感情にたいする、不完全ではあっても、洞察にみちた感覚をもたらす。「巻物」の筆跡に込められた情動的な要素に心を開く歴史家は、この種の意識をもつことができる。必然的に、それは部分的であり、捉えがたくはある。

参照枠

「巻物」はいずれもいろいろな器に収めて埋められた。それらの容器の大部分は現在失われている。現在ロシアにあるザルマン・グラドフスキの手書き文書はドイツでつくられたアルミニウム製の水筒に入れてあった。[52] この水筒はサンクトペテルブルクで文書といっしょに保存されている。グラドフスキの「地獄の心臓部にて」は掘り出されたブリキ箱のなかに隠されていたが、箱は失われた。[53] ハイム・ヘルマンの手紙は瓶のなかに隠してあったが、瓶はその後捨てられてしまう。ラングフスの「移送」は掘り出されたとき、壊れたガラスの容器に収められていた。[54] 傷んだこの器は捨てられたと考えられる。長いあいだ「作者不詳の手書き文書」として知られてきた筆記帳はジャーのなかにしまわれていた。[55] ラングフスとレヴェンタルの手書き文書はいっしょに埋められていた。油布に包まれ、ブリキの蓋をもつ携帯瓶ともされる大きなガラスの広口瓶に入れて保護されていた。[56] その写真が残っているが、瓶の所在は不明である。レヴェンタルの補遺とウーチの手書き文書は飯盒のなかに隠されていた。だがもはやそのありかはわからない。ナジャリの手紙は魔法瓶に隠して、革の手提げ鞄にしまわれていた。それらはいずれもアウシュヴィッツ＝ビルケナウ国立博物館が所蔵する。

「巻物」を収めて埋められた器にたいする関心は今日まで薄かった。それらは日常使われたありきたりの品で、書き物をもっぱら保護するために用いられた。これらの日用品は、収めた文書を守るための、いわば手のこんだブックカバーであり、まにあわせのものであった。手書き文書が発見されれば、その使命を終え、用済みとなるものである。しかしながらカバーの役割をもつこれらの品は重要な意味をもつ。それらは明らかに、移送からガス室に直行させられた人びとが脱衣室に残していった所持品である。飯盒やおそらく水筒は、収容所の支給品であろう。[57] 瓶やジャーがガス室に持ち込まれていたのだとすれば、収容所に着くまでに必要であった食料がそのなかにまだ残っていたかもしれない。手提げ鞄には貴重であった紙が入っていた可能性が十分あり、ナジャリが書き記した白紙もそうしたものであったと考えられる。彼は鞄の中身を目にして自然と書く気持ちになり、好機をとらえて手紙をしたためたのかもしれない。彼の文書の収納の仕方は、もっとも巧妙な部類に入るものの、即席の急ごしらえではあった。

書き物を収めたさまざまな容器が、文書にかかわる話の一部をなしていることに留意したい。手書き文書はそのような保管がなされなければ残ることがなかった。ディディ＝ユベルマンは、ゾンダーコマンドの一員であったアレックスがひそかに撮った二枚の写真のなかの陰の部分について論じているが、容器はこの点で似たものとなる。その陰はクレマトリウムの壁がつくりだしたものだが、写真が編集されるときしばしばトリミングされ、取り除かれている。ディディ＝ユベルマンは、そうした行為が画像からそれらの現象学を、すなわち「それらをひとつの**出来事**にしていた事柄のすべて」（経過、作業、物理的な感触）を奪い去るものであるとして非難している。[58] 陰を取り除くことは「危険を冒した「アレックス」を、そして、**抵抗運動の活動家**［résistant］としての彼の巧妙さを侮辱しているのも同然なのである」[59]。「巻物」の隠され方、すなわちそれらを守るために費やされた努力や工夫についての考察を、アレックスの危険にみちた行為を黙殺することと、同列に論じることはできない。とはいえ、失われたジャーや瓶、あるいは保存された水筒や携帯瓶は、情報を後に残そうとする願いや決意をあらわしている。これらの目立たない品々もまた感情がもつ力をうちに秘めている。

くわえて、これらの品々が埋められた状況を説明しようとするなら、ディディ＝ユベルマンが述べていることと同種の重要な現象学的な意味が加わることになる。この意味は写真の場合と同様に、想像力によって再構成することができる。文書をさまざまな所に注意深く配置したこと、あるいは歩哨小屋の近くで「仕事」を引き受けながら大切な品を入れた容器を慎重に埋めたこと、そうしたことが想像できる。たとえばナジャリの手提げ鞄を見つけた場所は詳細に記録されているが、そこは収容所の主要な建造物からの視界がクレマトリウムによって遮られていた。と同時に、ナジャリの選んだこの地点は監視塔に比較的近い。したがって文書を埋めることは明白な危険を伴った。手書き文書を収めた人工物は、このことを自らは語らない。それらは沈黙している。しかしこれらの品々がクレマトリウムの敷地に埋められたときの状況を意識的に再現することはできる。それによって、それらに代わって語ることができるのである。

ハイム・ヘルマンの手紙を一九四五年二月に見つけた医師アンジェイ・ザオルスキがまさにそれをした。彼は堆積した人灰の上層から出てきた瓶のなかに手紙を発見したが、報告のなかで彼は、それが手紙を収容所の外にもち出すためであったと推測する。灰はソワ川に投棄されており、ザオルスキは瓶が意図的にその灰に埋められたと考えたのである。灰がいったん川に投棄されれば、瓶は流れのままに漂い、見つけられて拾われる。ザオルスキはそう推論し、ヘルマンがクレマトリウムの内部から家族に連絡をとるために凝らした工夫を想像的に再構成した。[60] ヘルマンがその手紙のなかで、手紙を埋めることについて言及していることを考えると、この解釈の妥当性には疑問も残る。[61] とはいえ容器とその収納物は、過去の出来事の創造的な再構成を促した。

灰や地中にいちど埋められた紙、金属、シリカ〔砂などの主成分〕、繊維は、不活性のままであることはなく、化学反応をおこし、変質する。ナジャリの手提げ鞄の場合、魔法瓶のガラス器が革をつよく圧迫し、鞄の茶色の皮革にスペクトル状に瓶の跡をつけた。それは何本かのクリーム色の畝状の線となって、鞄全体についている。この模様は、レヴェンタルが日記といっしょに埋めた装飾をほどこした金属細工の腕輪によって生じた、ウーチでつけられていた日記の紙面に残る仮像《ゴースト》を想起させる。この腕輪はウーチ・ゲットーでつくられ、その情景を伝えている。レヴェンタルは腕輪が表象的な潜在力をもつことから、まさにこの装飾品を選んだようである。彼は、のちにアーカイヴともなりうるゲットーにかんする素材を意識的に集めていたふしがある。この場合、日記が腕輪に代わって語ることになる。だが腕輪もまた、書き物と同様の記録資料の一形態であった。ゾンダーコマンドたちは、文書は物であるが物もまた記録すると考えたのであり、腕輪を埋めたことは歯の場合と同様に、そうした彼らの認識を証明するのである。

証言の再制作《リマスター》

文書はいずれも退色している。その一部は素材の分解や化学反応による。それらはどれもジェーン・ベネットの言うところの「命を宿す物質性」〔vital materiality〕を呈している。ベネットは事物を「客体としてより行為主体として」考察する手立てとしてこの表現を編み出した[62]。書き物の命を宿す物質性がそれらを劣化させる。保管容器内の湿度によりインクは色褪せ、不鮮明になる。紙は地中に埋められていると、湿気によってカリミョウバンロジン〔天然樹脂の一種〕のサイジング剤〔紙の性能を向上させる糊剤〕が化学変化を起こして強い腐食性をもつ硫酸を発生させるため、ぼろぼろになる。サイジングは疎水性の紙をつくるためのひとつの工程であり、インクが紙になじんで、広がったりにじんだりするのを防ぐが、同時に劣化にたいする紙の耐久性を失わせる。読みやすくさせることが紙の寿命を短くするのである。書き物が劣化することから、アウシュヴィッツ゠ビルケナウ国立博物館は文書の保存に全力をあげてきた。しかし歴史的には、その努力がつねにしかるべき成果を上げてきたわけではない。ラングフスとレヴェンタルの手書き文書は一九六二年にいっしょに発見されたが、湿気のため傷んでいて、テクストのおよそ四〇パーセントが判読困難であった。このため頁を乾燥し、そののちラミネート加工した。この保存処理では、薄紙とセルロースアセテート〔プラスティックの一種〕のシートのあいだに一枚一枚、頁をはさみ、ついでそれを熱した圧搾機にかけて樹脂とともに溶解することが行われた。こうした処理は用紙そのものを丈夫にし、文字どおり批判の余地のないものにした。

ラミネート加工された文書は読みにくい。薄紙があっても、光を反射する「雑音《ノイズ》」としての光沢があり、見えにくくする。文書の各頁を覆う薄紙は目に見えるかたちでそれを黙らせもする。くわえてセルロースアセテートが不安定であるため、紙に浸透した樹脂が変質しうる。こうした場合、樹脂加工したシートのなかには泡状の跡が残ったり、反ったりするものが出てくるので、変質は目で見てそれとはっきりわかる。したがってこうした方法で手書き文書を保存しようとすることは、あとから考えれば適切でなかったことになる。博物館はこの手法による文書の処理を、ナジャリの手紙が偶然発見された一九八〇年までには放棄していた。ところがナジャリの手紙もまた保存処理された。すなわち用紙が修復されたのである。発見された当時、手紙の頁の端には破れ目があったが、現在それらは補われ、繕われている。また紙は反って波打ち、縁の部分が有機物《デトリタス》のために退色し、変色していたが、現在は平らで、しかも漂白されて色調がより均一となり、ほぼ一定のベージュ色をしている。手紙は掘りだされたときの外観を保つようにされただけでなく、修復もなされたのである。紙を「完全なもの」にするために、もとに戻せなくなる処理が行われたのである。紙の変色はいまや最小限にとどめられ、縁はくっきりし、破れ目もない。だが判読が難しいほどに薄れたインクをもとに戻すことはもはや不可能となった。

博物館は所蔵するほかの手書き文書も保存管理している。もしナジャリの手紙の事例がひとつのひな形であるとすると、少なからぬ不安を抱かせる。ラングフスの「移送」とレヴェンタルの補遺にはいずれも劣化と乱丁がみられるが、それは証言価値の決定的な一面をなしている。この側面はナジャリの手紙の場合、かなり失われてしまったが、ラミネート加工された文書ではそれが保存された。頑固な傷みが頁の乱丁を防ぐことになったのである。レヴェンタルの筆記帳を綴じている留め金《ステープル》が湿気のため腐食し、そのさびが紙に広がって中まで浸食し、焦げたように見える。酸化鉄が紙に穴をあけ、その大きな褐色の染みはロールシャッハテストを連想させる。留め金の破壊的な作用は対向の頁に及ぶことで倍加し、破れ目をこしらえている。それはときに対称形となって亀裂のようになり、偶然ながら不安な表情をした顔を思わせる。もし手書き文書がもっとあとに見つけられていたならば、退色をできるだけ少なくしたり破れ目を繕ったりといった、手紙と同様の方法による処理がなされていたに違いない。

ところで手書き文書の腐食は、それぞれの顛末を物語る重要な要素である。それは必要に迫られて埋めて隠されたことを示している。「移送」を収める帳簿の多くの頁が見せる古色もまた、けっして意味をもたなくはない。グラドフスキは「坑のなかで、血にまみれた、完全に焼き尽くされていない人骨、肉片」に混った文書に言及している。[63] こうした状況下での死体の埋葬は、ビルケナウで犯された殺戮の物理的な痕跡を手書き文書に残す。手書き文書を入れたジャーが砕け、なかの文書が湿った土に接すると、そこにはナチが隠蔽しようとした犯罪がしみ込む。「移送」には殺戮についての記述以上のことが刻みこまれている。それは墓場となっている。頁には死者がつけた染みが、犯罪の証拠が刻印されている。科学捜査官のエドモン・ロカールは極小の破片が「沈黙の目撃証人」として証拠の痕跡となることについて記している。[64] だがこの証言はそれが吟味され、重要性が認められたときに語ることができるようになる。ロカールはさらに、土を「砕かれた破片の堆積物」と規定する。[65] 帳簿の頁に付着する「土」は人道にたいする罪が犯された現場のものである。

博物館で進められている修復事業の背後でそれを動かしている力は、「理解しにくい創造的な作業を許容する」ことができないようである。[66] 文書のほころびや染みはそれらの文書を損なうものとして捉えられている。それらは判読を邪魔するのである。手書き文書の歴史的な価値は書かれた記述であるという点にこそある。したがってそこに書かれた語句をできるだけ容易に読めるようにすることが目標となる。ナジャリの手紙は明らかに魔法瓶に収まるように折りたたまれた。元の状態ではそれが明白であった。ところが今はすべての頁が平らにされている。ネリー・バロフェットは、平らでない紙は「折り目の記憶」をもつと述べる。[67]この記憶がナジャリの手紙の場合、圧殺されてしまっている。修復作業は、それが意図的であるかどうかを問わず、記憶喪失的なものである。いっそうはっきりと記憶しようとして、物理的な忘却が生じてしまうのである。

アウシュヴィッツ博物館がどうやらなし遂げようとしている純粋な情報伝達に代わる手立ては、その文書が存在していたいつかほかの時点を選んでそのときの状態に戻そうとすることではなく、むしろ文書に埋め込まれた異なる時間性を受け入れることである。それは文書が書かれ、隠され、発見されたその時々の時点にかぎらず、文書がどう取り扱われ、ポーランドで起きたショアの記憶についてわれわれになにを語るのかということの歴史全体を受け入れることでもある。もちろんこのことはこれらの時点のあいだにある差異を認め、ときにそのうちのひとつを再現して焦点を当てようと試みることをあらかじめ排除するものではないが、それ以外のいかなる時点も、見過ごすか削除すればすむといった、たんなる邪魔物ではないことも意味している。

レヴェンタルが自分の叙述を歴史作品として構想したとき、彼は自分の書いた頁全体に別のテクストが上書きされるとは想像していなかった。しかし湿気や留め金が引き起こす傷みは、まさに別の類の歴史の語り《ナラティヴ》を生む。そうした語りは承認され、尊重されるのに値する。現存する手書き文書に刻まれた物質的な履歴は、それらが埋められたことの影響を物語るとともに、そのように隠す必要があった恐ろしい状況を補強する。しかも文書のなかには犯罪の跡を留めるものもある。修復作業はこれらの強力な語りの芽を摘みとる恐れがある。修復の手が入っていない文書は、語りの二つの形態のあいだを行き来する共生関係を体現している。手書き文書の物質性は記述を特徴づけ、屈折させる。トラウマに関連して、ラカプラは「まさしく話し方や口調においてそれらが扱う出来事の性質と衝撃を過度に客観化しようとしたり、取り繕おうとしたりし、もしくは消し去ろうとしたりする」表象の様式《モード》に反対する議論を行っている。[68] ラカプラは、トラウマ体験にかんして受け入れられる記述とは「〔それが〕相当程度トラウマを刻印するものであるか、トラウマがそれ自体の経過のなかで書き留めるようにしたものでなければならない」と述べている。[69]
「移送」のような手書き文書やゾンダーコマンドの蜂起をめぐるレヴェンタルの記述に見られる、不測の中断や途切れとぎれの文章は、ラカプラの考えるトラウマ体験に則しているようであることを例証している。トラウマは「体験のとぎれや空白を生む」のであり、それは手書き文書の穴のあいたような文体に反映されている。[70] それらの記述のなかの「ノイズ」はそれゆえ欠陥としてではなく、ゾンダーコマンドたちが耐え忍んだ出来事の破局的な性格を伝える重要な手立てとして捉えるべきなのである。レヴェンタルの文書には「多くの脱落があってきわめて読みにくい」とストーンが語るとき、彼は実際の逆境だけでなく、精神的な苦難にも言及している。[71] 記述のなかの断裂をはじめインクのにじみやかすれ、紙の破れ目は一体となって、読み手をトラウマの形象に結びつける。断裂はまた語りの一貫性を崩す。ジェイムズ・ヤングが記しているように、語りはすさまじい出来事を「解決」しようするように思われる。それらの出来事を、かけ離れた別の事柄と考えて、記述しないのではなく、つじつまが合った記述に変えるためである。彼は「出来事はいったん書かれると、語りが必然的に課す一貫性の覆いを引き受け、同化できないトラウマを緩和する」と述べる。[72] 本書で言及した物理的な現象は、語りがそうした救済状態を難なく引き受けることを妨げる。文書の物質性がトラウマとなる事柄の緩和を妨げるように作用するのである。この物質性が、強引な修復作業によって覆い隠されてしまうのであり、文書を写し取ったもので読んだとき判然としなくなるのである。手書き文書が負うトラウマの歴史はそれらのなかに埋め込まれている。物理的状態は興味深い事象なのである。

過去に触れる

ラカプラは古文書の研究を「過剰な客観化、純粋に形式的な分析、そして語りとの一致」と結びつけて考えている。[73] この場合、そうした仕事に従事する歴史家は、資料を精査し、情報の断片を抽出したのち、ある出来事の事実にかんする首尾一貫した記述を冷静に結びつける者とされる。この超然とした研究手法はトラウマ体験に忠実とはいえない歴史を生みだす。だが多くの歴史家が、こうした距離をとることなくして歴史を記述することはできないと主張するに違いない。既述のとおり、歴史は表象的な作業であり、過去と距離を保って行うことが求められる。歴史家は現在と過去のあいだの隔たりから考察する。今もなお、歴史家には「歴史は事実のうちに「隠され」ており、歴史を語るということは、そこにすでにあるものを探しだし、顕在化させることである」と信じる者がいる。[74] しかしながら大多数は、歴史が発見されるものであるというより、創造されるものであることを認めるであろう。それは表象的な作業から現れ、正当と認められる確信にもとづいて、過去にかんする知識を作り出す。歴史は「記述者による仮定と語りの選択」とを伴う「テクスト上の実体」なのである。[75]

だがビルケナウのゾンダーコマンドの手書き文書は、既述のとおり、それらが言及している進行中の出来事の内部から書かれた語りであり、歴史である。叙述の行われた物理的素材は、証拠としての意義をもつ歴史的な人工物である。手書き文書は歴史的な意味をもつ材料から創造されている。マンスロウは「歴史家は「過去に戻ること《バック・トゥー・ザ・パスト》」から逃れることができると信じる場合にだけ、説明的な語りをいまここで書くことを本気で疑おうとするだろう」と言明する。[76] 彼はまた「歴史家が過去を歴史**と**融合させることができる唯一の方法は、過去**と**歴史とが存在論的に別個であるという状況を無視することである」と述べている。[77] だが「巻物」の作者たちは、まだ到来していない未来から考えている。そして「わたしが書いたことにもとづいて、自分たちのことを未来に判断してもらおう」と記すのである。[78] 彼らは、自分たちがその渦中にいる恐ろしい出来事が過去になるのを思い描くが、過去が依然として彼らにとっての現在であることを知っている。それゆえに彼らの書く歴史は、通常考えられている歴史の記述の仕方を問題にするものとなる。たとえば歴史をめぐるレヴェンタルの作品についていまという時点で書くことが、過去を回顧することであるのは論をまたない。われわれは異なる時点から書いているのである。ところがレヴェンタル自身は過去と現在とを分けること、あるいは過去と過去の歴史とを分けることにかんして、複雑な立場を占めているのである。

ビルケナウでは、過去と歴史記述の過程、もしくは過去と歴史とが短期間一致しないことがあった。マンスロウは「過去は物理的な対象のなかに任意に存在することができるが、「過去性」の概念はそれらに内在することはない。それは性質なり属性、もしくはそれらの物に課せられた価値であって、われわれはそれを「歴史」と呼んでいる」と主張している。[79] しかしゾンダーコマンドの書き物や地中に埋めた歯は、いつか過去となる一種の歴史をなしており、またのちの歴史の記述に用いられることになるものと考えられていた。レヴェンタルは自分の現在の歴史を書いたと言うことができる。ビルケナウのクレマトリウムの構内で生み出された歴史は、すでに起きた出来事について言及している。それらは、全面的ではないにしろ、回顧してつくられている。たとえば筆跡がもつ意味を吟味することは、ちょうど過ぎ去った時間が紙に書き留められ、語りの選択がなされたように、現在もまた歴史になりつつあったことを明らかにすることである。文書の制作が困難な状況は、言葉が以前の時期を記述するのと同時に、ありありと記録されていた。たとえばナジャリの手紙のいびつな字体において歴史と過去とは結合している。インクのなかに存在する現在、生まれつつある歴史は、それが指し示す過去から切り離すことはできない。またそれとは異なる仕方であるが、歴史と過去はラングフスの「手記」のなかでほとんど融合しているのである。このことは第三章で詳しく論じたい。

ガス室に到着する〔移送列車の〕運行情報を列記した作者不詳の一覧表は、ラングフスとレヴェンタルの手書き文書といっしょに埋められていた。それは、記述が過去と歴史とが混じり合ったり衝突したりする場となることを示す、もうひとつの事例となる。このリストは、ビルケナウで一九四四年十月に実行された一連の大量殺人の順序を記すものである。それは見たところ犯行を列挙したたんなる事実の羅列であり、過去を振り返って書かれた必要最小限の語りである。〔ベル・マルクの〕『アウシュヴィッツの巻物』に記された表の転載のされ方はこうした解釈を裏づける。[80] だがその表記の仕方は、当時の状況を説明しているのである（写真1・1）。それは十月六日（マルクはこの箇所を九日と読み誤っている）からはじまり、そこにはドイツから八百人が搬送されたことを示す細目が記されている。このあとにさらに二十六行が続き、各々にその到着日と個々の搬送の構成、そして人びとが殺害されたクレマトリウムが列記されている。それは、テレジン〔収容所〕からの家族の一団であった二千人の人びとが搬送された十月二十四日で終わる。これら横方向の各行には、日付順に一番早かった搬送から最後に行われたものまでが記され、用紙の大部分を占める。ところがそれらにたいして縦方向に書かれたメモの行がある。これは十月七日に行われたゾンダーコマンド四六〇名の処刑についての詳細である。[81]

この行はあとから追記されたようである。日付順からすれば、表の二行目に置かれてしかるべきであった。ところがそれは箇条書きの日誌とははっきり区別されている。一連の出来事から隔てられ、注意深く、意図的に切り離されている。表の一番下に行を追加する余白があるにもかかわらず、書き手はそうせずに、頁を回転させることを選んだ。読み手もこの動作を繰り返すことが求められ、行に書かれた内容を読み解こうと紙を実際に動かすことになる。この動作は、ゾンダーコマンドと表に載っているほかの収容者との違いを、動作によって肯定するものとなる。頁に記されたゾンダーコマンドの死亡事項の位置はまた、集団間の階層差を、細部は別にしてはっきりと証言する。この表を作成した班員は情報の記録の仕方をとおして、ゾンダーコマンドがほかの収容者との関係をどのように捉えていたかを明らかにしている。彼が過去の出来事を記述するときですら、その行為が彼の現在の状況を物語ることになる。表のなかで歴史と過去とが、現在とそれ以前とが交差する。この過去と歴史の尋常でない融合が及ぼす作用は現在において感じ取ることができる。文書を取り扱っていると、過去と出会っているという強烈な感覚が生じる。フィオナ・キャンドリンはその『美術品、博物館および感触』のなかで、古い人工物に触れるとき「深い愛惜と感動」に駆られることがあると述べている。[82] 手書き文書を手にし、傷んだこれらの資料を研究することは、その当時のビルケナウへと至る不確かで手さぐりの通り道を用意するかのようである。

崇高な歴史経験

フランク・アンカースミットは『崇高な歴史経験』のなかで、現在において過去を体験することが可能と

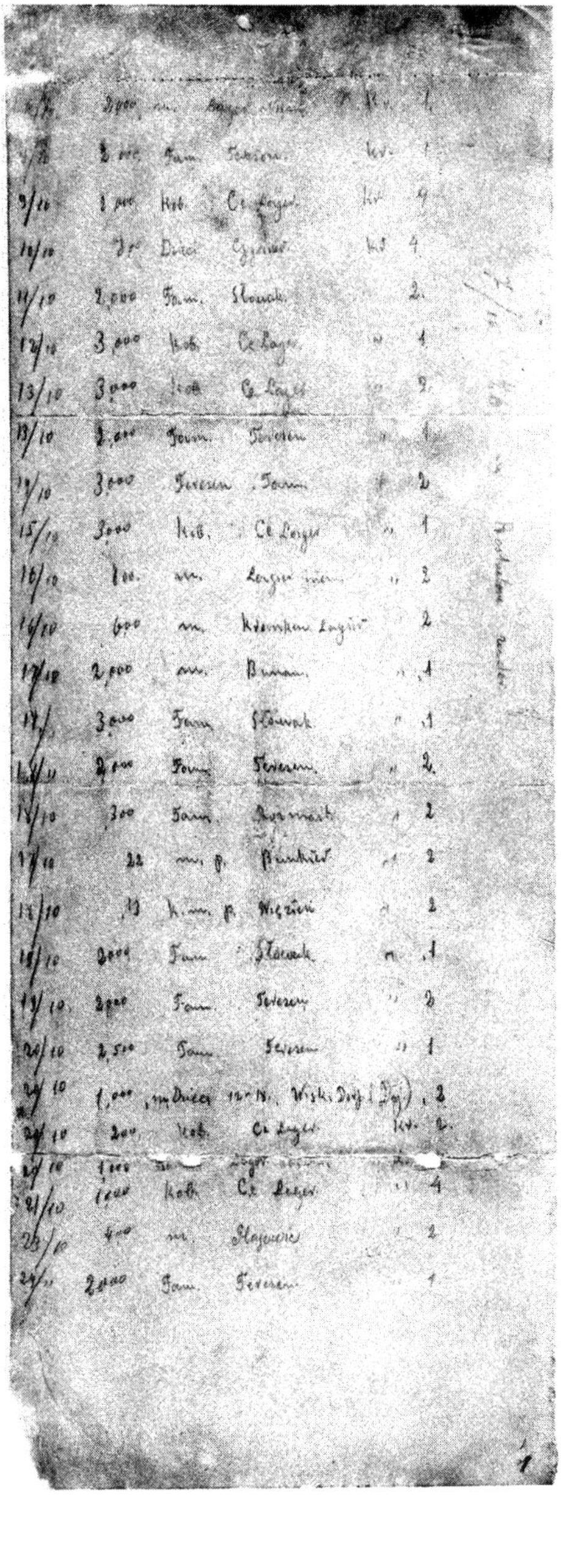

写真 1・1　ザルマン・レヴェンタルの文書といっしょに発見された鉛筆で記されたポーランド語のリスト．ゾンダーコマンドの班員 460 名の射殺が右側に記されている．
以下，写真はアウシュヴィッツ＝ビルケナウ国立博物館の提供による．

なる状況について述べている。この体験は媒介のない直接的なものである。言語と経験との関係についてのリチャード・ローティの概念を説明するとき、アンカースミットは「言語と世界は用紙の両面のようにしっかりと結びついており、その用紙の表と裏がそうであるように、経験の自律性（および優先順位）にはわずかな余地しか残されていない」と述べる。[83] この関係を説明するために紙を象徴的に使っているのは説得力がある。紙は木材パルプであり、有機物であって物質世界のものである。通常、言葉を書きつけるために用いられ、その上に、またそれを通じて言語が姿を現すことのできる場を用意する。もちろん紙もつねにすでに意味をもっている。アンカースミットはここではその比喩的な潜在力をみごとに説明している。白紙もまた物語る。それは文明や技術の進歩、もしくはここでのアンカースミットの場合のように、記号とそれらの指示物との関係を意味するのである。

　しかしながら紙は言語のひとつの表現であることに留まらない。ジュディス・バトラーの物と意味作用《シニフィカシオン》との関係をめぐる明快な省察はこの点で有益である。バトラーは、身体の物質性は「一組のシニフィアン〔表わしているもの〕に還元できるような、たんなる言語作用にしかすぎないもの」ではないと論じる。[84] シニフィアン自体が物質的なのである。バトラーはさらに物質性は「最初から意味作用と不可分の関係にある」と述べる。[85] 物質性と意味作用を分けることはできないのである。しかしながらシニフィアンによってはそれを無意味なものとして見落としてしまう傾向がある。たとえばゾンダーコマンドの手書き文書との関連でいえば、言葉だけが問題になるものとして読まれてきた。言葉は、それらを灰や土の中でながらく持続させてきたインクから、あるいは身体の活力や腕力、情動的な勢いの痕跡から分離することができると考えられている。しかしこのインクこそが重要な箇所で、文書の書き手たちが書いていた過去の記述に歴史を充満させることになったのである。インクが歴史と過去とをつなぎあわせている。それがまた今日のアウシュヴィッツのアーカイヴにおける作業で、歴史家を過去に引き寄せているのである。

アンカースミットはバトラー（もしくはローティ）の言語概念に同調しない。彼は言葉を伴わないインク、考えたり作られたりしていない物質のほうを好む。アンカースミットは絵具（そしてたぶんペンやインク）のような物が、言語とは無関係なものとして、「世界の真正な経験」を提供することができると考える。[86] これらの物は、言語と現実とのあいだの透明度を高める手立てをもたらす。アンカースミットは「過去の喪失とは、言語と現実との関係におけるこの透明度の喪失**である**」と論じる。[87] もし言語と現実との関係に崇高な非決定性がもたらされるなら、「まさにそのとき過去はわれわれの心のなかに入り込む」。[88] こうした非決定な状況を、ビルケナウの手書き文書は促しているということができる。手書き文書はわれわれにとっての過去を表象しているが、それらの表象の様式《モード》こそがその過去なのである。手書き文書には表象を超える次元がある。それは語り《ナラティヴ》でなく、語ることができるものでもない。この非－語り的な要素が、崇高な歴史経験の触媒をなしているのである。

このような経験では、主観性は一時的に停止状態に置かれ、存在することを止めるが、それによって人は感情や経験に圧倒されることになる。[89] 激しい苦痛は、「経験の主体をもたない経験への移行」に類似する事柄を引き起こすことがある、とアンカースミットは主張する。[90] こうした形態の経験は、気分や感情を含んでいる。アンカースミットにとって、それらは言語を超える。[91] アンカースミットは、言語よりむしろその喪失が、この感情を記録することを可能にすると考えるのである。このこととの関連でいえば、ゾンダーコマンドの文書は、それらにある脱落やインクによるにじみを通じて、この喪失を演じているとみることができる。だがそれらはアンカースミットの見解の例証とはならない。それらは崇高な歴史経験が「どのように見える」のかを、たんに表象しているのではない。それらのにじみや穴のあいた表面が、そうした経験を育むのである。

アンカースミットは歴史文書が崇高な歴史をもたらしたり、培ったりすることができるとは考えない。彼は「文書が疑いなく提示している経験的な土台は、歴史家が過去を構築していくことを許すが、過去を（実際にあったとおりに）再＝構築することではない」と言明する。[92] 彼は、文書は「過去がどのようなものであったのかを推測するための**証拠**として機能するかもしれないが、それらの推測が過去自体に反していないかどうかを検証することはけっしてできないので、その実際の本質を開示することには至らない」と付け加えている。[93] 崇高な歴史経験の条件を生み出すことのできる文化的な人工物として彼が好んで取り上げる例は、ヴェネツィアの画家フランチェスコ・グアルディの美術作品『ランタンのあるアーケード』である。それは彼を、倦怠感が漂うアンシャン・レジーム〔フランス革命前の旧体制〕の雰囲気に誘わせるという。[94] アンカースミットにとって「崇高な歴史経験とは、現在を離脱しつつある過去を経験することである」。[95] 過去と現在はまだ別個の範疇に属していない。「これら二つのあいだにいかなる隔たりも」まだ存在しないのである。[96] しかし過去は生じつつある。そうしたときに「新たな世界に立ち入ってしまったという歴史家のトラウマ的な体験、そして以前の世界を永久に失ったという取り返しのつかなさの意識のなかから、過去が生まれる」のである。[97]

アンカースミットは、ホロコーストがこの種の出来事に属するとは考えていない。ホロコーストは、西洋文明が「新世界に入ることを強いられたために、旧世界をトラウマ的に喪失するという経験をすることになった」危機的な局面ではないのである。[98] 彼は「ホロコーストが、**この**意味で、そうしたトラウマ的な経験であったという証拠はこれまでのところない」と主張する。[99] これはこの出来事を、たとえば中世の過去やフランス革命とは異なるものにする。文明が以前のアイデンティティを永久に捨て去り、切れ目をつくり、自らにとっての過去をつくり出したと感じるような、そうした集団的なトラウマを、ホロコーストは引き起こさなかったというのである。だがホロコーストが与えた総体的な影響を考えれば、この解釈はおおいに問題がある。〔ホロコーストという〕出来事が与えた衝撃についてのアンカースミットの推論は、ものごとを均質化して捉えようとする彼の姿勢によって身動きがとれなくされている。彼にとって文明は、ひとつの歴史上の出来事によってトラウマを被っているか、いないかのいずれかなのである。そこにはニュアンスの余地がない。フランス革命が、たとえばヨーロッパの多くの人びとの自己意識に重大な影響を与えず、心にほとんど刻まれることがなかったかもしれないということを受け入れない。またヨーロッパ文明の欠くことのできない一部をなすユダヤ人にとって、ホロコーストが歴史的な断絶なり、崇高な歴史経験なりを引き起こしたことを認めないのである。アロン・コンフィノの研究にみられるように、一九三〇年代と四〇年代に生きた人びとの多くはナチ・ドイツの出現とフランス革命とをよく比べていたが、そうしたことの理解も欠落している。[100]コンフィノはまた、ホロコーストがいまやフランス革命と同様の「歴史上の新しい出来事」として受け止められている、とも述べているのである。[101]

多くの思想家が歴史的な断絶を示す事例としてホロコーストをあげている。アーサー・コーエンは、畏怖すべきものを生じさせるものとしてこの出来事を理解する必要があることを強調する。畏怖すべきものは「歴史的なものの深み」なのである。[102]それは「恐怖の範疇を超える恐怖である。それゆえに人によっては、というよりむしろ多くの者にとって受け入れがたいものである。その一方で、皆が認める恐怖（原爆の投下やベトナムにおける催奇形性のある汚染物質の使用）はいくぶん中和され、その恐ろしさが剝ぎとられている」。[103]ジャン＝フランソワ・リオタールも同様に、裂け目というものが存在し、それは芸術によって記録されているると論じている。アウシュヴィッツ後も芸術は存続するが、その性格は変わり、自らの論理にもとづいてもっぱら疑うために現在において証言するものとなっている。アウシュヴィッツ後においては「それ〔芸術〕は言い表せない事柄を言わない。だがそれを言えないと言うのである」。[104] ここで言い表せないものとは、崇高なもの、ホロコーストの惨事という思考を超えたものである。リオタールからすれば、この破局はもはや取り返しのつかないほどに芸術の自己信頼を揺るがすものであった。この主張については、ゾンダーコマンドの記述を分析した以後の章で、暗に疑問を呈することになる。

ところがアンカースミットはこの破局、恐怖を認めない。彼はホロコーストがヨーロッパの多くの人びとに新たな歴史意識をもたせたことを認めないし、認めないであろう。この芽生えつつある意識、発現しつつあるトラウマは、ゾンダーコマンドの手書き文書のなかにすでに刻まれている。レヴェンタルは彼が「文明化されたヨーロッパの中心」で目撃したことが信じられないであろうことを知りながら記している。[105] 彼は「ひとつの裂け目［obgrund］が口を開いた」と言明する。[106] 彼の歴史はこの裂け目、出来事の前とその帰結とのあいだに広がる深淵の内側から生みだされている。アンカースミットは、ホロコーストを崇高な歴史経験に道を開くものとして捉えることを拒絶する。そうした拒絶は、いくつかの形態の文化がもつ過去を現在に現出させようとする力と、あの出来事の言表不可能性をめぐる議論とが、どのように関連するのかという難問を、彼が避けて通れるようにしている。

もしホロコーストが崇高な歴史経験であることが認められれば、ビルケナウで作成されたような手書き文書はアンカースミットの論じる美術作品と同様に位置づけることができよう。過去の出来事の残り物として、手書き文書はその気分を、それらのうちに留めている。レヴェンタルやそのほかの者たちの手書き文書は、そのいずれもが歴史経験が現出するために必要であると[107] アンカースミットが述べる「意味と文脈が紡ぐ織物のなかに崇高性の裂け目」を潜在的に用意している。文書は、ときにその文脈をとぎれさせ、それらの少なからぬ感情的な負荷が読み手を圧倒する。そうしたとき書き物は読まれるものであるよりも、感じられるものとなる。「時の気分というものは、聞くことしかできず、見ることのできないものである――。とはいえ、それも現実なのであるが」とアンカースミットは主張する。[108] 彼はそれが音楽であったかのように絵画と出会い、それらの色彩をとおして気分が共鳴すると考えている。史料にかんするアンカースミットの考え方について、マンスロウは「過去はつねに遺物やその雰囲気のなかでわれわれと共にある」と述べる。[109] ゾンダーコマンド文書についた染みやその色合い、あるいはぼやけて忘却のうちに拡散する言葉は、指で触れる破れやすい頁の手触りがそうであるように、そうした雰囲気を醸し出すのである。

文書中の脱落は「転位の語り《ナラティヴ》」や裂け目と中断の語りを生む。それはコンフィノがサユル・フリードレンダーの『絶滅の時代』のなかに見出した事柄と、事実上共通するところがある。[110] フリードレンダーは、展開する大量虐殺についての個々のユダヤ人の証言のまわりにその歴史を組み立てる。そこにはグラドフスキからの抜粋も含まれている。それは短い節でつくられた歴史であり、砕かれた歴史である。コンフィノは、フリードレンダーが歴史記述上の方法から脱落をつくることで、その歴史が「部分的」であり、記述した出来事が「完全には捕捉できていない」ことを示唆している、と考える。[111] 個人の証言が、不完全ではあっても強烈な洞察を読み手に与えることができることを、フリードレンダーは「風景の一部を照らしだす稲妻のようなもの」という言葉で暗示する。[112] ここで直喩が使われているのは啓発的である。稲妻は照らし出すとともに暗くするのであり、盲目と洞察を生じさせるのである。知覚へのこの種の挑戦を促す文書は、アンカースミットが記述しているような「崇高の裂け目」をおそらく内包しているのである。

フランス革命前後の世界観に関連して、アンカースミットは次のような説明をしている。「このようにある表象から別の表象に移り変わるとき、それがひとときのことであるにせよ、人は個々の表象のあいだにある恐ろしい空隙を通らなければならず、一時的に自己表象を完全にもてなくなる無防備の状態を経験せざるをえなくなる」[113]。この空隙は「崇高な歴史経験が自らを告げ知らせるかもしれない」場所である[114]。ゾンダーコマンドの手書き文書の場合、書き物の傷みやすさや乱丁、あるいは判読できない箇所は、ただたんにトラウマ体験を忠実に映し出すだけでなく、アイデンティティを表象することの危機も告げている。文書の書き手たちは、恐怖のなかでその恐ろしさを理解しようと努め、恐怖との関係のなかで自分たちの役割を推し計ろうとしている。彼らの努力は、序文で論じたように、プリーモ・レーヴィが「灰色の領域」と呼んだものについての印象的な記述を生む。この領域はアイデンティティを切り裂いた。次章以降で明らかにされるが、手書き文書の書き手たちは、自分たちの犯している恐ろしい行為と、より広い意味で自分たち自身をどう理解し、表象したらよいのかということと苦闘するときがあった。彼らはそれゆえ自己表象を見出す手立てとして書き物を用いていた。前述のとおり、このためらいがちな自己表象は、言葉そのものだけでなく、言葉を構成する手書きの力強い曲線やねじれのうちにも見出すことができる。文書の物質的な側面は、それらが書かれた歴史的瞬間の気分や恐怖との接点を、読み手がもつことを可能にする。それはアンカースミットが美術作品に見出す崇高な歴史経験と、いくつかの点でいわば類似するのである。

犯罪の痕跡

英国では証拠文書は二種類の証拠の形をとる。法的には「動産‐記載のある紙もしくは羊皮紙といった物、もしくは陳述‐物にある記載の、そのいずれか」と規定される[115]。「アウシュヴィッツの巻物」と照らし合わせると、この規定は示唆に富む。「巻物」は、本章で明らかにしようとしたように、物と陳述の両面からみて証拠としての意味をもつ。これら双方は過去の出来事の痕跡を証拠立てる。エドモン・ロカール〔科学捜査の先駆的研究者〕は一九一〇年、よく知られているように「あらゆる接触は痕跡を残す」と述べた。[116] この考え方はロカールの交換原理として知られるようになった。この原理は「犯罪者はかならずその現場にそれ以前にはなかったなにかを残し、またその者が現場に来たときに所持していなかったなにかを持ち帰る」というものである。[117] 犯罪現場に残されたり、取り去られたりした物は痕跡証拠と呼ばれる。

犯罪者はふつう証拠の痕跡を意図して残すことはしない。それらの形跡は気づかれずに残されるのである。一般的には、それが可能であればだが、個々の犯罪に責任を有する者を意図して告発するのは、犯罪の犠牲者である。これが、ゾンダーコマンドが文書を書き、埋め、またそれらのそばに人びとの歯を葬った目的であった。歯は殺戮された人びとが存在していたことの証拠である。チャールズ・パースは指標記号性《インデックス》を説明する例として殺人を取り上げている。[118] パースによると、殺された犠牲者の死体は殺人犯が存在することの記号となる。[119] 文書はそのような仕方では指標記号として機能することができない。それらがなにを指示するのかには限界がある。ゾンダーコマンドたちはこの欠陥を認識しながら、死の工場での作業にかんする記述を、その工場が生み出した死骸の一部で補ったのである。

しかし文書は指標的《インデクシカル》ではある。筆跡は前述したように、心の状態、情動を指し示す。手書き文書に生じた傷みは、それらが書かれたときの状況や、どのように現在まで残ったのかも記録している。これらの物質的な側面は、指標として、言葉と同様に有益な仕方で目撃証言をなすのである。[120] この点は以後の章で分析される。それらがもたらす洞察はたんなる証拠の域を超える。それらは記録する以上のことをなす。それらはまた過去を受肉させるのに役立ち、形あるものにする。ランズマンは、ナチの犯罪現場を再訪するのはそこで起きたことを「追体験」するためであると語っている。[121] 手書き文書がその種の不可能に思える呼び戻しをつくり出すことはない。それでも、文書を手にする研究者には心を揺さぶられる想いと共に、殺戮の恐怖のなかで生きることがどのようなことであるのかを示すかすかな痕跡が残される。研究者を犯罪者の位置におくことはできない。だが文書を吟味し、それら自体が一種の記述である文書の物質的な側面を調べる研究者の体験を理解するうえで、ロカールの交換原理は役に立つ。こうした出会いを経て、読み手は、以前はそこにはなかった、気を転倒させ心をかき乱す、強烈なビルケナウの感覚を持ち帰るのである。

第二章　ザルマン・グラドフスキ

死の工場における文学

問い

このグラドフスキという男――これは考察に値する主題ではなかろうか。この男はゾンダーコマンドがさ迷いながら破局を迎えるのを目にし、そこでこの男自身が、自分の手で、と言えると思うが、ガス殺された人びとの死体が横たわる焼却炉の扉を閉じるという、ゾンダーコマンドのもっとも恐ろしい境遇のなかで――この男は**書いていた**。抒情的に書き、自分の叙述を詩的に彩った。彼は、作家気どりであったといえるかもしれない。――だがこの場合、われわれは報告書の作成者と手際よく書く者の役割を区別する必要がある。というのはグラドフスキがまさしくこのことをなし遂げているからである！この日記は作者の書き物に備わる技巧をさらなる糧にしている。だがそこから心理学的にやっかいな**問題**が生じる。[1]

イェホシュア・ヴィゴツキの驚きはグラドフスキの文書にたいして大部分の読者が抱くにちがいない印象を要約している。そこには急いで書き留めたり、殴り書きされたりした事実関係や数字はなく、愛する者にたいする絶望的な伝言も言語に絶する苦難の表現もない。その代わりに彼は「華やかさに満ち、哀感のこもった」[3]「力強い文学的なイディッシュ語」[2]で記している。彼のテクストは「詩趣に富み」[4]、「誤解を恐れずに言えば、**美しい**」[5]ものでさえあるかもしれない。ザルマン・グラドフスキについてパーヴェル・ポリャーンは「彼はユダヤ抵抗運動のもっとも著名な英雄のひとり、記録者、反逆者、楽天家であっただけでなく、作家でもあった」と記している。[6]しかもヴィゴツキの当惑が示してもいるように、多くの読者はグラドフスキの証言の、その文学的な側面をどう受け止めるべきかについて確信をもてないのである。ヴィゴツキもまた「**あのような**作業に従事した者が、その後どうして座って書くことができたのか。しかも**あのように**書けたというのはどうしたことか」と自問する。[7]これに答えを出さないですませた読者もいれば、それが彼の平素の記述の仕方に過ぎないと考える者もいる。[8]また死体焼却場のありのままの姿を知らせる障害になると論じる者もいる。[9]そしてそれが重要な事実を追究するものであることを、多くの者がただたんに顧みないでいるのである。[10]

ザルマン・グラドフスキの記述方法について考えるのを避けることは、ヴィゴツキの提起した問題に適切に応えることにならないとわれわれは信じる。フィリップ・メスナールとアレクサンドル・プルストイェヴイチの両者が論じているように、グラドフスキの証言においては文学的な側面こそが決定的に重要なのである。[11]メスナールは、グラドフスキの文体が自分自身や置かれた状況と距離をとり、その上でそれらを振り返ることができるようにする様式《モード》であったと述べている。[12]われわれは両方向に動く文体であると読み解く。グラドフスキが見出した記述の文学形式は、自分の経験があたかも外から得られたように枠づけるだけのものではなかった。それらは、手書き文書を収めて埋められた容器のように、自分の記述を外に届ける手段でもあった。また容器のように、文学形式は内に見出せるものでもなければならなかった。すなわちそれは、彼が背負う歴史から導き出されるものであり、それがどのようであれ維持可能な自分の身体の状態に依存するもので、そして自分の「作業」とSS親衛隊の監視とから距離を置ける時間と空間が得られるものでなければならなかった。したがって文書とそれらの容器の物質的な状態と同様に、文体自体が証拠なのである。それは、彼がビルケナウでどのような人物であり、そこにいることが彼になにをしたのか、また彼がものを書くことができると考えていた状況や、そうした状況にあわせて彼がどう書かなければならなかったのかを証言するのである。

こうした取り上げ方は、ゾンダーコマンドの行為者性が限られていたという事実やある種の自意識をもっていたこと、そして彼らがそのなかで生き、そして死んでいく状況を解釈する余力すらもっていたという事実を信用することを求める。このことは広く流布しているゾンダーコマンドについての観念と、ショアが「目撃者のいない出来事」であったという通説の双方に、当然ながら疑義をさしはさむことになる。[13]本章ではこれらの言説の再考を促す十二分の証拠を提示したい。われわれは、グラドフスキが最初の手書き文書で、文学的手法を用いてその記述に目撃者を設定し、その目撃者が了解できる、意味をなす体系に自分の体験を形づくることができたことを明らかにする。われわれのこの取り上げ方はまた、グラドフスキが出来事をどう表現するのかを選択していたこと、さらにそのために彼がそれ以外の選択肢をもったのかどうかについて問うことすらも求めるものである。グラドフスキにかんするわれわれの読解は、それゆえけっしてまったく無批判なものではない。彼の第二の手書き文書については、三つのうちの二つの節で、ジェンダーにかかわる修辞表現を検討した。そのひとつが長文の、月に向かっての呼びかけであり、もうひとつは一九四四年三月七日から八日にかけての夜間に殺害されたチェコ人家族収容所の女性たちの話である。ここでは彼の記述の仕方が、ガス室の入り口に立つ人びと、とりわけ女性たちに十分に応えるものであったのかを問う。われわれはグラドフスキの散文が内包する難問を問い、避けて通ることをしなかった。これは作家としての彼に最大級の敬意を表することにほかならない。

ある人生の痕跡

ゾンダーコマンドの筆記者のなかで、もっともよくわかっている人物がザルマン・グラドフスキである。彼はその文書のはしがきで自分の家系についていくつかの情報をあげている。彼は〔ポーランドの町〕スヴァウキの有力な家系の出で、その家名は町の「記憶の書」(イズコル書)に何度も登場する。彼の義兄ドヴィド・スファルドは、ベル・マルクに本人の思い出の品を託し、またグラドフスキの一文に前書きを寄せている。ゾンダーコマンドの生存者の多くが、一九四四年十月七日の〔アウシュヴィッツ収容所における〕蜂起の指導者としてザルマン・グラドフスキの名をあげている。

ハイム・ザルマン・グラドフスキは一九〇八年から一〇年の間にポーランド北東部のスヴァウキで生まれた。町は独立後、西の東プロイセンと東のリトアニアを分かつ領土にあった。彼は一家の長男として地域共同体で重んじられ、由緒あるウォムジャ・イェシヴァ〔ユダヤ教の学塾〕で、おそらくほかの二人の兄弟ほどではなかったにせよ、なんらかの宗教教育を受けたようである。[14] 父親が経営する洋服の仕立て屋の事務員となったが、彼の兄弟たちはラビ〔ユダヤ教の教師〕の資格を得ている。[15] ドヴィド・スファルドによると「彼は自分がほかの人とは違うようになり、いま以上の存在になることを望んでいた」のであり、彼が自信をもって話せることが二つだけあって、それが神とシオニズムであったという。[16] スヴァウキの「記憶の書」は、彼が宗教と政治の双方に熱心であったと記している。ザルマンは、働く若者が基礎的な宗教書を読み、論じ、ほかの慈善団体で奉仕できる「ティフェレス・ボヘリム」（「青年の誇り」）で、兄弟といっしょに活動した。[17]彼はまたヴラディーミル・ジャボティンスキーの修正主義政党の傘下にあったシオニスト青年運動ベタルのメンバーでもあった。ジャボティンスキーが一九三三年に世界シオニスト機構から自党を脱退させると、メイル・グロスマンの率いる一派が分裂して世界シオニスト機構に残留するが、ベタルの大半のメンバーとは異なり、グラドフスキはこれに同調した。そして彼はグロスマン派のスヴァウキ支部の指導者となった。[18]スファルドは、グラドフスキが作家を志望し、作品を書いてはいるものの、そのほとんどがシオン〔エルサレム〕への熱い思いを謳ったもので、「感傷的」であり、「虚飾（melitse）が多すぎ、具体的な記述が少なすぎる」と述べている。[19]

一九三〇年代半ばのいずれかの時期に、グラドフスキはソニア（サラ）・ズロトヤプコと結婚する。彼女はグロドノの南東にあるさらに小さな町ウンナのやはり有力な商家の出であった。[20]子どもを授かることはなかったようである。彼と妻の兄弟はパレスチナへの移住を計画していたようであるが、第二次世界大戦の勃発でその機会を失う。スヴァウキはドイツ軍に占領され、ザルマンとソニアはソヴィエトの統制下にあった彼女の家族のいる町へ逃れた。[21]ドイツ軍がソ連に侵攻し、ウンナにユダヤ人ゲットーが建設された一九四一年に、グラドフスキはユダヤ人評議会の公衆衛生業務の責任者となっている。[22]

彼と妻および彼らの家族は一九四二年十一月、キエウバシンの中継収容所にいったん移された後、十二月上旬にアウシュヴィッツに移送された。彼の母親、姉妹たち、妻、義父、義兄弟は十二月八日に殺されている。到着から数日後に彼はゾンダーコマンドに徴用された。ヤアコヴ・フライマルクによると、彼はクレマトリウムⅣで働いており、毎日、タリート〔礼拝用ショール〕とテフィリン〔同聖句箱〕を身に着け、死者のためにカディッシュ〔追悼の祈り〕を捧げて、自分が罪深い人間であると大声で叫んでいたという。[23]彼はまた、ゾンダーコマンドの抵抗運動の指導的人物であり、一九四四年十月七日の蜂起に加わった。彼は捕らえられ、拷問の末、殺されたとフライマルクは報告している。[24]

これらの簡潔な情報は、グラドフスキがゾンダーコマンドで送った日々がそれ以前の生活と完全につながりを欠いたものではなかったことを強く示唆する。彼は活動家や管理者としての経験があったので、おそらくその経験を蜂起の計画やその先導に生かすことができたであろう。しかも書くことと彼の行動主義は結びついていた。戦前に彼はシオニズム運動を支持する文章をしたため、ビルケナウでは抵抗運動の一環として執筆した。これは彼の人生を前後に分かつ深淵を過小評価するものではない。彼のテクストを読解するためには、その足跡についてわれわれが知っている事柄をあらかじめ確認しておくことが適切である、ということなのである。彼のアイデンティティのなかの宗教的な側面は、ビルケナウでの彼にかんするヤアコヴ・フライマルクの回想の大きな部分を疑いなく占め、ある程度そうしたものとして彼の手記は読まれてきた。厳格な宗教者であることとかならずしもそのまま両立するわけではなかったが、グラドフスキのシオニズム思想もまた考慮に入れる必要があるとわれわれは考える。[25] 修正主義シオニズムは、ジャボティンスキー自身を含め、何人かのきわだった作家を輩出しており、彼らのなかにグラドフスキを含めるのは理にかなっている。[26] 彼の文書はたしかにウリ・ツヴィ・グリンベルグやヤアコヴ・コーヘンに代表されるような戦闘的なモダニズムの流れをくむものではないが、グラドフスキの文体は暴力にいくらか関心を寄せた修正主義者の詩人たちの影響を受けている。彼らは暴力を文学上の手法として用いたのであり、それは既成の詩作を脱して、ヘブライ語の新たな詩をつくるための手立てであった。これにたいしてグラドフスキは暴力を論じるために文学的な手法を使った。それはもちろん自己満足のためではなかったが、好みの問題ということでもなかった。修辞的な手法を多用する記述は、グラドフスキにとって未来の読者への呼びかけであった。しかしまた同時に自己主張でもあり、それは目下の境遇を超克して作家となる力量を示すことであった。彼の文体はある種の距離感をつくりだすもので、言葉に様式や構造をもたせることによって、取り扱いのもっとも難しそうな主題を回避せずにすませている。また言葉にこめた感情表現を別の類の表現に包んでいる。それは自分が同胞を代弁して語る作家、代弁者であるという信条であることもあれば、罪の複合的な感情や感情移入、そしてガス室の入り口で犠牲者たちに向かい合うときの欲望、あるいは死者に触れることが引き起こす精神的な損傷を表現し、それと闘わなければならないことであったりする。

序文で述べたように、グラドフスキが埋めて隠した二つの文書は一九四五年に見つけられた。そのうちのひとつは赤軍が見つけたもので、まったく異なる時期に書かれた二部からなる。すなわち一九四三年の終わりに書かれた一冊の筆記帳と、そしてテクストを書いた経緯を説明した一九四四年九月六日の日付をもつ一通の手紙である。それは掘り起こされることがないと彼が考えた灰のなかに埋められたが、その後灰が取り去られることになったため、別の場所に隠された。筆記帳には、これとよく似たメモが最後につけられており、これはおそらく同じ一九四四年九月に書かれたものである。そこにはテクストの残りが十か月前に書かれたことが記されている。[27] このことは、この筆記帳がわれわれが知るグラドフスキのもっとも早い時期の文書であり、手紙が最後の時期のものであることを物語っている。一九四五年に見つけられ、ハイム・ヴォルネルマンに売却された三部からなる手書き文書のうち、少なくとも二部を彼はこの間に書いていたことになる。この文書には、一九四四年二月に実施されたゾンダーコマンドの選別と、チェコ人家族収容所の収容者のうち最初の集団を対象に一九四四年三月七日から八日にかけての夜間に行われた殺戮についての記述が含まれる。これらの二部の各々に序文があり、自身がアウシュヴィッツにすでに十五か月、もう一つは十六か月収容されていることを記している。このことからそれらの書かれた日付が一九四四年三月と四月であることがわかる。三部目には日付がないが、取り扱う主題が一九四四年四月にあたる箇所と関連していることから、おそらく同時期に書かれたものであることが推察できる。本章はこれらの文書をほぼ年代順に検討する。最初にサンクトペテルブルクの手書き文書を、ついでヤド・ヴァシェムのものを論じる。

勧告

あなたたち、世界の幸せな住民よ、私のところに来なさい、まだ幸せだと喜び、楽しみが残っている国に住んでいるあなたたち、そうすれば現代のありふれた犯罪者が人びとの幸せをどう不幸に変え、喜びを永遠の悲嘆にし、楽しみを永久に破壊するのかを教えてあげよう。

あなたたち、世界の自由な住民よ、私のところに来なさい、まだ生が人間的な道義によって保証され、生存が法によって守られているあなたたち、そうすれば現代の犯罪者、ありふれた強盗がどう生の道義性を粉々にし、生存の法を消滅させたのかを教えてあげよう。

あなたたち、世界の自由な住民よ、私のところに来なさい、国土が現代版の中国の万里の長城で囲まれ、これらの冷酷な悪魔の爪が届かないところにいるあなたたち、そうすれば奴らがどうやってその嗜虐的な残忍さでもって、人が窒息し、絶滅するまで、のどにその冷酷な爪を立て、悪魔的な腕で人を締め上げたのかを教えてあげよう。[28]

ここに取り上げたのは、キエウバシン中継収容所からアウシュヴィッツへの移送の話を扱った文章の最初の三つの段落である。[29] ほかの三つの段落もこれとまったく同じような書き出しとなっていて、読み手への呼びかけが記述の最初の六つの段落でほぼ同様に繰り返される。おそらく旅程自体にかんする語りよりも、この節に関心と精力が注がれているのは明らかである。散文体は高度な修辞法にもとづいて書かれている。最初の段落では言葉（「幸せ」「喜び」「楽しみ」）が順次、反復され、対立する言葉と対をなす。二つ目の段落では対となっている言葉（「生」と「道義」、「生存」と「法」）が逆転する。そして三つ目の段落では一連の事柄全体がひっくり返される（「爪」「冷酷」「悪魔」）。段落間でも、同様に言葉遣いが反復され、変化し、構成される（「幸せな住民」「自由な住民」「現代のありふれた犯罪者」「絶滅」）。[30] 手書き文書を写した写真を吟味してみると、グラドフスキはおそらくほかの箇所よりも冒頭部分に時間を割いた公算が高い。理由のいくつかは明白で、それは証言を書くことが時間との闘いであったためである。またそれが未完に終わっている理由でもある。[31] だがそれが整然としているのは、頭のなかで書かれていたか、レイブ・ラングフス（次章参照のこと）がそうしたと思われるように、おそらくほかの用紙を用いた下書きの工程があったことを示唆する。しかしこれは具体的な情報を欠く箇所に費やされた努力となり、実際にアウシュヴィッツ博物館版のテクストではこの箇所はそっくり省かれてしまっている。[32]

グラドフスキは情報を伝えることよりも、読み手と書き手を結びつけ、自分が描写する人びとの運命に心理的に備える状態をつくり、理解しようとすることに関心を向けているようである。意識的な文学様式はそれらの結果の一部なのである。この箇所に見られる対比や倒置は、彼の生が読み手の生とほとんど対極に位置することを示すために用いられている。人びとは「幸せ」であるが、彼はただ「不幸」なのである。人びとは意識せずに「道義」と「法」を享受するが、それをもたない彼は無防備なのである。この絶対的な対照は、書き手と読み手とをつなぐなんらかのかけ橋にすらなる。それはグラドフスキが記している体験を伝えるための手立てともなる。彼は読み手にたいしてあまりにも対極的な世界にいるため、それは事実上鏡像となっている。それゆえ人びとは自分たちの世界を見ることで、彼の世界を理解することができる。反復そのものが高まりをつくりだし、楽しみの崩壊から法の消滅へ、そして最後に人びとの絶滅へとつながっていく。それはなにが起きたのかを最終的に開示するまで緊張を高めていく修辞上の手法である。と同時に、書き手にとっては自分の訴えを伝えるうえでの強い覚悟を、また読み手にとってはそれを受け取るか、もしくはある意味でそれを見る覚悟を、指示しているようでもある。次に続く段落でも、これまでの言い方の変奏が繰り返されるが、いくらか枠組みが変わり、「私のところに来なさい……そうすれば教えてあげよう、**そして見せてもあげよう**」（289　強調は筆者）となる。そう続けるグラドフスキは、あたかも呪文を使って情景を読み手の目前に呼び出そうとしているかのようである。

実際に呪文は、グラドフスキがこの導入部で訴えようとしている事柄の多くを特徴づけるよい方法かもしれない。反復のなかで、ある種の祭式なり、まじないが頭に浮かぶが、それは彼がただたんに読み手に幻影が現れるようにしているだけではない。それらの幻影を、自分の目の前に呼びだし、話しかけることのできる証人にしているのである。しかも交差しさえする。すなわち文書が発見されるときには、自分がすでに死んでいることを予期するグラドフスキは、自分を亡霊のようなものとして読み手に呼び起こさせなければならない。各々の存在、つまり読み手と書き手とが、ともに相手にとって亡霊となるのであり、それがひとつであることは絶対にない。この亡霊のようなものについてグラドフスキは、自分を特異な体験をした者として、またすべての死者を代表して話す責任を課された語り手として登場させる段落で次のように記している。

さあ、私についてきなさい、その故郷と家族、友人、知人から引き離され、粘土の墓のなかでつかのまの休息をとっている、孤独な、ひとり身の、なお生きながらえているイスラエル民族の子とともに。これはキエウバシンの中継収容所に言及している箇所である。同じ段落で話はアウシュヴィッツに移る。

そしてそこで地獄の門の悪魔の見張り番たちが私を指名した［Un dortn bin ikh fun di taylonim als shoymer bay di toyern fun gehenem geshtelt gevorn］のだが、そこにある扉を全ヨーロッパの何百万ものユダヤ人が通り、そしていまも通っていく……彼らは人生最後の内緒話を私に〈打ち明けた〉。〈私は〉彼らの生の最終段階まで付き添った。彼らが閉じ込められるまで＊＊＊＊死の天使、そしてこの世から永遠に消え去った。彼らは自分たちがどのように故郷から連行され、そして悪魔の犠牲となるその終着点にたどり着くまで、どれだけひどい苦しみを何重にも体験させられたのかについて、あらゆることを私に話してくれた。（290）

この段落のなかで「彼」が「私」へと転じるのは、この導入部における一人称の新たな役割をあらわしている。[33] グラドフスキはそれまで一人称をもっぱら語り手を指すために使っていた。ところがここに至って一人称が語り《ナラティヴ》のなかの主人公となる。しかもこの「私」は、人間性の一部を失い、悪霊にとりつかれたように芝居がかったふるまいをし、地獄の管理部門の歯車となり、いかなる者とも人間的なつながりをもたないような、そうした「私」なのである。それゆえにこの「私」はまさしく語り手である。つまりそれはアウシュヴィッツで彼に起きた出来事を背負う者として登場する。その悪魔的な立場で、彼は皆の内緒ごとを聞くことができ、彼らが息絶えるときまでそれを吸いだすのである。語り手と、自分たちの最後の内緒話を語る犠牲者との対比が、比喩的な意味で読み手にも広げられる。語り手は、彼に語った人びととまったく同様に、「故郷から引き離された」。それとまったく同じように、読み手も自分の妻や子、友人、そして知人に別れを告げるように求められる。それはいずれ自分が「一族のなかから［自分の］氏名を抹消」せざるをえなくなり、自分の「血が凍る」のを見出すことになるからである。

彼らに伝えなさい、もしあなたの心臓が〈一個の石〉に変わり、脳が感情をもたない計算機に取り替えられ、そして眼がただのカメラになったなら［vet...dayn oyg bloyz a fotografishn apparat bildn］、そのときは、あなたが彼らのところに戻ってくることはないと。[34]（291）

この文書の内容はそれを聞く者を傷つけるに違いない。偶然見つけたなにかの魔術の手書き文書のように、それは読み手を呪おうとする者を地獄から呼びだすことになる。

この立ち位置はいくつかの点で度が過ぎている。つまりこれは神話と、奇妙な占い師か妖術使い、もしくは魔術師、あるいは悪に近づきすぎたロマン主義的な主人公たちの危険な知識をめぐる架空の物語との混交である。しかしながら、こうした類のイメージを重要な源泉としてグラドフスキが記述できたことを、われわれは強調したい。自分を亡霊や悪魔と想像するのは、悪魔的な務めを遂行するように命じられた結果起こる罪の意識や、死を運命づけられたことによる精神的損傷の徴候のためだけではない。それはまた、物語り戦略［narrative strategy］としてこれらの感情や作用にいわば適応できるようにし、それによってある種の秩序をもって話が語られるようにしているのである。カメラのイメージを繰り広げるとき、語り手は自分の悪魔的な人格《ペルソナ》が生みだす力を帯びている。

さあ、いっしょに行こう、鋼のワシの翼に乗って飛び立ち、広大で、悲惨なヨーロッパの眺めを見おろしながら旋回しよう、そしてそこから顕微鏡のレンズでわれわれはあらゆるものを観察し［baobakhten］、どこにでも入り込むことができるようになるだろう。（292）

読み手と語り手はともに中継収容所そのものに降り立ち、歩き回る（293）。そこから道路に出ると、グロドノからキエウバシンに向かって歩く一団を遠くに見つける（294–95）。そして最後に、駅に連行されたユダヤ人が列車に乗せられると、語り手は車両のあいだを進んで移動することができるらしく、読み手に向かっていっしょに「動く檻を見てまわろう」と誘う（306）[35]。誰かが車両の小窓から覗き見をするときはいつも、彼からも見える。その表現効果はまさに映画的ともいえるもので、それはグラドフスキ自身が鉄道車両に閉じ込められ、外の世界を眺めていたときの体験を描いた心象風景である（306）[36]。このテクストでグラドフスキは二様に存在しているようにみえる。一つは鉄道の一車両に家族とともに閉じ込められている身体としてであり、もう一つは亡霊の語り手としてである。後者における彼は、死をまぢかにしているか、もしくは死者を代表するひとりの死者の視野をもち、はるか遠くまで眺めることができるのである。

グラドフスキが書いていることはこれに留まらない。彼は読み手の質問に答える形式をとって、ユダヤ人がなぜ抵抗しなかったのかということをめぐる、いくぶんわかりやすい分析も行っている。そしてこの説明のあとに、よく理解され、共感してもらえたという主張がくる。「これであなたたちはいまわれわれのことをよく理解し、現在のわれわれの気持ちを分かち合ったとさえ思っている」（299）。いずれにせよ、読み手が質問し、グラドフスキがそれに答えるとき、その読み手の存在は、前述の導入部の段落があることによって可能となっている。同様に、移送の話を彼が語ることができるのは、彼が体現する語り《ナラティヴ》上の人格をとおしてなのである。

旅程

グラドフスキがアウシュヴィッツに搬送されたときの話を語るときでさえ、それは彼と家族に起こった出来事の説明に留まらない。彼は自分の旅程をひとつの文学手法として用いることによって、ポーランドのユダヤ人が置かれた状況を概観する。[37] シモーネ・ジリオッティは、ホロコーストの鉄道移送をめぐる目撃証言の形式は、感触や匂い、近さや見えないことにもとづいた、より具体化されたものであると論じている。彼女のあげる事例が示すように、それは明らかに多くの人びとの体験を物語る。[38] 旅程にかんするグラドフスキの記述に、車中の人びとの苦痛を論じた箇所がある。だが映画の中にいるという比喩が示すように、それはわずかに音がときおり加わるものの、きわめて映像的な表現である。車中の人びとは、不安な思いで途中何度も外を見やる。そして自分たちがどこに向かい、行先でなにがユダヤ人を待ち受けているのかをわかろうと努めるのである。ウォソシュナで乗車を強制されたのち、最初に到着した大きな町がビャウィストクであった。

工場の煙突の方角からサイレンが鳴り渡る。生を思い出させるもの、（そこで頑張り、働く）われわれの兄弟姉妹からの挨拶、それは、ついに巨大な工場建屋の腕のうちに自分たちを見出し、いまわれわれを連れ去ろうとしている悪党どもに自分たちの精力と手仕事、体力を放棄した兄弟姉妹たち。彼らはそれが自分たちの命を救う防壁になるという希望を抱いて働いている。（310）

導入部に登場した言い回しがこの箇所でも繰り返され、悪魔的な腕や、読み手はその後ろにいて守られている壁を想起させる。だがこのとき、腕や壁はひとつであり、同じものを指す。すなわち工場の壁は、そこが避難所となるのか、それとも死に場所となるのか、あるいはそれらが組み合わさったものなのか、いずれともはっきりしない不確かな状態を呼び覚ますのである。

旅程のもっと先のところで、列車はトレブリンカ〔絶滅収容所〕に近づいてゆく。それがどういう場所であるのかは、乗っている者たち全員にとってあまりにも明白であった。

まもなくユダヤ人の皆がよく知る駅、トレブリンカだ。われわれが受け取ったさまざまな情報によると、そこはポーランドや外国から搬送されてくるユダヤ人の大半を呑み込み、殺しているところである。（310）

語り《ナラティヴ》はここで伝説的ともいえる緊張の頂点に達する。乗っている者たちは列車がマウキニャからトレブリンカへの支線に接続されることを恐れおののきながら待つのであり、そうでないことがわかると安堵のあまり虚脱する。[39] しかし安心できるのはつかの間であった。ワルシャワの駅に託して、ポーランドの全ユダヤ人のたどった運命がすみやかに想起させられる。「駅がユダヤ人であふれかえっているときがあった。そのワルシャワにもはやユダヤ人の姿はない」（313）

ワルシャワから離れるにつれて、奴隷のようなユダヤ人労働者の姿（生の合図）を目にし、絶望はわずかながら希望にかわるが、それも小さな駅に居合わせた者たちの当惑させるしぐさによって完全に断ち切られてしまう。

大きなユダヤの星のしるしが目に入った。ユダヤ人の集団がなお生存し、労働していることの証拠である。皆が慰めを見出し、希望をもった。だが列車が停車する各駅での光景が目に焼き付くことになる。君は、そこに立つ人びとが車両の中の者たちに向かって手まねで合図をしていることに気づく。彼らは手を首にあてて引くしぐさをするか、地面を指しているのである。（318）

列車はついにシレジアに入る。彼らにとってなじみの薄い地域であり、見覚えのある町はない。これから自分たちになにが起こるのかわからないという不安がそれに加わる。鉱山での奴隷労働なのかどうか。だがそれが本当に自分たちの前途なのか、あるいはそうした労働に耐えることができるのか、彼らはまったく確信をもてずにいる。

ここはポーランドの黄金の大地、肥沃な黒土の中心であるようだ。だが皆が炭鉱の地下深くに投げ込まれたような思いに駆られている。そして自分が肉体的に持ちこたえることができるのかどうか、あるいは自分を監督するそこいらの親方が課すさまざまなノルマを、うまくこなすことができるのかどうか、だれにもわからない。（322）

ここでも労働についての観念が、死と区別しにくい比喩的な表現として登場する。それは旅程の中心的なイメージの役割を果たし、奴隷状態か死かという、列車に乗せられている者とポーランドのユダヤ人とが共有する二者択一の運命を包摂している。しかも奴隷状態と死の差異を見出すことは難しい。トレブリンカがユダヤ人を呑み込んだように、工場も彼らを呑み込むことになる。ポーランド全体が自国のユダヤ人を呑み込んでいるかのようである。

グラドフスキがここで提示していることはかなり複雑に絡み合っている。緊張と安堵の両局面を劇的に語ることを通して、彼は搬送される者たちの身体的なストレスや、それ以上に、恐怖や不確実な事柄を意味づけようとしている。また同時に、ポーランドのユダヤ人の置かれた状況を俯瞰することで、犯罪の全体像を提示し続けている。印象的な文学的達成である。ドーリー・ローブは、ショアの犠牲者がその全体を概観できず、訴えることのできる証人をもたなかったと述べた。[40] だがグラドフスキのテクストは、まさに全体像を捉え、自分が語りかけることのできる証人をつくり出そうとしているように思われる。彼は自分のためだけに語ることに関心があるのではなく、むしろポーランドの全ユダヤ人が経験したことはなんだったのかを概説したいと考えている。グラドフスキの記述は、目撃証人を存在させることと概観することが、ともに文学的な手法によって可能であることを示している。

このことは実際、彼が伝えようとしていることのなかで、未来の人びとにアウシュヴィッツで起きた出来事を知らせることよりも重要であったようである。アウシュヴィッツについての箇所自体はテクストの約三分の一を占め、ある集団のおそらくゾンダーコマンドへの選別が行われるところで突然打ち切られている。グラドフスキは、搬送されてきた者を三つの集団に分けたことや、自分が担当した集団を強制収容所に入所させた最初の日のことについて述べている。文体は平易で、ときたま読み手に話しかけつつ、家族から引き離されることの意味合いや収容者番号が入れ墨されること、あるいは飢えについての思索がなされる。収容所の規則についても繰り返し記している。最後の方になると、テクストはそれまでと比べて崩れている。このためそれが意図して繰り返されたり多少冗漫であったりするのか、もしくは何度も下書きされた記述からなるのかは、はっきりしない。〔収容所生活で〕自分の靴を死守することが重要であることを述べているよく似た節が二つあり、収容所における音楽について記したよく似た文面の節も二つある。異なる人物による話であると思われるにもかかわらず、その内容が酷似するやりとりもいくつかある。とりわけ繰り返し登場するのが、家族の死を告げられた男たちの場面であり、そのあとにいずれも定型化した展開が続く[41]。これらは、このひどい場所に順応できず、同じことを何度も言われ、しかもそれを完全には受け入れることができないでいる心理的な窮状を示すものであるのかもしれない。だがそれらは、鉄道の旅程をめぐる箇所でグラドフスキが駆使できた文学的な様式《パターン》の印象を与えないのは確かである。

グラドフスキは最後まで書き終えずに、一九四三年十一月、手書き文書を地中に埋めた。彼が文書が探し出されてしまうか、もしくは大規模な選別が行われる重大な危険が迫っていると考えていたとすれば、これは十分ありうることである。だがそれにしても、ほかの箇所と比べて平易であり、あるいはそれ以前の箇所と比べると記述が洗練さを欠き、またゾンダーコマンドの要員補充が行われた時点でただちに中断されている。これらはいずれも、グラドフスキが「地獄の心臓部」を論じるさいは、地獄の内側からであってもほかの場所のことを証言するときには用いることのできた文学的な手法を、ほとんど駆使できなかったことを示しているのかもしれない。家族の死をめぐる反応がどの話でも、だれもが思いつきそうな驚きという言葉で表現されている事実からも、こうした見方は裏付けられる。ところが、仮にそのとおりであったとしても、ハイム・ヴォルネルマンの買いあげた文書のなかでグラドフスキはこれらの題材をわずか四か月後にふたたび取り上げており、しかもいっそう野心的な書き方で記しているのである。

月

二つ目の文書は一九四四年の春に書かれ、アウシュヴィッツ゠ビルケナウ強制収容所での出来事にしっかりと焦点をあてている。前述したように、三部のうちの二部は、それぞれ一九四四年二月に実施されたゾンダーコマンドの選別と、三月に行われた家族収容所の解体を取り上げている。だがグラドフスキは記述の様式《モード》を変えることよりも、むしろこれまで以上に文学的な文体に依存する。それは月への長い語りかけとして構成されたほかの一部がある事実から明らかである。[42]

エリ・ヴィーゼルはこの節が、グラドフスキの逃避であり、あるいは彼もその一部である現実とこれ以上向き合うことができず、なにか別のことで気を紛らわせようと考えている表れであるとする、簡潔な解釈を提示する。[43] そうした空想的な要素がたしかに冒頭で前面に出ている。そこでは月とその従者が「威厳をもって姿を現し」、彼らが「月の王国、藍色の夜空」をよぎるのを、作者は「忠実な奴隷のように」待ち受ける。作者の目はこの月の光景に「釘づけになり、催眠状態に陥る（'tsugeshmidt, farhipnotizirt'）」のである（22）。しかし仮に月がなんらかの逃避であるとしても、テクストはこの月の光景を過去に移すことができないことを示している。[44] 書き手は現在へと移行し、月に一連の思いを訴える。彼は、人びとが殺されようとしているときに、月が無関心を装って皓々と照り輝き、姿を潜めることのできる暗闇を奪っていることすら非難する。彼はなぜ月が依然として犯罪者たちに光を降り注ぐのかを問い、そして最後に、世界はその光が注がれるのに値しないが、月は人びとを追悼するろうそくとならなければならないと述べる。

あなたの久遠の輝きが、哀悼の光が、わが同胞の墓穴にいつまでも降り注ぎますように。それが彼らの命日〔追悼記念祭 Yahrzeit〕のろうそくとなりますように。彼らにたいしてそれができるのは、あなただけなのです。(31)

月は効果的な文学的手法として用いられ、それは鉄道の旅程以上でさえある。月はほかのあらゆる事柄の原型となる形象となり、過去と現在、上方と下方、内と外、光と闇といった、彼を取り巻く状況を理解させる一連の対比を用意する。ポーランド・ユダヤ人の惨劇は、月と結びつけられてヨーロッパ全体へと広げられる。話し手が月に話しかけるとき、ヨーロッパ中から列車が運行され、目的地のアウシュヴィッツ＝ビルケナウの四つのクレマトリウムに至る模様を、月がどう見ているのかを論じることができるのである。[45]『地獄の心臓部にて』のフランス語版は、月がもつ宗教的な意味に触れ、グラドフスキの呼びかけにその一端が作用していると指摘する。編者は新月のあと三日から十四日間行われる「月の聖別」(kiddush levana)の祈りに言及するが、[46]グラドフスキの描く月は実際にはそのようなものとして登場することはない。月は遠距離や不動の観念にほかならず、手の届かないところにある月に気持ちの安らぎを見出す「月の聖別」──「私があなたに心を躍らせても触れることができないように、いかなる敵も私に触れて危害を加えることはできない」とは異なるのである。月は言及されていても、否定的に捉えられている。[47]グラドフスキにとって月に触れることができないことは、敵に拘束されたユダヤ人に月が無関心であることを、多かれ少なかれ意味するのである。

とはいえ、ここには月にかんする別の宗教的な意味があるのかもしれない。最後の段落を最初のものと比べると、月がよりユダヤ化されていることがわかる。すなわち騎士道的なロマンスの対象である月とは反対に、そこでは shiva（悲しみに沈んで）座った、もしくは yahrzeit（命日）のろうそく役を務める月となっている。しかしながらこれはテクストの中心的なねらいではなさそうである。イディッシュ文学には宗教的であることを超えた月にかんする一連の言及がある。S・Y・アブラモーヴィチ作『足の不自由なフィシュケ *Fishke der Krumer*』のなかで、語り手のメンデレ・モヘル・スフォリムは月に二度呼びかける。最初は酒に酔った、こっけいな場面で「月の聖別」の祈りに直接言及するが、次はいっそう詩的に、月を母親と呼んで自分（とユダヤ人）の不幸を泣いて忘れる。そして「終わりよければすべてよし」となる。[48] ショレム・アッシュの短編物語『シュテットル *Dos shtetl*』（一九〇九年）は、雪をかぶったユダヤ人墓地の墓石を月光が照らし出す場面で終わるのであり、あわせて集落《シュテットル》のさまざまな側面をユダヤ人の和を保った暮らしへと統合する。[49] 二十世紀初頭のイディッシュ詩人たちは、ときに「月明かりの夜」〔A Moonlit Night〕と文字どおり呼ばれる詩作のなかで、孤独な夜の心象風景をしばしば取り上げている。[50] 死や絶滅を扱ったイディッシュ文学にも月を取り上げたものがある。ポグロム〔ユダヤ人大虐殺〕を扱ったアメリカの詩人H・レイヴィックの『鉄 *Di shtal*』（一九二〇年）には、登場人物のひとりがポグロムのあいだ輝くことをしなかった月と星に語りかける場面があり、月と星はそれにたいしてなにが起きたのかを知らないと答えている。[51] ウリ・ツヴィ・グリンベルグの初期の詩は、有刺鉄線に絡まったまま死んでいる兵士たちの残像にくりかえし立ち戻り、その兵士たちの軍靴の金具が月の薄明りに鈍く光るのであった。[52]

　われわれはこれらがグラドフスキのまさに言わんとすることであるとは主張しない。だがそのいずれもが、レイヴィックやグリンベルグといったモダニズムの作家のものでさえ、彼の記述と通じるところがある。それゆえグラドフスキの月への呼びかけは、明確にユダヤ的な伝統に連なるものとして解釈することができるし、より広義にはヨーロッパの伝統を踏襲するものであるともいえる。ほかの形式の詩にも、たとえばジュール・ラフォルグ〔象徴主義詩人〕はその一例であるが、月に呼びかけたり、月に取りつかれたりするものがある。そうしたなかでグラドフスキの作風にもっとも近いのは、ロマン派作家の取り上げ方であろう。上述のイディッシュ語の作品のなかでは、自ら月に語りかける詩人もしくは語り手はアブラモーヴィチの〔語り手〕メンデレだけである。ヨーロッパのロマン派の詩では、ユリウシュ・スウォヴァツキや〔ハインリヒ・〕ハイネ、〔ジャコモ・〕レオパルディあるいは〔ジョン・〕キーツの詩が、月への頓呼法〔呼びかけの修辞法〕を用いていることで知られる。[53] たとえばゲーテの詩「月に寄せて（An den Mond）」では、月に呼びかけることが離れた恋人同士の時間と空間をつなぐ架け橋となる。二人とも月を眺めることができ、それだけが離れている二人を結び合わせている。[54]月は、離ればなれの二人が想いを伝えあえることを形象化するための手段となっている。グラドフスキにとって月は、自分が囚われている収容所から離れている一個人であると同時に、ほかの者たちとつながっていて、外の世界と意思疎通ができる存在であることを形象化してくれるのである。

月のイメージと同様に、頓呼法という比喩は典型的にロマン主義的であり、自分を詩人であらしめようとする作家が用いている。[55] ジョナサン・カラーは「たくみに自然に呼びかける者に応えて、自然もこの者に話しかける。この者は自分を詩人に、夢想家に仕立てる」と述べている。[56] 頓呼法は、おのれに詩才があり、証言する能力があるとグラドフスキに思わせるのである。自分が全人類のための民族の代弁者であり、同胞の最後の生き残りですらあるといった詩人のロマン主義的な思想の背後には、そうした自己主張がある。[57] こうした記述にたいする姿勢は、彼の政治信条や、修正主義シオニズムのロマン主義的で民族主義的な傾向と通底する。ヤアコヴ・シャヴィトは、ポーランドの国民的詩人アダム・ミツキェヴィチが担った役割にもとづいて、修正主義者たちが主導しようとした詩人夢想家〔Poet-Visionary〕について記している。一九三〇年代末までたびたびその陣頭に立ったのがウリ・ツヴィ・グリンベルグであった。[58] グラドフスキもその記述において、グリンベルグの退けたロマン主義的な文学理念を採り入れながら、この役割を担おうとする。アダム・ミツキェヴィチの作品の登場人物コンラトが独白するいわゆる「大即興」のモノローグ[59]でのように、書き手は世界を呪うが、それが意味をなすための方途を見出すのである。そして詩人の役割をつとめることによって、世界を自分の意志に従わせることができると信じるようである。彼の言葉がもつ力を通して、月に向けた呪いが追悼になる。彼は世界がもつ意味を再‐意味化することができる。だが月は実際のところなにも明確なことをなしえない。可能であるのは、世界が破壊の証拠となる一連のしるしである、ということだけなのである。[60]

月の本質的な受動性、そしてわれわれがこれまで論じてきた月の数多くの特質（月を女王や恋人、あるいはろうそくや哀悼者にさえ仕立てる）は、月を女性像にする。しかも月のジェンダーはこの節で重要な役割を演じている。[61] 彼女〔月〕を立ち去らせたり呼び戻したりする矛盾は、入念で技巧的な場面転換で部分的に解決されるが、話し手と月との関係をおおいに反映するロマンスの展開によっても意味あるものにされている。月に向かって呼びかけること、それはまた外の世界に、そしておそらく文学の領域に向かって呼びかけることでもあり、その不確かな成否は女性像へと投影されるが、それは無関心で心動かされることがない。これは男性の作者が、同胞のもとに誠実に留まり、それらの人びとを代表しようとする強さをもつのとは異なる。とりわけ男性しかいない環境では、女性であることが即刻死を印づけられているのに等しく、それだけに過去と外の世界に立つ女性像はたいへん重い意味を帯びる。月の女性性はまた、グラドフスキの手書き文書に書かれた犠牲者たちが主として女性であるという事実とも結びつく。

チェコ人の搬送

ヤド・ヴァシェムの手書き文書の三つの節の相互関係を線的にたどるのはたやすいことではない。各節にはそれぞれはしがきが付されている。これは、たとえそれらがひとつにまとめられていたとしても、別々に扱われることが想定されていたことを示唆する。少なくともそれらが異なる場所に分けて埋められたり、発見されたあとの散逸に対処したりできるようにするものであった。この三つのテクストはそれぞれがひとつのまとまりをなしており、それゆえ大きな全体の一部であるとは考えにくい。このことは、とりわけそれらの合本が、いささか満足できないものであることにはっきり示されている。ハイム・ヴォルネルマンのイディッシュ語版は、ゾンダーコマンドの選別を最後に取り上げている。他方、二〇〇九年のフランス語版は真ん中に置いている。[62] 月への呼びかけはたしかに冒頭にもってきてよさそうな気がする。それはもっとも短く、ほかの二つの節とは異なり、章分けがされていない。わりあい自然な感じで読み手を舞台に招き入れ、この主題が書かれ読まれることには必然性があると思わせる調子すらもつ。チェコ人の搬送にかんする話は、それが読み手にはっきりとなんらかの行動を最終的にとるよう訴えるものであることから、最後に置いてしかるべき理由がある。しかし〔上述の〕二つの節は、前者の月のイメージが後者にも流れ込み、互いに入り混じるようでもある。そうしたとき三つめの節は落ち着きどころがないようにみえる。だがこれは、ひとつの部分がほかの部分と密接につながりあった、線的な関係でなければならないときにだけ、あてはまることである。月のイメージのつながりをたどることは、あくまでもわれわれがとりうる道のひとつにすぎない。[63]

それにもかかわらず、既述のように「月明かりの夜」と「チェコ人の搬送」とを結びつけているものが多分にある。よく知られている出来事、すなわち一九四四年三月のチェコ人家族収容所の解体を記した冒頭でも、月は重要な役割を演じている。[64]「月明かりの夜」のなかの第一話「その夜」は、平和と愛をあらわす月を皆が眺める場面からはじまる。しかしこの話では、ユダヤ人にとっての月と非ユダヤ人にとっての月は同じことを意味しない。後者にとっては愛と甘美の月であるが、前者にとっては悲惨、冷酷、無関心な月なのである。(38–39)

グラドフスキは、アウシュヴィッツの内側にいる者と外側にいる者とを、ここでも月によって対照させるが、月は家族収容所の人びとを収容所全体とも結びつけている。それゆえ、そのあとの話のなかで彼はチェコ人家族収容所の女性たちについてのさまざまな体験や記憶のあいだをぬって切れ目なく移動することができる。それらは、ピアノの才能のある十六歳に満たない女子生徒(43–44)であり、まもなく結婚することになっていた二十二歳の女性(45–46)、若い母親(46–49)、そしてそれより年上の五十歳で、歳月によらず労苦のために老けてしまった母親(49)であった。全員が女性であり、また女性としての典型的な人生経験をもつ者の代表である。男性のことも取り上げているが、その記述はきわめて短い。青年と若い父親の二つの描写があるが、すぐさま母親の描写へと移行してしまう(51–52)。そしてもう一度月に言及して、締めくくっている。

無言の、凍てついた月は動じることがなく、穏やかであり、彼女らといっしょに殺し屋と犯罪者を待つのであり、そして神への生贄として五千人の無実の命を捧げる聖なる儀式を待っていた。(53)

このあとにくる章は、より平易な散文となる。それに先立って、グラドフスキは家族収容所が解体されるに至った背景、これまでの歴史、そしてクレマトリウムや抵抗運動について若干説明する。なかでも親衛隊曹長ヨーゼフ・シリンガーの殺害に言及している。[65]続けて家族収容所での抵抗を最小限に押しとどめる措置がとられたことを論じる。殺戮の数日前に家族を分け、ほかの場所で働くことになるとの説明がなされたのであった。ついでグラドフスキは家族収容所の人びとのことに話を戻し、クレマトリウムⅡの構内に連れていかれた女性たちに焦点を絞る。彼女たちの出発と到着の双方を月の光が照らしている。月の光は彼女たちと、彼女たちが別れの挨拶をかわす男たち、そして彼女たちをクレマトリウムの構内で迎える男たち、すなわちゾンダーコマンドの班員を、ひとつに結び合わせるのである。

家族収容所を離れるにあたって女性たちは後ろを振り返り、一家の男たちに最後の一瞥を送ることができる。「赤みを帯びた光のなかで、双方の一瞥が重なる。彼らの胸の鼓動が不安と恐怖とで一挙に高まる」［In dem obshayn fun dem likht, trefn zikh di blikn beyde. Zeyer hartsn klapn ritmish in shrek un moyre］(64)。月の光、重なりあう視線、共有する感情が、グラドフスキの奏でる散文体の律動のうちに融合する。冒頭の文章はことに定型詩の一節のように読める。彼女たちがクレマトリウムに歩を進め、自分たちが死に向かいつつあることを悟る場面がこれに続く。最初の節の月への呼びかけと同じような形で、彼女たちの思いは世界へと向けられる。女性たちがトラックから降ろされるとき、月の光と視線とがふたたび溶け合う。

彼女たちは自ら、自由意思で、抵抗せずにトラックから降りて集められた［zey lozn zikh...arobnemen］。気力を失い、刈られた藁束にでもなったように［vi obgeshnitene zangen］、われわれの指示に素直に従った。

もし、わが兄弟よ、私の手をとって、ちょっと左方向に、この生から死への旅路に同行してもらえませんか。最愛の姉妹たち、愛する者、いとしい人びとをわれわれは連れ、腕をとり、無言で歩いた、一歩ずつ、鼓動にあわせるようにして［di hertse unzere ritmish klapn］。われわれは彼女たちと並んで苦しみ、血の出る思いに沈む。そしてこの一歩一歩が生から離れてゆく、死に近づく歩みであることを体感する。(68–69)

ここにはどこか夢幻的な雰囲気が漂う。「刈られた藁束」という語と、おそらく「集める」という動詞（一般的には「取る」ことを意味するが、「刈り入れる」ことも意味する）がもつ刈り入れのイメージは、不安にさせつつもこの出来事を不自然でなくしている。この洗練された幕切れは、トラックから砂利のように降ろされる収容者についての描写や、同じ出来事を人びとが「降り注ぐ殴打と泣き叫ぶ声」のなかをトラックから追い立てられたと伝えるフィリップ・ミュラーの報告とは、対照的である。[66] ギデオン・グライフはこの場面をゾンダーコマンドたちが冷酷な人でなしでなかった証拠としている。だがこれはグラドフスキの資質に由来する夢想として、ある程度解釈できるものであり、そのことを記述自体が物語っているのである。これは彼にできたことというより、彼がかなえたかったことなのである。次の章の場合とは異なり、女性がゾンダーコマンドの班員に語った言葉は引用符に囲まれていない。またゾンダーコマンドが列をつくり、人びとをトラックから降ろす手助けをしたとはっきり書かれているにもかかわらず、それは次の章の冒頭に記述された情景とはかならずしも一致しない。そこでは、彼らが女性たちを脱衣場で迎え、「彼女たちを冷酷に凝視した」(70) と語り手が述べているからである。ゾンダーコマンドの男と女性たちは、身体的な応答で互いに結ばれているというよりも、グラドフスキの散文体のように、身体器官と同様の象徴としての心臓からいっしょに発せられる詩情の韻律《リズム》によって結ばれているのである。

そして掩蔽壕《ブンカー》に、深淵に下ってゆく前に、墓に下る階段の最初の段に足をのせる前に［dem ershten trit af dem trepl fun dem keyver］、彼女たちは最後にもう一度空と月を一瞥し、無意識に胸の奥からともに悲嘆のため息をついた。赤銅色に燃えるような月の光［obshayn fun ir likht］に照らされて、連れていかれる姉妹たちの涙が光り、そしていま彼女に連れ添う兄弟の目に凍てついた涙があふれる［farglivert blaybt shteyn a trer bay dem bruder］。（69）

この箇所は、この節の先行する二つの箇所の内容と混ざり合っている。冒頭に出てくる胸の内からあふれでる涙にくれながら月を見つめる恋人たち（38）であり、トラックに乗せられた女性たちと家族収容所に残された者とが互いに見かわす箇所である。こうして月は恋人や家族を何度も、繰り返し結び合わせるのである。ここでは、月がゾンダーコマンドと女性たちに同様に臨み、彼らが恋人や家族と同じような人間関係をもつことが夢想されている。[67]

この文章を踏まえるとき、次の章に出てくる一文の語法上の意味がはっきりする。

広大な建屋のなかへ、その奥へと、そのなかには十二本の柱が立ち、建造物の重量を支えていて、そしていま目を突き刺すような電光が充満している。（70）

これはほとんど句またがりの効果をもっている。地下の脱衣場に入る前の休止は完全な終止ではなく、それゆえそのあとにくる展開を強調する。外から内部への移動は異質な二種類の光によって対比される。ゾンダーコマンドと女性とを結ぶ月明かりがあり、もうひとつは彼らを分かつような電光がある。

> 建屋内に、巨大な墓場に、いまや別の光が照りつけていた。彼女たちは広大な地獄の壁の片側に整列させられ［oysgeshtelt］、雪花石膏《アラバスター》のように白い女性たちの身体［alabaster vays froyen-kerper］は待っている、地獄の扉が開いて墓場に通すのを待っている。服を着ているわれわれ男たちは、いま彼女らの真向かいに立ち、冷酷に凝視する［farglivert］。目にしていることが現実なのか、それともただの夢にすぎないのか、もはやわからない。われわれはいずこかの裸の女人の世界［froyen-velt］に迷い込み、そしてここでまもなく彼女らに、ここにいる女性たちに悪魔的な計略が実行されるのだろうか。それともわれわれはいずこかの美術館か、アトリエに迷い込み、さまざまな齢の、顔を各様にゆがませ、静かに涙を流し、ため息をつく女性たちが、芸術家のために、その芸術のために、ここに特別に来ているのであろうか。
> （73）

この段落の最初の文章は、明らかにこの章の最初の一文を念頭に置いている。したがってその明かりは屋内の電光と対照をなしている。対照の連鎖のなかで、今度は月明かりが女性の体の白さに結びつけられる。だがそれはかならずしも体と月を同次元に置くものではなく、むしろその対照におそらく意味をもたせるための語法である。月のように体が明かりを反射している。そのどちらもが女性を源泉とし、ともに「静か」（73）なのである。

さらに、月がまさに遠く離れているように、女性たちもある距離をおいて描かれている。またこの段落全体をつうじて彼女たちは、人としてだけでなく客体として書かれている。すなわち段落の前半にでてくる「froyen」（「女性たち」）は、複合名詞「froyen-kerper」〔女性たちの体〕、「froyen-velt」〔女人の世界〕の一部としてだけ用いられる。彼ら〔ゾンダーコマンド〕が迷い込んだ夢幻の世界を記述した文章のなかでのみ、単刀直入に「女性たち」と記される。「oysgeshtelt」は「整列させられ」を意味しうるが、「陳列されて」という意味もある。グラドフスキはこの裸体性を解明するために、付随する意味をもつ言葉、ないしは読み手にわかるであろうと彼が考える言葉をつかまえようとしている。とはいえ月と同じように、女性たちはいわば文学演習の対象であるかのようである。彼女らは石膏像の置かれた部屋で写生される習作の対象なのである。

　彼女たちがゾンダーコマンドの班員と言葉を交わす場面でも、その行動にはどこか非現実的なところがある。家族と別れてきたばかりの女性たちがゾンダーコマンドのところに来て、脱衣の手助けや、愛する者たちの代わりに手を握っていてほしいと頼んだりするのは、本当にありうるであろうか。

　何人かは酔ったように、まるで恋しているかのように、われわれの方に倒れこみ、われわれに抱きつくと、恥ずかしそうな表情をして脱衣を手伝うよう求めた。いま彼女たちはすべてを忘れたいと思い、もはやなにも考えたくないのである。自分たちの昨日の世界、道徳や貞節、倫理観を、墓場への階段を降り始めたとき、重んじてきたそれらのことを……彼女たちの体、それだけが、なお感じることができ、意味をもっている……それゆえに彼女たちは、流れる鮮血で力強く鼓動する、自分の若々しい体が、いま最愛の人としてもっとも近くにいる、見知らぬ男の手で、いま体に触れられ、撫でてもらうことを望んでいる〔Un deriber viln zey, az der yunger kerper, velkher shpritst mit blut fun lebn shtark, zol di hand fun a fremdn man, velkher iz yetst der nonster libster do, barirn, tsertlen zeyer kerper yetst〕。そのようにして、あたかも恋人や夫の手が

熱情に駆られた彼女たちの体をさすり、撫でるのを感じるのである。（72）

　ここにはきわめて複雑な一連の感情が登場し、いくつかの点で感動的な場面でもある。しかしそれを感動的にしているもののいくぶんかは、感情移入の試みと、考えられるその失敗とによる。実際のところ、彼女らの願い事を取り上げた文章のぎこちなさは、この場面を思い描くことの難しさにつながっている。「Kerper（「体」）」は主格で書かれており、「barirn」や「tsertlen」（「触れる」や「撫でる」）の対象として再度使われるまでは、完結することのないなんらかの動詞の主語であるかのようである。語り手は、これらの女性がなにを感じようとしているのかを理解しようとしている。だが理解しようとする努力や彼女たちを慰めたいという気持ちを、彼女たちの体にたいする性的反応と区別するのは難しいように思われる。このこと自体は人間同士のかかわりを生むひとつの手立てではあろうが、彼女たちが彼になにを求めているのかということになると、夢想のようでもある。グラドフスキはこれ以外にも、女性たちが身内の安否を尋ね、死がどれほど簡単なのかを知りたがったり、裸を見られたくないと話していたことについて述べている。いずれにしろこの箇所は、さらに多くの犠牲者を乗せたトラックが到着するまでの前段として、この特異な場面を締めくくり、しかも強く印象に残る箇所であるように思われる。おそらくこの箇所は、ゾンダーコマンドに従事していることへの自責の念を取り上げるとともに、また女性たちが自分たちを犯罪者やナチの協力者としてではなく、兄弟や夫として見てくれていると信じようとするための役割を果たしている。グラドフスキは、ありえそうもない魅惑的な出来事をもっともらしく見せようとしている。それでいながら、その内には自責の念や性的欲望、潜在的な目撃証人として犠牲者や読み手とさえつながっていたいという願望の形跡がうかがえるのである。

この箇所にみられる性的エネルギーは注目されてよい。というのも、それがゾンダーコマンドとほかの大半の収容者の体験とが、まったく異なるものであることにあらためて光をあてるからである。ヘルマン・ラングバインは収容者の大半が性欲を感じていなかったと論じている[68]。アルヴィン・H・ロゼンフェルドもまた性的欲求が通常失われていたことを示唆する。そこから彼は「信頼のおけるホロコースト文書の特徴のひとつは、とりわけかつ広範に性的欲望が見られないことである」としている[69]。ところがこの説明はグラドフスキの痛ましい散文にはあてはまらない。したがって彼の記述は、栄養状態のよい収容者にとって「性衝動はじつに重要な問題であった」というエリ・コーヘンの見解に沿っている[70]。

栄養が比較的よくとれているゆえの活力、そしておそらくある程度昇華された性欲もが、自分の体験を内省する力を彼に与えている。ここには一種の野心があり、いくらかの危険を冒そうとする覚悟、ある種の真実を語り、出会いのなかでの性的な要素を考察しようとする願望がある。それは女性たちの死やゾンダーコマンドが果たす役割をすら、ただ感傷的に描き、受け入れやすくするだけでなく、ゾンダーコマンドたちが犠牲者のことをどう捉えるべきなのかを考え抜こうとすることでもある。興味を示したのが彼女たちであったと主張することで話を少しそらしているとしても、グラドフスキは自分が女性たちの存在にどう惹かれているのかを語るという危険を冒すつもりではいるように思われる。

ガス殺される前に服を脱いだ女性に向けられた欲求について触れている記述はほかにも存在する。トレブリンカ絶滅収容所でゾンダーコマンドに類する労働に従事したリヒャルト・グラツァールは、全裸の女性の体に性的な反応を示したことに、それを否定しながらも、いくらか言及している。

積み上げられた衣類の山の先の角からのぞけば、たいてい「美容師」のほうを向いている最後尾の裸体の背中を見ることができた。ところがきょうは、まだバラックは人でいっぱいである。建物内の半分に、その一方の壁全体に沿って全裸の体がひしめいていて、それは巨大な壁画〔ein riesiges Bild〕、尻や腹、腕組みして覆う乳房、虎刈りの頭髪のフレスコ画である。反対側の壁には大小のサイズの衣類の山がある。生きた体の発する臭いが君の鼻、口を詰まらせ、目を刺激する。喧噪のなかから聞こえる子どもたちの泣き声が君の耳をつんざく。

「おい、お前」と、赤〔の作業班〕の悪党のひとりが、力が抜けて眩惑している私を現実に引き戻し、仕事につかせた。しかし衣服の上にゆっくりかがみこむときも、私の目はなおも前を見据えたままでいるので、彼は目くばせし、身をもたれさせて、耳に向かってポーランド語で、言っていることを私が間違いなくわかるように、ひどくゆっくりと、そしてはっきりと叫んだ。「そうか、そうか、部屋いっぱいの女の裸を見るのがお前さんの一生の夢のひとつか、そいつが実現したのかい」[71]

グラツァールは自分の感情を論じようと、芸術的な表現を試みているとはいいながらも、自分の感情をおもに同情や嫌悪という形で提示している。赤の作業班（犠牲者の衣類や所持品を集めることを任務とする）の班員が、魅せられたグラツァールの態度をのぞき趣味と揶揄するとき、われわれはこれをこの者自身の、野卑で非人間的な感情のしるしとして捉えるように促されている。

イェフダ・バコンはその映像証言のなかで、ゾンダーコマンドの一員であったカルマン・フルマンから聞いた話を、次のように語っている。「女性の搬送があって、そこに美人がいると、彼らはその女性を一番最後に待たせておき、そして**彼ら**は彼女たちの服を脱がせた。まあ、彼女を厚遇しているかのように取り扱ったのだね」[72]。この場合、明確な性行動のうちに女性美への「美学的」な評価が自ずと提示されている。しかしこの凄惨な状況においては、美学と性の作用は異なるはずである。それは女性たちを美学的な「無関心性[73]」で評価し、精神的な損傷を暗示するような、彼女たちを一歩離れて見ることであり、彼女たちをある意味ですでに死んだ対象として見ることになる。シュロモ・ヴェネツィアはある女性について、石膏像のある部屋というグラドフスキの心象表現に酷似する言い方で、次のように述べている。もっともこの女性がすでに死んでいる点では異なるが。「ある日、ガス室から引き出した死骸のなかに、男たちは信じられないほどの美人の体をみつけた。彼女の身体はギリシャ彫刻のように完全無欠であった[74]」。だがバコンは、ゾンダーコマンドが服を脱がせたのはいわば挨拶がわりであり、友情の表現であったとみなしているようである。この状況と、〔彼らが〕SS親衛隊員が裸の女性たちを加虐的な喜びを得る対象として扱っていたことの現場証人であったことを勘案すると[75]、ゾンダーコマンドのなかに、われわれが考えるよりもそれが人間的な振舞いであると考えて、女性に性的な行動をとる者がいたというのも、まったくありえないことではないかもしれない。

グラドフスキが女性を性的に捉えようとしているのは、それゆえ女性たちが生きている、息をする人間であることを示すためのひとつの試みであると読解することができる[76]。読み手としてのわれわれにはこの手法にどこか気がかりな点も残るが、同時にそれが訴えようとしていることに理解を示したいとも思う。グラドフスキは、彼女たちがまだ生きていても、すでに死んだものとして想像する自分を、次のように描いている。「自分はいま女性の集団の近くに立っている、人数にして十人から十五人、手押し車が全員の死骸を乗せることになる、彼女たち全員の生を、灰を運ぶ手押し車に」(75)。彼女たちのことをその死後に書き、生きている存在としてなんらかの意味をもたせようとすることは、多大な想像力を必要とするにちがいない。それは作家としての自分の能力を信じることなしには、おそらくできなかったことであろう。だがこのことがもつ危険性は、それが自分の才能をひけらかす場となり、他者に応えることよりも自分本位の主張をすることにもなりかねないことである。それは月にたいする頓呼法のような修辞上の比喩、活喩法《プロソポピーア》の形をとる。[77]作家となり、死者を代弁し、彼女たちの敵ではなく兄弟として受け入れられ、ことによると欲望されることまでも含む彼自身の願望が、女性たちの感じたことを伝えようとする彼の努力を支配するのである。

これはグラドフスキが彼女たちをもっぱら物扱いしていると言おうとするものではない。たとえ彼女たちが死ぬのだとしても、語り《ナラティヴ》はある程度まで女性たちの行為者性や自己主張する能力があることを認めている。彼女たちも挑戦的な言葉を吐くことができる。次の章「死の行進」のなかで、女性たちはSS親衛隊をあざけり、彼らの敗北を予言している（78–79）。ガス室に入るとき、彼女たちは「インターナショナル」〔万国労働者の歌〕や「ハティクヴァ」〔シオニズム賛歌「希望」〕、チェコの国歌、そしてパルチザンの歌を高唱する（82–89）。語りの構成は、彼女たちの消滅に至る各段階のことよりも、いまや彼女たちのとった行動をたどりはじめ、それぞれの歌によって章立てされる。それらの歌はまた、ほんのつかの間とはいえ、SS隊員をいくらか動揺させるのである。

短く、飾り気のない、わずか一段落の長さの章「ガスの注入」（92）は、月明かりに浮かぶ二つの人影が毒ガスのひとつの投入口からもうひとつへと移動してゆき、中からうめき声が聞こえるのをたどる。彼らの行為がガス室にもたらす結果を記述するかわりに、グラドフスキは家族収容所の男性たちの企てた暴動が失敗し、彼らもまたガス殺されるという、クレマトリウムⅢでの出来事に話を移す。これは、語り手としての自分と所属する班がこの建屋に移動させられたという、グラドフスキ自身の体験にもとづくようである。しかしこれは同時に、恐ろしい山場を記述するまでのあいだ、語りが宙ぶらりんの状態に置かれることを意味する。少し先の章の表題や暴動が失敗したことへの彼らの失望が示すように、ここには犠牲者である男性たちへの感情移入がほとんどない（94–99）。ゾンダーコマンドがガス室（クレマトリウムⅡのものと推量される）の扉を開けるときに、文章の構成は地獄の最深部に立ち戻る。それは「掩蔽壕《ブンカー》のなかで」「地獄への準備」「地獄の心臓部にて」という表題をもつ三つの章からなる。グラドフスキの記述のなかでももっとも非凡な箇所がここに登場する。彼は明らかに、ガス室の扉を開くところから焼却炉で死体を焼くところまでの各工程を、詳述するつもりでいる。

そのときわれわれの前に姿を現したこの裸の死体の海に、われわれの目は釘づけとなり、催眠状態に陥る［tsugeshmidt, farhipnotizirt］。全裸の世界をいまわれわれは見出している。人びとは倒れ、互いに絡み合い、巻きつくようにして横たわっている。それはもつれた糸束のようであり、あたかも彼らが死ぬ前に悪魔が残忍な特別の遊戯をして、そうしたかっこうで陳列しているかのようであった。ここには死体の上に手足を完全に伸ばした体が横たわっている。ここでは二つの死体が手を取りあい、壁のそばにいっしょに座っている。こっちは肩の一部だけが突き出ていて、頭と足はほかの死体に押し込まれている。ここでは片手しかなく、片足は宙に突き出て、体全体がこの深い裸体の海の底に横たわっているのを君は見る。君は、この全裸の世界の水面に現れた、人間の体の一部しか見ることができない。

この無辺の裸体の海に頭が漂っている。それらは裸体の波にはりついている。それはまるで広い海洋の深みに漂っているかのようで、頭だけがこの裸体の深淵から出て、外を眺めているようにみえる。

黒髪、金髪、褐色の髪のこれらの頭部は、遍在する裸体を唯一脱した個体の一部なのである。[78]

（101–2）

目に見えるものがここで強調されていることは、重要な意味をもつ。グラドフスキは記述の多くに生々しい現在形を使い、またたえず「ここ」「君は見る」［du zest］を反復して、この場面ができるだけ読み手の脳裏に浮かぶようにしている。そうした工夫は、彼が目にしたことを隠喩にしたり、もつれたあった死体からでさえその意味を見出したりすることによって、これを文学的な描写にしている。彼は、海という比喩的な表現を使うことによって、死体の山についてなにかを伝えるだけでなく、あれほど熱を入れて書いた女性たちの人格や命が、あたかも押し流されてしまったかのように絶たれたことを伝える。彼女たちがまだ生きていたときのさまざまな髪の色について「あらゆる色の髪がそろっている、黒髪、褐色の髪、金髪、それに少数の白髪」（70）と書いた自分の記述を思い出しながら、彼は巨大な塊から突き出ている頭を、死体の深海と対峙する人格のしるしとして解釈しようとさえしている。「釘づけとなり、催眠状態に陥る」という男たちの描写には、月にたいする自分の思いを記したときと同じ言い回しが使われている（22）。

しかしゾンダーコマンドはその場に留まることを許されない。彼らは死体処理の工程に手をつけなければならないのである。

> われわれは自分たちの感受性を麻痺させ、あらゆる悲痛な思いを鈍らせなければならない。われわれは体のいたるところを吹き抜ける暴風のような恐怖心を強い意志で克服［farshrayen］しなければならない。われわれはなにも見ず、なにも感じず、なにも理解しないロボット［oytomatn］と化さなければならない。（103）

この記述は、グラドフスキがそのサンクトペテルブルクの手書き文書のなかで、自分の話が読み手に及ぼすことになると記している結果に近い。その認識が彼をどのようにしたのかが、ここに示されている。しかしこの無感情になることこそが、彼の記述が闘っているものであるのは明らかである。彼は見たり、感じたりしたいと考えている。また読み手も同様であってほしいと望んでいる。そのようなロボットと化すのは、死体の処分をただ効率化することにしかならないのである。

地獄の心臓部で

チェコ人家族収容所の〈人びとの〉絶滅にかんする節の結びは複雑に絡み合っている。死体を焼却炉で処理するための準備作業、その後の焼却、作業の仕分け、そして人間が、つまりその体が灰になるまでの順序とそれに要する時間、これらの細部を列記するためにとてつもない注意が払われている。これは内部証言であるという現実感を補強する。死の工場の稼働にかんするこうした内部情報は、地獄の心臓部にいる者だけがもちえた。

彼らは「埋葬」用の鉄板［ayzernem ta'are bret］にのせられる。ついで地獄の口が開き、鉄板が焼却炉の中に押し込まれる［arayngerukt］。地獄の業火が腕をひろげるようにして炎の舌を伸ばし［tsit...oys］、宝物であるかのように死体をひったくる。最初に火が付くのは髪の毛である。皮膚は火ぶくれを起こして盛り上がり、数秒で裂ける。すると腕と足が動きはじめるが、これは血管が固くなることで手足が動くのである。いまや死体全体が激しく燃えあがり、皮膚は割れ、脂肪が流れ出し、燃え上がる炎がたてる音を君は聞く。君にはもはや死体が見えない。炉内の地獄の火焔だけであり、その奥になにかが……横たわっている。胃が割れる。腸や内臓がすぐさま体内からあふれ出て、何分かするとなにも残っていない。最後に焼けるのは頭部である。すると眼孔から二本の細く、青い炎がちらちら明滅する。なかの脳みそとともに眼球が燃えているのである［dos brenen di oygn mitn tifn markh aroys］。いまや口のなかの舌も燃えている。このすべての工程に要する時間は二十分である。そして一つの体が、一つの世界が灰と化したのである。[79]（104）

肉体の消滅を描いた長文の、過剰とすらいえる描写によって、グラドフスキは読み手がそれを想像できるようにしている。彼は事象や動き、光景、物音を提示し、そこから死体の焼却を思い描くようにさせる。それは物理的な分解に伴う、炎がたてる音や物が裂ける音、流出、あるいは噴出などであり、眼孔からちらちら光る二本の小さな青い炎といった、人を困惑させるような描写もある。これは自分が目にしたことをただ語っているのではない。最初の手書き文書のなかで約束しているように、彼はそれをわれわれに**見せようとしている**のである。

この凝った描写は、読み手の想像力をかきたてるだけに留まらない。肉体が消滅していく過程の表現は、きわだつ解剖学的な説明を介して皮膚や胃、内臓、腸、脳といった器官に焦点をあてており、異常なまでにその身体を具象化している。これには少なくとも二つの意図がある。こうして焼却される死体の実体について言葉を尽くすことは、体が最終的に無に帰してしまうという衝撃を倍加する。そうしたとき火は、簡潔な記述よりもより多くを焼き尽くすことができるのである。それはまた破壊を目の前にしたときに文学的な言語がもつ力を証明するように作用する。このあとに続く箇所を考慮に入れると、この焼却の描写を、言語による一種の省察として読むことができる。次にくる箇所では、「埋葬」用の鉄板にのせられた別の二体について、「二人の人間、二つの世界、彼らは人類の一員であり、生き、存在し、活動し、創造した」と述べられている。(104)

　これらの犠牲者の創造力をグラドフスキもまた共有する。彼は自分の人間性のこの一面を、書いたものを通じて表現している。残された生において、彼の選びとった使命のひとつは作家となることであった。彼が、世界を無に還元してしまう焼却炉のことを繰り返し強調していることを考えると、その炎を逃れ、もちこたえる手立てとして彼が自分の言葉を対峙させていた、と考えられなくもない。炎に包まれた死体という印象的なイメージ、その光景は見る者を立ちすくませる。そのなかで最後に灰となるのは発話のための器官、すなわち舌である。そうした文脈で考えるとき、彼が書き、埋めて隠した文書は、持続しようとする舌のような、忘却への抵抗として読み解くことができる。グラドフスキの世界の痕跡は、心身を労したその文学的な努力のなかに、そしてそれを通して生き残るのである。

　ぞっとさせる細部には、また別の目的が込められている。それは読み手に怒りと嫌悪を催させることである。家族収容所のこれらの人びとの殺戮にかんする記述は、グラドフスキがその希望を託した言葉の少しあとで終わる。彼は、自分の言葉が復讐の導火線になるという希望をもち、読み手がこうした大量殺戮の工程に介入する勇気をもつよう願っている。[80] 読み手は「点火した者たちを炎がなめつくす」(106)よう懇請されている。人体の分解、消滅というおどろおどろしい描写は、したがって良心の火を燃え上がらせ、行動へと突き動かすことを意図するものである。創造力はここでもまた、「世界」としてのグラドフスキが死後もこの世界で行動する能力をもつことを保証するのである。

最後の考察

グラドフスキが自ら記し、しかもいまに残る最後の書き物は、サンクトペテルブルクの手書き文書といっしょに埋められた手紙である。[81] そのなかで彼は、手書き文書をどう扱ったのかを説明し、また蜂起が早く起きることを待ち望んでいる。文体は著しく異なる。〔手紙は〕挫折感を漂わせ、より平易であり、しかも文学作品に仕立てようとはしていない。これはグラドフスキの側に変化があったことを示唆しよう。これまでのように文学に精力を傾注できなくなったのであろうか。もちろん時間に追われていたということも十分ありうる。自分の磨いた高尚な文学様式がしっくりこなくなったのかもしれないし、そうした方法で自分の言葉を組み立てるためには時間を要したであろう。だがなによりも、自分の話をもっと書き記し、自分自身の話を個人として述べておく必要があったことを、それは物語っている。自分の言葉で語っているこの手紙は、ヤド・ヴァシェムの手書き文書のそれぞれの節に付されたはしがきのように、いまや彼のテクストの枠組みをなしている。これらの枠組みのおのおのには自分の家族の名が差しはさまれ、人びとの記念としている。それらはまた、言い回しをより私的なものにすると同時に、預言的な調子を薄めるのに役立っている。グラドフスキはときに感情を抑え、しかも型にはまらない仕方で語る必要があったのであり、このことは彼の記述の詩的な表現の大部分についてもあてはまった。彼がそうしたという事実は、彼自身がそれを表現行為《パフォーマンス》として捉えていたことを示唆する。自分が目撃したことを語るために、そうせざるをえなかったのであろう。だがそれはまた自分自身のことを語らずにすませるようにしたのかもしれない。

パーヴェル・ポリャーンはこの手紙が、グラドフスキが自分の名前を略さずに署名した唯一の文書であると指摘している。「地獄の心臓部にて」のはしがきに彼は頭文字で署名し、ほかのものでは自分の氏名をあらわす文字に簡単なコード番号をあてている。グラドフスキは読み手が彼のことを特定できることをはっきりと望んでいたので、ポリャーンは、われわれももっともだと考えるのであるが、グラドフスキが名前を隠そうとしたのは文書が早まって露見したときのことを想定してではないかと示唆する。ところが一九四四年九月になると、そうしたことはもはやグラドフスキの関心事でなくなっている。ポリャーンはそれが、これもまったくそのとおりだと思うが、グラドフスキが蜂起が近々起こることになると考えていたからではないかと推測する。[82] だがグラドフスキはこれらのはしがきのいたるところで一群の人びとの名前もあげている。それは死亡した自分の家族たちのものである。自分の名前をまともに署名することは、彼もまたそのなかに入ることを意味する。おそらくそれは自分がまもなく死ぬことがわかっていたことを示しているのであろう。

本章が提示したグラドフスキ文書のテクストの読解はいうまでもなく、考えうる唯一のものではない。彼の記述とその体験の宗教的側面との関連は、ウォムジャ・イェシヴァ〔学塾〕との関係のように、さらに深く展開することもできよう。また本書ではヤド・ヴァシェムの手書き文書の三つ目の節にかんして論じることができなかった。したがってグラドフスキについて述べなければならないことは、以上に留まるものではない。彼の文書はいっそう多くの読者を引きつけるはずであり、解釈ももっと多様なはずである。われわれの選択から本章は、グラドフスキの作品が文学と政治を関連させて読解することが可能であることを示すことを試みた。グラドフスキと修正主義シオニズムとの関係については、彼が同胞のために詩人の役に専念していたと読解できることを示した。彼はその役柄をときに鼻にかけ、そうでない場合はそれを自分の使命と受け止めていた。こうした彼の信条が、ほかの状況下であれば過剰な様式《モード》として受け止められかねない描写手法を駆使させ、驚くほど雄弁で力強い記述を可能にさせた。それは彼が外の世界と意思疎通するためにすぐにも必要としていたことであり、そうした表現様式は、一連の経験を記述し、組み立て、そして呼び起こす手立てを彼に与えた。この場合、ホロコースト文書にたいする通念（ショアは目撃されずに進行した、犠牲者たちはいっさいの自意識を失った、彼らには本質的に性的な関心がなくなった）の多くが問題となる。いずれにしろ、この文書を公平に評価するためには、ただの称賛や弁明であってはならない。グラドフスキが女性たちを犠牲者の原型とするのは、彼女たちを記念しようとする誠実な思いにもとづいている。しかしそれと同時に、彼女たちを題材とすることで、自分がまだ生きており、しかも独立した主体として、作家として、そして人間として証言できることを主張する手立てとしているのである。

ビルケナウのクレマトリウムでなんらかの書き方を見つけ出すことは驚くべき達成であった。そのことを彼がなし遂げただけでなく、それがわれわれの倫理的要求に沿うものであることまでグラドフスキに求めるのは、むろん過度な要求である。グラドフスキの記述は、彼が追い込まれた肉体的な消耗と精神的な限界状況のたんなる産物ではない。それは彼がビルケナウに持ちこんだ文学的、政治的な信条にある程度もとづくものである。ほかのゾンダーコマンドは、それぞれが背負う事情を背景に、まったく異なる書き方をした。それゆえほかの書き手たちが凄惨な出来事をどう伝えたのかを対照させることは有意義である。グラドフスキはしたがって証言のひとつの可能性を提示しているにすぎない。ほかのゾンダーコマンドにもそれぞれ語るべきことがある。読み手としてのわれわれは、書き手たちのもっともきわだった部分にだけ関心を集中しないことが肝要である。ほかのゾンダーコマンドの記述を考察した次の章で明らかにするように、彼らもまたわれわれに多くのことを悟らせるのである。

第三章　散在した自我

レイブ・ラングフスの話

作者の消失

クレマトリウムⅡとⅢの区域で署名のない手書き文書が発見されたのは、一九五二年末であった。文書には読み手にあてた檄文が記されていた。（写真3・1）

Y.A.R.A. と私が署名し、埋めて隠したすべての各種文章や手記がともに回収されるよう私は望む、それらはクレマトリウム2の構内にさまざまな箱や広口の瓶に入れてある、またより長文の二つの文章は、ひとつは「移送」という表題をもちクレマトリウム1の地中の骨の（原作者による挿入）穴に埋められている、またアウシュヴィッツと題した文章が同じ構内の南西側にまかれた骨のなかにある。それを私はその後、書き直し、さらに詳述し、クレマトリウム2の近くのほかの箇所の灰のなかに埋めた、すべて（原作者による挿入）がいっしょに「殺戮の恐怖のなかで」の書名のもとに整理され、刊行されること[1]〔を望む〕。

第一章で明らかにしたとおり、こうした文書を書くことはたんなる一個人の仕事ではなかった。それが書かれるために必要なさまざまな文具、すなわち紙、ペン、インクは、強制収容所内での物々交換や取引のネットワークを通じたいわゆる**組織化**によって入手しなければならなかった。同時に、埋めた文書を保存する容器、すなわちここで言及されている広口瓶や箱を見つけてくるのは共有された仕事であった。[2] 言葉を書くこと自体さえ、書き写すよりは重要でなかったようである。写しをとることは、文書が将来見つかる可能性を倍加させるので不可欠なことであった。手書き文書「アウシュヴィッツ」のひとつの写しは増補（ergentst）されているが、そうであるからといってほかの写しに優先するものではなさそうである。ちなみに双方ともその所在は知られていない。この文書はほかの文書のありかにかんする情報を伝えている。この長々しい、くねくねした文章は、書き手が行ったことと読み手に行うように求めていることとのあいだを行き来してよじれており、読むことと書くこととを結びつけて、この文書を見つけた者に協力を呼びかけている。見つけた者には、ほかの手書き文書を探しだし、それらをひとつのテクストにまとめ、全体が一人の作者のものであることをわからせる責任が課される。テクストは実質的な意味で作者を存在せしめることを読み手に求めているのである。

本章は、この手書き文書を、一九四五年および六二年にそれぞれ発見された二つの文書とあわせてレイブ・ラングフスというひとりの作者の作品として読み解くものであり、〔彼の求めに〕応えようとするものである。だがその逆説的な性格も認識している。というのは、死が確実に迫り、したがって自分の身分を隠す理由が見あたらない局面においても、作者は自分を頭字語で名乗り、しかも発見されているどの文書にも氏名は見あたらないのである。本章では、これらの文書をひとりの人物に帰する十分な理由があることを明らかにするとともに、匿名性がもつ意味を提示した。またこれらの文書が幾人かの作者によって書かれたものであるとする研究者の論拠についても言及した。追って論じるが、作者が名を明かしていないのは偶然で

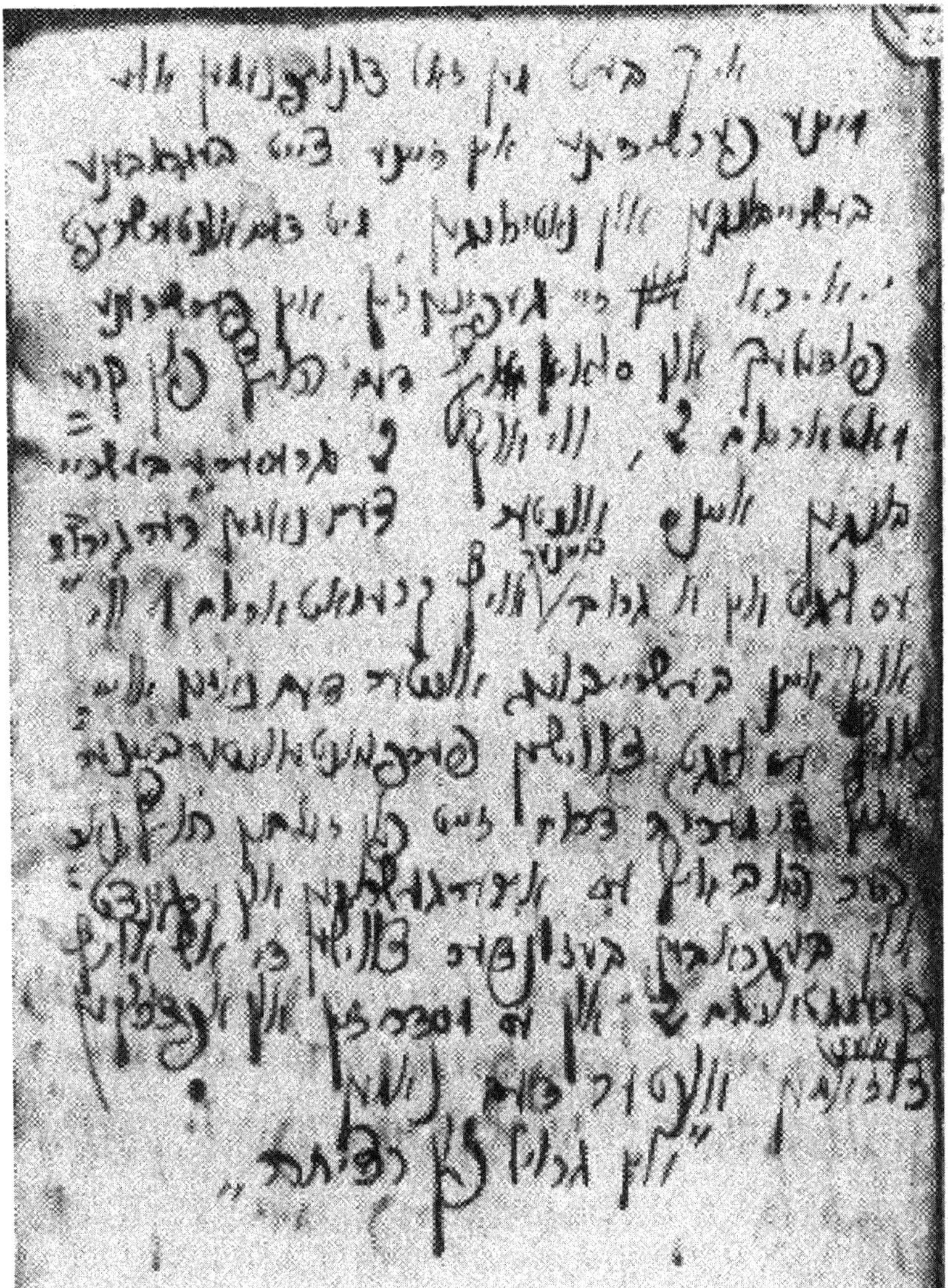

写真３・１　「匿名」の書き手レイブ・ラングフスの失われた手書き文書.
最後から２枚目の頁.

はない。彼が記述する行為の大半で自分自身を不在化していることにみられるように、自分の語り《ナラティヴ》のなかで自分自身をどう位置づけるのかは重要な決定であった。さらに彼の記述がとるさまざまな形式と類型《ジャンル》さえもが、文書が異なる作者の手になるものと考えさせるようにしたが、実は作者が自分の居合わせた出来事を表現するために一連の選択を行っていたことを示している。ラングフスがこれらの文書をひとりで書いたという解釈に正面から取り組むことは、したがってその背後に、生きかつ考える人間がいたことを認めることなのである。また彼の自我が、書いたさまざまな時をとおして存在し、その自我が深く傷つき、引き裂かれたことを認識することなのである。

発見物

われわれがラングフスの作とする三つの文書は一九四五年と六二年のあいだにみつかっている。その最初のものは、一九四五年四月にクレマトリウムⅡとⅢの周辺で掘り出された「移送」（Der Geyresh）と題された一冊の帳簿で、ラングフスのものであることは確実である。〔文書中の〕語り手はマクフ・マゾヴィエツキの町の出身とあり、妻は彼をある箇所で「レイブ」と呼んでいる。妻はドヴォイレ、息子はシュムエルと呼ばれている。これらの細部のすべてがエステル・マルクの調べたラングフスにかんする情報と一致する。しかしそれがアウシュヴィッツ国立博物館に収蔵されたのが一九七〇年であったことから、彼女はこの手記のことは知らなかったようである。[3] エステル・マルクは匿名のほかの二つの文書だけをラングフスの作としている。それは、一九五二年夏にクレマトリウムⅢの敷地内で発見された「氏名不詳の作者による手書き文書」としばしば呼ばれている練習帳と、一九六二年十月十七日にほかの二つの文書といっしょに埋められているのを発見されたばらけた紙束である。[4] マルクが最初の文書の作者をラングフスと特定しているのは、一九五二年に発見された手書き文書が、別の書き物をクレマトリウムⅡとⅢに埋めて隠したという作者の一言で終わっており、しかもそのうちのひとつが「Der Geyresh〔移送〕」という表題をもつと記されている事実にもとづく。エステル・マルクはまた、作者が唯一書き残したY.A.R.A.という頭字語の署名を、推測とはいえ天才的なひらめきによって解読し、それが作者の氏名をヘブライ語に置き換えたものであることを明らかにした。[5]

一九六二年に発見された文書には、ザルマン・レヴェンタルの署名がある練習帳が含まれており、アウシュヴィッツ博物館はこれらの文書全体を彼の作としている。ところがポーランド語の一枚の搬送リストにくわえて、実際には二つのイディッシュ語の手書き文書が存在していた。すなわち綴じられた練習帳と何枚かのばらけた用紙である。保存処置の一部とはいえ、すべての頁が切り離された結果、いずれも綴じられていない。綴じられていた部分と綴じられていない部分は今なおはっきり見分けることができる。第一章で論じたように、綴じられていた部分には留め金による褐色の染みがついているのにたいして、ほかの頁はこれとはまったく異なる緑色をしている。これらのばらけた頁には、別の書き方（綴じ込みの最後まで行ってまた戻るのでなく、切れ目なく続く）がなされ、いろいろなインクが使われ、異なる綴りやそれとわかる別の書体が使われている。ベル・マルクもこれらの頁の筆跡をレヴェンタルの筆記帳のものと区別し、一九五二年の文書と同じ書体であると考えた。[6] しかも「移送」の書体はそれら双方と酷似するようにみえる。こうしたことからわれわれは、署名のない二つのゾンダーコマンド文書の作者がレイブ・ラングフスであるとするエステル・マルクの主張を支持する。そしてわれわれはそれらと「移送」を、ともにラングフスの作品として考察する必要があると考える。

エステル・マルクはラングフスの伝記についてもいくらか調べることができた。そしてそれがアウシュヴィッツ以前のラングフスの足跡についてわれわれが知っている事柄のほとんどである。ラングフスは一九一〇年前後にワルシャワで生まれた。ユダヤ教の学塾で学んだあと、ワルシャワの北五〇マイル〔約八〇キロ〕に位置するマクフ・マゾヴィエツキの町に引っ越している。[7] そこで一九三三年か三四年にドヴォイレと結婚する。彼女は町のダヤン（ユダヤ教の宗教裁判官）であったシュムエル・ヨイセフ・ロゼンタルの娘であった。義父が死去すると空席となったダヤンにラングフスが選出されている。夫妻の一人息子がシュムエルである。[8] ラビ〔ユダヤ教の宗教指導者〕が大戦初期にワルシャワに避難すると、エステル・マルクによればラングフスが町の精神的な指導者となった。[9] しかしながらマクフの一九六九年版町史には彼の姓が登場するだけで、詳細な紹介はない。彼は一九三四年に「ユダヤ教敬虔派《ハシド》」の対立候補を破ってダヤンとなった人物であるとされている。[10] 一家はムワヴァの中継収容所を経由してアウシュヴィッツに移送され、一九四二年十二月初旬に到着する。ラングフスの妻と子は到着後一、二日で殺害され、ラングフスはその数日後にゾンダーコマンドに徴用された。[11]

ラングフスは、多くの生存者の証言において名前によってではなく、たいていマクフのダヤンもしくはマギド（ユダヤ教の巡回説教師）として言及され、そのなかにはゾンダーコマンドの証言本としてもっともよく知られるフィリップ・ミュラーとミクロス・ニーシュリの二冊がある。[12] モルデカイ・チェハヌヴェルも、はるかに新しい記述のなかでラングフスとの出会いについて語っている。[13] ラングフスは可能なかぎり厳格であろうとし、彼がコシェル〔ユダヤ教の食餌規定〕を守ろうとしていたという証言がある。[14] 彼は、死体を運ぶ労働にできるだけ従事しないですむようにされていた。彼が書き物をしていたというい くつかの証言がある。[15] 彼はまた一九四四年十月七日の蜂起でなんらかの役割を担おうとしていたようであるが、生き残っている。ミュラーとニーシュリは、彼が一九四四年十一月二十六日に殺されたと述べており、これは文書に書き残された最後の日付と一致する。[16]

ゾンダーコマンドの元班員の報告（そしてたしかにザルマン・レヴェンタルも彼についても短い人物描写をしている）は、彼を厳格で不撓不屈の宗教者、ビルケナウで起こっている出来事にさえ神の摂理を見る者、疑念をめったに口にしない者として描いている。[17] だがこの人物像は、説得力のある、心をかき乱す、痛ましいまでの喪失感と苦しみを記したラングフスのテクストを十分裏づけるものとはいえない。[18] 彼はユダヤ教の知識をもつが、かならずしも宗教的な枠組みにもっぱら依拠して出来事を理解するわけではない。したがってたしかに彼の話をもっと宗教的な観点から理解することはできるかもしれないが、われわれは彼の書き物が、むしろ証言の倫理的、感情的な様式《モード》を探究し、未来の読み手と感情的なつながりをもとうとしたものであり、ドミニク・ラカプラが「感情移入がもたらす揺らぎ」と呼んだような事柄を生み出そうとしたと解釈する。[19] それゆえに、ザルマン・グラドフスキの文書と同様に、ラングフスの記述も文学的な側面をもっている。彼は「事実を粛々と報告しているだけである」[20] とフランス語版の訳者は主張するが、ラングフスの証言にはそれ以上のものがある。[21]〔そこには〕反語や誇張法といった修辞的な効果が動員され、イディッシュ語の格言やことわざが用いられたり、翻案されたりしている。またユダヤ人居住地における物語を語る伝統が呼び覚まされている。自分の作品を構成するにあたって、ラングフスは念には念を入れたに違いない。それはイディッシュの語りの伝統を活かすとともに、個人の苦悩と集団的なトラウマとの関係を注意深く省察するものであった。

移送

この手書き文書は、ラングフスの書き物として最初に見つかっただけでなく、残存する彼の文書のなかでほぼ間違いなく最初に書かれている。[22] のちに発見された文書が主として一九四三年から四四年にかけてビルケナウのクレマトリウムで起きた事柄を語っているのにたいして、「移送」は一九四二年の十一月と十二月に解体されたマクフ・マゾヴィエツキのゲットーにかんする報告である。それはゲットー解体の通告にはじまり、マクフの住民がガス殺されるところで終わる。この記述はマクフ・ゲットーの史料として歴史家に利用され、われわれが今日知るところの史実の確定に役立っている。

マクフでは戦前、約六千七百人の住民のうちユダヤ人がおよそ三千七百人を占めていた。〔ドイツ軍による〕一九三九年のポーランド侵攻後、この地域はヴァルテラント帝国大管区にではなく、ツヘナウ県すなわち東プロイセン州の一部としてドイツ帝国に併合された。最初の蛮行はユダヤ教会堂《シナゴーグ》の破壊とユダヤ人をソ国境地帯に自主的に移動させることであった。ついでユダヤ人はマクフの一角に閉じ込められ、そこは結局（一九四〇年末から四一年はじめにかけて）柵で囲まれることになる。ユダヤ人男性のほとんどが周辺の労働収容所で強制労働に従事するが、一九四二年十一月の通告によって、移送のためにマクフに戻される。居住者は徴用されたポーランド人農民たちの駆る荷車で、北五〇マイルにある鉄道の要所ムワヴァに集団移動させられた。人びとは十二月上旬、鉄道でアウシュヴィッツ゠ビルケナウ〔強制収容所〕に移送されている。[23]

したがってラングフスの記述は重要な史料であるが、それは書かれている事柄だけによるのではない。事実の細部や出来事をどう選択し、それをどう配置しているのかが重要なのである。「移送」は十月三十一日という日付ではじまり、語りの進行は線的であると同時に比較的緩慢な感じである。シナゴーグの敷地で二十人のユダヤ人労働者が絞首刑に処された出来事に数頁が費やされている。このあとに傷んだ頁一枚と判読がきわめて困難な頁の冒頭の部分があり、マクフ・ゲットーの全居住者を移送するという〔ドイツ当局の〕弁務官シュタインメッツの通告が出る。それは、労働適格者はシレジアの鉱山に、労働不適格者はマウキニャにというものであった。このあとはそれにたいするマクフのユダヤ人の反応を論じており、多くの頁があてられている。しかしこれも話の続きであるとみることができる。絞首刑の執行直後に移送の通告が行われたように記されているが、ほかの史料によるとそこには数か月の開きがある。ユダヤ人二十人の絞首刑は一九四二年七月であり、通告は十一月であった[24]。

集団処刑はこの語りのなかで回想として言及されている可能性があり、文書の傷んだ箇所において、読み手を一九四二年の秋に連れ戻しているのかもしれない。だが語りのペースはそうした見方を否定し、現存部分に書かれてあること、すなわち処刑の直後に通告が行われたことを示している。これをラングフスのたんなる記憶違いか、たんにそのとき彼がマクフにいなかったことによると考えることもできよう。しかしながら彼のテクストが、事実とともにその意味を伝えるために書かれたものであると考えるなら、この二つの出来事をつなぎあわせてもつじつまがあう。集団処刑が再定住の通告と織りまぜられ、前者と後者が等価の意味をもつことによって、通告を受けた者たちの無力感が語られる。しかも処刑が人びとを恐怖に陥れ、脅しに従わせる手段となり、彼ら〔ナチ当局〕に抵抗する気力を失わせるものとなったことが強調されるのである[25]。

これはラングフスがその記述の展開の速さや構成について下した判断の一例にすぎない。しかもそうした判断は、章分けといった単純な修辞上の工夫に至るまで、このテクスト全体で行われている。アウシュヴィッツ博物館の刊行版はたしかに章の見出しを載せているが、全体のうちの六つの章にすぎず、しかも1、6、10、11、12、17とその番号は連続しない。[26] ほかの章を特定しようとしたら、傷んだ頁の箇所に見出しが存在するとは考えずに、編者は「作者は第二の筆記帳に書き留めて、別の場所に隠したのかもしれない」と述べている。[27] こうしたもっともらしい見方は、章が全体を構成する部分である必要がないと考えることから生じる。換言すれば、各章は独立して情報を伝えるのであり、それらが部分をなす全体の構成を考慮する必要はないということである。ところが実は、この手書き文書のほかの章の見出しも明確に確認できるのである。番号数字の2と4と5は、いずれも間違いなく簡単に識別できる（写真3・2）。また章見出しが不明の1から17章の大半には妥当と思われる見出しがある（付表Aを参照のこと）。文書の最後のほうは傷みがあまりに激しく、18章以降に章見出しがあるのかどうかを判断することは難しい。最後の二十五頁はこうした分け方がなされていないのかもしれないが、それさえも確かなことはわからない。

各章の内容と章分けのされ方を検討すると、大概の本の章と同様に、各章が構造をつくりだす役割をもつことがわかる。第5章の終わりはクライマックスとなって「×××の大混乱はその極点に至った」という一文で結ばれている。[28] 「通告」の語を含む一行の短い語句が第7章の見出しであるらしい（その行に数字をかろうじて見分けることができる）。その見出しのあとに判読がきわめて難しい行がつづくが、そのなかに「章そのものによって策略の極みを×××悟らせる」とある。ラングフスはここで自身の章分けには明確な理由があることを言おうとしているようである。これらの章には読み手にとくに理解してもらいたい事柄があり、それが構成と見出しとによって強調されている。ほとんどの章が、その章の内容を要約しただけの見出しをもつ。ときに見出しがあとで書き加えられていることがあり、［9］章の見出し「別れを告げる」

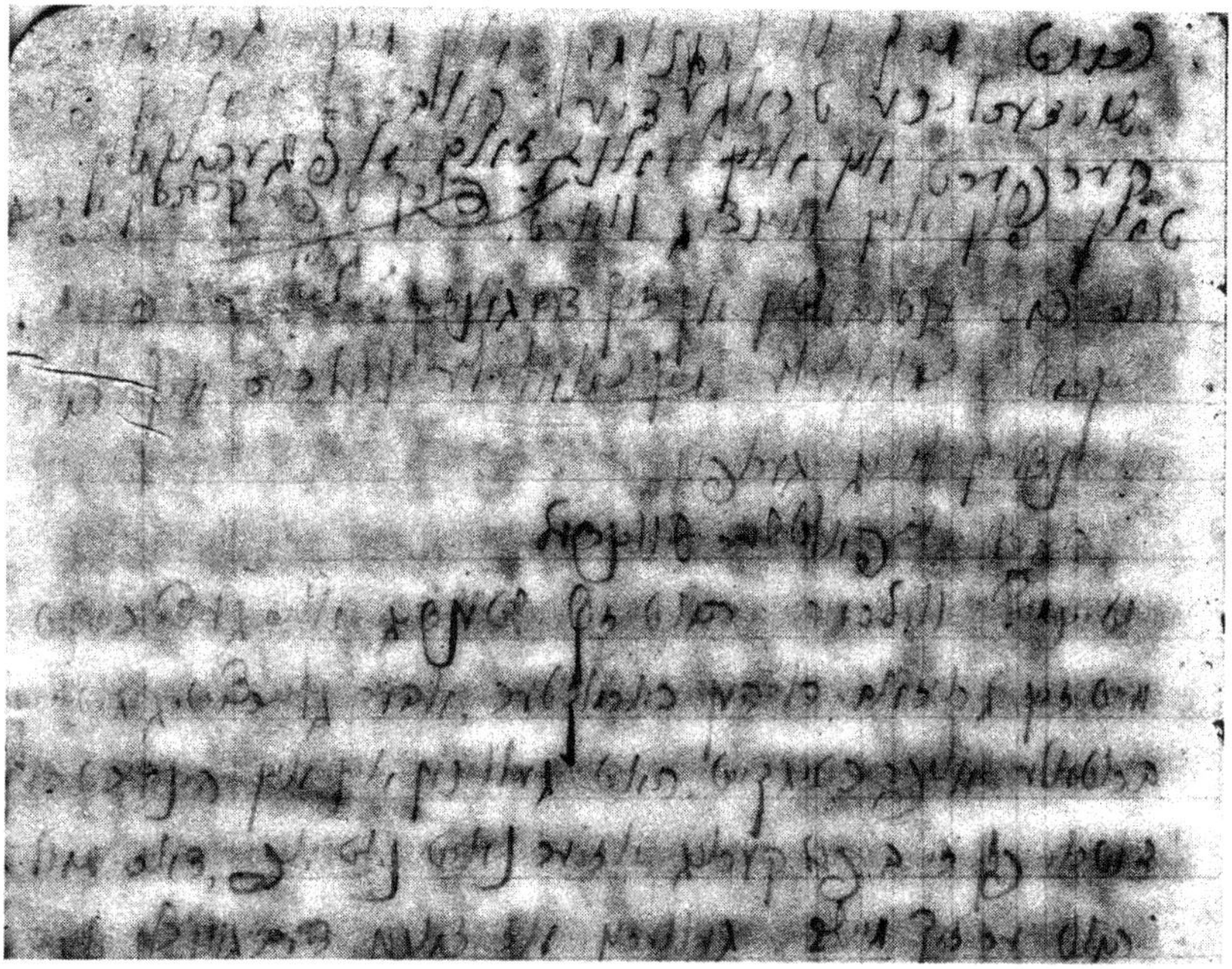

写真３・２ 「移送」の［22］27頁の細部.
画像の中央に第四章の表題を判読することができる.

（gezegenung）は［42］47頁の頭に、続く行と比べるとはるかに色あせたインクで書かれている。また「広場で」ではじまる17章は「列車に」（［83］88）に書き変えられている。このほかにも、たとえば「5〔章〕通りで」「第6章 詩編」のように、見出しが記述の流れの一部であるような場合もある。[29] この二つは〔内容を〕象徴しようとした見出しである。その章の内容を要約するのではなく、そのなかのある場面を予期させるものとなっている。それは、人びとが街頭に出てきて自分たちの不安を語り合うときのことであったり、祈りが感情表現につながるときのことであったりする。

こうしてみると、テクストの最終形にはあらかじめ構想された項目があったはずである。この「移送」を書きはじめるしばらく前から、ラングフスはおそらくアウシュヴィッツに収容されていたと考えられる。書きはじめる前に、彼は自分の話の構想を練る機会をもった可能性がある。最後の数頁は、筆記帳に詳しく記す前に、彼が一部の箇所の文案を作成していたことを示している。こうした事実は、ラングフスの記述の過程に構想や、ある種の即興といった要素があることを示唆する。また以前の記述に戻ったり、見出しが挿入されたりしていることは、彼が書き終えた箇所をあらためて推敲していたことを物語る。こうした簡単な所見からわかることは、この書き物やこのあと第五章で論じるほかのゾンダーコマンドたちの文書を日記と呼ぶことが、いかに間違っているかということである。通常日付ごとに書かれる日記の記載とは異なり、ラングフスのテクストはそれが書かれた時点によっては章分けされていない。そうではなく、各章はラングフスが自分の話に与えた構造であった。それらはいくらか記憶の助けとなったり、取り上げることがつらい題材について感情を制御するある種の枠組みを彼に与えたりしたのかもしれない。[30] だが同時に、生起した出来事に読み手を案内し、出来事になんらかの意味を見出させるものである。

分離の形象

この手記の章立ての仕方を示すきわだった一例が、ゲットーの解体が通告された直後の場面に早々登場する。語り手である彼個人と妻および息子の体験を取り上げているのは手記のなかでこの節（少なくとも判読可能な範囲で）だけである（[14] 9–[22] 27）。この節は[3]章であるように思われる。[14] 9頁の冒頭の書き出しは少なくとも新しい段落であって、しかも新たな話題が間違いなく前頁から書きはじめられている。この行話は抵抗という選択肢の是非を議論する会議の一件から、通りから戻ったレイブの妻の話へと移る。この行の上にあるしるしはあとで書き加えられたものと思われ、章の見出しである可能性もある。終わりの箇所ははっきり同定でき、その下に4章の見出しがある。この章では彼の妻が息子に自分の心配を語り、息子は母親の不安を感じとって泣き叫び、生きながらえることができるように父親にできるかぎりのことをしてほしいと懇願する。レイブはついに息子に嘘をつかなければならないことを悟る。自分たちが屋根裏部屋に身を隠すことができ、ユダヤ人でない一家といっしょに隠れ家を探すために逃げるのだと話す。章の最後のところで、彼はベッドで眠る子どものわきに立つ自分の姿を描いている。

「父さん、ぼくは生きたい。生きていられるようにできることは全部して。なんとかして――とにかく、とにかく生きたい」という息子の言葉が耳にこびりついていた。子どものベッドのかたわらに立ち、その顔をくまなく観察した。まゆ毛の曲線や鼻、耳、指の爪までじっと見た。生きるにしろ死ぬにしろ、自分の運命が定まり、引き離されることになるのであれば、いまこうして子どもの容姿をしっかり目にとどめ、いつまでもまぶたに焼きつけておかなければならない。ひどく惨めであり、絶望し、そして打ちひしがれた私は長いあいだ立ち尽くしていた。わが子を前にして自分の自我がまるごと［mayn gantser ikh］消え失せるかのように感じられた。子どものいない自分の生のまったくのわびしさを想像していた。自分の存在は虚ろな意味しかもたず、生から消し去される。そして私は、ぼんやりと現れるこの先々の日々に、不安と恐怖とで発作を起こしたかのように、ふるえおののくのである。自分の口が突如、泉に変わり、胸を引き裂くような言葉がゆっくりと流れ出る。それらの言葉は、魂のもっとも内密で、隠された内奥から引きはがされたもので、ひどく苦しく、強く突き刺すような、かなり強烈な言葉であって、それが自分に向かって暗示するように強くささやくので、世界のどのような表現もおのれの不幸に比べれば空虚で無意味に思えるのであった。癒すことのできない心痛と無限の絶望に捕われ、私は深いため息によってさえぎられながらも、おのれの語り尽せないほどの恐ろしい悲運を、おぞましい運命全体を封じ込めた一語を、ひとつのゆっくりした切れ切れの音声に体現［ferkerpert］した。「シュムエル、私のシュムエル」と、私はいつまでも叫んでいた。（［20］25–［22］27）

レイブにとって、それは感情を押しつぶされるような苦悩の瞬間であり、この箇所を書いていた彼の脳裏にそのときの記憶がよみがえっていたにちがいない。だがこうした感情を吟味し、伝えることはいずれも彼にとって必要なことであり、またそうする才能があった。それゆえに彼は疑いなくそのために時間を費やし、苦闘した。ラングフスは的確な表現を求めて類義語を繰り返し使っている。それは記述に用いる自分の言葉が足りないことを示唆するもので、すべての表現が「空虚で無意味」になることと対応する。だが彼が言語《ランガージュ》を探し求めていることはまた、この箇所の表現、すなわち息子の言葉がレイブに与える衝撃や自分の絶望と悲嘆を表現するために用いているシュムエルという名の使い方に、強く訴えかける力をもたせている。言葉はここでは物質的な存在となり、言葉を媒介し、言葉が働きかける身体と結びついて、意識によっては制御できない音声と嘆息が入り混じったものとなる。そしてレイブにその悲運を体現（ferkerpert）させるのである。「シュムエル」という語がゆっくりと、何度も発話される。長く引きのばされる語があたかも、そしておそらくそうなのであろうが、子どもを失うことへの抵抗の意志を記録するかのようである。これはそれが指している事柄とのつながりを保持する言葉を終わらせることの拒絶である。呼ぶのがつらいその名前、話し手を肉体的に傷つけてもいるその名前は、ラングフスが描いている断続的な音声をとおして再確認される。言葉はそれを発する身体を苦しめ、傷つけるのである。

この、言葉が傷つけうるということを、どうやらラングフスは利用しようとしたらしい。その痛みをよみがえらせて、そのいくぶんかを読み手に転移させようとしているのである。だが彼はその痛みと、言語の文学的、比喩的な使用とを、完全に分けることをしない。そしてレイブが自我と自分の身体を統御できなくなった、まさにそのときに、この箇所にひとつの隠喩が登場する。すなわち彼の口が泉に変わるのである。これはラングフスが書いているときに使い、考え、工夫した言語《ランガージュ》である。そうした工夫には、これらの頁が章の最後に位置し、感動で圧倒されるような挿話のクライマックスをつくると同時に、ある種の境界線をなして、なんらかの終息に向かわせてゆくといったことが含まれる。ナタン・コーヘンが書いているように、ラングフスは「有為転変する自分の人生談に立ち返ることをせず、一人称単数の使用を完全に放棄している」のである。[31] この個人的な思いをひとつの章に閉じ込めること自体が、彼の感情を抑えこむことであったのかもしれない。そうであるとしても、自分の語り《ナラティヴ》の表現を通してそれに耐えるのは、彼にとってけっしてやさしいことではなかったに違いない。

それにもかかわらずこの章はまた、前後の一連の章のなかで機能している。第1章（「最初の通告」）と第2章（「混乱と****」）は、「再定住」の公式な通告とそれにたいする反応を取り上げている。第4章（「欺瞞的な策謀」）は、家族が離れ離れになることはないと言ってゲットーの住人を説得した〔弁務官〕シュタインメッツが、当初の通告内容をどう変更したのかを明らかにしている。これらはすべて公的な場で起きた出来事で、話としてひとつのまとまりをなしている。［3］章は、一家の私的な空間といえる場を扱っている。レイブとその家族をこのいわば独立した章に置くことで、彼らは共同体から分け隔てられる。そして双方の話は、見たところ関係しあうことなく、別々に進行する。だがそれはまた、作品全体の構造のなかにレイブとその家族を組み込み、部分（自己、家族）と全体（共同体、ユダヤ民族でさえも）との関係を均衡させてもいる。しかも一方と他方を同一視したり、一方が他方を包含したりするのではなく、難しくはあっても不可欠な関係として、双方を共存させる。[32]［3］章は、通告が投じた感情的な波紋と、先立つ二つの章の事柄にたいする一家の反応、そしてまた第4章で記される公的な策謀に先立って犯された個人的なごまかしを描いている。それは最初の頃の状況を個人化、個別化することで、シュタインメッツがマクフのユダヤ人たちをだますことができた根拠を描きだしている。

個人的な、そしてそれに付随する危険な情動にできるだけ触れないようにしているのが、とりわけ［9］章で目につく。ここでは、挨拶に立ったユダヤ人評議会議長を含む人びとのなかで、最後に話をしたマクフ・マゾヴィエツキのダヤンと近隣の町のクラスノシェルツのラビ[33]が、自分たちはおそらく殺されることになると予告する。

挨拶した者のなかでもっとも感動を呼び、見事であったのが最後に立ったマクフのダヤンであった。彼は主題を率直に正面から取り上げ、幻想を抱いたり、信じようとしないことを戒めた。人びとは彼らが自分たちを確実な死に連れ出そうとしていることに心し、その準備をしなければならない。家を出るとき、人びとは近親者全員に……妻に、子どもに別れを告げなければならない［zikh gezegenen mit ale nohntste］。われわれ全員が運命に命を捧げようとしていた［mir geyen ale af kidesh hashem］のである。

（［43］48）

〔歴史家〕ダヌータ・チェフとヤドヴィガ・ベズヴィンスカが、この記述の作者とマクフのダヤンとを別人としているのは理解できないこともない。[34] だがすでに指摘したように、多くの証言が二人を同一人物としている。[35] 奇異に見えるが、これはラングフスが自分のことを三人称で表記している事例なのである。[36] 彼がもっぱら自画自賛のために、見せかけの客観的な言い回しを使ってこのように書いたと考えられなくもないが、別の読み方も考えられる。共同体全体のために話し、彼らを待ち受ける事柄やなにをしなければならないのかがわかっている公人としてのダヤンと、家族とかたく結ばれたレイブの人物像とは、ここではっきり区別されている。だがダヤンと語りの声とがいくらか区別されるとしても、ダヤンの挨拶が間接話法で書かれ、事態が展開することを彼が予告し、しかもダヤンの言葉がこの章の見出しと思われる「別れを告げる」（gezegenung）（［42］47）に用いられてさえいることを考えると、二人は混じりあっているのである。したがってたとえ語り手とダヤンの同一性が表向きは包み隠されていても、語り《ナラティヴ》がそれを明らかにしている。この記述のなかでラングフスがいまや三人称でしか登場しないということは、自分を主人公にする語り《ナラティヴ》から消え去る必要を多分に感じているラングフスが、これらの出来事の書き手となっていることをあらわしているのである。

ドーリー・ローブとナンシー・アウエルハーンは次のように述べている。

「われわれ」という語は生存者の語りにしばしば使われている。その使用がときに高次の社会的な絆を反映することもありうる……だがたいていの場合「われわれ」は、なんらかの感情とともに「私」と言うことにたいする弁明なのである。[37]

ローブとアウエルハーンの指摘は、ラングフスがとる物語り《ナラティヴ》戦略をいくらか理解させる。ただ彼はさまざまな場面で「私」を使ってもいて、彼が叙述を組み立てる場合、「私」を使ったり使わなかったりしていることも想起する必要がある。[38] それは彼が「自我がまるごと」（字義どおりだと「私がまるごと gantzer ikh」）消え失せつつあるとまで書いているひとつの章に、ほとんど集中してあらわれる。彼は個人的な感情をただ抑えているのではなく、むしろそれがどれほど自我の意識を圧倒するものであるのかを訴えているのである。ラングフスはこの状況にただ対処しているのではなく、もしくはこの状況を記録しているのですらなく、もっぱら省察している。このテクストに、人称と非人称の両叙法が併存するのは、異なる種類の自我（レイブ、ダヤン）がつくりだす緊張を保持する必要があることを示唆する。言い換えれば、ここには心的外傷《トラウマ》の共通モデル（レイブの場合のような）にまさにあてはまるように思われる部分がある反面、そうでないものもあるということである。おそらく彼は苦しみのために心的外傷を起こしており、それは間違いなく精神的な損傷である。しかし彼は、回顧によってではなく、出来事の真っただなかで、それが自分に生じているということをある意味で理解しているのである。

感情の言語資料《コーパス》

非人称的であり集団的でもある物語る声は、残りの章でも感情表現を締め出すことをせず、むしろ別の表現の仕方を生みだす。ラングフスが思いついたのは、実に特異な語り方であった。それは、人びとをおもに集団として取り上げることであり、そしてきわめて印象的なことであるが、彼らの感情的な応答をしばしば身体に関連させて記述することであった。個人の声を聞くことはできるが、それらの者はたいがい名前をもたない。彼らは「われわれは」と書かれるか、たとえば「各自が感じたことは」のように漠然と書かれている。

感情的な応答はほとんどつねに身体的な言い回しによって表現される。すなわち息を凝らすという感覚、心臓の激しい鼓動、体が燃え上がるような激しい怒りなどである。[39] したがってこれらの感情は、主観性（そうした面を否定するものではないが）よりも、身体感覚にもとづいている。

一家の家族たちが役場から戻ってきた。彼らは駆け足であったため、心臓が激しく鼓動していた。息切れで話すのもやっとであった。狼狽し、動揺し、不安で視線が定まらない彼らに、まわりの者たちは顔色を失い、実際になにが起きたのかを知る前に、まわりの者たちはすでに青ざめていた。（[20] 11）

ここでは、理知的な理解が行われたり言葉が発せられたりする前に、一連の身体的な状態がそこにいる者たちに、別の一連の身体的な状態を引き起こしている。このテクストを読むという経験は似たような仕方で作用する。こうした身体的な状態についての記述は、読み手に強烈な作用を及ぼしうるのである。身体の状態は容易に推し量ることができる。それらのなかで読み手が知らない身体的な状態はなく、いずれも極度の苦痛や身体的な損傷に起因する感覚ではない。むしろすでにゲットーで経験した、極度の心痛を引き起こしたもろさや無力の体験に耐えている、生きて息をする身体を思い出させるのである。

ラングフスは体験をこのような仕方で記録することを、どこかねらっていたのではないかとわれわれは考えている。それらはなにが起きたのかを伝えるだけではなく、どう感じられたのかを伝えることで、そうした感情を認識できるようにするという非凡な試みである。生存者は自分たちの感じた寒さとか空腹の感覚は言葉で伝えることができないとたびたび示唆するが、ラングフスにとっては自分の言葉が生き残ること以外に希望はなかった。読み手が感じられるなんらかの身体的な事柄を、言葉が呼び起こさなければならなかったのである。[40]

ラングフスが強調するこの身体化は、グラドフスキの身体の記述方法とは大きく異なる。たとえば心臓の律動的な鼓動を記述するさいの表現はグラドフスキのものとそれほど変わらないが、まったく別の役割を果たしている。グラドフスキにおける身体は、詩的な力によって鼓舞されるものであるか、「より高次」の次元の意味をもたせた象徴として働いている。ラングフスの場合は、身体が感じていることを伝えることに関心が注がれている。身体的な次元で作用するそれらの集団的な感覚を「情動」〔affects〕と呼ぶことができるかもしれない。すなわち中途段階にあったり、特定の情緒をまだ意味しなかったりする身体的な応答である。ジル・ベネットは、情動を内包する芸術作品は、苦しみやトラウマといったなんらかの体験を、その体験と単純に一体化したり専有したりすることなしに、見る者に伝えることができると論じている。[41]この点では

「移送」にも同じような面があり、一体化させる限定的な観点を持ち込むことなく、読み手の気持ちを揺さぶるものであることを示唆しておきたい。

アウシュヴィッツへの旅程をラングフスが提示する方法も、グラドフスキのものとは大きく異なる。グラドフスキのキエウバシン中継収容所からアウシュヴィッツへの移送談は劇的で、緊張をはらみ、彼自身が語り手として存在することでまとまりをもつ。ラングフスのこの旅程では「私」は消失する。彼の説明は、その構造によって首尾一貫性が保たれている。すべてが収縮しはじめ、希望についてなんども言及されるが、それは常に失われたものとしてである。小さな、小さな希望が次第に奪われてゆく。ますますがらんとし、すぼまってゆくひと続きの空間を語りが突き進む。彼らが一時的に住まわされた無人のムワヴァ・ゲットー（[56] 61）、列車を待つための荒れ果てた製粉所（[79] 84–[83] 88）、彼らが詰め込まれた貨車（[88] 93–[90] 95）、そして最後のガス室（[95] 106）。マクフのユダヤ人は家、財産、生命、そして結局はその肉体さえも奪われた。各挿話の長さも構成の一部をなしており、それぞれの場で費やされる時間も漸減していく。マクフでの出来事は手記の半分を占めるが、ムワヴァは三分の一となり、最後の二十頁がアウシュヴィッツとなる。

ビルケナウへの到着とそれに続くガス殺を記述した箇所の多くは判読しにくい。だがここでもまた出来事は一定の型を踏襲し、手記のなかで先立って提示された主題や不安に立ち返る。自分たちの骨が安息を見出せないかもしれないという冒頭近くで述べられた心配（[9] 18）は、結末で実際に現実と化す（[98] 109）。同様に、第3章でのレイブの妻と息子への言及は、彼らの死に触れることによって整合するのである。ラングフスはここでガス室の描写を挿入しているが、繰り返しになるが、その手法はグラドフスキのものとは大きく異なる。これらは彼が知る者たちであり、彼の家族も含まれていた。このとき瞬間的に一人称単数形が姿をあらわす。

こうした閉ざされた空間に倒れている死者は、他者の上に五層、六層にも重なり合い、その高さは一メートルにもなった。床に座り込んだままの母親たちが子どもたちの手をしっかり握りしめ、男女が抱き合っている。ある者たちは重みのためにねじれた姿勢のまま死者たちの体の塊から突き出ており［a teyl zenen gebliben tsulieb di mase shteyn in a ibergeboygte poze］、上半身を地に伏せたまま両足を立たせている。毒ガスの影響で真っ青に変色している者もいれば、生き生きしてまるで眠っているかのような者もいる。ある集団は掩蔽壕《ブンカー》に入らなかった。彼らは翌朝十一時まで木造の小屋に拘禁された。彼らはガス殺される人びとの絶望的な声を聞き、そして彼らを待ち受けていることを正確に理解した。彼らはすべてを目撃した［zey hoben ales tsugezehen］。彼らは呪われたその一晩と半日のあいだ、この世における悲嘆の極みを経験した。こうした出来事を生きのびたことのない者［der vos hot nisht azelkhes iberlebt］は、これらをまったく理解できないに違いない。私は〈彼ら〉のなかに私の妻と子どもがいたことがあとでわかった。

（［96］107–［97］108）

グラドフスキが描くあの肉体の海とは異なり、ラングフスにとっていっそう重要な事柄は人びとのあいだの差異である。きわめてよく似た描写であっても、彼は人びとの人間関係や毒ガスの作用の仕方の違いを強調している。正確さと相違点に関心が向けられている。そして人を圧倒するこの箇所は、彼自身がガス室を目にしたことをはっきり物語っているにもかかわらず、実際は彼の体験を中心に据えていない。「生きのびた」と彼が記す者がだれを指すのかは明確にされていない。ラングフス自身なのだろうか、出来事を、それとも木造の小屋に拘禁された人びとなのだろうか。それは、たとえ実際に目撃したのではなかったとしても、視覚的であるというより聴覚的である。この主張は、本当の証人は生き残らなかった人びとである、というプリーモ・レーヴィの言明と通底する。[42] 苦しみもまた犠牲者たちのものであって、彼自身のものでない。自分の妻と子どもに言及した短い一文のあと、ラングフスはガス室から片付けられた死体をめぐる出来事に話を転じている。そして自身の気持ちは吐露しない。それらはいずれもただ想像するしかなく、言い表すことができないのである。

語りは焼却される彼らの死体の描写で終わる。灰と骨は粉々にされ、ばらまかれて、彼らが存在した痕跡が残らないようにされた。住所録からとった二枚の用紙が筆記帳に差しはさまれており、この題材のいくつかが書かれていた。記述の一部は筆記帳に書き写されたり、書き直されたりしている。おそらくそれらの頁に書かれた事柄をすべて書き写す時間的な余裕がないと考えて、ラングフスはそれらを話の結びとして使うことを決めたのであろう。（写真3・3）

> 謀殺者は血で染まったおのれの手をすすいだ。火　人びとを焼き、あぶることは［dos preglenun broten zikh fun mentshen］＊＊＊あたり一帯の空気を脂っぽくしていた［ferfestet（このように訂正）di luft in gantsen umgend］。車両から降りるやいなや、人びとには人を焼く匂いがしているのがわかった［gefihlt dem reyekh］。（［99］111–［100］112）

これらの行は、ラングフスが書いていた状況においてすらも、そして彼にとってもっとも悲惨な場面を記すときでさえも、彼がその出来事に沿う言葉を見つけることに関心があったことを示す。正確さへの執念である。「焼く」と書くだけでは不十分であり、死体がその脂肪を燃料にして燃えることを描写するために、彼には「焼き、あぶる」の双方が必要であった。脂肪を想起させるためには二つの言葉「preglen」〔焼く〕、「broten」〔あぶる〕、「ferfetst」〔脂っぽい〕で強調されなければならなかった。これは肉体を焼くという恐ろしい記述であり、入念ともいえる無慈悲さであって、しかも目撃者としてのラングフス自身のなんらかの視点も示している。感覚の基部をなす臭覚やおそらく触覚さえもが喚起される。ラングフスは死と直結するところで生きており、このくだりで呼び起こされる油脂性は文字どおり彼に粘りつくのである。

ラングフスは同時に、すべてを語らない必要性も感じていたようである。もしくはいくつかの事柄は、たとえこうした状況のもとで書き留められたのだとしても、読まれてはならないのである。「ferfetst」という語の前にある言葉は強い筆圧で横線が引かれ、消されている。「ferfetst」はおそらくその言葉に替えて書かれたのであろう。われわれはそれが「fershtunken」でなかったかと考える。字義どおりの意味は「悪臭がした」であるが、「卑しむべき」という意味で使われることもある。ラングフスはできるだけ正確を期そうとするが、死んだ者たちを傷つけたり、人間性を失わせたりするようなことはたぶんしたくなかったのであろう。彼が描いたのは人間（mentshen）の焼却であって、死体ではないのである。死体からでるにおいには「reyekh」〔匂い〕という客観的な表現をあてている。この箇所は急いで書かれており、字が駆け込むように記され、ふぞろいである。それにもかかわらずラングフスは、できるだけ正確に書くためだけでなく、自分の書いたものをできるだけ読めなくするためにも、時間をかけることが重要であると感じている。この手記のなかでこの箇所ほど力を込めて消しているところはない。彼はこのとき、書いている対象である人びとにたいして、彼が書くことにたいして、道義的な責任感を示している。道義性は、彼が言葉を消したときの切

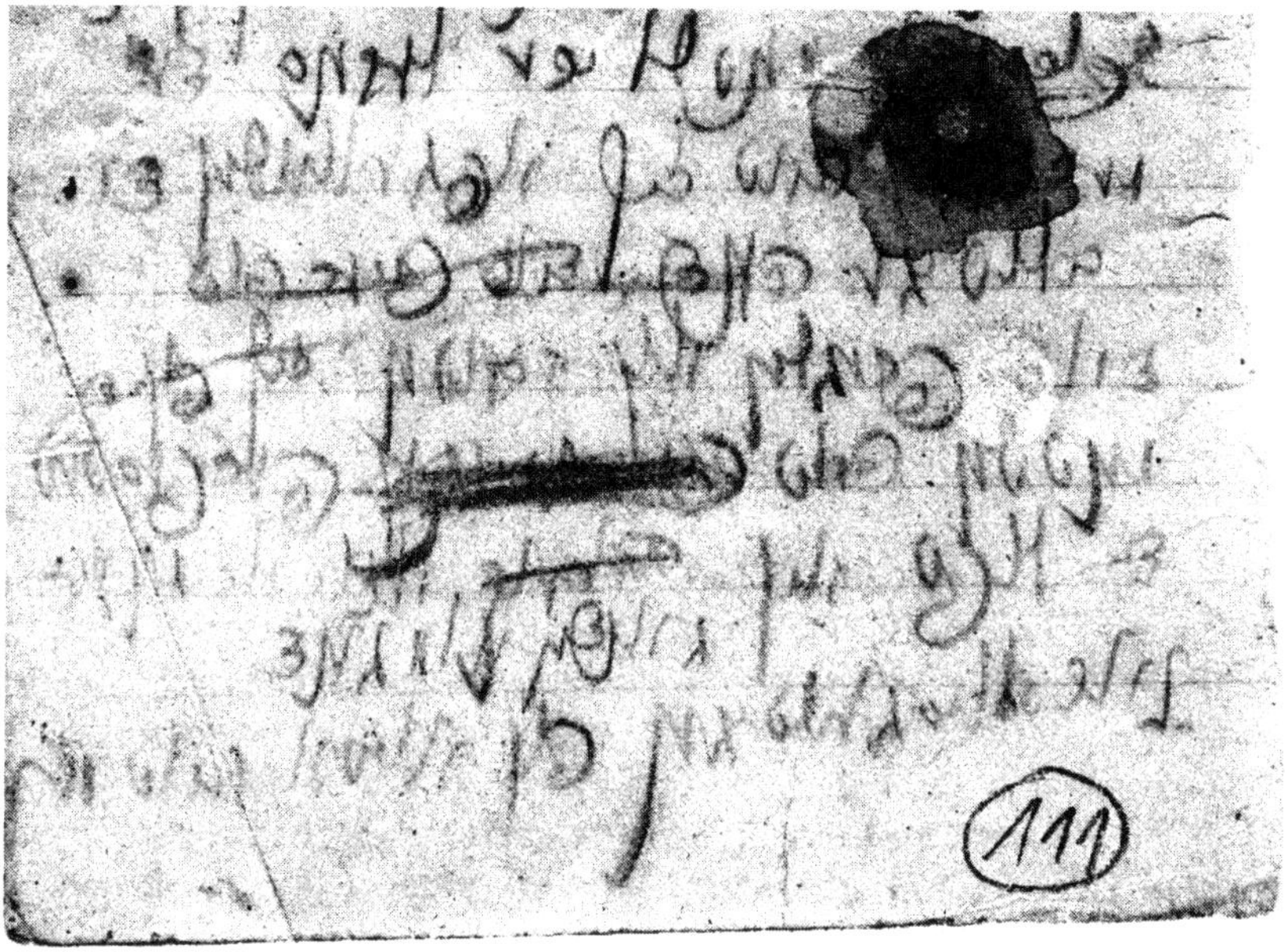

写真３・３　綴じられずに巻末に差しはさまれた「移送」の［99］111 頁の細部

迫した勢いに書き留められている。それはまた、インクの膜のうちに固定された内省の一瞬に、あるいは頁にいったん書かれた一語を取り消すために万年筆を前後させた短く、明確な筆跡に記録されている。このことはラングフスがそれを記述している状況を考えれば驚くべきことである。それらの状況を考慮すれば、彼が記載した事柄を詮索するのは適切でないのかもしれないし、また読み手にはラングフスが読んでほしくないと明らかに考えた箇所を読ま**ない**という倫理的な要求が課されているのかもしれない。

「三千人の裸の女性たち」

「移送」は、ひとつの苦しみの出口が新たな、いっそうひどい別の苦しみの入り口になる話であり、ラングフスにとって書くことは耐えられないほどにつらかったはずである。しかしそうした細心さをもって書いたため、彼は、のちの研究者たちが取り組むことになった目撃証言のありようについての関心を喚起した者として見られることになる。目撃証言できるのはどういう者か、その目撃証言はなにをもって構成されなければならないか、そして知られた事柄はどう伝えることができるか、といったことである。[43] そうした関心は彼自身の立場が厳しさを増すといっそう強まる。そして彼はゾンダーコマンドに徴用されたときからの話を語りはじめる。ゾンダーコマンドは、「移送」のなかで、ガス室から死体を取り除いて片づける、防毒マスクをつけた補助要員として、短く取り上げられている。一九六二年に見つかったその後の二つの挿話では、彼らは犠牲者たちとガス室に入る前に顔をあわせ、人びとがむなしく振り返るのを傍観するという、個人として登場し、しかも屈従的な役割を担っている。それらの挿話はいずれも、ラングフスがクレマトリウムで働いていた一九四四年の出来事を記したもので、クレマトリウムに連れてこられた特別な集団の最後の場面を描いている。「六百名の若者たち」は、十二歳から十八歳の集団にかんする三頁の短い記述で、若者たちはSS親衛隊員に慈悲を請い、またゾンダーコマンドに助けを求めるが、すさまじい暴力によってガス室に押し込められる。[44]「三千人の裸の女性たち」は、それより多少長く（十頁）、ビルケナウのブロック25に三週間、飢餓状態に置かれたのちクレマトリウムⅡに送り込まれた集団の話である。この話の大部分を占めるのが女性たちのとても長い語りで、彼女たちは自分たちに起きた出来事を説明し、悲運を嘆き悲しむ。

「移送」の場合とまさしく同じように、これらの話のほとんどで、ラングフスは語り手としての見方や意見を多少述べてはいても、自分を出来事のなかに置くことをしていない。だが一度だけ自分のことを語っている。それは「三千人の裸の女性たち」の、最後から二頁目にでてくる。（写真3・4）

> 自分は急いで立ち去った。だからその後なにが起きたのかを私は**見守って**いない［dem vayterdig farloyf hob ikh shoyn nisht beobakhtet］。なぜなら、ユダヤ人たちが死に駆り立てられるとき、自分は原則としてその場に居合わせることがなかったからである。というのは、SS隊員がクレマトリウムでの〈自分たち〉の残忍な〈二字加筆〉〈目的〉のために、私を徴用することがあった〈三字加筆および四字加筆〉からである。[45]

ゾンダーコマンドが犠牲者を助けることがなかったという記述のなかで、彼は自分がその場にいなかったと主張している。それはこの集団に着せられた汚名から逃れようとしているかのようである。しかし「beobakhtet」〔見守って〕という語が強調されていることは、別な読解がありうることを示す。ラングフスはこの語のあとにくる行を空白にしており、字と字のあいだにやや間隔をおいているようにみえる（それに相当する斜字体を使ったヘブライ語の手書き字体）。「beobakhtet」はイディッシュ語にも存在するが、大半の専門家はドイツ語的（daytshmerish）すぎて、標準的でないと考えている。ラングフスの言語がしばしばドイツ語の影響を強く受けているにせよ、この場合の言い回しやその強調の仕方は、おそらくドイツ語の起源を想起させるのであり、この種の見方は「自分たちの残忍な目的のために……徴用」される以前に、彼がドイツの迫害者のかたわらに控えていることを暗示する。これは犠牲者たちからやや離れたところにいて管理するということにほかならず、犠牲者にたいする冒瀆として受け止められかねない（ドイツ語の beobachten は監視するという意味で使われることがある）。このようにみてくると、これはラングフス自身が目撃者としての自分の資格に難があることに気づいていることを示唆する。彼は自分の目の前で実行される犯罪とある意味で距離を置き、犠牲者にたいする責任を回避しようとしているだけでなく、彼はそれ自体がその犯罪体系の一部を構成するかもしれないような目撃の仕方、すなわち**見守るということ**を拒絶しているのである。

この同じ語は、これより四頁前にまったく異なる文脈で使われている。それは奇妙に抽象的な一連の句であり、これらの女性の悲惨な死にゾンダーコマンドのひとりが直面する場面である。

彼女たちは、われわれに思いやり［mitleyd］があるのかどうかを見極めようと顔をのぞきこんだ。ひとりの男が一方の側に立って、これらの無防備で苦悶する魂がもつ深い孤独の深淵［もしくは深淵のように深い［孤独］か］を見守っていた［beobakhtet dem tom tifen elend fun di dozige shutzloze ferpaynikte nefeshes］。彼は自制することができず号泣をはじめた。ひとりの娘の口から「ああ」という声が漏れた。それは死を前にして生きている自分がまだ見る［derlebt］ことのなかった思いやり［mitgefihl］の表現で、自分た

写真3・4　「三千人の裸の女性たち」の頁の細部.
4行目,「nisht beobakhtet」〔見守っていなかった〕の語句のあとが空白となっている.
〔イディッシュ語はヘブライ文字を使用し，ヘブライ語と同様，右から左に書かれる〕

ちの恐ろしい運命のために流された涙です。人びとが拷問され、殴られ、苦しめられ、そして殺される、この殺人者の収容所で。残忍な殺害や限界のない悪行を十分すぎるほど［men zet zikh on］私たちが目にし、最大の受難に私たちが無感覚、無情［fergliverr］となり、また人間のあらゆる感情［gefihl］が枯れ果て、あなたの目の前で［far dayne oygen］兄弟や姉妹のひとりが倒れても、ため息をもらすことさえしない、この収容所で。私たちのむごい不幸に心を揺さぶられ、その涙で思いやり［mitgefihl］を表してくれた人がいるとは。ああ、なんてすばらしい光景でしょう。不自然な出来事なのでしょうか。私の死に、悲しみの嘆息、生きているユダヤ人の涙が刻まれる。捨てられた孤児のように私はこの世から姿を消し去るのかと思っていたのに、私たちを弔ってくれる人がまだいる。私はこの青年のなかにわずかな慰めを見出します。悪党や犯罪者の連中のなかに感情をもつひとりの人間［a mentsh vos fihlt］を、死を前にした私は見たのです［derlebt］[46]。

この男が見守った事柄がどのようなものであるかといえば、それは「深淵」「孤独」「魂」であって、まったく具体的でなく、またこれらの語間の配列関係も明確でない。だが目にした光景は彼に衝撃を与えたのであり、娘はそれを「不自然な」と形容する。それは奇跡のようなとか、ありえない、驚くべき、そして恐ろしいということも意味する[47]。彼女は男の泣き叫ぶ声のなかに、ただ見るだけでなく、感じることのできる者を見出している。収容所で人びとが目にする残虐行為について彼女が話す二つの場面（「残忍な殺害や限界のない悪行を十分すぎるほど私たちが目にし」「あなたの目の前で兄弟や姉妹のひとりが倒れて」）には、〔それに続くはずの〕応答がない。ここで求められている種類の目撃者は、たんなる事実関係の目撃者ではない。求められるのはただの目撃者ではなく、哀悼者なのである。したがってこの話は、女性たちの生きた最後の数時間を証言する形式であると同時に、どのような形の目撃証言が妥当であるのかを省察した話として読むことができる。女性たちの死を見ることは、彼女たちの運命に心を揺さぶられることに比べれば大きな意味をもたないのであり、このことは号泣したゾンダーコマンドと最後まで見届けないことにしたラングフスとに、ともにあてはまる。ラングフスがこの話を記述し、伝えようとしたのは、それが自分の読み手にもあてはまるとまさしく考えていたことを物語っている。

「個別の事柄」

「移送」およびザルマン・レヴェンタル文書といっしょに埋められたいくつかの話が、ともに感情の高まった語調によって特徴づけられるとすれば、一九五二年の手書き文書の核をなす部分はこれらとは大幅に異なる記述である。「Eyntselheyten」（個別の事柄、細部）という表題をもつこの部分では、ラングフスは彼が描く場面にまったく登場しない。「個別の事柄」はクレマトリウムでの出来事を取り上げたもので、各段落がひとつの逸話となっている。それらは彼に強い印象を与えたと思われる事柄の細部を記したもので、続き物としてまとめられたが、時系列順にはなっていない。多くは、彼の二つのより長い話のなかに同様の内容が存在する。それらは罪悪感にさいなまれたゾンダーコマンドの行動や子どもたちの受難、ガス室に入る直前に人びとが話したことや行ったこと、ＳＳ親衛隊の隊員が行った残虐行為にかんするものである。だが〔「個別の事柄」の場合〕語り手の感情を推しはかることは難しい。

それは一九四四年の夏が終わるころであった。彼女らはスロヴァキアから搬送されてきた。間違いなく殺されることを全員が確実に知っていた。だが彼女らは落ち着いており、脱衣し、ガス室に入っていった。脱衣場から裸でガス室に入るさい、一人の女性が言った。「ひょっとして私たちにまだ奇跡が起きるかもしれない」[48]

ラングフスは描写を簡潔にし、生の事実しか残していない。だがその内容からみて、出来事が取捨選択されているとは考えにくい。またこの女性が、自分の信条を最後まで貫いた称賛に値する事例なのか、それとも誤った希望を捨て去ろうとしない人物の事案なのか、判断もしがたい。もし情報性に欠け、判断もしにくいのであれば、読んだときに印象的で感情をかき乱す事実であることがおそらく重要になる。このときの出来事を目撃したことが、おそらく三千人の裸の女性たちのうちのひとりにたいしてみせたゾンダーコマンドの反応と同じように、ラングフスにも衝撃を与えたと考えることはできる。ラングフスが、もし自分の受けた衝撃ゆえにこの出来事を記録したのであれば、それはおそらくそれを読む者にも衝撃を与えるに違いないと考えたからである。この話のそっけなさや簡潔さ、説明を欠くこと、構成、それらすべてがその効果を増している。したがってラングフスは書く事柄を選択し、入念に書くことによって、読み手のうちに感情が芽生えるようにしたのである。このことこそが、どのような情報にもまして、彼が伝えたいと望んでいたことであった。

ほかにもいくつかの「個別の事柄」が同じような仕方で登場する。食事にありつけるならいつ死んでもよいと話す収容者の話。幼い弟の脱衣を手伝う女の子に手を貸そうとするゾンダーコマンドを殺し屋と呼び、拒んだその姉の話。革命歌「インターナショナル」を歌いながらともに死んだポーランドとオランダのユダヤ人の話。とはいえほかの話では、語り手は出来事についての価値判断をしており、それは語句のそれぞれの言い回しのなかにさらりと、しかしながら強烈な形で登場する。ある話では、ひとりの若い男（含みのある言い方から世俗の知識人）が、自分たちは殺されることはないと言って死を覚悟する人びとを説得する。彼の演説は、その一部が紹介され、小馬鹿にするような「un azoy vayter」すなわち「等々」という話で結ばれている。

毒ガス〔の缶〕が投入されると、この道徳の説教師、分別を深く確信する男は、自分の無邪気さから目を覚ました［oysgenikhtert fun zayn naivitet］。同胞の気持ちを強く鎮めた［kreftig beruhigt］彼の論議は、彼自身をだます幻想でしかないことが明らかとなったのである［a iluzye fun zelbst opnareray］。それにしても賢くなるには遅きに失した［er iz tsu shpet klug gevoren］。[49]

これは「文学的散文」ではないものの、侮蔑的な語句の多用や、「naronim」（愚か）と「kluge」（利口）についての広く知られるイディッシュの格言にもとづく「opnareray」（だまされる）と「klug」（賢い）の並置が行われ、効果を狙ったものであるという意味で文学的と呼べるかもしれない。[50] 実は、ラングフスは当初「tief ibertsaygt」（「深く確信させた」）と書くが、その後線を引いてこれを取り消し、「krefig beruhigt」（強く鎮めた」と書き換えている。つまり彼は、この半撞着語法（両立しない言葉を半ば組み合せる修辞法）がそのいっそう強い嘲笑的な響きによって、より自分の意図に沿うものであることをはっきりと感じていたのである。[51]

一九四二年夏が終わるころ、プシェムィシルからの搬送列車が到着した。〔乗っていた〕青年たちと警察官らはみな袖に短刀を隠しもち、ＳＳ親衛隊員にとびかかるつもりでいた。ところが彼らの指導者に欺かれることになる〔hot zey ferfihrt zeyer onfihrer〕。それはひとりの医師で、彼は彼らを制止することで妻といっしょに収容所に入る〔arayntsugeyn in lager mit zayn froy〕ことを望み、これを親衛隊曹長と話し合った。曹長は彼を安心させる。そこで医師は彼らを鎮めた。彼らは服を脱ぎ、ついで医師は彼らのあとについて妻といっしょに、全員がガス室に入れられた〔mitsugeyn nokh zey ale in bunker arayn mit zayn froy〕。[52]

ここでは少しばかり言い替えている言葉遣いが少なからぬ役割を果たしている。医師の希望を表すくだりと実際に当人になにが起きたのかを語る文章は、ともに「妻といっしょ mit zayn froy」で終わる。「導く〔欺く〕ferfihrt」「指導者 onfihrer」というちょっとした語呂合わせは、また「親衛隊曹長 obersharfihrer」でも繰り返される。「入る arayntsugeyn」が「いっしょに入る mitsugeyn」と対置されている。つまり医師にとっては〔妻と〕収容所に入ることが他人と行動をともにするよりも意味をもったが、結局は皆といっしょに行くことになる。これは皮肉な結果であるが、そうなるようにある程度、意図的に書かれたと考えられなくもない。

皮肉《アイロニー》の使用は、ラングフスにとっての新たな出発点であった。それは視点を潜在的に転換させることを意味する。クレア・コールブルックは、反語的なテクストはそれ自体の不完全性を指し示していると述べている。それらは断片的であり、その創造的な作用は読み手と共有される。書き手は反語法という様式《モード》をとることで所与のテクストから権威を取り上げる。それらはまた「しばしばあい矛盾する意思、あるいはそこで述べられていることにおいて言え**ない**事柄を伝える」[53]。文学上の選択としてそれ自体がすぐれている場合、反語法にすることによってラングフスはそれゆえ自分の証言する出来事とのあいだに距離を置いたり、そこから身を引いたりするいっそうの工夫を示せるのかもしれない。また体験を要約する言葉を探しだす難しさについての認識の深化を示すことができるかもしれないのである。

事実関係が時系列順に置かれていないことをもって、ラングフスがクレマトリウムでの労働について首尾一貫した記述ができなかったとか、個々の事柄が生起したときにメモをしなかったことの証拠になるとはいえない。手書き文書の複写写真をみると、じつに鮮やかな、規則正しく間隔をとった、小さな字の几帳面な筆跡であることがわかる。十二頁中で、線を引いて抹消した箇所が九か所、言葉や文章を挿入している箇所が五か所ある。[54]したがってこれはおそらく清書したものであろう。ラングフスはそれらの出来事を下書きのかたちで書き留めておき、あとでこの筆記帳に書き写したことがわかる。各挿話はゆるくつながり、ひとりのSS親衛隊員の癖を取り上げた段落のあとに、ほかのものが続く。シャウレイ〔リトアニア〕からの子どもたちにかんする段落のあとは、SS隊員に殺された子どもについてである。ヴィッテル〔フランス〕のラビが死に際に吐いた挑戦的な言葉は、コシツェ〔スロヴァキア〕のラビの妻の死に際の言葉と対になっている。

こうしたとり合わせは、したがって意図されたものと考えられ、昔からの語り物にみられる形式を参照することで独特の文学性をもっているのである。ここでハシディズム〔ユダヤ教敬虔派〕の語り物にでてくる決まり文句の事例をあげるまでもなかろう。語り物の物語群はけっしてハシディズムだけのものでもない。[55]バーバラ・カーシェンブラット＝ギンブレットが述べているように、ベスメドレシュ〔学びの家〕でミンハとマアリヴという二つの夕べの祈りのあいだに語られた物語は、

系統化される前のものであり、比較的自己完結している（それらは先行するやりとりや語りにかかわり

なく理解できる)。[というわけで]ストーリー性をもった出来事が糸に通した数珠玉のようにつながることになる。ひとつのストーリーが別のストーリーを触発するといった自由なつながり方は、これらの重要な特徴である。[56]

ラングフスの「個別の事柄(Eyntselheyten)」の冒頭は、こうした決まり文句にいちじるしく類似する(付表Bを参照のこと)。

伝統的な物語は、語られたり説明に使われたりするが、いずれの場合も典型的な **a mol iz geven**(昔あるとき)とか、**in a shtetl iz geven**(あるユダヤ人集落《シュテットル》で)、**iz a mol gekumen**(昔あるとき[ある者が]やってきた)、その他これに類する決まり文句ではじまる。[57]

その意味でゾンダーコマンドの生存者の幾人かが、彼を「マギド」(説教師、語り部)と呼んでいるのは注目に値する。モルデカイ・チェハヌヴェルは、ゾンダーコマンドの区画でラングフスが腰かけ、収容所のほかの場所の話をチェハヌヴェルに尋ね、かわって今度は彼が自分に話を語ったと述べている。「昨晩、あれやこれやの所から搬送列車が到着した」といった話にチェハヌヴェルは「目を大きく見開いて」聞き入ったという。[58]「個別の事柄」は、したがってラングフスが以前に語った話である可能性がある。彼がそれらのために見出した構成は、伝統的な語り物にもとづくとともに、時系列順よりもひな形《パターン》の形式を用いるというユダヤ人の記憶に見られるより一般的な傾向に由来するのである。[59]

だがアレクサンドル・プルストイェヴィチも論じているように、これを時系列順にしないという、ひとつの倫理的な決断として捉えることもできる。[60] 時系列順にすることは、順不同では意味をなさない出来事を、意味をなすようにすると考えることができる。「Eyntselheyten」（個別の事柄、細部、字義どおりには「単一であること」）がある全体に、すなわち犯罪者が主役で、犠牲者をたんなる端役に退けてしまう語り《ナラティヴ》のなかに組み込まれてしまうことになる。だがそうではなく個々の事柄は、短くあっても個々に存在することが許され、各々が一度だけ登場するのである。

相違

追って明らかにするが、ザルマン・レヴェンタルとザルマン・グラドフスキは、ともに自分たちのテクストに、それとわかる首尾一貫した手法で臨んでいる。これにたいしてラングフスは、記述の仕方を大きく変えているように思われる。「個別の事柄」の簡潔で警句的な記述は、はるかに感情的で情念にみちた語調の「移送」や、レヴェンタルの文書といっしょに埋められた二つの書き物とは、大きく異なる。いくつかの主題は共通するといえるかもしれない。たとえば発見された三つの文書は、いずれも子どもにかんする体験が関係する。これは「巻物」の作者のなかでラングフスだけが、ビルケナウで自分の子どもを失っていることと符合する。文体もまた類似するところがあり、とりわけ似た意味をもつ形容詞と名詞をつなげる語法をよく用いている。だがそれにもかかわらず、それらのあいだの相違も相当あって、アウシュヴィッツ博物館がそれらを別人の作と考えたことも驚くにあたらない。それらが同一の作者によるものであるとの証拠が説得力をもつとしても、広く認められているように、確実であるとは言いきれないのである。それでもなおその危険を冒す価値はある。第一に、一九五二年の手書き文書のなかで作者が自分のすべての書き物をひとつにまとめるように希望しており、それに応える必要がある。第二に、ひとりの作者がこうした多様な書き方ができるということ、そしてその意味するところが考察されなければならないからである。

これはテクストがさまざまな時点で書かれたことを示す証拠なのであろう。「移送」は一九五二年の手書き文書が言及する限りにおいて、ラングフスの最初の書き物のようである。レヴェンタルの手書き文書といっしょに埋められた二つの文書はおそらく一九四四年十月に起きた出来事を論じているのであろう。一九五二年に発見された文書は、それが一九四四年十一月二十六日の日付で終わっていることから、当時の直近の題材を含んでいるようである。時期が異なることは、それゆえ異なる精神的な見方をもたらした。町や家族の体験をめぐる悲しみは、たえず死と向き合うことによる感性の摩滅へ、そしてそれゆえ、おそらく情動のいっそうの抑圧へと移り変わっていった。また書く状況が異なったということもありうる。「移送」の、少なくともその一部は、男子収容区のブロック13で書かれた公算が高い。これにたいしてほかの文書は疑いなくゾンダーコマンドがクレマトリウムに移動させられた一九四四年六月以降に最終的に書き上げられている。文体は書かれた場所を反映しているはずである。一つは隔離されたブロックや収容所間でいくらか連絡がとれるような、より幅のある生活のなかで書かれ、残る二つは絶滅現場のなかで書かれた。

しかしながら多様であることはまた選択の結果でもある。ラングフスは題材やそれを表現するためのさまざまな手法を考え、もっとも適していそうな選択肢を判断することができた。「移送」の語りが感銘を与えるのは、それが実に包括的であり、あるひとつの共同体を追跡するものとなっているからである。そしてひとつの町のユダヤ人住民がどのようにして全員抹殺されたのかという、シンプルな話からほとんど逸れていないからである。「個別の事柄」は、ある瞬間の個人の生を取り上げることによって成り立っている。それぞれの記述には、そこで取り上げる個人に合った形式が考えられ、そのための構成が用いられている。それらは、それが伝える出来事のたんなる証言に留まらない。自分をどこに位置づけ、話がどのような構造をもち、そして読み手のなかにどのような応答を引き出すのか、そうしたことを注意深く熟考しながら書いたひとりの人間についての証言なのである。

最後に、彼の記述が対象としている領域に目を向けると、ザルマン・グラドフスキの取り上げ方との違いがはっきりする。グラドフスキの証言は、詩人・預言者としての自己像に依拠するもので、それによって自分の体験に形を与え、犠牲者たちに代わって語っている。これにたいしてラングフスはさまざまな状況に記述の様式《モード》を合わせ、他者の考えや感情を表現することにはより慎重であった。すでに述べたようにグラドフスキは非常に視覚的な書き手であって、読み手に見せたいのであり、読み手が見えるようにする。とりわけ「三千人の裸の女性たち」で彼は見るという問題を提示し、同じように効果的であるか、もしくはより妥当であるようなほかの目撃証言の様式を模索している。ラングフスはまた、巨大な全体と直に対峙しないかたちで、個人を書こうとしたようである。おそらくラングフスは、グラドフスキのより概括的な取り上げ方では果たせない犠牲者個人の「世界」を保持する。彼はまた自分の言葉を抑制し、推敲して、グラドフスキに欠けているかもしれない円熟味を追求している。これはなにもグラドフスキが作家として未熟であると言っているのではない。そうではなく、感情に走るところなど彼の文書が年齢と視点のいずれからみても若者のものにほかならないとギデオン・グライフが述べていることに同感するということである。[61]同じような年齢ではあっても、ラングフスの言語や文体の選択を通じた自己表現は、より繊細かつ慎重であり、ことによるとより恥じてさえいるのかもしれない。グラドフスキは自分の記述にまったく疑いを抱かなかったようである。ラングフスはこれらの文書を書きたいと望むのではなく、書かなければならないと時には考えているように思える。

その意味では、一九五二年にみつかった練習帳のなかの最後の部分である「手記（notitsen）」はとりわけ重要である。この断章は、ナチが犯した大量殺戮の隠蔽工作にかんする記述ではじまる。それはクレマトリウムの解体と書類の焼却であった。ラングフスは、そうした工作や実行者について記すなかで、残虐行為のあらゆる証拠を消し去ろうとする工作への抵抗を懸命に試みている。彼の証言はほどなく瓦礫や残骸のなかに封印されることになる。

ラングフスはここで自分に残された時間が限られていることを知ると、ナチが破壊しないではおかない証拠物件に類したものを、彼もまた残す必要があることを悟る。彼はこのひと月半の出来事を回顧し、別の作品として十一月二十五日にこの結びの部分を書きはじめる。それは一種の遺言、証言として読解することができる。彼は、自分の書いた作品の本文をひとつにまとめ、編集し、刊行するという最後の望みがかなえられるよう読み手に求めている。それらは彼が未来の読者に託すものであり、彼はその未来を自分が目にすることがないことを知っている。この最後の作品がもつ力は誇張されすぎてはならない。人生最後の日々と時間のなかで、ラングフスの思いは書くことに、自分の書いた物に向けられていた。自分たちの犯罪の形跡を隠滅しようとするナチの工作に抵抗することが明らかに彼の行動の核心であった。

だがこのテクストは、作者としてのラングフスについて、それ以上のことを語っている可能性がある。書くことは、それがたんなる「手記」という形をとっていても、出来事を証言する手立てに留まらないようである。それはもっとも辛く、もっとも凄惨な状況下にあって自我を表現する手立てである。短い文章は二日余りで書かれ、万年筆で二回に分けて記されている。文書をひとまとめにして「殺害の恐怖のなかで」として刊行してほしいとするその訴えのあとに、四つの文が最後に書き加えられている。

われわれ生き残った一七〇名はこれから「サウナ」〔登録・消毒棟〕に向かう。彼らは間違いなくわれわれを殺すつもりだ。彼らはクレマトリウム4に残す三十名を選別した。

一九四四年十一月二十六日に記す。[62]

許される最後のときまで、おそらくラングフスは練習帳を保持していた。彼はおのれの存在を保つために、その存在を綴りつづけた。書くことは彼にとって明らかに不可欠な行為であった。大量殺戮の渦中において、それは自己を支える力であり、彼自身の生と、彼が思い描く読み手の生を、肯定する手立てなのである。それゆえに、彼は最後の瞬間まで書くことをやめようとしなかった。

それはまた、すでに明らかにしたように、自分を取り巻く凄惨な事柄に彼が対処し、膨大な残虐行為を時系列化し、整理する手立てとなった。文書は全体として、凄惨な出来事がラングフスを変えたことを次々と積み重ねるように物語っている。そうした変化は、時間とともに変わったその記述の様式《モード》が、彼自身の内部の変化に対応するものであることを意味する。散在した文書は、それらが同じ人物によって書かれたとしても、別個のアイデンティティ、人格をあらわしている。それらはアウシュヴィッツで長く生き残り、ゾンダーコマンドに従事することが、個人の体験を均質なままにしておかなかったことを示す。それらの変容や駆使される皮肉《アイロニー》、意識された抑制的な表現をたどることは痛ましい。ラングフスの後期の文書がほとんど冷笑的であるのは無理からぬことである。

しかし最後の文面は、錯綜する状況下でも、ラングフスがある種の積極性をもっていたことを示している。彼は自分を見捨てなかった。散文の断章のなかで、切迫する自分の死という現在と、「手記」の発見という未来とが、たえまなく入れ替わる。それは、別の世界が到来しつつあり、彼のもつなにかが、あるいは彼のなにかが、その世界へと向かわせることになるという確信を示している。ラングフスが心に描く読み手（彼は読み手にあてて二度、直接懇請している）とは、彼の書き物に関心を抱き、彼の願いを心にとめて忘れずにそれらを照合し、書き写す者である。本章は、ラングフスの望みにある程度添い、種々の作品をひとりの作者のものとして取り扱った。われわれは、文体がときに大きく異なるテクストを統合する役割をもつ者に、彼の名をあてがった。そうすることでアウシュヴィッツにおける状況の転変が、主観的な事柄にもたらす影響を跡づけることができた。複数の文書をこのように結びつけ、ひとりの個人の作であるとみなしたとしても、かつて存在し、いまもなお存在するレイブ・ラングフスという名をもった、さまざまな、変わりうる自我から目をそらしてはならないのである。

第四章　終極の準備

ザルマン・レヴェンタルの抵抗史

消した跡、空白、これらには独自の重要性があり、象徴的な重みをもつ。
（エリ・ヴィーゼル「アウシュヴィッツの巻物」について）[1]

事実

一九四四年八月十九日、ゾンダーコマンドの二十六歳の班員が短い手書き文書の最後の頁に自分の遺言を記した。そして最初の頁に戻り、その冒頭に次のように書いた。「＊＊＊＊から書かれた＊＊＊＊限られた仲間のゾンダーコ　クレマ 2 15-19/8 44〈ザ〉ルマン・レヴェンタル　ポーランド－チェハヌフ」。[2]これらの語句に下線を引き、別の二つの品物とともに半リットル入りのガラスの瓶に収めた。ひとつはウーチ・ゲットーの住民の日記、もうひとつはゲットーでつくられ、その情景を刻んだ腕輪である。[3]彼は瓶をクレマトリウムの敷地に埋めた。掘り出される一九六一年七月二十八日までそのままであった。[4]

これはグラドフスキやラングフスとは記述のし方がまったく異なっており、別個の読解が必要である。レヴェンタルは、出来事を雄弁に語ったり感動的に表現したりすることよりも、事実を書きとることに関心を寄せた。情報をざっと書きとめ、簡潔に表現している。さらに自分を家族のなかに置くことよりも、ゾンダーコマンドの「小さな集団」の一員として書いている。外部と完全に切り離されてはいるが（六月からそうであった）、結束が固いはずの集団である。また彼ははるかに短時間で書いた。彼は自分を目立たさせ、しかもはっきり名乗ることに不安を感じない。グラドフスキとラングフスの両者で見たように、書き手としてこのように名乗ることは危険を伴う行為であった。レヴェンタルは若いこともあってか、年上の同僚たちと比べてそれほど慎重でなかったのかもしれないが、彼は蜂起が起きることをグラドフスキに先立つこと二週間半前にすでに予期していたと考えられる。

　レヴェンタルは自分自身の言葉だけでなく、他者からの証言も保存したいと考えていた。実際、彼の記述はウーチの日記にかんする評釈であり、この日記はウーチから移送されたのちクレマトリウムⅢで殺された人物の所持品のなかにあったようである。アレクサンドル・プルストイェヴィチとダン・ストーンの両者が述べているように、レヴェンタルはゾンダーコマンドの歴史家であり、記録保管者であったと見ることができる。[5] この点で、まぎれもなく個性的に書く行為によって証言する責任をまっとうしたグラドフスキやラングフスとは明確に異なる。自分が知るに至った事柄に応じて、状況が彼を書くことへと駆り立てた。おそらく彼はすでに抵抗運動《レジスタンス》の一翼を担っていたのであろう。

　この文書には、グラドフスキやラングフスの書いたものとは異なる、もうひとつ別の特徴がある。それはラングフスの「移送」以上にひどく傷んでいることである。割れた瓶に水がしみこみ、包んであった腕輪とどうやら化学反応を起こしたと考えられる。各頁の天と地の近くだけが読み取れ、残りの部分は判読されていない。第一章で論じたように、この傷みも適切に取り扱えばテクストは読解可能となる。だがそれはまた、言葉自体に異なる読解の様式《モード》を適用しなければならないことを意味する。欠けている事柄はそれとして認めなければならず、もっぱら解釈を目的に脱落からなにかを読み取ろうとするような誘惑は退けるべきであろう。しかしこれは失われていることをただ受け入れるということではない。レヴェンタル文書の物質的な状態を考慮に入れること自体が、それになんらかの形式を見出す手助けになると考えるのである。本章でわれわれはそのことを明らかにしたいと思う。われわれは、レヴェンタルがこの文書の数か月後に書いた別の、長編の手書き文書の新たな構成順を提示した。そしてそれにもとづいて、この文書の独特な記述の様式《モード》と文書の各所に見られる多様な傷み具合の双方に注意を払いつつ、さまざまな箇所の読解を行った。最後に、レヴェンタルの一九四四年八月の評釈に戻り、ゾンダーコマンドの歴史家として彼の果たした役割について総合的な評価を行った。

レヴェンタルの手書き文書

ザルマン・レヴェンタルのより長めの文書が見つかったのは一九六二年十月のことである。ゾンダーコマンドの埋めた手書き文書は考古学的な手法によって計画的に発掘されていた。[6] 一九六一年の発見について述べた特徴がこれにもあてはまった。手書き文書はひとまとめにして埋められていた。レヴェンタルの筆記帳、レイブ・ラングフスの記した一組の文書、そして一九四四年十月の死者のリスト一枚である。これも雨水の被害を受けていた。収めてあったガラス瓶が湿気を防げなかったのである。第一章で論じたように、綴じられた頁にはインクがにじみ、留めていた針金がひどくさびついていて、さび自体が紙に汚れ目を残していた。アウシュヴィッツ博物館のアーカイヴは、文書を保存する措置の一環として、頁の順序を記録しないまま、綴じられていた頁を外してしまった。傷んでいることと、レヴェンタルが筆記帳の奇数頁にまず書いてゆき、ついで裏返して、元に戻る形で偶数頁に書いていたために、文書館は書かれた順序の復元に困ることになった。手書き文書の判読作業は主としてザルメン・セヴェルィン・ゴスティンスキとエウゲニア・カプチツ＝

ゴスティンスカによって行われた。彼らはそこから、われわれが手にしているアウシュヴィッツのゾンダーコマンドにかんするもっとも包括的な記述を読解することができた。[7] 移送、アウシュヴィッツへの移動と到着、そのほかのアウシュヴィッツの歴史にかんするいくつかの断章は別として、もっとも傷みの少ない手書き文書の一部にゾンダーコマンドの抵抗活動と蜂起の企てをめぐる話が語られていた。これを一連のものとして組み込むことはできたが、ほかの断章との関係のなかで、その位置を決めることはより難しい問題であった。一九六八年から七七年にかけて異なる三つの版が刊行されたが、蜂起についての話の位置はほぼ同じである。ところがほかの断章の位置はまったく異なった。[8]

それらすべてが同じ方法論を適用している。それは記述の流れを追い、出来事を特定し、そして時系列順に整理するというものである。最初の点はたしかに常識にかなっているが、各頁の外端の語句の傷みがとりわけ激しいことから、テクストの大半に敷衍することができない。二点目は理解できることで、もし起きた出来事についてできるだけ多くの情報を得ることを優先するのであれば、それには意味がある。ところがラングフスとグラドフスキの文書が示しているように、記述の時系列化はゾンダーコマンドが用いた手法のひとつにすぎなかった。彼らはゲットーからの連行とアウシュヴィッツへの搬送を一連の出来事として述べている。だが収容所内で起きた出来事についてはそうしていないのである。

われわれは読解した言葉によるだけでなく、手書き文書の頁がもつ特徴に焦点を合わせたさまざまな手法を組み合わせることによって、レヴェンタルが書いた順序を再構成できると考える。第一の、もっとも明白な特徴は、刊行された三つの版のいずれもが不可解にも見落としている点、つまりレヴェンタル自身が頁に番号をつけていることである。[9] それらすべてを判読できるわけではないが、多くが可能である。番号は各頁上部の右隅もしくは左隅にふってあり、同じインクが使われ、テクストのほかの箇所と同程度に判読できる状態にある。34頁から87頁のあいだで、頁番号がまったく失われているか、判読が非常に困難であるのは五つにすぎず、このほかにあまり鮮明でないのが三つあるが、これらの番号はそれほど傷んでいない頁に記されている。すなわちテクストの残りの部分は読みとれ、またほかの版で復元された順序もテクストのこの部分ではほとんど同じである。ところがほかの頁の番号となると事情はまったく異なってくる。三つの版すべてが最初にもってきている頁には、明らかに93という数字が記されている。またエステル・マルクが7頁（アウシュヴィッツ博物館版では4頁）と呼んでいるものの上部左隅には100という数字が付されている。

これらの版においてはもとの順序の完全な手がかりを得るには、判読できない頁番号があまりにも多すぎる。しかしながら頁番号を使って手書き文書の頁を検討すれば、綴じられていた帳面について、より多くの情報を得ることができる。62頁と63頁が練習帳の最後の頁の両面であったのは明白である。それは63頁が62頁の裏に書かれ、しかも逆さまになっているからである。レヴェンタルはここで筆記帳の終わりに至り、裏返して、反対側の紙面に書いていったのである。これが筆記帳の最後の頁であることから、これらの頁を組んでいた折丁（用紙のひとまとまりを綴じ合わせたもの）を確認できる。すなわち49頁から76頁は、いずれも同じ七枚の用紙であって、これらは練習帳のなかに折りたたまれ、綴じられていた。それは二十八面となる。各用紙は四頁からなり、それらはテクストの配列のなかに置かれるので、折丁の真ん中にある用紙は、同じ用紙に向かい合う形で連続する二頁となる。これにあたる用紙は、56頁と57頁〔70頁〕、そして69頁と70頁〔55頁〕ということになる。

そこで筆記帳の残る部分についても同様の仕方で、同じ頁数からなる折丁であると考え、再構成できることになる。実は、留め金による染みの型から、ほかと区別できる用紙のグループが四つある。すべての用紙が、一枚を除き、四つのグループのうちの一つに入る。すなわち七枚の用紙の二グループと八枚の用紙の二グループがある。各グループに、二つに折りたたんだときに頁間にかかる圧力でつくられる、対称形の染みのついた用紙が一枚ある。たとえば一枚の用紙には、少量の液状のさびが乾いてつくった黄土色の鏡像模様が見られる。[10] われわれはこの用紙が、各折丁の真ん中にあった用紙であると考える。（写真4・1）

筆記帳は全頁が埋まっているので、最後の折丁はレヴェンタルが書いたテクストの中央にくる節にあたるにちがいない。[11] この中央の前後（したがって筆記帳のなかの最後の折丁のひとつ手前のもの）の連続性もまたそれなりに保たれている。テクストの大半は連続し、また判読可能な頁番号の割合も高い。一枚の用紙にある39と40の頁番号をもつテクストははっきり読みとることができ、その用紙には、留め金がつくった穴のまわりに鏡像の形状の染みがあることから、これがこの折丁の真ん中であることがわかる。このほかのいずれの用紙にも少なくとも一つの頁番号が付されているので、配列できる。留め金のつくった染みの形状が合うということは、用紙の元の位置がわかるということである。となれば、この折丁の頁順を相当の精度で確定することができ、それらはわれわれの考えるところの32から47頁、および78から93頁に相当する。

ほかの二つの折丁は、いっそう傷んでいて判読が難しいといえるが、順序を知るうえで役立つ数多くの汚れやしるしが見られる。もし類似する形のさまざまな大きさの染みが何枚かの用紙についているなら、連続して大きくなるか小さくなっていると考えるほうが、大きさが順不同に異なると考えるよりもつじつまが合う。この点はとりわけ留め金周辺のさびの染みにあてはまり、折丁によって独特の形をなしている。また鏡像の染みが別々の用紙に多く存在するが、これは表面が接触していたことを物語る。折丁ごとに、ほとんどすべての用紙に異なる模様の、中央の折り目から放射状に広がる汚れの条痕がみられるのは、圧力がかかった用紙の反対側に反転してつくられたものである。[12] ほかのいくつかの特徴も、用紙を順序にしたがって配列するのに役立つ。二番目の折丁を構成する用紙の端に見られる褐色のさびの染みは、ほかの頁にある染みと

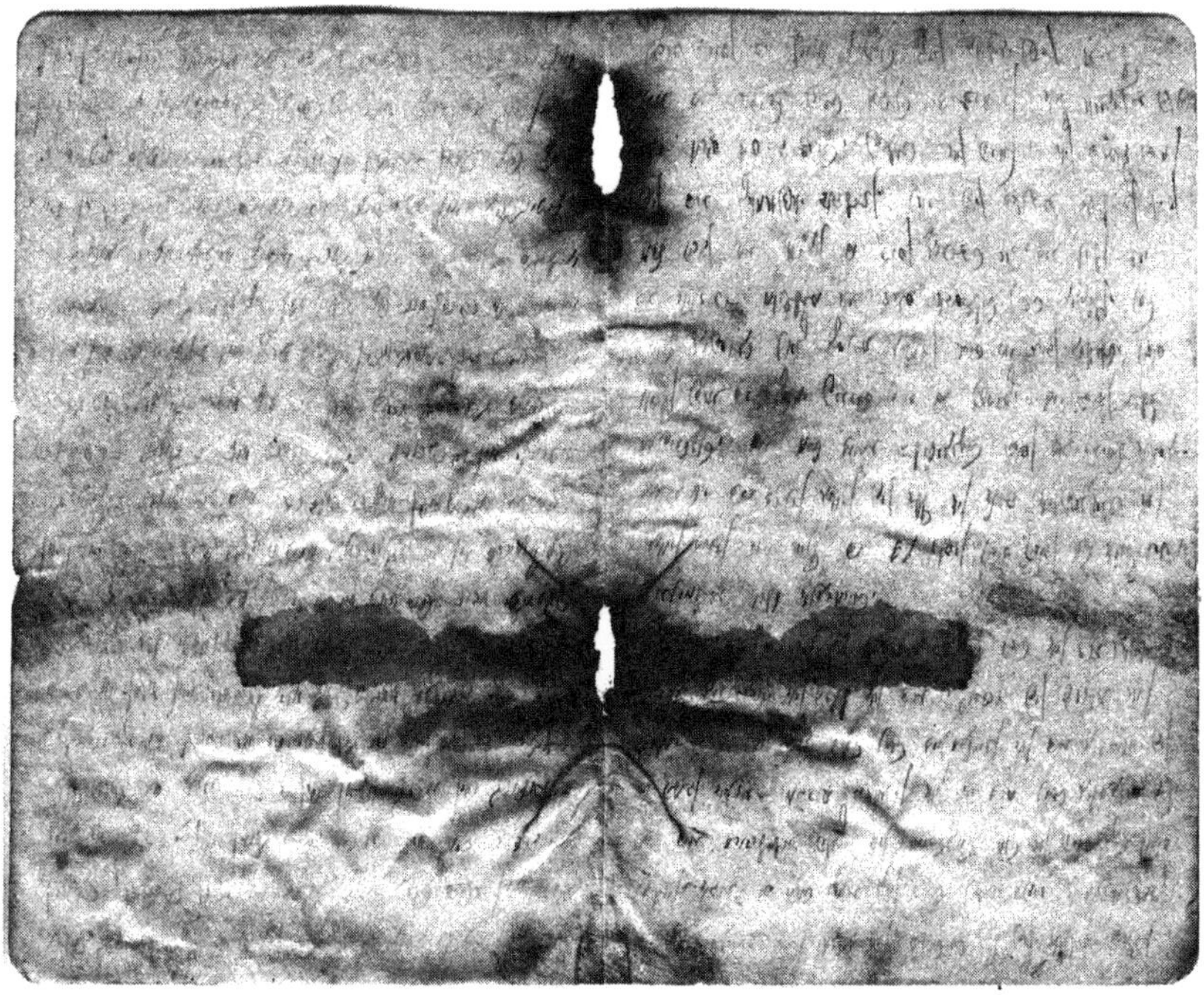

写真 4・1　ザルマン・レヴェンタルの手書き文書の頁.
対称形の染みは折丁の真ん中に位置する頁であることを示す.
用紙の左上と右下の隅に，56 と 70 の頁番号が見える.

合致する。[13] 各折丁の外側の、前後する二枚の用紙には、それぞれの頁の異なる箇所にではあるが、それとはっきりわかるごみの小片〔跡〕が三つある。用紙はおそらく破ったあとに、ほかとの関連から繰り上げられたのであろう。[14] 表紙の上部左端にある切り込みは最初の三頁に及ぶが、その大きさは少しずつ縮小する。[15] このようにして、なお判読が可能な頁番号と、用紙を折丁ごとにまとめるという同一原則を適用し、組み合わせることによって、われわれはそれらを理にかなった配列に置くことができると考える。

われわれが再構成した配列は次のとおりである。[16]

1–20　ほとんど全部が判読不能、いくつかの一般的な所見

21–24　アウシュヴィッツについてなにがわかり、そしてそれをだれが語るのだろうか

25–29　収容所への到着（一九四二年十二月十日）、家族が殺されたことを知る、悲嘆と恐怖

30–34　レヴェンタルのゾンダーコマンドへの徴用（一九四三年一月二十五日）、ゾンダーコマンドの班員の徴用のされ方、彼らの役割

35–41　心理的な問題：なぜ彼らが自殺しなかったのか、なぜ指示に従ったのか、なぜ逃走しなかったのか

41–48　状況の変化：クレマトリウム〔複合的な殺戮施設〕が掩蔽壕《ブンカー》〔ガス室だけの建屋〕に取って代わったことでいくぶん楽になったこと（一九四四年三月）、レジスタンスについての議論開始、構成員（ラングフスとグラドフスキ）、レジスタンスの範囲の広がり、火器の入手

49–53　逃亡計画と襲撃：個人（レヴェンタル、ハンデルスマン、ヴァルシャフスキ）とおそらくさらに一般的な事柄、マイダネク〔強制収容所〕から到着したロシア人たち（一九四四年四月）

53–57　状況の変化：赤軍の接近、ハンガリー・ユダヤ人の搬送開始（一九四四年五月）、ゾンダーコマンドと収容所内のレジスタンス組織との緊張関係、ロシア人たちの長所と短所

57–61　独自行動の計画と収容所のレジスタンス組織への働きかけ、ある搬送の到着（一九四四年七月二十八日か）が計画を阻む、反応

61–63　形勢の変化：新しい拡大案の先送り、個別の計画も取り消さなければならなくなる

63–68　形勢の変化：クレマトリウム内に収容されたゾンダーコマンド（一九四四年六月頃）、ゾンダーコマンドの班員二百名がグレイヴィッツに連行され、殺害される（一九四四年九月）、カポ〔労働部隊班長〕のカミンスキの裏切りにより、新たな計画に慎重さが求められることになる（一九四四年八月二日）、ロシア人たちとの取り組み、単独で、連携して

68–72　クレマトリウムⅣとⅤから三百名を選別する旨の通告、全体蜂起を収容所のレジスタンス組織に呼びかけた説得工作がとん挫、ひとりのロシア人が酔っぱらって親衛隊員と取っ組み合いとなる、ロシア人が三百名の選別者に加えられる

72–77　一九四四年十月七日の出来事

77–82　だれが残ったか、起こった出来事にかんする考察、参加した者への敬意

82–83　連携している者たちとの議論（？）（時期不明）、署名と日付（一九四四年十月十日）

84–92　数日後の省察。彼らはなにをしようとしたのか、なぜ彼らは失敗したのか、どのように彼らは証言するのか、氏名リスト、署名

93–108　チェハヌフ地区からアウシュヴィッツへの移送（一九四二年十一月十七日—同十二月十日）、搬送された者の大多数のガス殺

109–115　移送（あるいは別の話か）にかんするさらなる考察、選別とガス殺
116–124　一頁を除き判読不能

この新たな配列で明らかなことは、実際には時系列順には書かれていないということである。レヴェンタルはこの文書を独特な順序で書いており、しかもそれらの順序はあらかじめ構想されていたものではなさそうである。最初の二十頁はほとんど判読不能である。判読できる部分はアウシュヴィッツについての記述からである。そして話は、アウシュヴィッツへの到着、ゾンダーコマンドへの徴用といったレヴェンタル自身の体験談へと進む。そこから一九四四年十月七日の蜂起へとつながるレジスタンスの計画と襲撃について記記述する。この文書に十月七日に署名し、日付を入れた後になって、レヴェンタルは蜂起についてあらためて考察した事柄から再度書きはじめている。そのことを書き終えたところではじめて彼はチェハヌフ地区からアウシュヴィッツへの移送の話を語っている。この文書の結末がどのようなものであるのかは、はっきりしない。

われわれが配列の最初に置いた頁はひどく傷んでいるが、冒頭にポーランド語で「październik」（十月）と思われる言葉に下線をほどこした見出しがうかがえる。もし十月という日付であるならば、文書がかなり手早く書かれたことを示唆する。83頁にある日付は十月十日であり、蜂起からわずか三日後のことである。これはここまでのテクスト全体が起きたことを記録するために、蜂起後に急いで書かれたのかもしれないことを示唆する。[17] レヴェンタルはまず片頁〔すなわち一頁おき〕に書き進めており、したがって彼はあらかじめ筆記帳の全頁を使って書くことをせず、なにかを言い足したり、そして、あるいは予期していなかった時間的な余裕があったりしたときに、紙の裏側に書いたと考えることもできる。それはまた彼が余分な筆記用具

〔新たなノート〕を手に入れる十分な時間がなかったことを意味するのかもしれない。これらは、いずれも彼がきわめて短時間で書いたという見方と合致する。

それは、はかり知れない重圧と、訂正する時間もわずかしかないなかで書くということである。電文体や短文、しばしば優雅さを欠く統語法《シンタクス》や冗漫な構成といった文体も、そのことを示唆する。用いられているイディッシュ語からは、話し言葉は流暢でありながら、読み書きの力量がそれほどでもない者のものであることがわかる。慣用的な表現が数多く用いられているが、文の構造はどちらかといえば硬直している。ベル・マルクとロマン・ピテルは、レヴェンタルがヘブライ語の表現を多用する一方で、その語法にポーランド語の非標準的な表現が数多く混じっていることを指摘する。[18] 彼はあいまいな言い方を何度もしている。「ゲーム shpil」が、「仕事」という意味よりももう少し多義的であるらしいのはその一例である。蜂起にたいするゾンダーコマンドたちの願望は、「このゲームを終わりにする」（ゲームは〔敵への〕協力の意味）という言い方と、「ゲームをはじめる」（ゲームはこの場合、蜂起の意味）という二つの言い方で表現されている。「材料」もまた多義であり、武器とか所持品、情報などを意味する。[19]

したがって全体としてみると、ザルマン・レヴェンタルは自分をイディッシュ語に精通している者とは考えていない。この点は、自分を作家と考えているグラドフスキや、説教師なり語り部であったラングフスとは異なる。レヴェンタルの現存する両文書は、ウーチ日記の入手とゾンダーコマンドの蜂起という、外面的な契機に触発されて書かれたようである。彼の二つ目の文書はまさに蜂起に喚起されて書かれたものであろう。グラドフスキとラングフスは自分たちの故郷をなにより優先したようで、少なくとも彼らはまず故郷についで記した。レヴェンタルはアウシュヴィッツで起きた出来事の歴史を吟味し、その後にはじめて自分のことを書くことができたと考えられる。彼は事態がきわめて切迫しているという思いのなかで書いたのであり、自分が望んだテクストの配列について、熟考する余裕はおそらくなかったに違いない。彼の記述はいわば曲がりくねり、ある意味で自由連想法のようでもある。彼は自分になにかが起こるたびに、それを書き留めている。その構成は、書かれた状況とその状況下での彼の精神の目録以上のものである。これらの文書が**どのように**書かれたのかが、それらの証言性や証拠性の重要な一部をなしているのである。

われわれは、この文書が書かれたと思われる順序にほぼしたがって、三つの論点を提示することにする。最初に、文書の冒頭のもっとも傷んでいる部分であるが、公刊されている版でしばしば省かれている脱落箇所を、テクストの一部として読まなければならないことを論じる。ついで、この手書き文書のなかで問題にされることがあまりないゾンダーコマンドの蜂起を論じた部分を考察する。われわれが再構成した順序によっても、この部分ついての読み方はそれほど変わらない。それは歴史的記述とゾンダーコマンドたちの記念という二つの面をもつというわれわれの解釈に沿う。最後に、移送にかんする記述を検討するなかで、この特定の出来事の語られ方がもつ意味、レヴェンタルの文書に基礎を置くいくつかの歴史学上の主張にもたらすであろう結果、そしてレヴェンタルがどのような種類の記述を生みだしたと言ってよいのかについても考察する。

欠　落（1－20頁）

頁順を再構成すると判読不能なままの部分が目立つ。欠落、テクストの中の脱落は、アウシュヴィッツ博物館とマルクの版では楕円もしくはダッシュ記号で表示されており、判読不能な頁はただ省かれていて言及がない。美術品修復家であり修復の理論家でもあるチェーザレ・ブランディは、絵画における欠落は美術品全体のまとまりを保つような仕方で扱われなければならないと述べている。[20] 同じようにレヴェンタル文書における欠落は、彼が書いたことの構造の一部として位置づける必要がある。なんらかの断片性を認めながらも判読した箇所を提示するだけでは、テクストにある種の形態がそなわっていることに十分注意を払ったことにならない。たとえレヴェンタル自身がその形態を完全に意識的に制御していなかったとしても、である。われわれが手にする文書の各部分を配置するためには、脱落の存在はいっそう明確にしておく必要がある。そうすることで、直に結びつかない各箇所を単純につないでしまう誘惑を少しは退けることができ、またどれほどが欠けていて、このテクストのなかで生じている事柄がどれくらいわからないかが、より完全に認識できるのである。このことはラングフスやグラドフスキのテクストにもある程度はあてはまるが、その極みはなんといってもレヴェンタルである。

レヴェンタルの手書き文書の冒頭部分はこの点でとりわけ重要な意味をもつ。本文がアウシュヴィッツへの移送の話ではじまっていないことは今日はっきりしているが、最初の二十頁で判読できる箇所があまりにも少なく、その内容は大部分、推測の域をでない。われわれが考えるところの最初の頁は、表題の下にくるテクストが「vi 〈zogt?/halt?〉 di velt?」（「世界は何と言っているのか／どう捉えているのか」）という短い文章ではじまる。そして次にくる文は「der malekh ha-movis」（「死の天使」）ではじまる（1.2–3）。[21] この頁の残りと、このあとの頁の多くは判読されていない。しかしこの文章の断片ですら、もっぱら事実を記したものとは大きく異なる類のテクストであることを示唆している。十頁後に「ユダヤ人であるがゆえに」（12.5）殺されたユダヤ人についての多少判読可能な文章があり、その四頁後はきわめて断片的である。これらの語句がどう関連しあっているのかを理解する一助として、以下にこの部分の全体を書きだしてみた。

﹁　﹂天空全体がインクで﹁　﹂
﹁
﹁
﹁
﹁　﹂は﹁　﹂
﹁
﹁
﹁　﹂世界において血で書かれる﹁　﹂
﹁
﹁　﹂悲惨な﹁　﹂
﹁
﹁
﹁　﹂見出す　ために﹁　﹂
﹁
﹁
﹁
﹁
﹁

(17)

この図化《レンダリング》は、この頁について不正確な印象を抱かせる。というのは〔実際には〕これらの語句のあいだは空白ではなく、判読困難な字形《マーク》が浮かんでいるからである。〔だが〕十九行の記述があること、語句が頁全体に散在すること、そして多くの場合一行に書かれている語数すらもが、正確に読みとれる。この手書き文書をさらに研究することで、判読可能な語数を増やすことができるはずである。他方で、はっきり判読できるとされてきたものが、かなり不確かな場合もある。たとえばわれわれが十一行目に置いた「悲惨な」（gevaldign）を、ゴスティンスキは「英雄的」（heldishn）と読みとっている。

この頁がアウシュヴィッツ博物館版にはなく、マルク版にあるのは、この二つの版がそれぞれ優先する事柄が少しばかり異なるためである。アウシュヴィッツ博物館版はこれらの文書を史料として重視する立場から、確実な情報をもたらさない頁を取り除いている。他方、ベル・マルクは記述の文学的側面にいくらか関心を示しており、一行目と八行目の句が印象的であることが掲載した理由となっているのであろう。先立つ四頁分は判読されていない。次の頁では二十二語がわずかに判読されている。この頁の語句は、明確な文脈を離れてあてもなくさ迷っているのであり、なにがわからないことであるのかをわれわれに思い起こさせ、最善を尽くしてそれらを埋めるよう求めている。手書き文書の精査は、「zoln zayn」〔でなければならない〕という語句がさらに二つ、一行目から二行目にかけてと二行目の末尾とにあるかもしれないことを明らかにしている。そうであるなら、マルクやアウシュヴィッツ博物館がレヴェンタルについて考える以上に、「文学的」に書こうとする強い願望がここにはあることがわかる。この頁の前半は、証言する力を求める記述、もしくはいくぶんグラドフスキの月への呼びかけのような喪に服そうとする記述と、関係があるように思われる。語句の断片は言葉がどう書かれたか、必要な文房具や書くことの困難さに注意を促し、そして彼らが世界を論じる必要性を表現しているのである。

テクストの冒頭を記述するにあたって、レヴェンタルははるかに修辞的な様式《モード》を駆使したはずで、それはいくらかグラドフスキの場合と似ていよう。それは読み手の心に感情を呼び戻し、レヴェンタルの怒りを伝え、あるいはいままさに起きた出来事を書く勇気を奮い起こすためである。このことは仮説として提示するほかない。というのは、現時点での判読はあまりにも難しく、しかもレヴェンタルの記述の様式《モード》が曲がりくねった小道のようであるからである。グラドフスキがサンクトペテルブルク〔で保管されている〕手書き文書の冒頭部分で読み手に語りかけているように、レヴェンタルが全体を見渡すことから書きはじめるのは、彼にとってなんらかの意味があったかもしれないが、われわれは冒頭の二十頁になにが書かれてあるのかをまったく知らない。それらは一般的な哀悼、あるいはこれまでにかろうじて判読されたような詩的な記述によってもっぱら構成されているのであろうか。もしそうであったなら、書き手としてのレヴェンタルについてのわれわれの見方は大きく変わることになる。それともほかの情報を包含しているのであろうか。もしそうなら、それはどのような事柄であり、なぜそれを彼は最初にもってきたのであろうか。このテクストをどう理解するにしろ、それは不完全であり、根本的な修正を施しうることは認めなければならない。[22]

そこでわれわれは当然のことながら、なにが見落されているのかを推測することになる。だがまた別の類の考察も促すかもしれない。第一章で論じたように、この手書き文書における脱落は重要な証言上の役割をもっている。それは事物の来歴と状態、また失われたものに目を向けさせる。これらの脱落はまた、ほかの研究者たちがどう敬遠し、もしくは取り組んだのかを考えるとき、彼らの動機や関心事を理解させてもくれる。それにもかかわらず、これらは傾聴に値する沈黙であるけれども、レヴェンタルの言葉から、もしくは言葉と言葉の間隙から生まれたものではない。それらの脱落は言葉が達成できなかったところに生じた沈黙ではない。[23] 言葉が存在していたところに生じたのである。それらはテクストに科されたもの、彼の意志に干渉するものとしてある。また彼が言わなければならなかったことに立ち戻ったり、もしくは言えなかったことを見ようとするのを、阻むのである。

だが古代末期の刻文とその消し跡にかんするチャールズ・ヘドリックの考察が示唆するように、両者の差異はかならずしも絶対的ではない。

消し跡は、記述の否定ではなく、むしろその誇張された形であるといえよう。この場合、識字者は非識字者がつねづね経験してきた同じ真実に直面する。いま私の目の前にある石に刻まれたこのしるしは、そこにはない、目に見えないなにかを指し示している、ということである。[24]

ヘドリックの指摘は、レヴェンタルから、だれであれ彼の手書き文書を手にして読む者への、コミュニケーションが内包する避けがたい危険に光をあてる。レヴェンタルとわれわれの体験には避けがたい隔たりがある。それはただ伝達されたり、さかのぼって想像されたりするものではない。われわれが、ゾンダーコマンドが書くことでなにをしようとしたのかを理解しようとしているのだとしても、このことを思い起こす価値はある。他方で、レヴェンタルは自分の体験をすすんで言葉にすることができなかったように思われる。ラングフスやグラドフスキの場合とは異なり、一九四四年八月以前について、われわれが知るのは彼の沈黙だけである。水の浸食が冒頭の二十頁に科した沈黙に、その沈黙が流れ込む。レヴェンタルが沈黙から抜け出てゾンダーコマンドの話を語ることができるようになったことを、これらの頁自体が示しているのかもしれない。[25]

蜂起の語り《ナラティブ》（21－92頁）

われわれが再構成した順序はまた、レヴェンタル〔の文書〕から収集されてきた話の本筋にいくらか差異を生じさせる。簡単にいえば、類似する主題を論じている頁をひとまとめにし、ほかの出来事を取り上げているものとは分けているのである。その両方の結果を、判読可能な頁の冒頭の流れにはっきり見てとることができる。ここでレヴェンタルは、まずアウシュヴィッツについて書くことを論じ、ついでアウシュヴィッツへの自身の到着にかんして記している。

続けて判読可能な最初の部分がアウシュヴィッツについての総論である。どの語りにも先立つもので、アウシュヴィッツについてなにが知られ、だれが語れるのかを論じている。

労働収容所としての、そしてとりわけ数百万人が絶滅した場所としての、アウシュヴィッツ＝ビルケナウの歴史全般は、ある程度第三者によって、世界に多かれ少なかれ伝えられるに違いないと私は信じるし、すでに世界はそれらの〈詳細〉を知っていると私は信じる。残りは、たぶんポーランド人の誰かが生き残り、おそらく彼らによって、もしくは最良の地位と最高の責任を〈有する〉収容所のエリートによってであろう。（21.1–8）

レヴェンタルはこれに「絶滅の工程」（21.10–11）を対置する。しかもこのことがあまり知られることはないと示唆しているようである。このあとに続く二頁は、それらの生き残った者たちが自分たちのことをどう説明するのかを取り上げている。生き残った者全員が疑いを招きかねないことをしていたとしても、自分たちは生き残るのに値したと語るのではないかと、レヴェンタルは怪しむ（22–23）。23頁には「だれもわからない」「彼らにはわからないであろう」「ほとんど無価値なものも奪われる」という語句がでてくる（23.11–13）。[26] その次の頁で、絶滅の工程全般をめぐるきわめて断片的ないくつかの考察を行ったあと、レヴェンタルは「よく知られたゾンダーコマンド」を取り上げ、彼らの労働や過ごした境遇、そして「この時期にわれわれが考えた」ことに言及している。（24.12–15）

ここですでに明らかなことは、レヴェンタルの関心が、起きた出来事とその話をだれが語れるのかという二点に向けられていることである。生き残ったポーランド人や収容所のエリートはビルケナウの完全な歴史を語ることができず、ゾンダーコマンドの一員である自分にもまた聴いてもらわなければならない話があるのである。それは部分的には絶滅の工程についてであるに違いないが、たんにゾンダーコマンド自身についての話であるのかもしれない。つまり彼らの境遇や労働のことだが、ことによると彼らが考えたことなのかもしれない。思索が横道にそれることが多々あるとはいえ、レヴェンタルが歴史の考察を伴う説明をしようとしているのは明らかである。すでに知られていることになにを付け加えるのかを、彼は示そうとしているのである。

このあとはじめて、レヴェンタルは自分のアウシュヴィッツへの到着を論じている。われわれが構成した頁の順序では、アウシュヴィッツへの到着とゾンダーコマンドへの徴用という別々の出来事を記述した部分が分けられている。レヴェンタルはまずアウシュヴィッツに到着したときの体験を詳述し、それが一九四二年十二月十日であるとしている。搬送された者たちは選別され、男たちは結局、自分たちの家族全員が殺されたことを理解する。彼らは罪悪感と恐怖の念に打ちのめされる（25–29）。そしてレヴェンタルはさまざまな労働部隊に従事し、一九四三年一月二十五日にゾンダーコマンドの所属になったことを語る。[27] これらを書いたあと、男たちがどのようにゾンダーコマンドに徴用されたのかを説明する。そのさい彼は、この頁の残りの箇所と続く頁で、三人称を用いている。次の頁では、判読できる語句がわずか数語しかない。それは彼が労働にどう慣れたのかを書きはじめたあとにくる頁である（30–34）。いくつかの場面でレヴェンタルは極度の罪悪感や恥辱の感情をあらわにする。だがその他の点では客観的であり、自分の置かれた状況の分析ができるようにみえる。たとえば、親衛隊が欺いたり、追従させたりするために使った策とか、アウシュヴィッツに着いたばかりの人びとの心理状態、あるいはゾンダーコマンドが指示された職務を遂行した理由についてである。

君は表向きは自分の命に関心をもたず、自分個人を気にかけることはしないと自分に言い聞かせて、ただ皆の利益のため、生き残るため、このために、あのために、あるいはこのとか、あのとかといった具合に何百もの言い訳をする。だが実を言えば、いかなる犠牲を払ってでも生きたいという意思が渦巻いている。生きたいという欲望があり、それは生きているからであり、それは全世界が生きているからであり、また味わいのあることすべてが、あるいはなんであれかかわっているすべてのことが、なんと言っても生と密接につながっているからである。（36.4–11）

これはかならずしも洗練された記述ではないゆえに強烈な印象を与える。だがその強烈さは修辞的なパターン化にもとづいてもいる。グラドフスキやラングフスと同様に、こうしたパターンは、抑えがたい感情を表現したり抑制したりするのに役立つとともに、パターン化することによってレヴェンタルは迅速に書くことができた。その修辞構造は、文の構成を可能にし、またそのなかに言葉ができるだけ速く収まるための形式を与える骨組みとなっている。ここでは修辞は証言するために不可欠であり、また拘束され、時間にも追われていたレヴェンタルの境遇がまさに必要とするものであった。

同様に、ゾンダーコマンド内のレジスタンスについての話をひとたび書きはじめたとき、レヴェンタルはそれを語り《ナラティヴ》にする手立てを必要とした。記述の真ん中あたりに見られるように、彼は歴史的に重要だと自分が考えている要素、すなわち自分の周囲にいる人びとの個人的な特徴を取り上げる。

友人たちが示す精神の高貴さや勇気、勇敢な行為や勇気ある行動を損なう権利など何者にもない、たとえそれが不首尾に終わったとしても、それはアウシュヴィッツ＝ビルケナウの歴史において、またドイツが全占領下で遂行した虐待や迫害、悲嘆と苦悶の歴史全体において、これに匹敵するものはこれまでなかった。（70.2–7）

あらゆる歴史は筋書化《プロット》されなければならない、というヘイドン・ホワイトの主張は、ここでは完全に的を射ている。[28] レヴェンタルの記述はたんなる証人供述書ではない。彼は歴史を提示しようとしているのであり、出来事の重要な事実として自分が目にしたことに焦点を合わせ、そしてそれが重要である理由を説明する。性格や個人の感情に彼は焦点を合わせたいと考えている。ラングフスやグラドフスキ以上に、彼は「特別作業班」の心理を説明することに関心を寄せる。二人の書き手がそれを自分たちの文書のなかにどちらかといえばコード化してより間接的に書くのにたいして、レヴェンタルは彼らの問題を取り上げる。これらの問題は重要かつ深刻な事柄であり、彼の書き物が問題に答えをだす考察になっていないとは述べたくないが、記述の様式《モード》がいくつかの題目《トピック》を可能にしていることは示唆しておきたい。自分の話を語るために、レヴェンタルはやむをえずいくつかの道具《ツール》を用いざるをえなかった。そうした道具のひとつとして、彼は性格《パーソナリティ》という範疇を利用している。

登場人物の配役が定まると、そのとき彼ははじめて行為者性を与えることができ、語り《ナラティヴ》を組み立てることができる。語りのなかで登場人物は強いられ、たえず抑圧される存在であるが、実のところ彼らは計画し、それらを遂行し、そしてどこまで達成したのかを判断する立場にある。われわれが提示した文の配列は、その話を彼がどう語ろうとしたのかを明確にしている。配列は、第一に彼が二度にわたり自分の証言を切りあげたことを示しており、いずれの場合も、蜂起で重きをなした人物の名をあげることで終わっている。第二に、記述の冒頭の方で、固く結束した集団の個人名があげられていることがわかる。レヴェンタルは概してゾンダーコマンドについて語ることをごくまれにしかやめないが、個人について書き出し、最後もそれで終えているという事実は、彼にとって個人が重要な意味をもったことを示している。

どのように抵抗活動がはじまったのかは、集団のなかで目立つ存在であった特定の個人の描写からはじまる。なかでも特筆されるのがマクフ・マゾヴィエツキの町のダヤンであったレイブ・ラングフスである。

だがどんな場合でも習慣に押し流されることを拒み、それにすっかり慣れてしまうことを許さず、衝動的になる［mitgerisn］こともない、そうした個性的な〈人びと〉がいた。もちろんのこと、われわれのなかには教育を受けた構成員［barufene elementen］、たとえばマクフ・マズ（略）のダヤンのような、とても信仰の篤いユダヤ人がいたし、同じように、きょうは生き、明日は死ぬといったゲームに参加しようとは絶対思わない高潔な人もいた。私はどんな犠牲を払ってでもしのいだ。当初、労働部隊で彼らの影響力はほとんどなかったが、それはただ彼らが少数であり、それとわかるには数が少なすぎ、彼らが組織されていなかったからである。彼らはまとまっておらず、したがって全体のなかに埋没していた＊＊＊＊＊。（38.12–39.11）

彼らが当初、影響力をもつことがなかったとしても、ラングフスのような人物が「集団」に与することのない個人として存在することが、レヴェンタルにとっては意味をもった。実際、蜂起にどう突入したのかを論じはじめる前に、彼は続けてほかの者たちの名をあげる。すなわちヤンキェル・ハンデルスマン、エルシュ・マリンカ、そしてザルマン・グラドフスキである。レヴェンタルは、蜂起するためには組織づくりが重要であることを間違いなく理解していた。しかし抵抗活動をはじめたときの話を語るためには、それに先立って参加者がそれぞれに性格をもつ人びとであることを確認する必要があったのである。

抵抗活動自体は、彼が「逃亡精神病」と呼ぶところの、個人的なレベルに端を発するようである。それらの個人は逃亡を試みる準備ができていそうな人びととして名前があげられており、そのなかにレヴェンタル自身も含まれている。「私にとってその思いは＊＊＊＊共同行動にかんする考えより古くからあった」（49.15–16）とある。なにがあったのかはっきりしないが、彼を引き留めようとした者がいた[29]。だが「われわれの兄弟」や「同志」にたいするある種の憤慨（50.1 および 50.4）があるように思われる一方で、運動は共同行動へと向かっていたようである。最初の計画案と呼べるものはゾンダーコマンドからの集団逃亡という考えであったと思われる。それは思いつき程度だったのかもしれない。だが収容所のレジスタンスとつながりをもつようになると、より入念な計画になっていく。

もっとも重要なつながりのひとつは、ゾンダーコマンド内で明確な性格を与えられているロシア人構成員の小さな集団とであった。ところが彼らはよく似ていたようである。行動する覚悟があり、熱心、勇敢ではあっても、よく考えたり、我慢強さの能力に欠けていた。とはいえ彼らの参加は不可欠であった。彼らはルブリン（おそらくマイダネク〔強制収容所〕）からビルケナウに移ってきており、二月に選別された男たち二百人の死体を処理したと噂されていた。その「狂暴性と筋力（blutikeyt un sharkeyt）」（56.4）は、彼らが抵抗運動に加わるのにふさわしくはあったが、完全に信用するのは難しかった。頁の下の方に「政治的な成熟度」（56.13）という語句があらわれるが、それは疑いなく彼らに欠けていたのであろう。レヴェンタルはロシア人全般を、結果を心配せず、自分たちの行動に思いをめぐらさない者、自分たちの演説にほとんど酔いしれる者たちと性格づける。そして「あまり熟考せず行動だけがあり、それでおしまい！　考え抜こうがなかろうが、それが好機であろうがなかろうが、行動する、それだけのこと！　という、彼らの昔からの主義主張をわれわれはよく知っている」（66.10–13）と記す。だがそうした性格が、蜂起を準備する過程や蜂起のさいちゅうに露呈する。親衛隊伍長が酔っぱらったロシア人を殴ろうとしたとき、そのロシア人が逃げようとして伍長に撃たれるという事件があった。ロシア人は傷を負いながらも伍長に殴りかかろうとし、ついに殺されてしまった。この偶発的な出来事をきっかけに親衛隊は、選別することにしていた三百名のなかにロシア人たちを含めることにした（70）。それがゆえに、クレマトリウムⅣの前で蜂起が勃発したとき、ロシア人は、武器を使用するために夕刻を待っていたクレマトリウムⅡやⅢの者たちと比べて、はるかに熱狂的に行動しようとする。カポ〔労働部隊班長〕を襲って、焼き殺し、鉄条網を突破して脱走したのはロシア人たちであった。（74–75）

ロシア人に起こったあらゆる出来事は、したがってレヴェンタルが冒頭のところで描写した彼らの性格から説明できる。向こう見ずであるため、彼らのひとりが酒を飲み、逃げ、それがもたらす結果も顧みずに親衛隊員に殴りかかった。こうした出来事があり、また彼ら自身が向こう見ずであるがゆえに、ほかのロシア人もまたいったん蜂起が起こればただちに決起する覚悟であった。彼らの性格は歴史的な範疇として用いられている。それがレヴェンタルが彼の歴史のこの部分を書くことを可能にしているのである。ひとつの書き物としてみると、レヴェンタルの記述は、E・M・フォースターの有名な定式化を借りるなら、ロシア人を「フラット・キャラクター」〔物語の推移のなかで発展しない平板な人物像〕として提示するものである。彼らの性格が筋《プロット》の役割を果たしている。彼らのキャラクターは発展することがなく、読み手を驚かすこともない。ジェイムズ・フェランの用語を用いるなら、彼らの特質はその役割にそのまま転化するのである[30]。

ユダヤ人のゾンダーコマンドや、少なくともレヴェンタルが友人と認める者たちにかんして言えば、その性格はもう少し複雑な描かれ方をしている。彼らは通常「われわれ」として語られ、彼らのあいだに大きな心理的な区別をすることをしていない。とはいえレヴェンタルが提示しているいくつかの差異がある。たとえば若い班員が戦うことにより積極的であるとか、宗教者が今日を生きることにそれほど望みをかけていない、とかである。また彼らは容易にある範疇とか別の範疇とかに入らないため、複雑さにも濃淡がある。集団としてのロシア人がつねに行動に積極的であるのにたいして、収容所のほかの「同志たち」はいつも先延ばしを図ろうとする。ゾンダーコマンドは、この二つの立場のあいだを揺れ動いている。くわえて、彼らはあるときは収容所のほかの者たちとの連携を模索し、別のときは独自に行動することが最善であると考える。ゾンダーコマンドの感情は状況に応じて変わった。彼らはそれゆえに、レヴェンタルの記述のなかでもっとも円熟した個人なのである[31]。

彼らのなかには個性あふれる個人として紹介されている者もおり、集団のなかでいくらかの差別化を図って描かれている。ヨセル・ヴァルシャフスキは「生来のたいへん洗練された性格の持ち主で、実に聡明な人物である。寡黙だが、しかし戦士の熱い魂をもっている」(44.7–9)。またエルシュ・マリンカは、ゾンダーコマンドの若い班員の面倒をよくみたようである。「彼自身も普通の若者だが、しかしそれゆえに非常に、〈あまり〉にも精気に満ち、生きる意欲が強く、危険を冒すことをいとわない猛者であり、激しい気性で、見識があり、最高に勇敢である」(51.1–3)[32]。レイブ・ラングフスはより宗教的な班員を代表するのであった。「ダヤン自身は知的な男で＊＊＊＊彼といっしょにいると［＊＊＊＊］、しかしユダヤ法の枠組みにしばられたその性向ゆえに、全体状況を的確に捉えることがほとんどできない」。(79.15–18)[33]

この性格描写は、ゾンダーコマンドの名を伏せて書いたラングフスやグラドフスキの記述と比べると印象的である。これらは印象記の形式で書かれているが、人びとが抱えるある種の複雑さを捉え、彼らの性格がまとういくつかの逆説を描き出そうとしている。三人の描写にはいずれも「しかし」が挿入されている。これは彼らの性格が多面性をもち、そのさまざまな側面が組み合わさると、いくばくかの意外性をみせることを示唆する。それは内面性のあるレベルを暗示してさえいるのかもしれない。彼らはひとつの印象を与えるだが実際には、最初に受ける印象以上のものが彼らにはあるのである。

この点が重要なのは、この話の多くが実際上ゾンダーコマンドの内面生活についてのものだからである。それは彼らが行ったことよりも、彼らがなにを感じ、考え、なそうと思っていたのかを語っている。そして内面も重要であるのは、レヴェンタルの論じている歴史の多くが、なにが起こったかよりもむしろなにを起こそうと計画したかであったからである。この側面は彼らが抵抗活動に従事していたことをより明確に説明する。実際に起きたことを列挙したり、ゾンダーコマンドがなぜ最終局面でしか行動しなかったのかを説明したりするよりも、彼はゾンダーコマンドが練ったさまざまな計略を書きつらねている。そのほうがゾンダーコマンドの抵抗運動をはるかに首尾一貫して記述できるのである。計画の大半が無に帰したとはいえ、計画を練ること自体が記録することと同様に抵抗運動のひとつのかたちなのであった。[34]
それはまたいくつかの側面が省かれていることも意味する。当初の計画は細部に至るまで詳しく描かれているが、なにがそれを中断させたのかはむしろあいまいに論じられる。

グループ〔oylem〕の者たちは互いに抱擁しあって喜んだ。自分たちの行った選択〔umgetsvungen〕のすべてに終止符を打つこの時を、生きて迎えることができたのである。だがわれわれが生き残れるといった幻想を抱く者はひとりもいなかった。反対に、死が確実であることがはっきりわかっていた。だがだれもがそれでよかった。しかしどたん場で、たまたま何事かがある搬送に起きた〔geshen iz ober der letster minit epes tsaytiges mit a transport〕[35]。われわれは該当区域で待ったをかけざるをえず、それは作戦全体の中止につながった〔un m'hot gemuzt dort in zone obhaltn, un mimeyle di gantse aktsie〕。こうした決起が中止されてはならないことがわかっている同志の若者たちは、実のところ大声を出して泣いた〔geveynt mit trern〕。そう〔決起〕しなければ、われわれの望んだことは起こらないのである。（60.12–61.5）

搬送になにが起こったのかは説明されていない。この一文は詳述されていない。ほかのゾンダーコマンドの証言によれば、親衛隊の増援部隊が到着したのであった。[36] しかしそのこと以上に重要であったのは、計画とそれが阻止されたときの感情である。歓喜し、抱擁し合い、泣き叫んだことである。
ゾンダーコマンドのさまざまな計画や気持ちの変化が、話の要素全体をつなぐ縦糸と横糸となっている。外部の要因は、それらがゾンダーコマンドの感情や計画に影響を及ぼすときに、語り《ナラティヴ》のなかに居場所をもつ。「日々、好転する外部の政治状況は、われわれに待つことを強いる」(61.10–12) は、その一例である。ハンガリー・ユダヤ人の殺戮を論じるくだりはきわめて印象的である。レヴェンタルは「五十万人のハンガリー・ユダヤ人を少しずつ焼却するのにあまりにも時間がかかった」(62.1–3) とだけ記している。この簡潔な記述と、依然として〔計画の〕実行の延期を求めるアウシュヴィッツ地下抵抗組織の指導部の混乱との対照には、深い絶望が影を落としている。しかしそれはまた、彼がハンガリー・ユダヤ人を襲った出来事よりも、計画がどうなったのかを説明したいと思っていることの証左でもある。五十万人のハンガリー・ユダヤ人の死はこの頁の二行で論じられる。計画については八行が費やされている。これは彼が大量殺戮のことを避けて通ろうとしていることを意味しない。彼はなにが起きたかを明らかにしようとしている。というより、レヴェンタルの話はだれが、どのように死んだのかをめぐるものではなく、ゾンダーコマンドをめぐる話なのである。

レヴェンタルはこれらの人びとが抵抗運動において果たした役割とともに、彼らの人物像をも描写している。彼らの性格は、蜂起を説明するうえでひとつの役割を演じるが、彼らがとった行動の完全な原因となるわけではない。つまるところレヴェンタルは、ゾンダーコマンドの敗北がその者たちの性格上の欠点によるのではないことを言おうとしているようである。「しかしわれわれは〔＊＊＊＊＊〕でない＊＊＊＊＊計画したとおりに成功しなかった、誤りは〔＊＊＊＊〕にあり＊＊＊＊しかしながらそれは彼の強みであった」(80.4–6)。これらはフォースターの用語にしたがえば「ラウンド・キャラクター」〔物語の推移のなかで発展していく人物像〕ということになろう。ジェイムズ・フェランの図式でいえば、それらは「主題」〔thematic〕機能〔説明範疇としての彼らの性格〕に加えて「模倣」〔mimetic〕機能ももっている。つまりレヴェンタルは彼らがどのような者であったのかをわれわれに説明しようとしているのである。[37]

それゆえこのテクストには、歴史を提示するほかに二つ目の目的がある。記念することである。最初の節の終わりから二頁目で、レヴェンタルは行の真ん中あたりに תנצבה（「彼らの命が命の束に束ねられますように」〔『サムエル記』上、二五章二九節〕）という頭字語を記している（82.4）。この頭字語はユダヤ教の墓標に見られ、通常その最後の行に刻まれる。レヴェンタルの手書き文書は彼らの墓標の役割を果たす。それは彼らの墓となる。墓石について書かれたものの多くは墓碑銘をたいてい決まり文句として捉えようとするが、ハイジ・シペックはそれらのなかに歴史や伝記を見出せるものがあると論じた。[38] ゾンダーコマンドの仲間たちを記念しようと、レヴェンタルは彼らの生涯の具体的な事柄をいくらか加えようと試みている。個人について証言することの意義がここで明らかとなる。それは数頁後に、二つ目の結びとして、あらためて記される。彼らの個人的な特徴がレヴェンタルのテクストのなかで記念されているのである。名をあげられた個人は、テクストの現存するほかの箇所には登場しないようである。

　レヴェンタルが抱くいくつかの懸念は記述の最後に出てくる。同志たちは彼らを何度か裏切ったが、そのなかで彼がもっともこだわったのは、彼らが「われわれの」話《ストーリー》を採用しておきながら、「われわれを」信用しなかったことであった。

> ところがわれわれはポーランド人たちに、われわれの同志に、裏切られたことがわかった。しかもわれわれから採用したものすべてを自分たちのために使ったのである。われわれが提供した材料は彼らのものとなり、われわれの名は完全に黙殺された。（87.9–15）

手書き文書を地中に埋めて隠すのは、同志たちが彼らを信用していなかったことや、彼らを取り巻く状況から生じる事態に対処するためであった。[39] レヴェンタルは、自分が作者を名乗ることを、またゾンダーコマンドの仲間たちが蜂起を計画し、参加した者であるとされることを望んだ。彼はまた、自分の書いた文書が裏切るかもしれない者の手に渡るよりも、損なわれてしまうかもしれない方を選んだのである。

移送（93－115頁）

蜂起にかんする彼の説明をもってレヴェンタルは手書き文書を書き終えている。それゆえ、それに続く記述はある意味では補足に違いない。ほかの話を書く時間ができたのか、それとも単純にその気になっただけなのか、レヴェンタルは再度筆をとった。（写真4・2）

この用紙で読み手たちがこれまで見逃してきた重要な箇所は、次の頁（93）の上部にふられた番号だけではない。頁番号の右側に言葉が記されていて、それが表題である可能性が高く、「移送の・からの（「geyresh fun」）」（93.1）という語ではじまっている。[40] これらの言葉は、ほかと比べて大きめの字で書かれ、頁の中央部に近い。また上部の左手隅、頁番号のすぐ右にあるインクの記述は、小さめの字に見え、日付と考えられる。表題の最後の語は判読が難しいが、チェハヌフでないのはほぼ間違いない。それよりもヘブライ語の字体でマクフと綴られているようにみえる。マクフは、約二十五マイル〔約四十キロ〕離れたレイブ・ラングフスの住み慣れた町である。[41] レヴェンタルは最後はドイツ占領下のマクフにいたのかもしれない。というのも強制労働に従事していた者たちは居場所を転々と変えさせられ、また人びとは逃げてさまざまなゲットーに避難することがあったからである。そうであるなら、語られている話は、一九三九年にさかのぼってはじ

写真4・2　ザルマン・レヴェンタルの手書き文書の細部.
テクストは1939年の出来事を論じている.
表題と思われる部分が上部に読みとれる.
上部の左角に93の頁番号が見える.

まるとはいえ、ラングフスの話を要約したものであり、またチェハヌフ地区全体を概説したものということになる。だがレヴェンタルはすぐ移送のことに話を転じる。それは一九四二年十一月十七日にゲットーを発ったユダヤ人の搬送の話である。終わり方も、ガス殺される集団と、彼らの悲鳴を耳にしながら近くの小屋で待たされているもう一つの集団、というラングフスの話に登場する筋とよく似ている。この節の最後の頁でレヴェンタルは、ゾンダーコマンドに新たに徴用された者たちが死体をどのように片付け、またそのなかに自分の家族を見つける者がいたことを記している。「こうしてわれわれの集落全体が、われわれの共同体全体が、われわれの町が、われわれの大事な親たちが、子どもたちが、姉妹たち、兄弟たちが一九四二年十二月十日の夜半に、残りの人びとは翌日に、非業の死を遂げた」(108.17-20)

次にくる頁も同じ話を再び語りはじめているようである。鉄道での旅程、アウシュヴィッツへの到着、ガス殺されるため降車場から乗り物で連行される人びとのことが詳述される。しかしながらこれを別の一節と見るほうが道理にかなうようである。第一に、ここに切れ目があるかもしれないことを手書き文書自体が示しているからである。108頁の最終行は、頁の端に至る前に記述が終わっている。109頁の一行目と思われる行は、レヴェンタルのほかの大半の一行目と比べて、かなり低いところに位置する。上部にはなにかが書かれているが、行全体を占めておらず(頁番号の書かれているのと同じ行である)、字の大きさはいくぶん大きい。そこでこれは別の表題であると考えられる。第二に、この節が二つ目の話として首尾一貫した筋をもつように思われることである。七頁にわたって続く記述は、判読がいくらか可能であり、欺瞞や根拠のない希望、そして勘違いを主題としている。レヴェンタルは、彼らはなにが起きているのかがよくわかっていなかったと記している。「われわれはアウシュヴィッツが労働収容所だと思っていた。過酷な収容所であり、ひどい環境ではあっても、人びとは生きていられる」(109.9-11)。あるいは「搬送されていたときにわれわれが唯一恐れたのは＊＊＊＊マウキニャに連行されることであった」（109.15–17）。[42] マウキニャはワルシャワの北東にある本線の駅名で、そこから列車はトレブリンカ〔絶滅収容所〕へと分岐していた。次の行の言葉を完全に判読することはできないが、「tr」ではじまっている。文脈から推し測るとトレブリンカ〔Treblinka〕である公算が高い。〔ヘブライ文字で書かれた〕この語の四つ目の文字はメム〔m〕のようにも見えるが、そうなるとレヴェンタルは、間違った綴りで「Tremblinke」と記していたのであろう。こうした間違いは、この絶滅収容所にかんして書かれたほかの記述がおそらく同様に犯していたものである。この絶滅収容所の詳細の多くが断片的には知られていても、一九四二年の時点でははっきりしていないこともたくさんあったのである。[43] この頁の最後では、列車がマウキニャ駅に停車したと述べているように思われる。（109.18）

この頁にもとづいてダヌータ・チェフは、マウキニャに中継収容所があったに違いないとし、レヴェンタルの乗った列車はそこで数日間停車していたと推測する（移送された期日が十一月十七日。アウシュヴィッツへの到着が十二月十日。この時間的なずれをそれによって説明している）。[44] チェフは実際、その『アウシュヴィッツ編年史』のなかで、始発駅のマウキニャからアウシュヴィッツに向かう二本の列車があったとまで記している。しかしながらそうした収容所についての記録がほかにないこと、またチェフが述べていることにたいして、マウキニャの中継収容所にいたことを報告していない収容者が間違いなく多数いることから、[45] この推測はレヴェンタルの記述の理解としては無理があるようである。第一に、われわれの順序では次にくる頁は、判読できる言葉が少ないとはいえ、列車がマウキニャにそう長く停車しなかったとする読解を（現状では）裏付けるように思われる。この頁に記されている二つの語句、すなわち「生き返ったように感じた」と「われわれをアウシュヴィッツに移送しようとしていることがわかった」（110.5–6）は、ザルマン・グラドフスキの描いたよく似た場面に間違いなく合致する。つまり車中の人びとはトレブリンカに分岐しないことを知ると生き返ったように感じたのであり、彼らはそこが絶滅収容所であることを知っており、しかしアウシュヴィッツについては知らなかったのである。

解明が困難な別の問題もある。それはチェハヌフ地区とアウシュヴィッツを結ぶ鉄道にマウキニャを経由するものがあったかどうかが、わかっていないということである。[46] この箇所についてなんらかの結論を得るためには、目下のところ判読された手書き文書の範囲があまりにも少ない。いずれにしろほかの文献の裏付けがない事柄については断定しないのが賢明であろう。考えられる解答は現在のところいくつかある。たとえばチェハヌフ地区のほかの生存者の回想が間違っているか不完全であり、この鉄道路線（極端な場合、それが迂回であるとしても）で何本かの列車が運行されていた、というもの。自分たちが深夜、マウキニャに停車したとレヴェンタルが勘違いしたとするもの。彼はそこに停車しなかったことを知りながら、停車したと語っている（これはありそうもないことだとわれわれは考える）といったものである。

だがわれわれとしては、別の可能性を提起したい。それはレヴェンタルが誰か別人の話を語っているか、もしくは二人の異なる人物の話をしてさえいる、という捉え方である。既述のように、二つの話はいずれも表題からはじまり、最初の話は彼の住み慣れた町の名をあげてはいないが、それでも彼は「われわれの共同体」と呼び、「われわれの親たち」を弔っている〔前掲（108.17–20）〕。この場合でさえも彼は、マクフが住み慣れた町であった何者かの声を介して語っているのであろうか。それはレイブ・ラングフスやゾンダーコマンドに徴用されたマクフ出身のほかの多くの男たちのひとりであろうか。同様に、マウキニャを経由した搬送の話は、ポーランド北東部からこの路線で移送されたザルマン・グラドフスキのような者の話なのであろうか。蜂起の話をひとたび書き終えたとき、レヴェンタルはまだほかの話を綴る時間が残されていることを悟ったようである。そして彼は自分の話を語るだけでなく、ほかの人たちからの話も集めて、記録することにしたのであろうか。もちろんこれはひとつの可能性にすぎない。だがそのように考えられるということは、われわれのゾンダーコマンド像にも影響を及ぼす。それは、ゾンダーコマンドの証言が自己弁護の域を出ないと述べるプリーモ・レーヴィの主張を超えて考えることを求める。[47]レヴェンタルはほかの人たちに関心を抱き、彼らの名前を記録し、その人物像を書き記しておきたいと考えていた。前述したように、彼はロシア人たちと「今日は生き、明日は死ぬ」というゲームを演じる男たちの、そのどちらの声も取り上げている。彼はほかの人びとの文書や物品を収集し、ときにはそれらに評釈を加えもする。彼の手書き文書は、彼が埋めて隠した資料の隠し場所がそうであるように、おそらく話の記録保管所なのである。これが彼をしてゾンダーコマンドの歴史家たらしめている所以である。

ウーチの手書き文書への補遺

ウーチの日記にかんする補遺〔評釈〕において、レヴェンタルはわれわれが彼の主要な関心事と考えた事柄をすでに略述している。このテクストは、蜂起をめぐる文書にレヴェンタルがのちにどう取り組むことになるのかに、貴重な光を投じている。この短いテクストのなかで、心理についての彼の意識と歴史にたいする関心が繰り返し述べられている。より長い文書はこれらの関心を反復する。それはひとつには犠牲者たちの考え方を理解し、共有したいという動機にもとづく。この文書はまた、蜂起の原点と挫折感を抱かせるその帰結にかんする内幕を伝えようとした郷土史でもある。レヴェンタルは未来に目を向けており、自分と仲間たちのとった行動が未来からどのように見られ、理解されるのかを思い描こうとしているのである。

補遺はレヴェンタルがより大きな全体状況に精通していたことを示している。彼はヨーロッパにおけるユダヤ人絶滅の歴史が、ビルケナウの恐ろしい構内に留まることなく、それを越えて広がるものであることを察している。この洞察力によって、彼はウーチの日記がもつ歴史的な価値、あるいは証言としての価値を見出すことができた。彼は、歴史家に与えられると彼の考えている特別な洞察力にもとづいて、評価しさえしている。日記はゲットーの「経済や宗教的な事柄、そして公衆衛生に至るまであらゆることを明確〈一字加筆〉に」提示しているのである。[48] 彼はワルシャワ〔・ゲットー〕の重要性を認識したうえで、「疑いなく〈一字加筆〉ウーチ〔・ゲットー〕」が「ポーランドのゲットーの実生活を映し出す正確な鏡」(434) であるとも主張する。

ナチ占領下のポーランドの〔上記の〕二つのゲットーのうち、いずれが典型的なユダヤ人の生存状況であるのかについてのレヴェンタルの評価は、彼が歴史家としてしかるべく振る舞っていることを示している。彼は原資料を評価し、過去の出来事の話がどう書かれるかを予測し、それを裏付けるのにもっともふさわしい証拠を確定する。彼の観察はまた、絶滅収容所が外から閉ざされていなかったという事実を補強する。彼は一九四二年十二月にアウシュヴィッツに到着しているが、一九四三年にワルシャワで知れわたっていたことにも通じていた。またソヴィエト軍の進攻や戦況の変化、世界情勢の知識もあった。ゾンダーコマンドは、さまざまな国から到着する搬送列車によって絶え間なく流入する情報を入手しており、そのなかにはポーランドの地下抵抗組織からの伝達事項といった別の範疇の情報も含まれていた。それらによって彼らは転変するヨーロッパ情勢を強く感じ取っていた。

補遺のなかでいわば歴史家として振る舞うレヴェンタルはまた、自分の説明の欠陥にも注意を払っている。彼は自分の証言の限界、その欠落を認め、「いろいろな理由があって、〈私〉は自分の書きたいことを書くことが許され［derloybn］ない」（433）と記している。そのおもな理由は、収容所の看守に見張られていたことである。ゾンダーコマンドはほぼ常時監視されており、このため「すべてを」報告する十分な機会をもてなかった。また文書がナチ側によって摘発されれば、そこに名前があげられている特別作業班の班員全員が報復されることになるという不安があったに違いない。しかしこの沈黙には、推測するしかない、明らかに別の理由がある。はっきりしていることは、レヴェンタルが必要と感じていた脱落（のちに偶発的にできたものとともに）が手書き文書に意図的に挿入されているということである。のちにより長文を書いたとき、彼がなおもそのように考えていたのかどうかはわからない。

それが書かれたときの敵対的な状況から派生した記述の欠落にくわえて、レヴェンタルは補遺の最後のほうで、別の脱落について婉曲に言及している。彼は、日記がゲットーについてもたらす洞察にもかかわらず、「実際はさらに悲劇的であり、すさまじくもある」（434）と記す。彼は自分が手にする原史料をここであらためて評価している。それが今回は不十分であることを理解している。彼は、いかなる歴史も必然的に不完全であることを知っている。だが説明できないものとして、惨禍や恐ろしい出来事に焦点を合わせることは、また言語の限界を認めることを、そして言葉とそれらが記述しようとする大惨事とのあいだの隔たりを示唆する。その大惨事をレヴェンタルは生き抜いているのである。

いかなる歴史記述にもできないこの眼識にもかかわらず、補遺は埋めて隠されたほかの文書を探すよう読み手に懇請するところで終わる。レヴェンタルにとって言語が不十分なものであるとしても、彼はなおも言語の力を認めている。どんな記述にもつきまとう欠落は、承認を求め、注意深い考察に値する。それでも、書くことはなお計り知れないほどの役割を果たす。クレマトリウムの地中に委ねられた言葉は、自分たちの犯罪のあらゆる痕跡を消し去ろうとしたナチの行為に執拗に抵抗する。ゲットーや死の工場の恐ろしい出来事を記録し、伝えるという自分たちの努力が、どれほど有効でありうるのかをレヴェンタルは鋭敏に察していた。「探し続けよ！　君は＊＊＊＊さらに見つけだせる〈だろう〉」（434）という一節でテクストは締めくくられる。脱落によって引き裂かれたこの結句は、読み手に言葉を探し続けるようにと促すのである。

第五章　筆跡と手紙

ハイム・ヘルマンとマルセル・ナジャリ

息づく手紙

ハイム・ヘルマンの手紙を一九四四年二月に見つけたアンジェイ・ザオルスキは、その回想録で、この文書は形式と内容の双方が重要な意味をもつことを特記している。[1] 彼は明らかにその外観に興味をそそられ、用紙のいちばん外側の部分が「簡易封筒」になるように「手紙の形に折りたたまれている」と、その体裁に繰り返し言及する。ヘルマンは文書を可能なかぎり良好に保存するための工夫をこらした。彼はまた、まにあわせの封筒とその大事な中身を巻いて巻物状にし、瓶に入れて埋めた。手紙を保護するための彼のさまざまな工夫は間違いなく効を奏し、ザオルスキは「すばらしくよく保存されていた」と書き留めている。手紙を保護する粗末な包みには表書きがされていた。一抹の不安を抱きつつもヘルマンは封筒をポーランド赤十字社にあてて送った。文書の発見者であるザオルスキはその社員であった。

ザオルスキの説明は、おそらく用紙のいちばん外側の部分が簡易封筒らしくみえるように、なんらかの工夫がなされていたことを示唆する。ヘルマンは自分の文書をただ保護するだけでなく、実際の手紙のように見せたいと思っていたのである。さらに封筒は、妻の住所や彼女に綴った文面が読まれないようにするものであった。もっとも狙いどおりには事が運ばなかった。明らかにザオルスキは、それが本当の、封をした封筒であるとは考えず、中をのぞいたことを弁明しているのである。材料はその用途にかなうものではなかった。ヘルマンは手持ちのグラフ用紙を利用せざるをえなかったのである。方眼紙は元来、簡単に等間隔の図面とか図表を描くためのもので、科学関係者を第一の販路とし、実録性や客観性と結びつけて用いられた。ところがここでは、手紙を書くためのまったく異なる要件や約束ごとに合わせて使われている。それは私生活をある程度保ち、また家族関係を語り、偽りのない個人的な感情を表現できる空間を創出しようとするものであった。

妻にあてたヘルマンの伝言は、愛とか罪悪感、恐怖、希望、誇りといった複雑に入り組んだもろもろの感情が手短かに表現されており、忘れがたい。手紙は、まとまりのない、絶望的な、痛ましいほどに濃縮された意識の流れを刻み、それが図表用の整然とした均一的な背景に走り書きされている。明らかに急いで書かれたなまの通信文は、特定の個人の性格について意味のある、胸を打つ洞察をもたらす。それがこの手紙が、デイヴィッド・ロッジのような作家に大きな影響を及ぼした理由を説明するのかもしれない。彼はその小説『ベイツ教授の受難』のなかでこの手紙に触れている。ロッジの小説の主人公デズモンド・ベイツは、難聴を病み大学を退職した教授であるが、駅の売店で買った「アウシュヴィッツと〔ユダヤ人問題の〕最終解決にかんするペーパーバック本」で読んだヘルマンに言及している。[2] このペーパーバックは、おそらくローレンス・リースのベストセラーとなった『アウシュヴィッツ　ナチと最終解決』なのであろう。[3] 主人公ベイツは、アウシュヴィッツの収容者の「多くは、生き残ることができないことを察し、愛する者たちにあてた手紙を壺や水筒に入れて収容所内に埋め、それらの文書がいつの日か見つけられて届けられるか、少なくとも誰かに読まれることを願った」ことを知る。[4]

この『アウシュヴィッツ　ナチと最終解決』でリースは、ゾンダーコマンドの班員の書いたすべての手書き文書が手紙の形式をとっていたと間違った理解をしている。[5] 主人公ベイツによる要約を通じて、ロッジの小説はリースの誤りを繰り返し、伝え直し、定着させた。書簡体形式に確実に分類される文書は、実はヘルマンとマルセル・ナジャリによる二つが知られるにすぎない。[6] ヘルマンの書簡はアウシュヴィッツ＝ビルケナウ移送者友の会のアーカイヴに保存され、[7] ナジャリの手紙はアウシュヴィッツ博物館にある。

リースが、『犯罪の悪夢の中で』として刊行された手書き文書の編纂版に間違いなく目を通しているにもかかわらず、すべての文書を手紙として捉えているのには最初は困惑させられる。ゾンダーコマンドの手書き文書の文学類型《ジャンル》が間違われるのは実際よくあることである。たとえばナタン・コーヘンは、グラドフスキやラングフス、レヴェンタルの書いた手書き文書が「日記と手記」からなると述べている。[8] ほかにも、日記として文書に言及している者にはサユル・フリードレンダーやスージー・リンフィールドがいる。[9] コーヘンは「これらの日記は生き残る見込みがないことを知った男たちによって書かれた」と記している。[10] 彼は文書にかんして早い時期に繊細な分析をしており、これらが通常使われる意味での日記に含まれないことをよく知っていた。日記は伝統的には日を付した個別の事項の編纂物であり、それは日記とホロコーストについてあやのある説明をしたアレクサンドラ・ガルバリーニの『日付された日々』の表題が示すとおりである。[11] その関連でいえば、一九二九年から三九年まで一日一行の日記をつけたジークムント・フロイトのものは典型的な事例である。それはグリゼルダ・ポロックが示唆するとおり、その唯一の目的が「今日この日に死が訪れなかった」ことを確認するために書かれた日記なのである。[12] 毎日何文字かを記すことで、フロイトは時の流れを記録する時間をとり、自分が生き続けたことを確認した。そのため彼にとっては、最小限のことでも書き留めることが重要な意味をもった。これと同じ気持ちからジェイムズ・ヤング（彼もまた「巻物」を日記として扱っている）は、ホロコーストの日記作者にとって「頁に彼が刻んだ言葉は、その時点において彼が生きていることを示す証であるように思われた」と明言する。[13] インクがここでは生きた血のようなものとして捉えられているのである。

ガルバリーニが論じる日記には、それがさまざまな理由から書かれたにしろ、その大半に規則的に日付が付されていた。ホロコーストの証言に関連して、デイヴィッド・パターソンもまた「日記作者の記す事柄は、ほかの文学類型とは対照的に、それが書かれるときの時間と決定的に結びついていることに意義がある。すなわち日記の記載には**日付が付されている**」と記している。[14] ゾンダーコマンドの手書き文書は、そのどれもが日記の体裁をとっていないにもかかわらず、ときに鍵となる日付（その手書き文書が書き終えられたときの日付を含む）に言及することがある。[15] 出来事を日々記載したものにもっとも近いのは、ポーランド語で書かれた到着した搬送列車のリストである。コーヘンがこれらの形式と内容に明らかに通じていたにもかかわらず、それらを日記に分類した判断には、したがってリースの不正確さと同様に、最初から当惑させられる。

だがこの二つの文学類型には類似点もある。手紙と同じように日記はきわめて個人的なものである。一般に、それらは公刊することを目的とせず、限られた範囲で回覧される。ガルバリーニは彼女がまとめて検討した事例は「極度に混乱した状況を生きた個人がみせる反応」であると述べている。[16] またコーヘンはこれらの文書にかんする最初の論文で、彼の分析した三人の書き手にかんする「小伝」を付しているが、彼が関心を寄せるのはそれらの文書を書いた男たちの異なる性格である。[17] こうしたことと関連させて考えてみると、三人の書き物を「日記」と呼ぶことは、彼らの個人的な側面をきわだたせようとするものである。

コーヘンはヘルマンとナジャリの手紙を論じていない。彼にとってそれらの手紙はおそらく日記としての基準を満たさないか、もしくは証言として重要でないと考えたのであろう。イディッシュ語の手書き文書がもつ多様性やその豊かさを考えれば、それももっともなことである。手紙が、はるかに短いうえに文学的表現でもなく、文学作品とは比べものにならないとなれば、それらを軽く扱う誘惑に陥りそうにもなる。しかしながら手紙には、そうしたほかの文書と区別される特有の力がある。リースの場合、それがゾンダーコマンドの書き物を代表しているという意味で、彼にもっとも衝撃を与えた文章がヘルマンの手紙であった。このテクストは、アウシュヴィッツ博物館版のなかでは最後に置かれ、あとがきとして扱われているが、リースにとってはゾンダーコマンドのほかのすべての文書に上書きされるものなのであった。これは、変則的とはいえ、印象的な扱いである。コーヘンをはじめ、多くの者がヘルマンの手紙に目をつぶり、その存在を見落としている。それはベル・マルクの『メギレ・オイシュヴィッツ』とその英訳である『アウシュヴィッツの巻物』には所収されていない。その仏訳である『暗闇のなかの声』には入っているが、『メギレ・オイシュヴィッツ』の新仏訳版を収めている『灰の下の声』には所収されていない。[18]

ヘルマンの伝言は明らかに、自分が生きていられる最後の日、もしくはあと何時間かというあいだに急いで書かれている。結びを記すさい、彼は自筆文の書き方に言及して、「困惑させる［étourdi］ような文章と私のフランス語を許してほしい。いま私がどのような状況下でこれを書いているのかをわかってほしい」と率直に述べている。[19]レヴェンタルの手になるゾンダーコマンドの歴史もまた急いで書かれた。だがその構想や射程はヘルマンのそれをはるかに凌ぐものである。

ヘルマンはポーランドの出身で、一九四三年三月二日にフランスのドランシーにあった中継収容所からアウシュヴィッツに向けて移送され、同三月四日夜に到着している。手紙を書きはじめた彼はイディッシュ語やポーランド語をあえて使わなかった。だが彼がこれらの言語を（書けなかったとしても）話したことは確かである。手紙のなかで彼は、イディッシュ語やポーランド語、あるいはドイツ語がわからずに難渋するフランス人の同胞ダヴィッド・ラアナのことを取り上げ、自分が同様の窮地に陥らなかったことをほのめかしている。[20] ところがヘルマンはフランス語で手紙を書くことにした。『暗闇のなかの声』に彼の手紙の写しが収録されているが、その統語法は稚拙というほかなく、手紙を書けるほどに堪能な言語でなかったのは明白である。

彼はポーランド系ユダヤ人（一九〇一年五月三日、ワルシャワ生まれ）である。それにもかかわらず、彼にとって明らかにより容易なイディッシュ語で書くことを意識的に控えた。[21] したがって彼がフランス語で書くために費やした余分な努力には少なからぬ意味がある。「母語」を使うことを拒むことによって、ヘルマンはポーランドにたいする自分の憎悪を示しているのである。ザオルスキは手紙の内容を回想するなかで、暴露するかのように、この憎悪のことを指摘している。ベルおよびエステル・マルクの編纂した著作にヘルマンの書簡が抜けているのは、ポーランド系ユダヤ人の生まれでありながらフランス語で書くことにした彼の決断に起因するようである。ベル・マルクは「実際その多くが東ヨーロッパからの移民であった」フランスのユダヤ人との連帯に関心をもっていた。[22] そうしたなかヘルマンがフランス語を使ったことは、マルクの目にはポーランド人としての出自、もしくは東欧のイディッシュ文化にたいする背信行為と映ったのかもしれない。戦後のマルクは、自分がポーランド系ユダヤ人であることに強い誇りをもっていた（ポーランドにおける彼の数多くの活動がそれを物語る）。ヘルマンと彼の東欧的な背景との不確かな関係は、ポーランドを呪われた国として記述していることにもあらわれており、それが彼をこれまでの章で論じたイディッシュ語の書き手たちと同列に置くことを難しくしている。[23] 抵抗活動においてこのフランス人が保持したたしかな信用や、とりわけ自分を待ち受けているであろう英雄的な死への言及にもかかわらず、当然ながらマルクにはヘルマンにたいする相反する感情があったのである。[24]

ヘルマンが採用した形式は、その後の彼を周縁へと追いやることにもなったのかもしれない。彼の文章は、グラドフスキやラングフスが取り入れた自意識の強い文学性を欠く。手紙は文学の主要な類型に含まれず、歴史家によってしばしば証拠資料として利用されることがあっても（『アウシュヴィッツ　ナチと最終解決』のなかでリースがヘルマンに言及することにしたのはその一例である）、従来、手紙自体は歴史記述として考えられていない。[25] それにもかかわらず、マルクとは反対に、リースはヘルマンをグラドフスキやラングフス、あるいはレヴェンタル以上に高く評価する。彼の評価の裏には、手紙がもつ媒体としての特質がかかわっているのかもしれない。

本章では以下、手紙とゾンダーコマンドの手書き文書との、相違点と類似点を考察する。しばしば見過ごされるナジャリとヘルマンの手紙に注意を払うとき、ゾンダーコマンドの経験がどれほど多様であったかが証明される。ゾンダーコマンドに従事する男たちの一団は、派閥とさえいえる別々の集団からなっていた。ポーランドの出身でない者は、アウシュヴィッツ＝ビルケナウで、そして母国との関係において、まったく異なる経験をした。ポーランドに比べるとドイツの支配が完全でなかったギリシャやフランスには、まだナジャリやヘルマンが手紙を書く家族がいた。したがって手紙を書くかどうかは、それぞれの異なる状況を反映するものであった。手紙はまた通常とは異なる記述を促し、書き手に家族との絆を想像のなかで深めさせ、心に湧き起こるある種の情動も表現し、ある情動を別の情動によって抑えたり、自分たちの生の一番やりきれない面をせめて覆い隠したりする余地を与えた。彼らが強い帰属意識をもつギリシャとフランスは、将来の存続が予見できた。それとは対照的に、ポーランドのユダヤ人はそのほとんどが一掃されていた。本章は、独立した文学類型をなすものとしての手紙が、しばしば相互に関連しあう感情表現や集団における力学、男性性、そして時間性について明らかにすることに焦点をあてている。またヘウムノ〔絶滅収容所〕で作成された記述証言についても簡潔に検討した。これらは、ビルケナウで書かれた手紙やそのほかの文書を抵抗活動の重要な一形態と捉える読解と関連させるとき、とりわけ意味深い。

情動的な現実

『ホロコーストの犠牲者からの最後の手紙』はホロコースト下でユダヤ人が書いた数多くの手紙を一冊に編纂したものである。[26] 手紙はヤド・ヴァシェム記念館のアーカイヴが保存している。同書の一頁にナジャリの手紙の写しがある。その序文でハイム・ヘルツォークは、変化に富むそれらの文章構成に注目している。「ある手紙は未来の世代のために名前や出来事といった情報を記録し、また別のものは家族や友人にあてたごく私的な伝言である。哲学的であるものもあれば、ほとんど日常的な事柄のこともある。いずれもが矜持と勇気に満ちている」。[27] 全体としてみれば、ヘルマンとナジャリの手紙はヘルツォークが指摘する特徴の多くをもつ。双方とも個人的な事柄を取り上げている。こうした文面は、心に秘めた思いを分かち合うための私的な空間をつくりだす。もっともアマンダ・ギルロイとW・M・フェルフーフェンは「手紙にかんする歴史的にもっとも説得力のある作り話は、それが真正さと親密性を象徴するというものであった」と戒めている。[28]

ヘルマンの手紙がもつ人の心を揺り動かす特徴は、その書き出しからうかがえる。彼は、一九四四年七月早々に妻と娘から受け取った短信がどれほど懐かしかったかを、感情を高揚させて訴える。彼はそのあとでもこの手紙について触れ、「二人がしたためた便りを受けとってから、たびたび手紙に口づけをしてしまうのですが、それ以来、自分は心底幸せなのです」と述べる。[29] ヘルマンにとってこの手紙は妻を体現しており、妻の一部を携えているように思えるのであった。レベッカ・アールは、文面を通じた半ば性的な接触において「手紙の物質性は、手紙の書き主の身体をあらわしうる」と論じている。[30] ヘルマンの記述はそうした二重性を物語っている。手紙は彼を妻と結びつける媒体となっているのである。

ヘルマンにとって明らかに形式は内容に勝るとも劣らず重要であった。妻が彼の手紙を手にし、その手紙に娘にもそれとわかる字が記されていることは、決定的な意味をもった。これらの筆触は指標《インデックス》として機能する。手書きには見慣れた筆跡や特定の所作、物理的な筆圧があらわれており、深く心に抱く二人の人物を指し示している。ここでのヘルマンの言葉は、筆跡が醸しだす人の感触や、触れることができる愛する人の気配といった、言葉を支える実体がまたいかに重要であるのかを前景化する。手紙は「ある者の手から別の者の手に渡っていく」客体となる。[31] 手書きした手紙は「肉体的な現存」を映し出すのである。[32]

そうした意味では、悲惨な状況がヘルマンに強いたとはいえ、グラフ用紙の使用は形式と内容の乖離を生んでいる。グラフ用紙は点と点を結んで関係づけることができるが、それらの関係は冷たく、抽象的である。ところが手紙を書くことを通じてヘルマンがよみがえらせようとしているのは、温かさとか触れられるもの、気持ちが通じるといった別次元の結合である。ザオルスキが述べていることであるが、元のままの状態の手紙（見たところ未使用の紙）は、それが書かれ、発見された嫌悪を催させる状況とは、またどこか調和しない印象を与える。「巻物」を作成するために使われるインクや紙といったさまざまな手段が、しばしば記述内容を強めたり補ったりして、感情表現を高めることは第一章で論じた。ところがここでは逆のことが起きている。〔グラフ用紙の〕完全無欠な格子という媒体は、伝えようとする内容の感情的な混乱と相容れない。ザオルスキはこの不調和のことを述べているのである。

それにもかかわらずヘルマンの手紙は、妻の書簡がもっているのと同様の接触感をなんとか生みだそうとしている。その記述は二人の関係を、かかわり合いを保ち、新たにしようとするものである。離別は概して手紙でよく取り上げられる主題である。ウィリアム・メリル・デッカーは、内省的な主題としてきわだつのが「離別、孤独、そして当事者たちが再会できる前に死ぬかもしれないという不安である。それは便箋や郵便物、あるいは言語では人間関係を保つことができないという恐怖にほかならない」と述べている。[33] 死の自覚は、手紙でよく取り上げられる主題であるが、ヘルマンとナジャリの手紙では、それがとりわけ増幅され、死が（手紙を書いている時点とそれが届く時点とのあいだにしか訪れない出来事であるというよりも）差し迫った事柄として受け入れられている。このことが彼らの手紙の文章構成に強い情動的な負荷をかけている。

両者の手紙には感情が少なからず表白されている。この情動性によって文書としての地位に疑問を残すことになり、歴史的な証言としての価値が周縁的な地位に留められることになったと考えられる。ジェニー・ハートレーが述べているように、手紙文は概して感情を事実に優先させ、それが手紙をくだけた、表裏のない「温かい」文学類型に属させていると、一般には考えられている。[34] たしかにヘルマンとナジャリの手紙には強い情動が働いている。このことが史料としての価値に疑問を投げかけることになるのかもしれない。だがわれわれはラングフスやレヴェンタルの章で感情に留意したのと同様に、彼らの手紙の情動的な側面こそが、実のところゾンダーコマンドたちの生にたいする理解を深めるものであることを、ここで論じたいと思うのである。

ヘルマンの伝言は、班員たちが抱いたさまざまな感情の意味を明らかにする。彼は妻の手紙を受け取ったときの、うきうきした気持ちを語ることからはじめる。それは日頃の悲嘆にかわる慰めとなった。そしてかつて妻とけんかしたことを詫びる。またアウシュヴィッツでのもっとも楽しい思い出は、彼女といっしょにいることを想像することであったと告白する。手紙の終わりのほうでヘルマンは、「積まれた薪に投げ込まれた罪のない兄弟姉妹」のために友人たちが復讐してくれることを願う。[35] ナジャリの手紙もまた復讐に繰り返し言及している。判読可能な箇所のうち、二頁が復讐への希望に触れている。[36] ナジャリの思いもまた愛する人に、最愛の人びとに、友人に、そしてエリアスという名の男性に寄せる妹の愛に向けられる。[37] さらにナジャリはギリシャが解放されたこと（アテネの解放は一九四四年十月十四日）を知り、喜んでいる。[38]

ヘルマンの手紙では、ビルケナウにおける体験の記述はもろもろの感情表現に比べれば二義的である。ナジャリの手紙の場合、劣悪な保存状態からその内容を判断することが難しいが、その意図から推すと、これまでの章で論じてきた手書き文書に近いものと考えられる。このギリシャ人にとって、ビルケナウで起きたことを証言することが重要な動機となっていたことは疑いない。その記述は手紙の形式であり、最後の頁が間に合わせの封筒にするために用いられてはいるが、一九四四年四月二日にアテネを発って以降の自分の体験を時系列的に記述することに見たところ数頁をあてている。これにたいしてヘルマンは、その手紙の真ん中あたりで、同じような時系列の記述には四つの段落をあてているだけである。

ヘルマン（そしてそこまでは強調しないナジャリ）が情動を重視し、感情がこれらの書簡を貫いていることは、事実関係を「感じられた事柄」の上位におく歴史家からは、見識を欠くものとして容易に退けられることになる。レベッカ・シュナイダーは、歴史記述が過去の「ソフト」なつかのまの痕跡よりも「ハード」な事実を伝統的に支持してきたと述べる。[39] シュナイダーの語るつかのまの痕跡とは、「感じられた」痕跡であり、それによって過去と感情的にかかわることになる。この種の感情との出会いは、西欧文化の伝統的な歴史記述の論理の内部に、女性性としてコード化される道を開くことになる。

ホロコースト証言との関連で言えば、情動にかんするプリーモ・レーヴィの立場もまぎれもなく同様の強硬論であり、感情をもたない事実を優先する。[40] ヘイドン・ホワイトは、レーヴィが自分の証言に「客観的な所見や判断の合理性、そして明晰な表現」をもたせようとしていることに着目する。[41] レーヴィは文体を倫理的な問題として捉えていた、とホワイトは説明する。彼は明らかに型にはまった意味のはっきりしないと考えられる記述形式よりも、簡潔明瞭な形式をとった。後者の手法をとる作家としてレーヴィがあげているのがエズラ・パウンド、ゲオルク・トラークル、そしてパウル・ツェランである。ツェランの詩は「コミュニケーションでもなければ言葉でもなく、まさに死に際の、孤独な人間の、せいぜい解しがたい、切り詰めた言語なのである」。[42] レーヴィにとって「明快でないものには訴えかける内容もない」のであった。[43] それゆえツェランのわかりにくさとされるものは敬遠される。レーヴィが明らかに飾らない、事実にもとづく記述を好んでいたことからすると、彼はまたグラドフスキの文学的な文飾を、間違いなく、疑いの目でみていたはずである。レーヴィは証言がどう書かれなければならないのかも述べている。その延長線上で考えれば、彼は証言のいずれの形式が読まれるべきであるのかを指示しているのである。

レーヴィの見解では、証言もしくは歴史における修辞的もしくは比喩的な言語は事実認定の障害になる。だがホワイトは、アウシュヴィッツにかんするレーヴィ自身の報告が、彼の唱える飾りのない語りのひな型にあてはまっていないことを強調し、説得力をもって論じる。逆に「[レーヴィの文章は]文学的な文飾や比喩的表現を欠いているどころか、とりわけ文学的に書く様式《モード》が事実にかんする言説の指示的価値と意味的価値の語価をどのように高めることができるかのモデルになるのである」。[44] 実証主義者は言語が事実だけを、かつ明確に伝えることを求めるのにたいして、文学は出来事の「情動的な現実」を伝えることを可能にする。このことはジュディス・バトラーがホワイトの小論を取りあげた洞察力に富む論考のなかで説明しているとおりである。[45] ホワイトはレーヴィの作品を題材としながら、過去の出来事の手触りを知る手段として、比喩的表現がもつ価値を論じている。拡大解釈すれば、彼は厳格な史実主義がもつ偏向に異議を唱えているのである。

手紙には複雑な比喩的表現は使われない。だがひとつの文学類型としてみた手紙は、ゾンダーコマンドの情動的な現実を理解するのに適しており、ラングフスやレヴェンタルにわき起こった情動を理解するのに役立つ。手紙が知らせる現実は、復讐以外の感情が明らかに疑わしい現実である。ヘルマンは二度自分が冷静であることを強調する。[46]彼はまた自分が死ぬときも平静でいると断言する。[47]沈着ということへのヘルマンのたびたびの言及は、自分が苦しんでいないと言うことで、妻や娘を安心させようとしているものと解釈することができる。たとえ恐ろしい状況下でしたためているのだとしても、彼は自分の最後の日々について、慰めとなる（落ち着いて、穏やかな）印象を彼女たちに残したいと望んでいる。それにもかかわらず自分が「くつろいでいる」と言い表すことは、彼が可能性として将来あるかもしれない英雄的な行動に言及することと、根のところで結びついている。このつながりは、冷静さ自体が勇気のひとつの姿であり、その表現でもあることを暗示していると解釈できよう。

それゆえ手紙には、強い情動を容認する一方で、それを否定もしくは抑制しようとする緊張関係がある。この緊張は、たとえばレヴェンタルの歴史では感情のほうがはるかに勝るために、それほど目立たない。ヘルマンとレヴェンタルがともに急いで書いていたにせよ、自分の強い情動を適度に抑えることができそうなのは手紙の書き手のほうである。それはヘルマンの手紙が、一般読者を対象とするのではなく、妻と娘という特定の受取人にあてられていることと関係する。彼は自分の感情を抑えることによって、彼女たちの感情を守ろうとしている。ヘルマンが読み手にたいして感じているこの種の責任感は、したがってレヴェンタルや、実はグラドフスキもしくはラングフスのものとは異なる。ラングフスは自分が会ったことのない読み手の心痛に思いをいたすことはない。それでも彼の文体はヘルマンのそれのように抑制が効いている。ラングフスは、グラドフスキのように真情の流露やその豊かな文学的才能、恐ろしい出来事のなかでの「陶酔」に似た感情をさらけだすことをしない。またレヴェンタルのようにかろうじて抑えている怒りや挫折感をあらわすこともしない。情動ということにかんして言えば、グラドフスキのすばらしい文体は、彼が耐えていたはかり知れない重圧や、自分で抑え処理しようとしていた強烈な感情に、その源泉があると考えることができる。書き手全員に言えることは、書くことと感情との関係にそれぞれ大きく異なる仕方でアプローチしてはいても、書くことは感情と密接につながっていたのである。

手紙の男たち

ヘルマンがひどくやるせない気持ちに襲われることがあったことは、娘シモーヌにふれた手紙の短い一節から容易に読みとれる。彼は、娘が（おそらく彼女の安全のために）ヴァンヘムス某氏といっしょに一九四三年二月十七日に発ったときの忘れることのできない光景を描いている。そして事細か語るのである。

（無人の）クレマトリウムの広々とした建物を歩き回っているとき、自分はしばしばシモーヌに呼びかけるかのように、大声で名前を叫び、その自分の声に聞き入り、その声のうちにいとしい名前が響きわたるのであるが、ああ、もう二度とその名前を呼ぶ機会はないのであり、これは敵がわれわれに科すことのできるもっとも重い刑罰にほかならない。[48]

クレマトリウムのなかで、いなくなった娘の名を父親が大声で呼び、その残響に耳を傾ける光景は、恐ろしくもあれば痛ましくもある。ここでのヘルマンは不在であるものに呼びかけ、虚空と言葉を交わしている。シモーヌの名を声に出すという行為は、彼女〔の存在〕を具現させたいという動機にある程度もとづくように思われる。彼女は声としてあり、こだまとしてどうにか彼のもとに戻ってくる。この行動は、第三章で論じたラングフスが自分の息子シュムエルの名を大声で呼ぶのを思い起こさせる。両者とも声を用いて、自分たちの悲嘆を表現し、また命が宿る声の力を利用して、子どもへの愛情に形を与えている。ヘルマンがシモーヌの名を付記したのは、おそらく同様の意図からで、インクを介してシモーヌは実体をもつ者となる。だがヘルマンの口から出た言葉は聞いてもらえない。彼がシモーヌの名前を呼ぶのは、彼女の注意を引くためではない。彼女の名を呼んでも役立つことはもはやない。ヘルマンはただクレマトリウムの無情な壁に向かって呼びかけているだけである。そうした荒涼とした風景のなかでヘルマンが反復する独り言は、わが子と引き離された父親の悲劇的な離別を強調し、断絶と孤独を表白する。それとは対照的に、手紙は死後に再び出会える可能性を提供するのである。

ゾンダーコマンドの内部では概して、みじめさや弱音を表立って吐いたり、もはや娘に直に話すことができないといったヘルマンの記述にあるような悲嘆に浸ったりする余地はなかった。その理由のひとつは、想像を絶する状況が彼らの情動を麻痺させたことであるのかもしれない。ゾンダーコマンドの班員は、殺人機構の歯車として大量殺戮を日課とさせられていたのであり、感受性や感情を失わされていた。[49] 彼らは「無関心、無感応」となっていたとクラウスやクルカは述べている。[50] しかしヘルマンの手紙やほかの記述は、男たちがまるでロボットのようになったとみなす仮定に異議を唱える。たとえ感情が目に見えない頁のためにとっておかれているのだとしても、彼らは切れ目のない感受性を表出している。しかしながら男らしさという独特の観念を貫こうとする、言葉にはならない抑圧によって、情動が抑えられることはありうる。「男性が理性的であり、女性は情動的である」といった定式は、家父長的なイデオロギーによくみられる。[51] 手紙や他の書き物は、そうした場合、露呈してはならない感情を表現したり、処理したりする場として重要な役割を果たすことになる。泣く場合であっても、ゾンダーコマンドは涙を流さない。それは、レヴェンタルが書いている、自分の妻と五人の子どもたちが殺されたときに涙をこぼさずに泣く男の姿であり、父親のことである。（101.19）[52]

自己像を気遣ったり、地獄の心臓部で蜂起できる男でいられるかを心配したりすると考えるのは、信じがたいかもしれない。しかしながらヘルマンの手紙は、自分たちの男らしさにこだわる者がいたことを示す重要な証言となっている。彼は自分を細身の筋肉質であり、白髪まじりであることだけが年齢を物語るが、そうでなければ三十代に見えると書いている。自身の外観を誇るこうした辞句は、老化の進行に自分が負けていないことを喜ぶ表現と解釈できる。[53] 自身の体格についての記述はまた、一九四三年夏に彼が骨と皮のやせ衰えた状態にあり、ゾンダーコマンドに与えられる特権的な、さらなる厚遇を手にするために働いている、と自ら記している内容ともちろん対照をなす。だが年齢についての彼の寸言は、そこに虚栄心のようなものが働いていることも暗示する。それは彼が無事であると妻が安心し、また自分の元気な様子を彼女に印象づけるために、ヘルマンが意図的に書き加えたものなのであろう。

男らしくあろうとするヘルマンの手紙のなかにうかがえる重圧は、遠く離れていても彼が妻と娘の上に立っていることを主張しようとする、その言い方からいっそう明白である。差し迫った自分の死を予見するなかで、彼は明らかに死後も彼女らに威厳を示したいと考えている。彼は妻（手紙では名前が記されることは一度もない）の再婚を許し、彼女が洋品店で仕事につくことを勧める。ヘルマンはまた彼女にポーランドに戻らないよう命じる。娘のシモーヌについては、ユダヤ人男性と結婚するようにし、また高等教育が受けられなくなるとしても、（彼としては娘が継父をもつことを望まないので）すみやかに縁談をまとめるよう妻に求めている。[54] 彼はシモーヌが子沢山となることで、家名が確実に継がれることを望むのであった。ナジャリもまた自分の家名に関心を寄せ、ヨーロッパのナジャリの分家が「絶滅」させられたことを、外国の親類に伝えるよう読み手に依頼するのである。[55]

ヘルマンは手紙のあとのほうで、同じ移送列車に乗っていた故ダヴィッド・ラアナの家族と連絡をとるよう妻に指示している。ナジャリもまた手紙のなかで、妹のピアノを彼女の記念としてエリアスに遺贈するよう求め、「これでピアノが彼のものとなり、彼女を記憶に留めることができる」と書いている。[56] こうした指示は、両者がともに奴隷状態の、自由意志を奪われた状況にあっても、なおも行為者性を繰り返し示そうと努めていると解釈できる。ゾンダーコマンドの多くの班員にとって、自分たちの相対的な無力は去勢として経験されたのかもしれない。レーヴィが収容所におけるゾンダーコマンドたちを位置づけた道義的なあいまいさという灰色の領域は、また社会的性差《ジェンダー》の灰色の領域でもあった。特別作業班は、男であるがゆえに殺されなかった者たちによって組織されていた。だがそれは権威と裁量権をはく奪された男たちである。同様のことが、肉体的に戦うという意味での「男性的な」強さが特段備わっているわけでもない宗教者のユダヤ人にすらあてはまった。レイブ・ラングフスの心痛が物語るように、彼らは一家を守り、その行く末をつかさどる力をもたないことを痛感していたにちがいない。[57] ヘルマンはフランス文化に、そしておそらくそのジェンダーの規範に同化するため、あらゆる努力を払っていた。ナジャリは、兵役についたことがあり、蜂起に加われなかったことをひどく残念がった。彼らの男としての自己像は、この状況下で疑いなく崩壊させられたであろう。そうした状況の場合、書き手二人が未来の読み手に伝え残した一連の指示は、見方によっては、指図をあらためて言明し、世界のなかで、そして世界に向かって振る舞おうとした無意識の努力と理解することができる。

書くという行為は、もちろんナチの統制にたいする抵抗の表現でもある。より広い観点からみるなら、デッカーは手紙がどのようにして、ときには「破壊と造反の舞台、有効な社会形態を実現する、もしくは実現しない権力の奪取」をなしうるかを考察している。[58] そうしたものとしてヘルマンとナジャリの手紙を理解することができる。ヘルマンは手紙を作成することが「重大な危険と脅威」を伴うことに注意を促している。[59] ほかの動機としては、蜂起を起こすという行為（そしてそれらの空想）が男らしさを再確認する決定的な手段であった。ペンもしくは鉛筆で紙に書くこと、出来事や伝記を記録すること、それは蜂起へと進む道であった。こうした場合、比喩的表現や叙述という行為は体験されていた出来事との関連で、行為者性を行使する手段として、この蜂起の文学的表現にもうひとつの厚みを加える。言葉を配列し、文章の形式を整え、それをまとめたり翻案したりすることは果敢な抵抗行為なのである。グラドフスキやラングフス、そしてレヴェンタルは、この文体上の抵抗という形式を手紙の作者たちよりも多く用いている。

集団のなかのさまざまなグループ

「巻物」の書き手たちが用いた異なるアプローチは、ゾンダーコマンド内の集団を構成していた人びとの多様な個性をきわだたせている。この記録文書《アーカイヴ》を構成するテクストが相対的に少ないこと（たとえばロシアやハンガリーの出身者たちの考え方や価値観が完全に欠落している）は、集団力学や派閥抗争、あるいは感情や意見の明らかな画一性にかんするどのような探究も、必然的に、暫定的にならざるをえないことを意味する。とはいえ手書き文書は、類のない局所的な一連の記録を、すなわち「下」から書かれた生まれつつある歴史を提供している。われわれが手にしている数少ない文書からでさえも、班員たちの優先事項や状況認識が異なっていたことは明白である。

「巻物」のどの書き手も、たとえば自分の文学的抵抗をより具体的に表現する形式を探し求めていた。ヘルマンは手紙のなかで、死の工場の操業に従事している自分が非難されることになるのではないかと心配している。彼は自身の行動を批判的に内省する。それはある意味ではナジャリには見られない。ヘルマンは「もし身内に善人と悪人がいたならば、私は絶対、後者には属さない［一字加筆］」と評釈している。[60] これはゾンダーコマンドが混成の集団であり、ある者がとった行動がほかの者によって非難されることを暗示するもので、「ゾンダーコマンドの収容者共同体をひとつの均質な集団として描くことは難しい」というギデオン・グライフの主張を裏付ける。[61] それはまた、ゾンダーコマンドの行動は判断を超えている、とするグライフの主張を問題視せざるをえなくする。[62] 班員たちは互いを道徳的に判断できると間違いなく考えていた。作業班には無節操であると目されていた者たちがいたのである。

ヘルマンとナジャリの手紙を比較すると、この二人の書き手の相違点と類似点が明らかになる。このことは複雑な構造をとるゾンダーコマンドを全体として捉えるために有益である。両者ともそれぞれフランスとギリシャへの熱い民族主義を謳っている。ナジャリはたとえば自分の死に際の言葉は「ギリシャ、万歳」であると明言する。[63] またヘルマンは「人はフランスの大地を愛し、再び満ち溢れさせなければならない」と妻に助言する。[64] これらの言明から想像できることは、ゾンダーコマンドには民族的アイデンティティによって結びついた大小さまざまなグループが共存していた、ということである。これらのグループには間違いなく交流があったであろうが、同時に潜在的には、互いにある程度、距離を保ち、区別しあっていた。シュロモ・ヴェネツィアはその回顧証言『ガス室の内部』で、ギリシャ系ユダヤ人は信心深くはあったが「ポーランドの小さな村落」出身のユダヤ人に比べて、おそらくそれほど厳格でなかったと述べている。[65] 他方においてヴェネツィアは、彼のなかにあるイタリア的な伝統が、ギリシャ系ユダヤ人の集団のなかで彼を孤立させていたことも明かしている。このことは、班員を出生国別に分けるだけでは過度の単純化のそしりを免れないことを示している。[66]

そして言語は人びとの多くを分け隔てたに違いない。ヴェネツィアはヘブライ語ができなかったことを認めている。[67] ギリシャ系ユダヤ人の大半はヘブライ語ができたが、イディッシュ語やスラヴ系の言語はなじみが薄かった。[68] ヴェネツィアは家ではラディノ語〔ユダヤ＝スペイン語〕を、外ではギリシャ語を話した。[69] ナジャリもまたもちろんギリシャ語を話した。グラドフスキの一九四三年の書き物は歴史家に向けて五言語で始まっている。つまり彼は、いうまでもなく意思疎通と翻訳の問題を考えているわけで、これはアウシュヴィッツで使われていた多様な言語を考えれば驚くに足らない。もっともグラドフスキが使えた言語のなかにギリシャ語はなかった。スティーヴン・バウマンが詳述しているように、ギリシャ人の収容者は「ポーランド人やほかの北部のアシュケナージのユダヤ人から「ホレラ」〔コレラ〕とか「クルヴァ」〔売春婦〕とか呼ばれ、さげすまれる特殊な立場にあった」。[70] そうした事情を考えると、グラドフスキをはじめラングフス、レヴェンタルがギリシャ系ユダヤ人の多くと定期的に連絡をとっていたとは考えにくい。ただナジャリはこの点で例外的であったようである。無言劇《パントマイム》の役者としての彼の天賦の才がそうした先入観をいくらか薄めたのである。[71] ダニエル・ベナミアスは「同情心のないポーランド人ですら……しかもイディッシュ語の話し方を知らないことを理由にギリシャ系ユダヤ人をばかにしている彼らが、マルセル〔の演技〕を見て涙を流した」と証言している。[72] ヘルマンをどう位置付けるのかも、また難しい問題である。ものを書いていた当時の彼は、フランスからの搬送で生き残ったわずか二人のうちのひとりであり、そのこともあってポーランド系ユダヤ人の側に引き寄せられていたかもしれない。

だがヘルマンの手紙にはこの点で参考になる追記がある。そこには個人名があり、レオン・コーフェンの妻ジェルメーヌ・コーフェンにあてて、夫の様子を伝えている。コーフェンもしくはコーヘンはサロニカ出身のギリシャ系ユダヤ人である。[73] 手紙は、ゾンダーコマンドの班員がその書き手に頼んで自分の消息を伝える場となる。手紙を書き終えようとしたヘルマンをコーフェンがさえぎり、最後に一行加えるよう懇請したと推測することができる。[74] フランスとギリシャのユダヤ人が貴重な日用品の紙を分け合い、ともに自分たちの妻に思いを寄せながら、それをコミュニケーションの共同作業にしたのである。手紙を書く行為はこの場合、個人的なものであるよりも共同的な性格を帯びる。紙は、社会的な交流を記録し、表現されなくても複数の主観性を認める、ひとつの場となる。それは民族的アイデンティティが忠誠心を鼓舞することはあっても、支配するものではなかったことを示している。

ギリシャ系ユダヤ人と東欧のユダヤ人との人間関係は明らかにぎくしゃくしていた。しかしナジャリの手紙の内容は、ヘルマンよりも「巻物」に登場するイディッシュ語の三人の作者のものにより近い。ヘルマンにとって直接に目撃したことを証言をすることは副次的な意味しかもたなかったが、ナジャリにとってはきわめて重要な事柄なのであった。（写真５・１）

おそらく五頁もしくは六頁が、ビルケナウにおけるナジャリ自身の体験を描くことにあてられていたと思われる。手紙は明らかに証言録であることを目的として書かれており、内容に省略が多いとしても、それはグラドフスキャラングフス、レヴェンタルの記述と同様の目的をもった。ナジャリの語りは蜂起にかんする事柄をあえて取り上げており、ヘルマンのものとは異なる。ギリシャ系ユダヤ人はゾンダーコマンドのなかで間違いなく抵抗運動に熱心であった。彼らの活動は、行動主義的な戦闘や逃亡の企て、特別作業班への徴用拒否にはじまり、さまざまなかたちの証言行為に至るまで、多様であった[75]。それらにはナジャリの手紙と次章で取りあげる四枚の写真、そして歌の作曲が含まれる。

カストリア〔ギリシャ〕出身のベリー・ナミアは、クレマトリウムⅣでの労働に従事していたゾンダーコマンドのひとりについて物語っている。その班員は彼女がいた場所の近くで寝起きし、ほぼ二か月間、毎晩大声で自分の目撃した恐ろしい出来事を歌っていたという。それは「女たちよ、ギリシャ人よ、生きてここから出ることができたなら、私が歌った話を世界中に語ってほしい」という懇請で結ばれる[76]。ここでは声が境界を越えて情報を伝達するために用いられ、ギリシャ語の歌詞が目撃談をビルケナウのほかの区域にひそかに運び出すのに使われている。女性の一団に呼びかけている男は、いずれその一節が彼女たちに復唱されることを願っているのである。残念ながら彼の楽曲の写しは残っていない。歌の内容ではなく、抵抗の行為が記憶されたのである。

バウマンは、一九四四年十月の蜂起でギリシャ系ユダヤ人の果たした役割が軽視されてきたことに着目する。そしてその理由が「蜂起にかんする歴史編纂の主体がポーランドの非ユダヤ人と生き残ったポーランド系ユダヤ人であった」ことによると考えている[77]。この場合、ナジャリの手紙は、これまでの三つの章で論じてきたもろもろの手書き文書と競合するものとして読まれる必要がある。彼の熱烈な民族主義は、「愛する祖国」ギリシャに何度も言及していることからも明白である[78]。彼はまた、明らかにユダヤ人であることに強い誇りをもち、あらゆる出来事を耐え忍びつつ、手紙のなかで自身の信仰を再確認している。ヘルマンもま

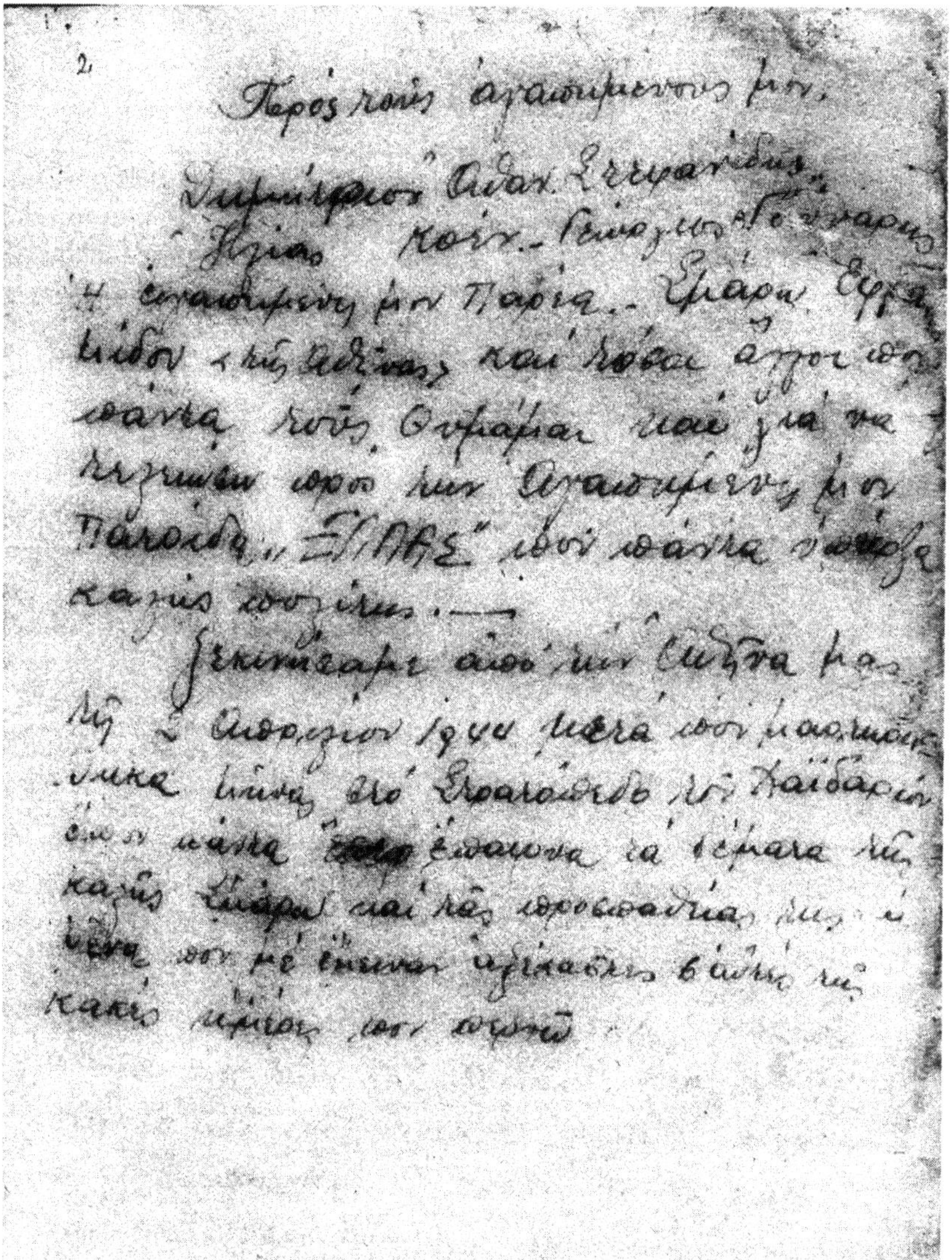
2

Πρός τούς ἀγαπημένους μου.

写真5・1　マルセル・ナジャリの手書き文書の２頁目

た、地獄の心臓部で営まれた敬虔な信仰に留意し、即席の典礼が、とりわけユダヤ教の祭日である「贖罪の日」にゾンダーコマンドたちによって執り行われていたと断言している。[79] ナジャリのアイデンティティの根幹にあったのは、間違いなくギリシャ的な伝統である。それゆえギリシャ系ユダヤ人とポーランド系ユダヤ人とのあいだに存在した緊張関係は、蜂起にかかわるあらゆる活動を通して続いたかもしれない。集団内の確執はよくあることである。ドネルソン・フォーサイスは、集団内部の確執が物資をめぐる争いか、もしくはゾンダーコマンドの場合いっそうありそうな事柄として、〔職制上の〕地位をめぐる争いからしばしば生じたと述べている。[80] 特別作業班のさまざまな国籍をもつ者たちは手を携え、ナチにたいする憎悪を共有したが、彼らが協力し合うのはたやすいことではなく、ときには対立することもあった。ナジャリの手紙の内容は、こうした緊張関係を基調としていると理解することができる。

共有された経験

ゾンダーコマンドの手書き文書は書き手による差異がきわだち、それはときに彼らの記述の形式や内容の違いとしてあらわれる。だがその一方で、共通する特徴もある。そのひとつが、死が差し迫っているという意識、あるいは時間がもはや切れかかっているという感覚である。死が切迫していることを断言する記述が繰り返し登場する。それゆえ書く時間は、日常の、毎日流れてゆく時間とは異なった。ビルケナウでは時間の消滅が強烈であり、あまりにも明白であった。そうした異常な状況下では時間は物質化し、体感できるものとなる。それは記述の切迫性にあらわれる。ゾンダーコマンドのすべての手書き文書はこの現象の様相を呈し、頁には絶望的なさまざまな時間が刻まれている。とくに急いで書かれたと考えられるヘルマンとナジャリの手紙、そしてレヴェンタルの歴史では、この切迫した、見て取れる時間性がとりわけ歴然としている。[81]

エヴァ・ホフマンは、強制収容所では時間が現在の繰り返しとなるように切り詰められ、それが時間的な、そして物理的な監禁状態をもたらすことになった状況を、印象的に描写した。彼女は収容者を次のように記す。

彼らにとって過去はひどく苛酷なものであり、再び戻ることが望めないところにあった。未来は、蜃気楼のように立ち現れる、ほとんど確実な死という壁によって縮小された。時間的な監禁状態からの出口が両方向からふさがれていた。それは「現在に生きる」ことを解放の状態にではなく、恐ろしい精神的な拘禁状態に置くのである。[82]

この壁の物陰で手紙は書かれた。たとえばナジャリは手紙の表紙・封筒に「これは私の遺言となる。私はユダヤ教を信じるがゆえにドイツ人によって死刑判決を受けた」と記して、筆を措いている。[83] またヘルマンは「[手紙を書いている]私は最期を迎えつつある。それゆえ永別を告げたいと思う」と記す。[84] ラングフス同様に、生きながらえることができないと察したヘルマンとナジャリは、救いを求めて、書くことに目を向ける。それはほかのあらゆるゾンダーコマンドの手書き文書と同じように、手紙が、ホフマンが述べている収容所の苛酷な現在性と断絶するための手段であったからである。収容所への到着とそれに続く経験について語るための時間と手段をもつことは、ゾンダーコマンドの書き手たちに時間のなかを移動することを可能にした。それはその日限りの日々を送る収容者の大半には許されていなかったことである。この移動には戦争後の未来が含まれている。手紙やほかの書き物は、このようにナチの支配を超える時間性を思い描き、時間の再生を求めているのである。

手紙はつねにどこかほかの場所にあてられるものであり、それは実際の地理上の所在地であったり、形而上学的な領域、あるいは未来の時であったりもする。ヘルマンとナジャリの文章は、現在を超えてビルケナウの解放と戦争の終結とに目を注いでいる。現在の彼方を注視し、時の到来を想像できることは、残酷な希望をもたらす。ヘルマンは、〔収容所への〕到着以降「ほかの世界とのつながりがすべて絶たれた」と述べている。それにもかかわらず彼の言葉は、この断絶を時間という次元で回復させる手段を与えるのである。[85]それらの言葉には、彼をいまいる世界から別の世界へと一気に渡らせる潜在的な力がある。この展望が、自分もまたいつの日かかつて生きていた世界に戻り、未来において過去を取り戻すことができるかもしれない、というヘルマンの楽観主義を再びかきたてる。彼は次のように記している。「だが〔一字加筆〕なにがあっても、そのときどきに私はかすかな希望をもち続けてきた。たぶんなにかの奇跡で私は、多くの幸運に恵まれてきた、ここでは最年長者のひとりで、これほど多くの障害を乗り越えてきたのであり……たぶん地中に埋めるこの手紙が見つかる前に、君と連絡がとれるだろう」[86]

ヴォルフガング・ソフスキーは、収容所におけるナチの恐怖の秩序がもつ一面が「伝記的な歳月を奪い取る」ことであったと述べている。[87]だがヘルマンは自分の歳月を蘇生させ、未来のことを考える。そして収容所の終焉と自分の解放を予見することによって、彼はソフスキーが言うところの収容所の時間、「終わりのない継続」を克服する。[88]ゾンダーコマンドが絶滅の世界で体験した時間は、強制収容所で多くの人びとが経験したものとは質的に異なっていた。手紙は、ヘルマンに自分の置かれた状況を超越させ、時間のなかを移動できるようにし、希望を呼び起こす。だがそれは振り返ったときに受け入れることが辛い希望である。手紙を書き終えたヘルマンが生き延びられた期間はひと月に満たなかった。ナジャリもまた手紙のなかで完全には絶望していない。彼は「生きてわが父と母、愛する妹の死に復讐したいと望んでいたし、望んでいる」と述べる。[89] ナジャリはここで同じようなかすかな希望の光を見ている。

このギリシャ人の場合、楽観主義は正しかった。リースは、ゾンダーコマンドの書き手について「自分たちの体験を記した全員がその後殺された」と述べているが、ナジャリは戦争を生き延びた。[90] 一九四七年に彼は自分のゾンダーコマンド時代の回想録を書くことになる。刊行されたのが一九九一年であったものの、この回想録で彼はギリシャ人たちがゾンダーコマンドの蜂起で果たした英雄的な役割を強調する。[91] グライフは、ゾンダーコマンドの体験記を出版したわずか四人の元班員のひとりとしてナジャリをあげている。[92] この行為は、ビルケナウでの出来事をその時期とその後の活動として証言することが、このギリシャ人にとってどれほど重要な意味をもっていたかを説明する。

だがナジャリとヘルマンは、自分たちが経験した事柄を伝える手段としての言語が無力であることについても目を向けている。言葉は死の工場の恐ろしさを読み手に伝えることができない。「ここで私が経験したことのすべてを書いて立証することはまったく不可能だ」とヘルマンは主張する。[93] 判読できるテクストのなかで、ナジャリは自分をとりまく惨状がいかに言語に絶するものであるのかに二度言及している。くりかえし表白されるこの主題は、自身の文学的な試みにたいする彼の挫折感をあらわす。書かれた言語の限界についての最初の言及は、大量殺戮と死体の処理にかんする記述のあとに見出される。

ナジャリは、自分が目にしたことは読み手のために再現できないことを示唆する。それは言葉を超えており、「自分が目にした〈ドラマ〉は言い表せない」。[94] この主張は、世界と言葉の非対称性とでもいえる事柄にたいする彼の不満を物語る。彼にとって、見たことと書けることには乖離がある。その意味で、彼の文体の選択は注目に値する。彼の手紙は、説得力のある洗練された回想録とは異なり、簡明である。つまり判読可能な箇所を見るかぎり、それはありのままの細部、数、死に方、死ぬまでの時間、死体の処理といったことに焦点をあてたものである。

ビルケナウでの大量殺戮にかんするナジャリの残された記述の基本的な性質からすると、彼は記録しようとする努力や自分の実際の言語に挫折感をあらわしているように思われる。死の工場の心臓部で、しかももっとも切迫した状況下にある彼は、感情に動かされずに事実を追求することが、凄惨な出来事を公平に取り扱うものではないことを認めているようにみえる。事実に忠実であることは感情に忠実であることを表明することにならないのである。だがナジャリには、より長い手書き文書が具現するような枠組みを、試みたり創造したりする時間がなかった。とりわけグラドフスキの場合のような、事実と感情とが結びつき、感情が事実を伴うような手書き文書に取り組むことがなかった。こうした制約にもかかわらず、急いで書かれた手紙であっても、そこにはなまの情報以上のものがある。大量殺戮の事例を要約するなかで、ナジャリはわずか数語で、殺された人の数と人びとが死ぬまでに要した時間を詳述している。だがそこには〔ギリシャ語文法の〕記述属格〔名詞を組み合わせて形容詞相当句を構成する語法〕が使われている。殺された人びとはひどく苦しみ、「彼らは拷問の〔で〕死〔ぬ〕［μαρτυρίων αποθνήσκουν］」と記される。ガス室での死ぬまでの六、七分の苦しみは、それゆえ途方もない長さの時間と感じられていたのである。[95] この最小限の、切り詰められたアプローチにはそれ自身がもつ力があり、たとえ作者が気づいていなくても、認識されるべきである。

ヘルマンもまた比喩的な表現による失敗にたいして挫折感を見せる。なかでもレーヴィは有名であるが、多くの人びとと同様に、ヘルマンもダンテ・アリギエーリの記した地獄絵巻を引き合いに出している。しかし「この実際の地獄と比べれば、ダンテの地獄は荒唐無稽というほかない」と彼は断じる。[96] ダンテは引き合いに出されると同時に退けられてしまう。ヘルマンとナジャリの手紙が書かれていたとき、そこには適切に証言しようとする意識の流れが、それが可能であるかどうかということとの関連で、あったように思われる。今日、ホロコースト研究者の関心事であるこの議論は、深く考察されてきたとはいえ、気ぜわしく取り組まれたことは否めない。またナジャリは、どのような伝達表現であっても読み手の側に適切な心象を喚起させることはできないと考えていた。「私の目が目撃したものを想像することは不可能である」と彼は主張する。

書き手たちはそれでも証言する。確信がもてないことを率直に認めながらも、彼らは記述を続ける。ナジャリは、犯罪の証拠隠滅を図るナチについて「彼ら〔一字加筆〕は〈灰〉を目の粗いふるいにかけ、選り分けるようわれわれに強制した」と述べている。[97] この情報は、物的証拠が〔ナチに〕及ぼすはずの脅威を明らかにしている。死体の残存物を破壊するという措置やそれを行う必要は、ドイツが敗戦に向かっているというナジャリの確信を深めることにもなったに違いない。彼らは自分たちの犯罪にたいする戦後の報復を恐れていたのである。ナジャリにとって手紙は、自分が目撃した事柄を十分に表現するものではなかった。だが犯罪者たちの責任を問うことに役立つと思っていたのは間違いない。

ナジャリの手紙にも修辞的な複雑さがないわけではない。このギリシャ人が、自分の家族が「自称文明の発展したドイツ人たち（が掲げた「ヨーロッパの新秩序」）」によって抹殺されたと述べるとき、そこには文明における蛮行というグラドフスキのより洗練された言及がこだましている。[98] この文章の皮肉の効いた語調はまた、ラングフスの後期の書き物にみられる痛烈な冷笑を連想させる。それぞれの背景が異なるゾンダーコマンドの文章にあらわれるこの交差は、自分たちの凄惨な状況にたいする彼らの全般的な見地や対処の仕方がどのようなものであったのかを明らかにしている。そこには類似点もあれば相違点もある。すべての文章をつなぐもうひとつの接点は、たとえそれが死後であったとしても、作者たちにビルケナウを逃れる手段を与えるものとしての、言語にたいする共通の信念であった。ナジャリは埋めた自分の手紙のことをその回顧録に記していない。彼はそれが発見される九年前の一九七一年に死亡した。したがって手紙はほかの手書き文書と同様に、書き手に一種の死後の生をかなえたのである。

生としての記述

文学形式としての手紙と慣例上、結びつけられる感情についての関心は、ヘルマンの手紙と、またそれほどでもないとはいえナジャリのものにみられる。だが手紙の範疇は、あらゆる文学的な類型と同様に、境界線があいまいである。レベッカ・アールは、手紙が「変幻自在で、すべてを包摂する類型に属し、まったく形をもたないことがその強みであり、あらゆる表現上の要件に対応できるもの」として捉えることができると述べている[99]。デッカーもまた、「手紙の書き手たち自身が書簡体様式を定義するために苦心し、ほかの形式や関連する修辞的な枠組みと融合させようとしている」ことに注目する[100]。この種の融合はヘルマンとナジャリの文章に生じている。たとえばヘルマンは、ゾンダーコマンドの一員としての行動が将来どのように受け止められることになるのかに懸念を示すことで、自分の手紙の一部を自伝と化している。ナジャリの書簡は手紙であると同時に、自伝、遺言でもある。

ヘルマンとナジャリがしたためたような個人的な手紙は、ふつうは親密さを求めた私的な空間をなすことが期待される。しかしこれらの手紙が書かれた恐ろしい状況は、手紙が相手に願わくば届くまでのあいだに、見知らぬ者たちが回覧することを手紙の書き手たちが知っていることを意味した。それゆえヘルマンの手紙には、ある程度の自己規制が働いたと考えられ、妻を決して名前で呼ばないことやガス室に送られた者たちの苦しみを和らげるために謎めいた言及がなされている。[101]彼は明らかに妻を悲しませることと、手紙が邪悪な者の手に渡ることを心配している。ヘルマンはまた自分の遺産のこと、そして自分の人生が将来どう評価されるのかに関心を示す。それゆえに彼はなおさら自分の愛他精神に注意深く言及する。「危険や危難を恐れずに、私は不幸な者たちの悲運を軽減するために、この仕事にもてる力をすべて出し尽くした」[102]。

二人とも自分たちの生の、とりわけ、移送とその後の収容の経緯を語っている。自伝としての手紙は、人としてでないならインクとして存続しようとする死活的な企てなのである。デッカーは「地理的に離れ離れになっている通信者が互いに死を想定しているという意味で、手紙は肉体の喪失を超えて存続する生を先取りする」と述べている。[103]ゾンダーコマンドにとってもそうであり、彼らが書いたおもな動機となっている。手紙は、書き手が来世を見出し、保証する手立てなのである。たとえばナジャリは、妹のピアノの件に限らず自分についても望みをつないでいる。彼は自分の人間存在としての姿を紙に書き残し、それらを魔法瓶に収めた。彼が、ピアノという物的存在が妹を思い起こさせるものであり、それゆえに記憶の強力な源泉となると認識していたことを考えるなら、彼が自分の書いている手紙も同じように考えていたと推測できる。それは彼の手中にある。彼のことを知っている誰かが読んだとしても（さらに言えば、彼のことを知らない者であったとしても）、手紙は彼のなにかを保ち続けているのである。

手紙は、ほかの手書き文書と同様に、死の工場から死後の脱出を図る手段となっている。ミクロス・ニーシュリが言及する文書「告発宣言」も同じような目的を果たすものであった。この「告発宣言」は「パリの画家」（ダヴィッド・オレールを指すと思われる）が執筆し、クレマトリウムⅡに従事していたゾンダーコマンド約二百名全員が署名している。[104]「宣言」は、SS親衛隊将校のエリック・ムースフェルトが自分用に班員につくらせたレカミエ様式の長椅子のなかに隠された。この宣言はなによりも、犯罪者とその犯罪行為の詳細を記録するためのものであった。したがってそこに添えられたゾンダーコマンドの名前は、書かれたことを保証する意味合いをもつ。マンハイム〔ドイツ〕に発送される長椅子とともに、これらの名前はビルケナウを離れることになる。バトラーは、死者たちの死を深く悲しむためにはその名前を知ることが重要であると考えている。[105] 名前は死者にアイデンティティの観念を付与し、その存在を実体化する。アウシュヴィッツでは、番号が名前にとってかえられ、自分の名前（つけられた番号ではなく）を言い募ることは反逆行為でもあった。収容者から名前や所持品を奪い取ることは、人びとの自我《エゴ》にたいして強制収容所で犯された重大な暴力の一部であったと認められている。[106] ニーシュリの言及する文書や手紙に記された名前は、したがって種々の役割をもつ。それらは存続し、抵抗し、立証するのである。

名前が残ること、そして消滅を免れることがもつ重要性は、ヘウムノ〔絶滅収容所〕の収容者がポーランド人の農民に託した十七頁からなる筆記帳によっても明白である。一九四五年一月九日の日付をもつこの文書は合作である。[107] それは別々の幾人かの書き手の記述ではじまる。書き手たちは、収容所で強制労働に従事していた者のなかで最後に残った四十七人に属していた。彼らは、ヘウムノで犯された大量殺戮の痕跡をすべて消し去るための作業に動員されていたユダヤ人収容者の一部である。したがってそれはアウシュヴィッツにおけるゾンダーコマンドのいくつかの労務とも類似するところがあった。彼らはほぼ一週間後の一月十七日に、ほとんど全員が射殺されている。モルデハイ・ジュラフスキとシモン・スレブニク（その後クロード・ランズマンのドキュメンタリー映画『ショア』でその体験を証言することになる）の二人が生き残った。

筆記帳にはスレブニクへの言及がある。仕事の手を休めるなら即座に殺すと脅した親衛隊大尉ハンス・ボートマンのことが書かれてある。これは、ヘウムノにおける犯罪行為に加担したドイツ人将校と兵卒の氏名リストに続く、文書の最後の段落に記載されている。この段落は「供述」と呼ばれる部分で、特定されている兵士が犠牲者を殺すために使ったさまざまな方法をおもに列記している。筆記帳はパビャニツェ出身のユダヤ人フィンケルシュタインにかんする記述で終わる。彼は自分の妹が死んでいるものと思い、炉のなかに投げ込んでしまったのである。「彼女は「お兄さん、私はまだ生きているのに、私を、火炎のなかに血を分けた兄が投げ込んだ」と絶叫した」[108]。この出来事はあえて最後にもってこられたようである。それは、男たちが経験したもっともひどい残虐行為を、そしてユダヤ人が同胞や家族の殺戮を手伝わされたことを、要約するかのようである。これは衝撃的で、強烈な締めくくりである。証言は、したがって入念に編集されており、それらの順序だては勝手になされたものではない。

筆記帳の最初の話は、ヘウムノにおける組織的な集団殺戮の工程を詳述しようとしている。書き手は、個人としてよりも、むしろ皆を代表して語っており、ガス殺用の有蓋トラックを使った作業を描写する。彼はまた大量殺戮のなかで労働することがもたらす精神的な重圧を語っている。特別作業班と一般に結びつけて考えられる感情の麻痺のことが言及される。彼らが自分たちの仕事に「無関心」であるのは「鋼鉄の……神経」をもっているからだと、部外者は思うに違いないとも述べている[109]。だが筆記帳の終結部で、無関心でいることが一度もなかったことが例をあげて述べられている。ヘルマンやナジャリの手紙と同様に、復讐が呼びかけられる。「われわれの復讐をするよう皆に訴える。それは他方で、われわれにはなにもできないからであり、そしてわれわれが解放を待ち望んでいるからである」[110]

くわえて、個人名をあげたあわせて十六のより短い証言がある。その最初のイスラエル・ツィゲルマンの話は、ゲットーで実施された「虐殺作戦《アクツィア》」で我が子を失ったことについての記述である。そして「皆さん、この悲嘆、苦悩を想像してほしい」と読み手に訴える[111]。読み手に直接呼びかけるこの手法は、追ってツィゲルマンが自分の体験を簡潔に要約したなかでも繰り返される。彼は、ヘウムノで我が子の死体を見つけたことを述べた後で、「あなたならこれをどう語るだろうか」と尋ねる。[112] この文体は筆記帳に記載されたほかの証言とは異なる。したがって全体としてみたヘウムノ証言には、かなり簡約されたものであるとはいえ、その文体や物語り方という点でアウシュヴィッツのゾンダーコマンドの証言に匹敵する特徴があることは明らかである。ツィゲルマンはまた英国やアメリカ合衆国の無関心を糾弾する。彼は、レヴェンタルと同様に、全般的、地域的な出来事に通じていた。ヨーロッパ・ユダヤ人への支援を英米両国に求め、その説得に失敗したシュムル・ツィーゲルボイムらの工作のことを、彼は明らかに念頭に置いている。

手書き文書の記述はときにさらに短縮される。シュムル・ナサズキ、ナタンおよびイツェク・ラパポルト、パヴェル・アキンは、ひとつか二つの文を書き記しているだけである。[113] 彼らはわずかに自分の名前や、ナチ占領下のヨーロッパ以外に住む縁者の些末な事柄を記録する。[114] ダヴィド・ベンドコフスキの記載もそうである。「ウーチのブジェジンスカ通りに住んでいたダヴィド・ベントコフスキ。妹のフェラ・クラスン（旧姓ベントコフスカ）はモンテビデオに住む。兄弟のイスラエル・ベントコフスキはロシアに住む」とだけ記している。[115] ベントコフスキは、自分が何者であり、どこの出身であり、そして兄弟姉妹がどこに住んでいるのかを記録した。このわずか数語、最小限の情報は、ベントコフスキを死後も生き続けさせるためのものであった。それはなし遂げられた。

ヘウムノの証言はほかに二つ見つかっている。いずれも十七頁の文書に比べると短いが、名前のリストが添えられている。そのうちのひとつは「人間を対象とした屠畜場」の労働に従事し、しかも「数時間だけ長生きするだけの」男たちの集団のことを語っている。匿名の書き手は「そこには十七人の職工がいた［判読不能］、彼らの名前をあげておく」と記す。[116] そしてそのあとに十七人の名前と出身地が記される。リストの最初にある名前がヴウォツワヴェク出身のピンクス・グルンである。最初にその委細が書かれていることから、彼がこの文書の作成者であるのかもしれない。もうひとつの証言は、これも作者がわかっていないが、次のようにはじまる。「これらの者は、コウォとドンビエとのあいだにある死の収容所クルムホフ（ヘウムノ）で労働に従事したユダヤ人である」[117]。ついで十二人の名前と出身地が列記される。名前は、急いでつくられた縦四列の表に丁寧に書き連ねてある。そこには、この情報をできだけ明確に伝えたいという、はっきりした願いが込められている。この箇所だけでなく文書全体を通じて、文面はむらがなく、明瞭で、たえず切迫したものとなっている。記述は、これによって縁者たちがいつの日か男たちの運命にかんする消息を得ることができ、またリストが気持ちに区切りをつけるであろうことを願って、締めくくられる。ここでも復讐が呼びかけられる。「それゆえリッツマンシュタット（ウーチ）から移送されていったユダヤ人全員がきわめて残酷な仕方で殺され拷問され焼かれてしまったさようならもしあなたが生き残るのであれば復讐しなければならない」[118]。文章が句読点を欠いているのは、書き手に残された時間がほとんどなかったことの証明であろう。これはさし迫った死の恐怖のなかで、大急ぎで書かれたのである。不意の別れの挨拶、そして最小限のいとまごいは、まとまりを欠き、完結することなく宙に浮いたままである。それは人間の痛ましいばかりの意思表示である。さようならは、ペン先が紙から離れるというもうひとつの別離を予示する。この結びは書き手の存在の消滅をあらわす。

二つの短いヘウムノ文書は、『ヤド・ヴァシェム記録保管所《アーカイヴ》の最後の手紙』に収録され、ナジャリの手紙のすぐ前に置かれている。だがこれらが手紙であるとはどうみても言えない。もっとも、手紙という媒体を書かれたメッセージを通して人と人とのあいだで情報を交し合うものというふうに、できる限り広義に理解するのであれば話は別である。この二つのヘウムノの「手紙」は、ヘルマンやナジャリの文章とは異なって、手紙というジャンルが通常備えるべき形式をとらない。それらは、出来事や運命の細部を保存するためのごく簡単な記録である。ところが実は、上記資料集に収録されていない三つ目のヘウムノ証言には、多くの男たちの縁者にかんする細かな事柄が書かれており、その点で前記の二つよりも手紙らしい。合作されたこの文書は、社会と個人の、双方の読み手に向けられている。見知らぬ者と家族の双方にあてて書かれているのである。

ヘウムノ証言を記した筆記帳の最初の記述は、収容所で殺される者たちに強制的に「ゲットーにあてた郵便葉書を書かせ、自分たちがよく暮らせているとか、良い仕事を与えられた、きちんと食べているなどと言わせる」ナチのやり方を述べている。[119] 葉書を受け取ったゲットーの人びとは「なにも残さずに跡を絶った縁者たちから葉書を受け取って戸惑った」。[120] 郵便葉書はそれゆえ殺された人びとにとっていわば死後の異様な生をつくりだす。これとは対照的に、筆記帳のなかの書き手たちは、自分の死を切り抜けて生き続けるために、書かれた言葉の力を積極的に追求したいと考えている。ヘウムノの三つの文書すべてが名前と出身を列挙し、それらを各人のアイデンティティの核心をなす本質的な要素にしている。書くことは、存在にかんするこれらの最小限の、しかし決定的な、細部、痕跡が残存することを可能にするのである。その意味ではグラドフスキが、自分の書いたすべてのテクストの冒頭に家族の名前を一人ひとりあげている献辞も、彼の存在が血縁者のうちにいわば確実に存続するようにしたものといえる。献辞は、実際グラドフスキの記述全体が、彼らの思い出や記念として書かれたことを示している。言葉はナチが望む人命や世界の抹消を拒絶する。同じように、レオン・コーフェンがヘルマンの手紙に自分を書き加えて、自分の名前がそのなかであげられることを依頼したことは、妻とのひそかな意思疎通をかなえさせただけでない。それは存続する方途をもたらす。ビルケナウとヘウムノからの証言全体を通じて、言葉と名前が完全な絶滅を阻んだのである。

この点ではナジャリの手紙も異ならない。それはゾンダーコマンド文書のなかでもっとも傷みが激しく、破損し、概して断片化し、判読が困難である。このギリシャ人の判読可能な文章には不確かさが不断につきまとう。上述したとおり、見たところ、彼の切迫した死は明らかに不確かである。彼は複数の名宛人に「おそらく私の最後の唯一の〈望みはあなたが受け取ること〉です」と記す[121]。なにを受け取ってほしいと彼が望んでいるのかははっきりしない。それは彼の言葉や自分の体験記、あるいは憎しみの感情、愛、そして喪失ということなのかもしれない。だが「おそらく」という語が挿入されていることが、彼の最終的な望みがなんであるのかを不確かにする。これらはかならずしも彼の遺言ではない。過去に経験した不確かさの回想もある。「ビルケ〈ナウ〉＊＊＊＊ここでわれわれはほぼ一か月過ごし、そこから彼らはわれわれを移した＊＊＊＊どこに？　どこに？＊＊＊＊」とナジャリは書いている[122]。これらの箇所は、直後にガス殺のことが書かれてあることから、彼が基幹収容所からクレマトリウムに移動し、ゾンダーコマンドに加わったことを述べているように思われる。疑問詞の反復は、狼狽ぶりをあらわしており、また移動時の恐怖をあらわしているのかもしれない。霊的な不確かさもまた頭をもたげ、「毎日われわれは神が存在するのかどうかを考える」と記している[123]。くわえて、目にした恐ろしい出来事を第三者に伝えるためのナジャリの力量にも不安が残る。しかしながら手紙全体を通じて確かであったのは、ナジャリが言葉のもつ力に全幅の信頼を寄せていることである。言葉にたいする彼の確信は一貫している。彼は自分が意図した最後の言葉を書き留めている。「ヘラス〔ギリシャ〕万歳」、そして続けて自分の名前「マルセル・ナ〈ジャ〉リ」を記した[124]。彼の語句は、ギリシャが彼にとってどれほど重要な意味をもっていたのかを再確認させる。しかしながら手紙本文の最後を結ぶ言葉は署名である[125]。最後に彼は書くことを通して自分を再確認している。その肉筆の筆跡はいまや判読が難しいが、名前の痕跡とその本質は存続している。

第六章　カメラの眼

ビルケナウからの四枚の写真

イメージ、それでもなお

証言がなされたり、記憶という行為がなされたりするたびに、言語と画像《イメージ》は密接に結びつき、互いの欠落をどこまでも補いあう。言葉が尽きるようにみえたとき、しばしば画像《イメージ》が出現する。想像が尽きるようにみえたとき、言葉がしばしば姿をあらわす。[1]

一九四四年八月、ゾンダーコマンドのひとりがカメラをなんとか手に入れ、クレマトリウムVの周辺で進行する出来事の写真を四枚撮った。現像するため、フィルムはその後ヘレナ・ダトンによってポーランドの地下抵抗組織にひそかに持ち出された。九月四日にそれは届く。男は撮影の工作にあたった集団の一員であった。一団は少なくとも五人であった。すなわち撮影者（アレックスの名で知られる）と兄弟のシュロモとアブラハム・ドラーゴン、アルテル・ファインジルベルグ、そしてダヴィド・シュムレフスキである。[2] アレックスの撮った写真のうち二枚は、クレマトリウムの敷地に掘られた焼却用の坑で死体が焼かれている光景である。三枚目はガス室に向かって移動する女性たちであり、最後の一枚には明るい陽光を浴びたシラカバの木が写っている。最初の二枚の写真はクレマトリウムVのガス室の一室から撮られたもので、ドアから外を見ている。[3] 残る二枚は屋外で撮ったもので、クレマトリウムの反対側にあったシラカバの林の付近である。野外で撮ったスナップ写真は、カメラを手で覆うか、衣服なり容器なりのいずれかで隠して、撮られたようである。アレックスは、現像されたときのフィルム映像を想像することはできた。だがいかなる写真を撮ったのかを彼が**知る**ことはなかった。彼は自分の仕事の成果を目にすることがなかったのである。これらの写真は少なからぬ論争を巻き起こし、撮影者の正体の追究にまで及んでいる。

当初はダヴィド・シュムレフスキの功績とされたが、シュムレフスキ自身が撮影したことを否定した。[4] エリック・フリードラー、バルバラ・ジーベルト、そしてアンドレアス・キリアンは、ギリシャ系ユダヤ人で軍の元将校であったアルベルト・エレーラを撮影者と同定している。[5] 彼は犠牲者を焼いた灰をヴィスワ川に流す労働に従事していたさい、脱走を企てたことでアウシュヴィッツではよく知られていた。エレーラは歩哨二人を首尾よく打ち負かして川を泳いで渡ったが、翌日捕まり、処刑された。アウシュヴィッツに収容されていたギリシャ人のエリーコス・セヴィリアスは、その回顧録『アテネ－アウシュヴィッツ』で、エレーラが「収容所で何週間も語り草となった勇敢な」男であったと述べている。[6] そのアルベルト・エレーラが収容所の抵抗運動で使っていたコード名がアレコス・アレクサンドリディスであった。これが彼を撮影者とする見方の根拠とされている。[7] 撮影者にかんするこの結論にわれわれは懐疑的である。写真撮影をめぐる記述のなかで、たとえばアルテル・ファインジルベルグはアレックスは「ギリシャ系ユダヤ人だが、名字は覚えていない」と述べている。[8] 仮にアレックスがエレーラであるとするなら、ファインジルベルグが話題の人であった彼のことを忘れてしまうとは考えにくい。それゆえ本書としての見解は、アレックスがゾンダーコマンドの未詳のギリシャ系ユダヤ人であったというものである。[9] もし実際にそうであるなら、彼がアウシュヴィッツに存在したことを示す唯一の痕跡は四枚の写真ということになる。

これらの写真がはじめて批評家の本格的な注目を集めたのは二〇〇一年である。それは、ジョルジュ・ディディ＝ユベルマンが写真展「収容所の記憶　ナチの強制労働および絶滅収容所の写真（一九三三―一九九九年）」の図録のためのエッセイを書き、またダン・ストーンが『ユダヤ社会研究』に論文「ゾンダーコマンドの写真」を発表した年である。[10] ディディ＝ユベルマンはその後、写真にかんする自分の論考を発展させて本にまとめ、『イメージ、それでもなお *Images malgré tout*』として二〇〇三年に刊行した。同書の英訳版は二〇〇八年に出版されている。ところがフランスにみられる研究の閉鎖性ゆえに、『イメージ、それでもなお』は写真にかんする非常に注目すべきストーンの分析にまったく言及していない。両者は、それらの写真がホロコースト証言にもたらす、そしてホロコースト証言としてもつ重要な価値を、別々に認めているにもかかわらず、その後明らかになるように、ディディ＝ユベルマンとストーンの解釈は交差するところが少なからずあるのである。

ディディ＝ユベルマンは『イメージ、それでもなお』のなかで、四枚の写真とゾンダーコマンドの記述とが共生的な関係にあり、作用しあうことを示唆している。すなわちそれぞれが他方を明らかにしているのである。彼は次のように述べる。「……ちょうどそれら〔四枚の写真〕が、不可能なことに挑む語り《ナラティヴ》が表現しようとする事柄をわれわれによりよく**想像**させるように、これらの語り《ナラティヴ》が……四枚の記録写真をより明確に読み解くことを可能にすることを、われわれは認めるべきではないだろうか」[11]。写真はゾンダーコマンドの広義の抵抗活動の一部をなす。彼は「写真のフィルムは……証言の幅と影響力を押し広げようとする企てに直接参画する」と述べる。[12] この場合、四つの画像はもうひとつの「アウシュヴィッツの巻物」として、ないしこれまで無視されてきた別の手書き文書として枠づけられる。われわれもまた写真が、書かれた文書と同様の原動力から生まれ、したがってそれらを補うものであると考える。書き物も画像も、両者の証言の様式《モード》を律する目的にときに著しい違いがあるとしても、別々に研究されてはならないのである。同じ見解をもつディディ＝ユベルマンは、それらの写真をほかの文書や追加された形式の証言、とりわけフィリッ

写真６・１　アレックスが撮影した１枚目の写真

写真 6・2　同，2 枚目の写真

写真6・3　同，3枚目の写真

写真6・4　同，4枚目の写真

プ・ミュラーの回想録とあわせて読み解くことを勧めている。この回想録はそれらの写真を理解し、また彼によれば想像力を生みだし、促す手立てとなるのである。本章ではこうした読解を深化させようとするディディ＝ユベルマンの試みについて検討するとともに、ときにはそこからそれたり、さらに展開させたりしようと努めた。またディディ＝ユベルマンが『イメージ、それでもなお』において詳しく扱った痛烈な写真解釈にたいするジェラール・ヴァジュマンの批判も取り上げることにした。

本章では、写真を理解するための要件として社会的性差《ジェンダー》が重要であることを論じている。このこととの関連でいえば、ディディ＝ユベルマンは死に向かう裸の女性たちを記録したアレックスの行為がもつ意味を十分検討しているとはいえない。本書はまた、ゾンダーコマンドの抵抗活動の企てに〔記号論の〕指標記号《インデックス》をあてはめて考えることの総体的な重要性を考える手立てとして、ディディ＝ユベルマンが指摘する類似記号性や指標記号性にかんする見解を取り上げた。ディディ＝ユベルマンは、アレックスの行為、彼が生み出した証言を、ゾンダーコマンドの記述と同次元のものとして捉えている。しかしながらわれわれはグラドフスキとラングフスの分析を通して、言葉と写真画像が証言としての資格との関連で別の属性をもつと考えられていたことを提起した。くわえて写真にガス室が写っているのかどうかに焦点を合わせようとする風潮があった。この問題がこれまで重要であったことはたしかであるが、われわれは二枚の写真のなかのガス室の存在の有無は付随的な事柄であると論じた。アレックスが一番意図したこと、つまり彼が証言したかったことは、大量殺戮の工程の別の光景、とりわけ死体を消し去る工程を記録することなのである。

修正された状態

ディディ＝ユベルマンとストーンはともに、画像を原板から複製するさいになされた処理の背後にひそむ動機を考察している。これらの介入は最初の三枚の画像で行われている。画像に修正、トリミング、再構成、そして修整《レタッチ》がたびたび施されている理由をディディ＝ユベルマンは二つあげる。ひとつは「それらのなかにすべてを見出したい」という欲求にもとづくということである。[13] 画像を図像化し、重要性をもたせるためにわかりやすさを強調しようとする願望は、系統的に変更の手が加えられている三枚目の写真、すなわち脱衣し、クレマトリウムに向かって移動している女性たちを撮った画像にもっともはっきりとあらわれている。トリミングや修整以前のこの写真は、ディディ＝ユベルマンの言葉を借りれば、「動き、不鮮明、出来事でしかない」[14]。しかし木々のわきにぼやけて写る人びとの集団に照準を合わせ、ついで前景にいる女性二人の顔と胸を映し出すことによって、この画像ははじめて収まりがつき、明確になり、安定したものとなる。[15] 写真の中心はいまや二つの顔、二人の身体に絞られ、大量殺戮の表現となる。女性たちの強調された姿態や修正された容貌は、彼女たちをより身近に感じさせる。ディディ＝ユベルマンはしかしながら、修正を行うさいにジェンダーの観点からの判断がもった潜在的な含意を追究していない。

とりわけ写真の右側の生気を失ったような女性のたるんだ体は、あきらかに外見が若返り、補正されている。[16] 女性らしさを伝統的に表徴する乳房を彼女は取り戻している。若さや健康という幻想を持ち込むことで、彼女に迫る殺戮の恐怖が増幅される。ぼやけた人影が女性につくり変えられるのである。彼女は「究極の女性」を代表する存在となる。グリゼルダ・ポロックは、異なる文脈においてだが、これを「理想であり聖画像」と形容する。[17] 創造的な修整が行われるこのときに「究極の女性」の理想像がつくりだされる。彼女はホロコーストで殺されたすべての人びとの象徴とされ、死を表現する完璧な姿となる。この女性は死んでいても生きているのである。エリザベス・ブロンフェンは、美術や文学において女性性が死と頻繁に結びつけられることを論じている。この種の表象は死と女性性との結びつきをしばしば堅固にする。それはブロンフェンが文化における過剰な作用と考えるものの特性であり、比喩的表現を超えた、「あらゆる言語体系を崩壊させる」現実を指し示す。[18] したがって修整という行為は、これらの過剰性と関連する不安の徴候として捉えることができる。女性の身体に付け加えられた表徴は、彼女に代わるものとしてつくられた表象であり、秩序を取り戻そうとする努力なのである。

ブロンフェンは、死と女性性は「抑圧されたものの不気味な回帰」を内包すると論じる。[19] その不気味さは「つねに可視性・不可視性、視界における存在・不在という問題をかかえている。そして西洋文化の神話や映像作品のなかでは、失明にたいする不安が去勢不安の代わりを果たす」。[20] 画像を修整し、より鮮明に見えるようにすることは不安を和らげるための手段なのである。右側のぼんやりした人影を「究極の女性」に変容させることは、ブロンフェンの考える女性性を奪いとることである。視界を安定させ、そこから不気味な力を取り除くことである。ブロンフェンにとって死体といった不気味な素材は、ジャック・ラカンの考える現実界《リアル》〔Real〕と関連づけられる。ラカンはそれを「記号や想像もしくは象徴の範疇を超えるものと定義する」。[21] 現実界は心的現実の領域であり、見かけは表象を超えている。死者を、生きているときの身体に修整する行為は、それゆえに現実界を拒絶しようとするものであり、言語と表象の領域である象徴界《シンボリック》にその画像《イメージ》をしっかり固定しようとすることなのである。

写真6・5　アレックスが撮影した3枚目（写真6・3）の部分拡大

だがディディ＝ユベルマンは、ゾンダーコマンドの書き物や画像が「彼らの体験の悲惨な現実界から」かろうじてつかみ取られたものであることを示唆する。[22] 彼にとって、アレックスは「数分で、その現実界のいくつかの側面を不完全ながら、つかのまのこととして」どうにか捉えた。[23] これらの大文字で始まる現実界は、ディディ＝ユベルマンの写真の読解がラカンの著作との対話であり、そして拡大解釈すれば、そこから引き出されるトラウマ論との対話であることをうかがわせる。彼は現実界を、表象できないとしても、伝えることはできると考えている。三枚目の写真の女性の体に施された肉づけは、画像の不気味な属性を抑制し、現実界を媒介する役割を阻む。ディディ＝ユベルマンが現実界を、言語としてではなくても、言葉をとおして伝えることができると確信していることは、ゾンダーコマンドの写真をめぐる彼の論考を批判したヴァジュマンへの反論のなかで明らかにされている。

ヴァジュマンのエッセイは、クロード・ランズマンが編集する雑誌『現代《レ・タン・モデルヌ》』に、「写真的信仰について」という表題で掲載された。[24] それはホロコーストの表象問題にかんするキリスト者の回答として提示されたディディ＝ユベルマンの画像の取り扱い方や、それらの証言価値についての彼の信仰を取り上げている。ヴァジュマンはディディ＝ユベルマンのことを、ショアのイメージの欠如、具体的には、稼働するガス室のイメージの欠如を、写真を利用して埋め合わせようとする呪物崇拝者《フェティシスト》と呼ぶ。そして「否認は……母親に男性器が欠如していることに気づき、その事実を、完全には退けずに拒絶する子どもの応答である」と述べる。[25] そして「**だが、それでも、私には**フェティシストの標準的な論法が**わかる**。フェティシストは、不在や目にするどんな欠如をも、陳列するあれやこれやのもので覆い隠し、失われた男根像といった遺物のように靴、ストッキング、小さなパンティを崇拝するのである」[26] と付け加えている。ディディ＝ユベルマンは、それゆえ画像《イメージ》にたいするその盲目的な信仰によってビルケナウを聖骨箱に矮小化し、写真を彼の崇拝する聖遺物にしてしまっている、というのである。ラウラ・マルヴィが説明しているように、精神分析における呪物《フェティシュ》は「記念物」としてもつ機能のなかに指標記号性の痕跡を含んでいる」[27]。ヴァジュマンは呪物崇拝のこの側面をよく承知している。彼はディディ＝ユベルマンの写真崇拝が、否認できても否定できない欠如にたいする回顧的な応答であると主張する。ディディ＝ユベルマンの対処は、彼がこの現実に向き合おうとさえすればショアのイメージの不在を強化するものとなる。ところが彼はその代りに画像《イメージ》を膏薬として使っている。つまり、図像《イメージ》はなにもないところになにかの幻影を生じさせるのである[28]。しかしながら女性の「修正」された体について言えば、ディディ＝ユベルマンは不在の存在を回避するよりも、欠如をもう一度持ち込もうとしている[29]。彼は女性の画像に施された改ざんの取り消しを主張しているのであり、したがってチャールズ・S・パースのいうところの類似記号《イコン》的な地位を、すなわちそれが指示している対象に類似するものを、懸命にかき乱そうとしているのである。写真がもつ類似記号的な側面は、マリアンヌ・ハーシュが述べているように、「[その]対象との模倣的な類似」の表現を可能にする[30]。類似記号的である写真はそれらが撮ろうとしている主題と似ている。女性たちのぼやけた、きめの粗い写真は、媒体が通常もつ類似記号性に抵抗する。前景の人影は女性たちの似姿であるというより、彼女らの姿である。画像を処理する者が介入するときにだけ、それらの人影にしっかりと模倣の要素が付け足され、生存者は妻の最後の様子を目にすることができたと信じることができる[31]。だがそれはあくまでも構成された顔であり、実物というより仮想の顔であって、撮影者の視線と見る者の視線を合わせるために人為的につくられたものである。

　画像《イメージ》の類似記号的な地位は回顧的につくりだされる。ディディ＝ユベルマンが覆そうとしているのは、あとから働くこの類似記号性への衝動である。彼は女性たちの元の修正されていない陰画《ネガ》のような画像《イメージ》が彼の「イメージ－裂け目」(image-déchirure)の概念を具現していると考える。この概念が彼のゾンダーコマンドにかんする写真解釈を基礎づけている。彼は「言語記号と同じように、画像《イメージ》は独自に、これがまた問題なのだが、ある作用をその否定と**ともに**生みだすことができ」、そして「**ヴェールをその裂け目とともに**揺さぶる［qui agite ensemble le voile avec sa déchirure］弁証法」をつくり出すことができる、と述べる。[32] 画像《イメージ》は盲目と洞察の双方をもたらすのである。ディディ＝ユベルマンは、この二重体系の観念を、先行するジョルジュ・バタイユとラカンの著作のなかに見出していた。彼は「イメージ－裂け目」が「そこから現実の断片が漏出する」イメージであることを説明するために、ラカンの「フロイト理論と精神分析技法における自我」にかんする連続講義《セミネール》の第二巻から長い引用を行っている。[33] 以下は引用された箇所である。

イルマへの注射の夢をめぐる現象学は、不意に出現する恐ろしい、心をかき乱すこの正真正銘のメドゥーサの首のイメージをわれわれが見出すことを可能にした……名状しがたいなにかの顕現である……その結果、もっとも立ち入れないもののなかに**現実の顕現と呼べるような事柄を捉えたイメージ**が、心をかき乱すようにして立ち現れる。それはどのような媒介も不可能な現実であり、究極の現実、本質的な対象である。しかももはや対象でもなく、むしろそれを前にするときすべての言葉が停止し、あらゆる範疇が尽きてしまうようななにかであり、すぐれて不安の対象である……それは類似するものを追加したり、補完したりしない本質的に異なるものであり、まさしく混乱、主体の本質的な崩壊というイメージそのものである。[34]

ラカンのセミネールから引用されているこの抜粋のなかで、夢は名状しがたいもの、現実界をうかがうための手立てとなっている。それはとりわけイルマの口内を診たときのフロイトに現れたイメージであり、ラカンがメドゥーサ〔ギリシャ神話の三人姉妹の怪物ゴルゴンのひとりで、見た者を石に変える〕の首にたとえている光景である。プリーモ・レーヴィは、衰弱が激しく、かろうじて生きている強制収容所の収容者であった**回教徒**《ムーゼルマン》のことを、よく知られているように「ゴルゴンを目にした者たち」、死ぬか「もしくは無言で答えた」完璧な目撃者と表現した。[35] レーヴィの言葉を反覆してジョルジョ・アガンベンは、「それはアウシュヴイッツに、絶対に正視できない、またそうしたくもないゴルゴンの首のようなものがちょうど存在していたかのようであった」とのちに記すことになる。[36] したがってゴルゴンを正視するとは、言葉で言い表せない現実界と出会うことなのである。

ラカンはそれ以前に、フロイトにあらわれたこの開いた口のことを「ひどく恐ろしい発見であって……、それは肉体をもつものが目にしたことのないもの、ものごとの根底、頭の裏側、顔、**とりわけ**分泌腺、不可解性のまさに心臓部にあって、あらゆるものがにじみ出る肉体、苦しみ、不定形である限りの肉体である、と述べている。[37] だがディディ＝ユベルマンは、この不定形という形を熟視しようとするフロイトやラカンに同調することには消極的である。彼は選択的に捉えている。それゆえわれわれはここで、『イメージ、それでもなお』の引用句における脱落、つまりディディ＝ユベルマンによる省略箇所に注目しておきたい。セミネールで、ラカンは名状しがたいものが明かされたことを示唆したあとで、この名状しがたいものが「女性器の裂け目」であると述べている。そしてそれをフロイトの娘マチルデの病、および一患者の死と結びつける。[38] 媒介されない現実界の出現をめぐるラカンの議論が、どのようにそれが女性性や死と密接につながるものであるのかに着目した議論であることが明らかとなる。このあとに論じる、駆ける女性たちという特定の「イメージ－裂け目」もまた、これらの属性と結びついている。過剰なもの、言葉にして発せられない不定形であるものとしての女性的なものへの不安があり、それが画像を修整しようとさせ、より大きな輪郭や鮮明な容姿をつくりだす。この不安がまた、ディディ゠ユベルマンがイルマにかんするラカンのテクストをそっくり引用しようとしない理由を説明する。

女性たちの写真を修正する行為は画像《イメージ》を表象に、それゆえラカンの用語では「クッションの綴じ目」（point de capiton）に変える。「クッションの綴じ目」もしくはキルト縫いの綴じ目については、ラカンの「精神病」にかんするセミネールの第三巻で論じられている。それは「シニフィエ〔記号内容・意味されているもの〕とシニフィアン〔記号表現・表わしているもの〕をひとつにつなぐ綴じ目」である。[39] ブロンフェンは、いまわのきわにあって死ぬ女性の身体の表象は「死につつある、その移ろいのなかで不安定化し分解しつつある身体を、意味論的に固定」しようとする企てであると書いている。[40] ディディ゠ユベルマンは不定形にたいする不安を修整者と共有しているのかもしれない。だがそれでもなお、彼の解釈は画像《イメージ》に帰せられる意味の明確さをかき乱し、「クッションの綴じ目」を解き、意味作用の織物をもつれさせるのである。

想像せよという命令

ゾンダーコマンドたちの画像の三枚が過去に修正された二つ目の理由について、ディディ゠ユベルマンは、それらの情報内容を補強しようとしたためであるとしている。つまり「［それら］に恐怖についての**資料**しか見ない」ためであった。[41] この浄化の工程では、資料的な価値をまったくもたないとみなされた要素は排除される。四枚の写真にかんするディディ゠ユベルマンの現象学的な分析や、彼の感覚的で動的な想像の多くは、この見たところ本質的でないと思われる要素がきわめて重要な資料上の役割をもつことを示すためになされている。たとえば最初の二つの画像にみられるしばしばトリミングされる陰影は、ガス室の出入り口である。そうした要素は画像を制作したときの状況を記録しており、それらの状況は撮影者の行動や感情を復元し、たどるうえで不可欠である。トリミングは画像に取り込まれているさまざまな出来事を取り除いてしまうことになる。ストーンはこのトリミングを「〝物自体〟にさらに近づき、自分のものにし、感覚的に扱いやすくして認識できるようにする」必要から、ある程度駆り立てられたものと読み解いている。[42]〝物自体〟とは、死の工場でつくりだされた恐ろしい産物、つまり死体の山をさす。写真処理にかんするこの理論的説明は、それゆえディディ＝ユベルマンのものと同じである。陰影は、知識の移転を容易にするために切り取られる。各画像がもつ情報性のある事柄を、わかりやすく理解できるようにするために取り除かれるのである。

画像に含まれる情報に大写し《ズームイン》しようとする衝動は、まずそれらの各々のうちにある事実関係を画定し、ついでそれぞれの画像を検討して、その情報をできるだけ明確にすることを求める。写真を情報源として取り扱おうとする欲求は撮影の背後にある意図に従う。ファインジルベルグは、それらの写真はナチがクレマトリウムで犯していた犯罪を記録しようとしたものである、と論じる。これらの写真は実証することを意図し、考えられ、重荷を負わせられて、大量殺戮の犯罪証拠を提供するものであった。写真が証拠のかたちをとって機能するゆえに、写真への関心を非難する者たちは、それゆえ大量殺戮の映像資料を作成するためにアレックスとその仲間が苦闘し、死に直面する行動をとったことを中傷することになる。[43]ヴァジュマンは「証拠がある。だが証拠がなくてもショアが起きたことは、われわれは知っているし、証拠がなくても、皆がこのことをわからなければならない」と書いている。[44]証拠という事柄に深入りすると「否定主義の論法」にはまるというのである。[45]ところがヴァジュマンは写真を「犯罪の痕跡」と呼ぶことで、写真が証拠となる潜在的な力をもつことを認めている。[46]

実のところディディ＝ユベルマンは、ヴァジュマンが示唆しているようには、画像を証拠として解釈していない。彼はクレマトリウムにかんしてなにかを「立証」するために画像を用いているわけではない。証拠の提示に専心しているのはゾンダーコマンドたちのほうである。彼らは、どれだけの証拠が存在し続けるのか、知る由もなかった。またショアが議論の余地のない知識となるなどと思い描くこともできなかった。廃墟や文書、写真、記述証言そして口述証言といった材料は、ホロコーストを議論の余地のないものにする一方で、彼らの個別の立証の試みも間接的に非難されるようにした。[47] 過剰な証拠が、証拠を認める必要性を排除したのである。ジャック・ランシエールは、ヴァジュマンが「二種類の表象、すなわち可視的な画像と口述された語り《ナラティヴ》とのあいだに、そして二種類の立証、すなわち証拠と証言とのあいだに根本的な対立関係を打ち立てる」ことを試みたと述べている。[48] ヴァジュマンのディディ＝ユベルマン批判は、拡大解釈すれば、ゾンダーコマンド批判でもある。すなわち「［絶滅の］工程という現実にはその証拠が求められ、可視的な画像がそうした証拠を提示すると信じていたことによって［彼ら］は批判されている」のである。[49] これらの画像が撮られた理由を正しく理解しようと思えば、われわれはファインジルベルグの証言がもつ重みを勘案しなければならず、ゾンダーコマンドの企てを説明した彼の言い方を尊重する必要があるのである。

ゾンダーコマンドは自分たちが証言しようとしている犯罪行為の途方もない重大さを理解していた。彼らはなおも画像をとおして証言できるかもしれない、そうした方法で証拠を提示できるかもしれない、と考えていた。彼らにとって証言と証拠は異なる営為ではなく、むしろ重なり合うものであった。どの出来事を撮るのかの決断は、その出来事がもたらす結果をできるだけ的確に捉えたいという気持ちや、犯罪事実に迫りたいという願いにもとづいていたであろう。これらの画像は、ファインジルベルグの指摘が明らかにしているように、独自の現場写真として捉えられるべきなのである。そうした写真の目的は通常、「現場の状況をそれが変わってしまう前に記録し……主犯や潜在的な目撃者の視点を記録するとともに、関連する事柄の位置関係を記録すること」である。[50] 現場写真もまた「犯罪事実を再構成しようとするとき、重要な役割を果たす」のである。[51]

この場合の犯行現場は、殺害が進行中であるために間断なく推移し、なおも展開している。こうした状況は、アレックスを撮影者であるとともに目撃者にもする。彼は進行中の犯罪を目にし、その結末を記録する。彼自身の視点を記録することは目撃証人としての視点を記録することにほかならない。写真はまた、ときに撮影対象間ではなく、現場とその周辺との位置関係を理解させる。[52] 死体焼却用の坑が写る二枚の画像〔写真6・1と2〕の背景には、境界をなす柵が見える。その背後にはカンバの木が並び、もうひとつの境界をなしている。柵とガス室への出入り口はそう離れていない。大量殺戮、絶滅政策の現場は恐ろしいほどこじんまりとしている。この狭い空間で、人間の集団が殺され、その体が焼却されている。出入口から撮られた写真は主犯の、すなわち殺害者からの見え方に近い。移送されてきた者や基幹収容所から送られてきたいかなる者も、この眺め、つまりガス殺後の結末を目にすることがなかった。だが人目を盗むようなこの視角、その根底にある不安は、アレックスが犠牲者であることも裏づける。彼は自責の念を感じずには目を向けることができないでいる。彼は確信をもって主犯の態度をとることができないでいる。それゆえゾンダーコマンドの班員としての彼の多義的な立場のなにかが、この二枚の写真に無意識のうちに記録されているのである。

現場写真はまた、犯罪の出来事を再構成するのに役立つよう意図されている。それらが、犯された犯罪を頭のなかで再演する土台として用いられるとき、想像的な応答を促すものとなる。四枚の画像にかんするディディ＝ユベルマンの応答、すなわち最初の二枚の写真では地面に積み重ねられた死体で終わる過程と、三

写真6・6　アレックスが撮影した1枚目（写真6・1）の部分拡大

写真6・7　同，2枚目（写真6・2）の部分拡大

枚目に示される女性たちの運命についての彼の再構成は、彼が現場写真のこの側面に関心を抱いていることを示している。彼は再構成の観念を撮影者の人物像にも広げる。アレックスは、結局のところ犯罪の一部であって、遅れて現場に姿を現したわけではないことから、その行動自体が潜在的に情報を伝えるものにもなっている。したがってディディ゠ユベルマンはアレックスの心の状態や行動、そしてときには彼が撮った人びとのそれらを、思い描こうと決めているのである。

ディディ゠ユベルマンは、画像のこの重要な側面に留意することによって、情報の狭義の捉え方（映像のなかの、感じとられるものにではなく、見えているものに集中する捉え方）が、画像が見落とされたり、削除されたりするという画像の決定的な状況につながることを効果的に論証している。ディディ゠ユベルマンの写真についてのアプローチは、それらのなかにある情動に注意を払うものであり、第三章で（とりわけ三千人の女性たちの話に関連して）論じた出来事の感情的な次元を前景化するラングフスの手法に与するものである。いつもながら事実を感情に優先し、情報を情動に優先（あたかも情動に情報性がないかのように）することが、第四の写真が複製されないことにつながる。[53] ビルケナウのクレマトリウムVの跡に設置されている展示写真（いずれも修正された複製写真）に、第四の写真が含まれていないのはその一例である。しかもほかの画像に付されている説明文は、この写真が存在することに言及していない。そこには「これら三枚の写真は収容者がひそかに撮った、アウシュヴィッツに残る唯一の画像である」と記されている。この第四の画像が省かれていることやアウシュヴィッツでほかの写真がどう複製されているのかについて、ディディ゠ユベルマンは『樹皮』のなかで論じている。[54]

ディディ゠ユベルマンにとって、修正されていない状態の四枚の写真すべてが重要な意味をもつ。それはそのどれもが撮影時の状況を想像させる材料を呈示しているからである。写真がもつ想像力を刺激する力、鑑賞者を想像に仕向ける力は、写真のすぐれた長所である。[55] ディディ＝ユベルマンが想像力という言葉で理解しようとしている事柄は、徐々に明確になる。のちの『イメージ、それでもなお』のなかの、写真を見下すランズマンにかんする論述を通して、想像力が情動や記憶、証言とつながっていることにわれわれは気づかされる。想像力は精神的に多産でもある。[56] 写真が駆り立てる想像力は、それゆえアレックスの内面、その思考や感情に洞察をもたらすと考えることができる。ランズマンが言うようにもし写真が想像力を欠いているると考えられるのであれば、感情も欠いているとみなされることになる。それらはむきだしの、もしくは冷厳な事実に還元される。ヘイドン・ホワイトが証言や歴史研究に見出している修辞とか語《ナラティヴ》り的な次元を写真はもたないのである。ホワイトは、現実世界に言及するこれらの語りの次元や比喩的な要素に真理値があると考えている。[57]

ディディ＝ユベルマンは想像力がなにを意味するのかを徐々に明らかにするなかで、想像力に**あてはまらない**と彼が考えていることにも光をあてている。それは、たとえば「同一化すること、いわんや妄想することと」ではない。[58] 彼は自分をナルシシスト呼ばわりするヴァジュマンの主張に、ここで反駁している。ヴァジュマンは、感情移入は、見る者がアウシュヴィッツについてなにを知り、そしてなにを知ることができないのかにもとづくと主張する。したがって、もしディディ＝ユベルマンがアレックスの撮った画像を見て感情移入するのであれば、それは彼が写真を鏡として用いているからということになる。[59] ディディ＝ユベルマンはゾンダーコマンドの班員のうちに映し出された自分自身を見ているのである。ところがディディ＝ユベルマンは「画像は決して**安心感を与える自己像**などではなく、つねに**他者の像**にとどまる」と論じることによって、この批判に執拗に食い下がる。[60] ディディ＝ユベルマンにとって想像力は、感情や思考の過程に近づくものではあっても、専有するものではない。[61] 駆ける女性たちの写真を目の前にしたとき、ディディ＝ユベルマンにとっての感情移入の応答は命令としてあり、したがって感情移入の過程を初期の理論家たちが「省察する対象との融合体験」として理解したようには考えていない。[62] 想像力はむしろ感情移入を助長するのであり、認識範囲を広げるものとして特徴づけることができる。この感情移入は、不完全ではあっても非常に貴重な、動的で、知覚できる洞察をもたらすのである。

写真においてこの種の想像力にもとづく感情移入を助長する要素としては、身ぶりや動作、そしてそれと関連する撮影者の撮影位置がある。[63] 画像のなかに見えるか、もしくは画像制作の背後にある身体の動きから推測することで可視化された、身ぶりなり発話のことは、『イメージ、それでもなお』のなかで繰り返し言及されている。たとえば最初の二枚の写真にみられるゾンダーコマンドの身ぶりは「根源的な悪に仕える人間の陳腐さ」を示す。[64] これらの身ぶりの恐ろしさは、別な言い方をするなら、でこぼこした地面で体の均衡を保とうとして腕をあげることや、身をかがめてひっぱったり、引きずったりすること、腰に手をあてて休み、思案するといった日常的な動作がもつ恐ろしさは、それらが「発話されている」文脈のなかに包含されている。ディディ゠ユベルマンは二枚目の写真に写っている男たちが伏し目であることにも注目し、これを「死の業務」に専念していることの合図と解釈する。[65] また「土が彼らの運命であるゆえに」彼らは地面に目を向けている。[66] そして彼らは諦念ゆえにうつむいているのである（われわれにはむしろ話を交わしているように見える）。

ディディ゠ユベルマンは解釈にあたって、画像の「身ぶりの特徴」を保持するように努めたと記している。概してこれらの身ぶりは、意識したり意図してなされるコミュニケーションではない。偶然になされた発話である。ガス室でアレックスが前方に移動していること、すなわち二枚目の写真を撮るために彼が出入り口に近寄っているのはひとつの発話をなしており、ディディ゠ユベルマンにとって、それはアレックスが大胆になっていることを指し示す。アレックスが最後に撮った写真、木漏れ日によってまだらになった樹木は「純然たる身ぶり」と形容されている[67]〔写真6・4〕。そこには再構成に役立つ素材はなく、シャッターを切るという物理的な動作だけがある。このせわしげで、漫然とした行動は「地獄から四枚の断片がつかみとられたときの緊迫した状況へとわれわれを導く」[68]。アレックスと写真のなかの人びとの体の動きは、特殊な種類のシニフィアンとして論じられている。それらの可視的な発話は心理状態を指示する。指さすことを、パースは一八八五年に発表した論文「論理代数について」で、指標記号《インデックス》の一例としてあげている[69]。写真のなかの身ぶりは、指さすことのように機能しており、感情や思考を指し示しているのである。パースはこの種の指標記号《インデックス》が「注意〔集中する認知の働き〕に実質的な生理的**作用**」を及ぼすものであると述べている[70]。

絶滅を指標《インデックス》する

想像力をもって見る者は、被写体である人びとの体の動きを再構成することができ、そうした行動が指し示す態様《モード》の糸口をつかむことができる。アレックスとの関連でいえば、写真は彼の動きの指標記号《インデックス》としての役割も果たしている。たとえば女性たちが写る画像全体がぼやけているのは、彼が動いている証拠である。アナログ写真は通常、それが写している事柄との身体的な結びつきも示し、全般的な指標性をもつと考えられている。カジャ・シルヴァーマンが説明しているように、パースにとって「指標記号《インデックス》とその対象とのあいだには実存的なつながり」があった[71]。そしてこのつながりこそがディディ゠ユベルマンにとって重要な意味をもつ。彼は、写真の指標記号としての地位が、それに「**画像**《イメージ》と**現実**」とのあいだの「可能な**接点**」として機能する力を与える、と論じる。[72] 指標記号は現実界を指し示す。ロラン・バルトは『カメラ・ルシーダ』〔邦訳『明るい部屋』〕でほぼ似た内容のことを論じている。彼はそのなかで「写真は私が必要とする言語資料《コーパス》を私が見ている身体にいつも引き戻してくれる……、この**これ**は……要するにラカンがテュケー〔偶然〕とか機会、遭遇、現実界と呼んでいる事柄である」と記している。[73]

パースにかんするアン・フリードマンの労作『話の仕組み』のなかで、彼女は指標記号の役割が「固定し、個別化すること、後方参照、認識対象の本質的な移動性を一時的に止めること」であると述べている。[74] 指標記号はこの現実界の捕捉を、近接〔contiguity〕によってなし遂げ、〔意味を〕理解することと意味される事柄とを結びつける。[75] われわれのビルケナウにかんする観念は、ゾンダーコマンドの写真によって場所そのものと結びついている。この見方に立つとき、写真は犯罪を捕捉する。すなわちその薄いフィルムによって、見る者を現実界としての写真に固定する。だがここで決定的なことは、指標記号としての写真は現実界ではないということである。現実界は写真の向こう側にあり、写真によって伝えられても、それと等価ではなく、合成されるものでもない。

ディディ＝ユベルマンは、四枚の写真の理解が呼び起こす心象やそれらが喚起する想像力と、一九四四年八月のある日のクレマトリウムVとを結びつける「写真という媒体」を称賛する。[76] 指標記号としての写真がこの接合を可能にしているのである。ヴァジュマンのディディ＝ユベルマン批判は、導管の役割を果たすこの指標記号への信頼を、もしくは画像がもたらす洞察が媒介されたものであるという『イメージ、それでもなお』におけるこの認識を、見落としている。ディディ＝ユベルマンの認識する指標記号としての画像は、それが指し示す事物と同じではない。それは類似記号《イコン》的な側面をもつ事物のようにもみえるかもしれないが、対象であるよりも指示であるその地位は、被写体とのあいだに距離をつくる。メアリー・アン・ドーンは次のように書き、指標記号がもつこの奇妙な地位をみごとに要約している。

写真の痕跡もしくは押印としての指標記号は充満を宿し、意味や意図をつねに補う細部の過剰性としてあるようにみえる。だが**直示**《ダイクシス》としての指標記号は空虚を、すなわち特定の、偶然的な、そしてつねに変化する状況でしか充たされない虚ろさを含んでいる。この空虚と充満の弁証法が、指標記号に類像《イコン》や象徴《シンボル》の領域とは結びつかない薄気味の悪さや不気味さを添える。[77]

満ちながら虚ろな、充満と欠如の空間である指標記号は、見る者にビルケナウを提示すると同時にそれを阻む。ドーンはまた、この主題を扱った文献において指標記号が繰り返し死と結びつけられることに着目する。[78]彼女がここで具体的に言及しているのがアンドレ・バザンとロラン・バルトの著作である。バルトにとって写真は、それ自身がゆっくりと物理的に分解することを通して、またとりわけ歴史的画像についていえば、それに内在する時間の崩壊を通して、死を指し示す。それは、死んだ者をまだ生きている者として写しだす。すなわち「**それ**は死んでいるとともに、**それ**は死のうとしている」のである。[79]バルトはまた写真を女性性と結びつける。母性とからめた隠喩を使って、彼は「一種の臍帯が私の眼差しと被写体の身体とをつなぐ。光は、触感できないとはいえ、ここでは肉体的な媒体であり、写されているすべての者と共有している皮膚である」と記している。[80]指標記号は、ここではへその緒にたとえられて、見る者と見られる者とをつなぐ。バルトにとって写真は死や女性性と併存するのである。このことが、ドーンがそのなかに見出す不気味さを説明する。指標記号は、それ自体は不安定でありながらも、変異しやすい世界をしっかり固定する働きをもつのかもしれない。

バルトとディディ＝ユベルマンは、皮膚のようなものであるという写真概念を共有する。ハンナ・モワットとエマ・ウィルソンが着目しているように、『イメージ、それでもなお』はアレックスの撮った四枚の写真を**切片**（lambeaux）と記している。シェーン・リリスはこれを「切れ端《シュレッド》」と訳しているが、フランス語には多様な言外の意味がある。すなわち「断片とか紙片、ぼろ屑、［そして］よりおどろおどろしい表現として……肉や皮膚をはいだり、削いだりすること」である。[81]それゆえディディ＝ユベルマンにとって皮膚は、バルトの場合のように明るいのではなく、そこでは傷められているのである。モワットとウィルソンが示唆するように、彼は「肉的な、死を免れない関係を意味作用」の前面に置き、「呈示された証拠は、移送された者たちの……肉から切り裂かれた切片に……その生き血によって記されている」のである。[82]彼が思い描く写真の皮膚は肉体としての完全性を欠く。バルトの統合された皮膚は指標記号《インデックス》としての皮膚である。ディディ＝ユベルマンがここで述べている皮膚は、類似記号《イコン》としての写真の皮膚にほかならない。恐怖をはらむこれらの画像のなかの欠落に、彼は関心を寄せているのである。

　写真の類似記号的な側面は指標性に縛られている。前者〔類似記号的な側面〕のなかの脱落は、それゆえ見る者の想像力を駆り立てる題材の流れをへその緒のもつれが止めることなく、さえぎるように、後者〔指標性〕へと浸透する。ディディ＝ユベルマンはどの画像も不完全にしか伝えることができないことを認めている。アウシュヴィッツは想像不可能であるというレヴェンタルの主張が『イメージ、それでもなお』で言及されている理由もそのことが説明する。[83]レヴェンタルは、過去を理解しようとする歴史家をおそらく指して、〈彼ら〉が真実に到達することがないのは疑いないであろう、なぜならだれもそれを想像することができないからである[84]と書いた。彼は続けて「いかなる人間の想像もこれらの出来事と正確に合致することはできない」と繰り返し述べる。[85]この主張はショアが想像を超えたものであるとするヴァジュマンの論点と重なる。[86]

ヴァジュマンは想像しないことがわれわれの責務であると論じる。[87] ディディ＝ユベルマンは想像的な行為に欠落があることは認めるが、想像してはならないとするヴァジュマンの主張には同意しない。そのかわりに彼は画像《イメージ》の「[その]**欠落の必然性を**論じるための内在的批判」を求める。[88] ディディ＝ユベルマンの立場は、内心ではレヴェンタルのものに近いように思われる。第四章で論じたように、レヴェンタルは、歴史の価値を認めるにせよ、歴史を総体化するようないかなる主張も退けた。彼もまた内在的批判を取り入れたのであり、自分が収集したウーチ・ゲットーの歴史や、おそらくゾンダーコマンドの蜂起をめぐる自身の歴史に脱落が存在することを認めている。

写真の指標記号《インデックス》的な特性をめぐるこの議論は、ゾンダーコマンドとその活動についての理解を深めることとほとんど無関係であるように思われるかもしれない。彼らはたとえ指標《インデックス》化しようとして自分たちが行っていることを叙述したのではなかったとしても、実際には、指標記号性の作用やその可能性を認知していたことが、ゾンダーコマンドたちの抵抗活動への注力を相当程度動機づけたのである。アレックスが撮った最初の二枚の写真はその一例であり、それらはナチを公然と告発するものである。積み上げられた死体は、パースの考える指標記号となっている。パースは、記号にかんする一八六七年の論文「新しいカテゴリー表について」で、指標記号の一例として殺害をあげている。[89] 殺害が指標記号的であるとされるのは、「殺された者がいることは殺害者がいることを示す記号である」からである。もしくは殺害者がいることは殺された者がいることを指し示しているからである。[90] ディディ＝ユベルマンは見落としているが、最初の二枚の写真の前景に広がるむきだしで干上がった地面もまた指標記号となっている。植物が生えていないのは、この干上がった地面を人が頻繁に行き来することを指し示す《インデックス》のであり、殺害が一回的な出来事であるよりも継続中の工程であることを指しているのである。

第一章で論じたクレマトリウムの敷地に埋められた死体の歯も、また殺害の数々の指標記号と捉えることができる。パースは指標記号を「対象《オブジェクト》から引き裂かれた断片」と呼んでいる。殺された者の体の遺物である歯は、かつてその一部であった全体に再構成されることを促す。ナチは自分たちが犯した犯罪のあらゆる証拠を隠滅しようとした。その総力に抵抗する手段として、何人かのゾンダーコマンドがこの指標記号的な特性を意識的に利用したと考えられる。死の工場を描くためにゾンダーコマンドが用いた言葉は、パースの用語でいうところの象徴的なものである。しかもそれらは「［それらの］概念上の対象との関係がもっぱら恣意的である」記号によって構成されている。[91] したがってゾンダーコマンドたちはこれらの書かれた文書が、しるしや証拠がほかの形式で、すなわち写真（類像的でもある）や歯といった物質的な痕跡によって補われる必要があることをはっきり感じていたのである。ただ彼らは、自分たちの書き物や用いたインク、紙にも指標記号的な特性があると、いつの日か認識されるようになるとは予見していなかったのである。

画像とテクスト

ヴァジュマンは、ディディ＝ユベルマンがガス室の写っていない一連の写真に注目し、その考察にこだわることを批判する。それはある面で、ガス室（それらの写真が存在するかどうかにかかわらず）が表象不可能であり、そうあり続けるというヴァジュマンの主張にもとづいている。「ガス室はそれ自体が一種の論理的難問《アポリア》、壊すことのできない現実となる出来事であり、画像《イメージ》の地位を突き破って問題とし、画像にかんするあらゆる思考を危うくする」とヴァジュマンは書いている。[92] ところがそう述べつつもヴァジュマンは、最初の二枚の写真の死体焼却の場面を枠づけする陰影が、ガス室の煉瓦造りの建物の外壁がつくりだしたものであるというディディ＝ユベルマンの主張になおも悩まされている。ディディ＝ユベルマンが証拠をあげて支持するこの主張は、ガス室がどうにか可視化されていることをヴァジュマンに示唆している。周知のように否認論者ロベール・フォリソンは、ガス室の目撃証言が存在しないという主張を、彼のホロコースト否認論の立場を固めるために用いている。[93]

のちにヴァジュマンは次のように記している。

写真中央の焼却されている死体、それは収容者全員の運命を暗示する画像《イメージ》であるが、それといっしょにそれを囲む「黒い塊」がなにかをあらわしている。それは死の危険を、そしてゾンダーコマンドの班員たちの大いなる勇気をあらわしている。ガス室をではない。[94]

ヴァジュマンにとってガス室がショアで**ある**ことはいうまでもない。表象不可能性の破片が、ホロコーストのいずれか、あるいはあらゆる表象を貫通し、表象の欠如を暴く。ホロコーストの恐ろしさの核心部分にガス室があり、それが工業的な規模で殺戮を簡便化したことは議論の余地がない。だがゾンダーコマンドにとってガス室は、グラドフスキが個人のことを形容した「世界」たちが破壊されていく長い工程の一部であった。シモーネ・ジリオッティが論証したように、この工程はすでに移送において先取りされていた。[95]レヴェンタルが保管したウーチ・ゲットーの日記やラングフスのマクフについての描写は、移送が行われる以前から人間性の抹殺がはじまっていたことを物語っている。だがこの工程で特別作業班がはじめて登場するのは脱衣作業においてであり、それは全裸となる屈辱感を与えるために、恥ずかしい思いをさせて第三者の目の前で服を脱がせることであった。

ツィクロンＢ〔毒ガス〕の管理、つまり殺害行為はＳＳ親衛隊の隊員が行った。大量殺戮の手段としてのガス室、いわゆる「ブラック方式」は、大集団を射殺するときに**行動部隊**《アインザッツグルッペン》の隊員が経験した心理的緊張に対処するために導入された。[96] これによって単純な動作で数千人を同時に殺害することができるようになり、殺害者は死者を見ずにすむことになった。ガス殺による凄惨な顛末は、第二章と第三章で取り上げたように、グラドフスキやラングフスが細部をなまなましく描写している。だがゾンダーコマンドにとってもっとも忌まわしいことがその殺害方法でなかったことは明らかである。地獄の心臓部は死体の焼却にあった。死者のあらゆる痕跡を抹消するなかで彼らが担った役割こそが、彼らをもっとも苦しめたのである。グラドフスキの「地獄の心臓部にて」のなかの「地獄の心臓部」と題された章は、ガス室での作業にかんする記述ではない。犠牲者の死体を引き出すためにガス室の扉をあける場面の描写は、それ以前に置かれ、「掩蔽壕《ブンカー》のなかで」と題されている。地獄の中心は焼却炉なのであった。アレックスの写真は屋外をそれと同等に描いている。焼却炉と〔屋外の〕焼却坑は、生命のあらゆる痕跡を消し去るために使われていた。アレックスにとって、そしてグラドフスキにとっても、このことが嫌悪を催させるビルケナウの核心なのであった。

われわれのホロコーストへの恐怖感は、過去を振り返るなかで形作られたものであり、予想どおりにナチが導入した殺害方法が中心をなしている。しかしながら死の収容所アウシュヴィッツでは、クレマトリウムのなかで現実に労働に従事していた者たちが、体液がにじみ、異臭を放ち、裂けてしまう、そうした死体の破壊こそがナチによるもっとも悪魔的な犯罪であると考えていたのは明らかである。この場合、ラングフスの「移送」は参考になる。第三章で論じた死体焼却の描写は、マクフのゲットーから移送されたユダヤ人の末路にかんする記述の結びとなっていて、この工程が恐しさの核心部分であったことを補強している。ガス殺で終わるのではなく、それが叙述の山場をなしていることは意味深い。体の焼却はもちろん犠牲者に与えられた最後の恥辱であった。それでもなおラングフスは、住所録からとられた紙片が証言しているように、この箇所に特別の関心を示しているように思われる。下書き段階の構成をみると、証拠を破壊しなければならないのはゾンダーコマンドであり、それによって殺害者たちは犯罪のあらゆる痕跡を消し去り、「血にまみれた自分の手をすすぐ」ことができるのであった。この浄化作業はゾンダーコマンドを犯罪に手を染めさせ、「焼かれ、火であぶられた人びとはあたり一帯の空気を脂っぽくした」[97]。この忌まわしい状況で整列し、作業し、生きたのは彼らであった。これが彼らにとっての地獄の心臓部であった。

アレックスが撮った最初の二枚の写真がもっとも重要な意味は、それらが死体の焼却行為を記録したことである、とヴァジュマンが強調していることは、それゆえある程度までは正しい。しかしながらヴァジュマンにとってこのことは、ガス室で起きたことに比べればそれほど重要な出来事でなかった。彼は写真が撮られた背景に言及しない。また撮影者が事柄をどう捉え、それらの撮影をどう考えていたのかに注意を払わない。アレックスの狙いは、彼と同志たちにとってのナチの犯罪の最悪の姿を記録することであった。フィリップ・ミュラーは『アウシュヴィッツの目撃者』で、焼却坑に少なからぬ関心を向け、死体焼却後に骨を砕く作業にあたっていた班が「ほとんど例外なくギリシャ系ユダヤ人であった」と記している[98]。そして「彼らは単調な仕事のあいだじゅう陽気な歌を歌っていた」と付け加えている[99]。彼は、骨を砕いて灰にする作業班が「あらゆる作業のなかでまちがいなく最悪」の作業であったと言明する[100]。

第二章と三章で明確にしたように、ゾンダーコマンドにとって女性と顔を合わせることが、彼らが体験した出来事のなかでももっとも悲惨で、心をかき乱す事柄でもあった[101]。ディディ゠ユベルマンは「ガス室に向かって歩く女性たちの写真と、犯罪の工程のなかでのこのとりわけ卑劣な局面［をめぐる］グラドフスキの語りやレイプ・ラングフスの語りとのあいだには痛ましいばかりの補完性がある」ことを見出している。[102]彼は、チェハヌフのゲットーでおそらくは犯された暴行をめぐるレヴェンタルの描写に言及しているのかもしれない。それは「裸の若い女性たち」の運命に目を向け、そこで行われた強姦のことを述べている。[103]レヴェンタルはこの箇所でビルケナウでの出来事を記録していないが、彼は女性に加えられた屈辱と残虐行為がどれほどきわだって衝撃的なこととして受け取られ、記録されなければならなかったのかを明らかにしている。

ガス殺されようとしている「三千人の裸の女性たち」をめぐるラングフスの記述は、ゾンダーコマンドと女性の苦悶に光をあてている。また「個別の事柄」では「脱衣場の出入り口のそばに立って［三字加筆］、ガス室に向かって全裸で通り過ぎる若い女性たちの性器に一人ひとり触っていた［三字加筆］」親衛隊曹長フォスの性癖にも目を向けている。[104]これらの性的暴力は親衛隊のあらゆる階級の隊員によって常習的に行われていた。[105]脱衣場に入った女性たちについて、グラドフスキは次のように記している。「服を脱ぎ、全裸になったとき、彼女たちは自分の生をそれまで保持してきた最後の支えを失い、最後の土台を失うことになる」。[106]ビルケナウのクレマトリウムの構内で全裸となることは、死へと歩を進めることであり、若い女性であれば凌辱されることもありえたのである。

グラドフスキとラングフスが記述する女性たちは、自分たちのおぞましい体験を伝えることができなかった。しかし彼女たちの体験がおよそどのようなものであったのかを別の種類の証言から収集することはできる。リンゲルブルムのアーカイヴにムワヴァのゲットーにかんする報告書があり、そこには「夜（毎晩）になるとSS隊員が来て、若い女性たちの（裸の）写真を撮るのであった」とある。[107]ビルケナウの生存者であるオルガ・レンギエルは、彼女が収容所に着いたときのことを証言し、その体験がどれほどむごいものであったのかを明らかにしている。[108]彼女は衛兵たちの前で裸になるよう命じられ、「口腔、直腸、そして膣……

という ナチ式の綿密な身体検査」を我慢しなければならないという自分の体験した屈辱を記している。「彼らが検査するあいだ、われわれは全裸で身を固くしてテーブルの上に横たわっていなければならなかった。それはすべて、まわりに座って、……卑猥な笑みを浮かべている酔っぱらった兵隊の前で行われた」[109]。レンギェルの報告は想像の余地を残しておらず、それが一九四七年に出版されていることを考えれば注目に値する[110]。またS・リリアン・クレメルは、入所手続き時の性的屈辱にかんする論考のなかで、サラ・ノンベルグ＝プシティクがアウシュヴィッツに到着したときの話が「公衆の面前で裸となる恥辱」の体験や「尊大な男たちによって物扱いされ、人間性を奪われ、非女性化される感覚」を際立たせるものであることに着目している[111]。

グラドフスキとラングフスの記述をアウシュヴィッツ＝ビルケナウ強制収容所の生存者の話と結びつけると、これらの写真を当時の文脈《コンテクスト》のうちに位置づけることができ、写真がなにを描き、予示するのかについての洞察が得られる。それはヴァジュマンの同意しない文脈である。彼は「もしこれらの写真の由来を知らないならば、ドイツの裸体主義者たちを撮った田園風景をそこに見出したとしてもおかしくないであろう」と述べる[112]。ヴァジュマンが画像（もしくはいかなる画像も）を一度も検分していなかったのは明白である。彼はそれが、**野外**〔en plein air〕ではなく窓越しに撮られたものであると二度述べている[113]。ヴァジュマンの驚くべき主張、すなわち、気まぐれな想像であるとはいえ、画像を**裸体主義**〔Freikörperkultur〕を表象したものとして位置づけようとしているのは、不安の症候であり、見ることの拒絶であるように見える。ヴァジュマンはまた、写真がヤド・ヴァシェム記念館に展示されたさい、一部から出た批判的な反応に二度言及している[114]。この展示についての彼の二度目の言及から、画像にかんする彼の基礎知識が、写真が修正処理された版にもとづくと思われるアネット・ヴィヴィオルカの論考から得たものであることが明らかとなる。ヴァジユマンは彼女の論考を引用し、「女性たちの体は公衆浴場《ハマーム》で撮影されたのであるかもしれない」と述べている。[115]

すでに論じたように、修正処理された画像は視覚上の攪乱に明晰さをもたらそうとする工夫である。ヴァジュマンもそうすることを望んでいるようである。すなわち原板を特徴づけるわかりにくさに、裸体主義といった気まぐれな想像でありながらも、形式を見出し、手を加えるのである。彼にとって死に向かって歩む女性たちの画像はあまりにも堪えがたいのである。ところが彼は裸体の死者たちが写る最初の二枚の写真には関心を示さない。これとは対照的に、ゾンダーコマンドたちにとっては衣服を着けていない死体もまた不安にさせるものであった。第二章のなかで論じた「掩蔽壕《ブンカー》のなかで」で、グラドフスキはガス室の扉をあけた直後のことを「われわれの前に姿を現したこの裸の死体の海に、われわれの目は釘づけとなり、催眠状態に陥った」と記している。彼は繰り返し裸体について言及し続ける。彼は五つの文章のなかで「この深い裸体の海」「この全裸の世界」「この無辺の裸体の海」「これらの裸体の波」、そして「この裸体の深淵」を描写するのである。「掩蔽壕のなかで」の結びの一文は、「黒髪、金髪、褐色の髪のこれらの頭部は、遍在する裸体から突き出た体の唯一の部分なのである」であった。[116]

この最後の一文を、〔同じ〕グラドフスキの、最初の犠牲者たちの到着場面の描写と比べてみるのは有益である。というのも、彼女たちがはじめて登場するとき、その頭髪は黒髪、褐色の髪、金髪、そして少数の白髪がみられたと書かれているからである。[117] ところがあとの描写では年寄りたちの頭髪には触れられていない。死体の海は若返らされている。グラドフスキはこのとき自分の心象をほぼ「修整している」といえる。アレックスの写真を修正処理した、名の知られていない者のように、グラドフスキは死の光景を若々しい女性の光景に仕立てている。ガス室のなかのこれらの若々しい死者の描写では、露出した肌が圧倒するように広がっているのであり、区別のつかないひとつの塊、むきだしの死体がゾンダーコマンドたちを呑み込もうとしているかのようである。反復される「裸」は、この言葉をこの箇所のほかの言葉から浮き上がらせ、きわだたせる。グラドフスキは裸体性について何度も言及することで、ゾンダーコマンドがそうであったように、読み手がこの描写に圧倒されるようにしている。死体の海は、なによりも裸体性を意味するのである。

　アレックスが撮った最初の二枚の写真をグラドフスキの記述と比較すると、別の意味をもつことがわかる。焼却される死体が裸体であることは、そこで起きている出来事の恐ろしさを増幅する。死体はなおも辱められているのである。死者たちの屈辱は、少なくともゾンダーコマンドにとっては、死んでも続いていた。この点にかんする説明を『アウシュヴィッツの目撃者』に見出すことができる。ミュラーはこのなかで「死者を常時取り扱っていて、われわれはそれが死体であることを忘れているかのようになっていた」と書いている。[118]続けてミュラーは殺害された者について次のように述べる。「われわれは彼らがまだ生きているかのように話しかけるのであった。返事がなくてもだれも気にしなかった。返事を自分で返していたからである」[119]。クレマトリウムで働く者にとって生者はすでに死んでおり、死者はまだ生きていたのである。アレックスの写真をみると、あおむけの死体の目とゾンダーコマンドの視線はなおも合っている。ミュラーが詳述する死者との会話は、いうまでもなく対処機制《コーピング・メカニズム》〔ストレスを除去・緩和する行動〕にもとづく。第一次世界大戦の塹壕内でも、死者と生者とのあいだで似たやりとりが交わされていた。生者が死者に言葉を語らせるのである。アレックスがどの写真でも行っているのは、このことである。ヴァジュマンが、語るべきことがある死者に耳を傾けるのを拒んでいるのは、死者とアレックスの双方にたいする、ゆゆしい不当な仕打ちにほかならない。しかし写真証言を非難する者は彼一人に留まらないのである。

カメラの眼

たとえばジェフリー・ハートマンは、ゾンダーコマンドの写真に証拠としての価値があることを認めている。しかし「〔写真は〕そうした可視性をもってしても、何千にものぼる目撃証言ほどには死者に雄弁に証言させることはできない。目撃証言は、残酷で機械的に凍結された画像によって見る者を襲うかわりに、潜在的には非心的外傷であるような受容に開かれたものである」と論駁する。ハートマンはそれらの写真を「見たことがない」ことを認めているが残酷なものと**想像**している。[120] それらは理不尽で冷酷であると思われているのである。こうした見方は写真の制作方法、メカニズムと結びついている。写真は見る者を顧慮することなく襲う。ストーンはこれらの画像の一枚一枚が「いつも写真からあらゆる事柄が突然飛び出し、われわれの五感に恐怖の跡を刻みつける」と述べている。[121] ハートマンと同じように、彼も画像を描写以上のこと、つまり作用するものとして捉えている。ハートマンにとって画像の作用は明確に暴力的なものである。ストーンにとっては、ビルケナウのおぞましい光景を強烈に伝える作用をもつのである。

ハートマンは写真には、目撃証言のほかの形式が潜在的にもっていない暴力的な物質性があると解釈する。そして画像を、人間的で、苦痛を与えない証言と対比する。彼とイエール大学ビデオ証言プロジェクトとの深いかかわりを考えると、おそらくビデオ証言を念頭に置いているのであろう。この場合のハートマンの手法はヴァジュマンのものを連想させる。両者はともに証言の特定の形式、とりわけ生存者の口述証言をほかに優先させる。だがランシエールが正しく指摘するように、「死の収容所で目にしたことを語り《ナラティヴ》によって証言する者は、その可視的な痕跡を記録しようとする者と同じように、表象という作業を行っている」のである。[122]

証言の様式《モード》を対比させるハートマンは、それらが交差するものであることを無視している。ビデオ証言と写真はともに表象の形式である。言うまでもなく写真とビデオ証言（そしてもちろん写真と記述証言）の制作方法が、少なくとも表面上異なることを無視してはならない。ゾンダーコマンドの班員もどうやらそう考えていたようである。ディディ＝ユベルマンは、写真にかんする自分の読解とその帰結を裏付ける手立てとして、グラドフスキがカメラについて言及している箇所を二度引用している。彼はグラドフスキがこのテクノロジーに付した意味に、十分注意を払っているようには見えない。下記は『イメージ、それでもなお』の冒頭を飾る題辞である〔グラドフスキの記述からの引用〕。

君の友人や知人に告げよ、もし君が帰ってこなかったとすれば、それはまさに君の血管のなかで血が凍りつき、流れなくなったためであり、罪のない、無力な子どもたちが、塗炭の苦しみをなめるわが民の子どもたちが大量殺戮され、その恐ろしくおぞましい出来事を目にしたからであると。

彼らに告げよ、たとえ君の心臓が石に、脳が冷たい思考機械に変わり、そして眼がカメラになるとしても、君が彼らのところに帰ってくることはないと。[123]

この一節で、グラドフスキは機械装置としてのカメラを情動の欠如と結びつけている。それは長い呼びかけの一部をなし、彼の最初の手書き文書の書き出しとなっている。語り手は、ここで明らかにされる恐ろしい光景が友人・読み手・聞き手・見る者に与える衝撃を予見している。この箇所で写真は、連想を通して冷酷とか無感覚とかに結びつけられている。光学技術は物を視覚化する機能があると信じられている(「われわれは顕微鏡のレンズによってあらゆるものを観察する［beobakhtn］であろう」)[124]が、カメラは、人間的な、人間味のある目撃証人にはない仕方で超然としている。レイブ・ラングフスはとりわけ証言のほかのあり方を提示している。われわれは彼が三千人の裸の女性たちの最期を「観察する」(beobakhte［n］)ことを、拒否したことを倫理的な選択として読み解いた。グラドフスキの場合も、「見る」のと同じように「感じる」ことを読み手に求めているると読むことができる。彼もまた証言が観察以上の行為でなければならないと考えているのである。

『イメージ、それでもなお』のなかでディディ＝ユベルマンは、この箇所をグラドフスキの意図に反する仕方で用いている。それは彼の二つ目の言及から明らかである。彼はこの節を、グラドフスキの執筆計画、心に描き、想像することへの彼の誘いの延長として解釈する。彼は次のように書いている。「これらの画像についての想像力を持続させるため、［グラドフスキは］そこで「君の心臓が石に変わり……君の目がカメラにならなければならない」と述べるのである」[125]。だがこの箇所の趣旨は、カメラになることが目撃者に明かされるイメージを保持する方途とはならないということである。それは情動を麻痺させるのである。カメラは隠喩として否定的に用いられており、原本では「ただのカメラ」(bloyz a fotografishn aparat)とある。[126]この箇所からわれわれは、グラドフスキがアレックスのとった行動をかならずしも支持しなかったかもしれないと推論することができる。そこには、書くのであれば証言を整えることができても、冷たい機器にはできないという含みがある。ディディ＝ユベルマンは書くことと写真撮影のそれぞれの意図を一致させようとしているが、これはグラドフスキのテクストには明示されていないことである。

カメラを地獄の心臓部の非情な目撃者と捉えるグラドフスキの観点は、第二章で論じた脱衣場での女性たちの最後の場面との関連において、示唆に富む。彼は明らかに写象主義的《イマジズム》に書くことが適切な証言の様式《モード》になると感じていた。彼は間違いなく書くことが表象のひとつの形態であることを認識していたが、また明らかに写真とは別の次元のものであるとみなしていた。彼は、人に衝撃を与えたり復讐を呼びかけたりする書くことのもつ力を進んで駆使したが、それが引き起こしうる動揺は写真のそれとは異なると考えていた。書くことに意味作用の象徴的《シンボリック》な次元を特別に付すことが、グラドフスキが評価していたらしいひとつの決定的な違いである。象徴《シンボル》は、イメージで「ある」よりも、イメージを呼び起こす。このことがそれらを証言資料としてより受け入れやすくするのであろう。

四枚目の写真

写真と前後してグラドフスキを読むと、ゾンダーコマンドの文書をそのまま、アレックスのものと同様の計画の一環として捉えることに問題があることがわかる。わけても第五章で詳述したように、ゾンダーコマンドを一体のものとして考えてはならないのである。ディディ＝ユベルマンは写真が特別作業班の自画像であると主張する。[127] グラドフスキ、そしてもしかするとラングフスやレヴェンタルは、その自画像のなかに自分たちの姿を見出せないに違いない。とはいえ、撮影者と書き手全員は共に抵抗しようとしていた。写真の場合、撮影することが抵抗活動であった。つまり写真を記録として制作することをとおして、蜂起という行為を記録しているのである。書き手たちは自分たちが記した一つひとつの言葉、文字をとおして抵抗していた。アレックスと書き手の皆が、自分たちの物質的な証言をとおして、ナチの絶滅政策や死者のあらゆる痕跡の抹消と闘おうとしていたのである。

アレックスの撮った画像は、抵抗の行為であるという点で、絶滅収容所で撮影されたほかの写真と性格を異にする。それらの画像は、ナチの抑圧にたいする反乱というかたちとしては、精神においてフランスの映画『外套の下に』〔*Sous le manteau*〕におそらくもっとも近い。この映画は、オーストリアの〔将校用収容所〕オフラグ17 aを舞台に、捕虜たちによって一九四〇年に制作されている。辞書のなかに隠し込んだカメラによって撮影されたドキュメンタリー映画は、捕虜収容所に収容された将校の日常を記録している。カメラの部品はフランスから送られた食糧品の小包のなかに隠されて収容所に持ちこまれ、ついで組み立てられた。ゾンダーコマンドの使ったカメラは、スープ用のバケツの底を改造して隠し、彼らのところにこっそり持ち込まれた。[128]『外套の下に』にはもちろん大量殺戮的な恐怖は描かれていない。とはいえ双方とも同じ抵抗精神から生まれたのである。

『外套の下に』にはまた、トンネルを掘る将校たちの驚くべき場面や身分証明書の偽造にカメラを利用するといった、脱走を準備するために行われたさまざまな工夫が記録されている。掘ったり偽造したりするこうした抵抗行動は、目的をとげるための手段としてだけでなく、目的自体が重要であった。同様に写真撮影にあたったゾンダーコマンドのグループの行動は、残虐行為を記録するという目的とともに、その行動自体が男たちにとって意味をもった。第五章で論じたとおり、どのような抵抗活動も自我の意識や自尊心を保つうえで有意義であった。ラングバインはアウシュヴィッツについて「収容者は自分がどれほど無力であるかを、強烈な仕方で繰り返し思い知らされた」と書いている。[129]その意味でいえば、アレックスとその仲間が撮影した写真は、彼らが無力でないことを示している。ディディ゠ユベルマンは、抵抗という行為が人間としての自己像を保持すること、要するに「まっすぐに」立っていることを意味していたと述べている。[130]ゾンダーコマンドたちのついた位置、あるいは画像を捉えたときのアレックスの上向きの構えは、ＳＳ親衛隊にたいする反抗を体現し、それ自体におのずから価値があったのである。

『外套の下に』というタイトルは、多くの場面を撮るさいに用いられた工夫に由来する。カメラは、内側をくりぬいた辞書のなかに隠され、ときには将校に着用を許されていた肩マントで覆って見えないようにされた。アレックスの場合も、クレマトリウムからカンバ林に向かうさいカメラを自分の衣服の内側に隠した可能性がある。ディディ＝ユベルマンは「人の手や着ている服の下にカメラを隠す」ことが撮影範囲を制約することに注目する。[131] いうまでもなくクレマトリウムでは、服を着ていることが、死を宣告された者に属さない、生きている者のひとりであることの証明であった。アレックスがまもなく死ぬ女性たちの裸を撮ることができるのは、彼が特権的な処遇を享受していたからである。彼は裸になることを強要されていない。彼の衣服は、抵抗者としての行為者性とともに、彼を人間性につなぎとめているもうひとつの縫い糸なのである。

　最後の二枚の写真は駆ける女性たち、そしてこずえと光の写真である。それらは最初の二枚の写真と同様に、おそらく別の対をなしているように思われる。すなわち二枚の死の写真、そして二枚の生きている死の写真の、あわせて四枚の裸体の組み写真である。だが最後の写真には脱衣した体は写っていない。それが表していることはごくわずか……ほとんどなにもない。ストーンは、この影と光の写真に先立つ三枚の画像が、この最後の画像の無の先にあるものを透視するのに十分な材料を提示していると考える。「これらの黒い深みの背後に横たわるものがなんであるのかはいずれも不明である。だがほかの三枚の写真のおかげで想像することは実に容易である」[132]。この場合、ディディ＝ユベルマンと同様に、ストーンはこの写真を「事実上、抽象的なもの」として扱っている。[133] ここには理解させるものがなにもない。抽象であることによって、画像は表象の限界を主張するに至っている。

ストーンは四枚の画像について次のように主張する。「われわれは、それらの写真のうちに忘却から取り戻した特権的な時間を見出して「アウシュヴィッツ」がすでにそうであるように、それらを大量虐殺全体のために換喩的に突出させるといったわなにはまりたくない」[134]。この疑いなく賢明な姿勢にディディ゠ユベルマンは賛成である。彼は画像に多くのことを求めることに慎重である[135]。彼は画像に不十分な点、欠けているものがあることを認めている。二人ともそれらの写真が死の工場にかんする表象の欠如を埋め合わせるとは考えておらず、それらを盲目的に崇めることもしない。それにもかかわらず彼らは、それらの写真が指標記号性を通じて洞察をもたらすことでは考えが一致している。写真のなかに指し示された切迫感は感じとれる[136]。それは歴史的な意味をもつ切迫である[137]。ところが四枚目の写真の場合、その構図《フレーミング》が粗雑であることは、もっぱらビルケナウにおいてすばやく密かに画像を捉えることが難しかったことに帰されている。

それが要因のひとつであるのはたしかである。しかしアレックスの身ぶりにほかの、さらに別の動機を想像してみることができる。ゾンダーコマンドの多くの班員が経験した裸体と向かい合うことの困難さを考えると、困惑こそがアレックスが無意識にカメラを不用意に操作した一因ではなかったであろうか。そうであるならこのしくじりは、女性たちを取り扱うSS隊員が信奉する客体化と退廃の論理への追随を、拒絶することを指し示していることになる。三枚目の画像について、ディディ゠ユベルマンは前景に二人の女性がいると述べているが、背の高い女性の近く、彼女の左側に三人目がいる。この女性は頭を下げているようであり、両腕を胸に回している。彼女の体は自分自身に閉じこもっているのである。彼女は身を隠している。四枚目の画像は彼女や彼女といっしょにいる者たちを見えなくしている。画像は上方へとそれている。アレックスはこれによって証言することの難しさを、そして自分が陥っている倫理的なディレンマを記録している。このディレンマは一連の写真の連続性《シークエンス》のなかに埋め込まれている。この四枚目の写真は、裸を見つめるかわりにそれから顔をそむけることによって連続性を断ち切っているのである。

ブロンフェンは、死につつあるか死んだ女性の体の画像の反復は「いかに現実の暴力は不確かなかたちでしか表象化されないか」を例証するものであると主張する。[138] 彼女は次のように述べる。「表象の論理的難問《アポリア》は、現実を抹消することはいくぶん現実を分節化することであり、現実を規定することは表象が現実を前にしてどのように揺らいでつまずくかだけでなく、現実もまた表象を前にしてどのように破綻しなければならないかということにある」。[139] ところがここでは反復が拒絶されている。画像は先行する画像との関係を遮断している。それまでの眺めをひきずらない。その結果われわれの手元に残されるのは、カバノキの大枝、光に包まれたほとんど形をなさない木の幹と不格好な枝の一枚の画像である。ショーン・キュービットは、太陽は「視力を失わせることなしには見たり、眺めたりすることができない」のであり、それは「視力と盲目、暖かさと痛みとが交錯する極限の表明である」と主張する。[140] この陽光を映した写真は、それゆえ前述の「イメージ゠裂け目」を提示していると解釈することができる。裂かれた描写を通じて象徴界のベールは引き裂かれ、現実界が現れるのである。ここにこそ、ほかのどの写真にもまして、ディディ゠ユベルマンが「むき出しの恐怖」と言及した事柄があらわになっている。[141] これは目を向けることのできない、誰も顔を向けることのできない恐怖なのである。

画像はアレックスの恐怖をわれわれに示している。それは彼の記録工程の瓦解であり、証明する必要があったにもかかわらず、彼の耐えることのできた限界を記録している。四枚目の写真を不安や切迫性を指し示すたんなる見当識障害と考えるのは、強制的に服を脱がされ、ガス室に追い立てられた女性の集団に出会うという、写真が撮影されたと思われる文脈を無視するものである。画像をアレックスの苦悩の証言として、あるいはその強烈なやり場のない情動を訴えた証言として読解すると、証言における限界や、なにをどう記録するのかという点にかんして葛藤があったことがわかる。裸の女性たちと出会うことで、アレックスはその倫理的限界に突き当たったのであろう。そのことを踏まえれば、先行する不鮮明な写真のうちにもこの困惑を読み取ることができる。それらの写真もすでにカメラが空を向いて上向きになっていることがはっきり見て取れる。それは、どこかほかに目を向けたいという願望である。ゾンダーコマンドの記述、とりわけグラドフスキの似た主題にたいする複雑な応答は、感情移入にもとづくこうした読解（ディディ＝ユベルマンは是認しないとはいえ）がかならずしも的外れでないことを示している。

四枚目の写真は、見ること、記録することに積極的になれないでいる気持ちをあらわしている。だがそれでもこの消極性は、ある種、痛ましい証言をなしている。まばゆいばかりの画像のなかに見出せるレンズにによる光斑は、その日の強い日差しを物語っている。まぶしい光が、まわりの葉を呑み込み、写真の類似記号性を崩壊させ、抽象美の画像《イメージ》をつくりだしている。光斑はカメラのメカニズムを指し示し、証言がテクノロジーに媒介されていることをきわだたせる。それはまた太陽を指し示す。この特別の日が、地獄の心臓部におけるその瞬間が、晴天であることを強調する。前方ではなく、上方もしくは天を指して回転するように傾いたカメラは、グラドフスキの月への呼びかけとある程度視覚的な対照をなす画像《イメージ》を記録している。この思いがけない太陽への呼びかけのうちに、同様の光が照らす無関心を見ることができる。この晴れ渡った日に、太陽の暖かい日差しの下で、大量殺人がすでに行われ、なおも続けられている。想像することは難しい。しかしこの四枚目の写真は、ほかの写真と照らし合わせて読み解くとき、この凄惨な現実がいやおうなしに胸に迫るのである。

結論　炎の輪を通り抜ける

ホロコーストがほかに類を見ないのはその周りに炎の輪をつくりだしたからである。恐怖はそれが絶対的な段階に達すると伝えることができない以上、それは通り抜けることが許されない境界なのである。[1]

クロード・ランズマンとジョルジュ・ディディ゠ユベルマンは、前章で詳述したとおり、記録映像をショアの証拠として用いることの妥当性をめぐって、怨念の論争を繰り広げた。この論争は多くの人にこの映画監督〔ランズマン〕がゾンダーコマンドの文書のような資料に真っ向から敵対する立場をとっていると、思わせるかもしれない。ゾンダーコマンドの文書は死の工場を表象しようとしている。彼らが提示する表象は、ナチの計画的な大量殺戮を証明し、その証拠を提供するものである。わけてもグラドフスキは、イメージを呼び出し、想像力を喚起するために、書き言葉がもつ可能性を追求した。彼は、死の工場の工程の光景や物音、仕組みを、出来事の内部からその地理的、時間的な外部の事柄に至るまで、言葉が伝えてくれることを願っている。ほかの作者と同じように、彼もこれらの境界を越え、恐ろしさを伝えようと努めている。ところがゾンダーコマンドの記録資料《アーカイヴ》とランズマンの関係は予期される以上に複雑である。ランズマンの映画『ショア』で使用されなかったカットが明らかにしているように、彼は「巻物」とそれらの作者、そしてどうやらアレックスの撮った写真に精通している。彼は、フィリップ・ミュラーの証言をインタビュー収録したなかで、ザルマン・レヴェンタルにははっきりと言及しているのである。[2] そこでわれわれは、ランズマンが、出来事の内部から書かれたゾンダーコマンドの証言をどのように用いているのかを分析して、本書の結論としたいと思う。それはランズマンがその後、否定しようと努めたこれらの文書のもちうる力を、彼のとった行動が多くを解き明かしていると考えるからである。

インタビューのあいだ、ランズマンとミュラーはいっしょに一冊の写真集に目を通している。そのなかの一枚はほぼ間違いなくアレックスの撮った写真であり、クレマトリウムVの外の敷地に横たわる死体を撮ったものである。写真は、そのあとに続くミュラーの記憶を呼び覚ますために用いられている。それは、写真をめぐって二人が交わすやりとりから明らかになる。

ランズマン：裏手の敷地ね、といってもクレマトリウムからどのぐらい離れているのですか。
ミュラー　：そうね、一〇、二〇メートルぐらいでしたね。そう、構内のここ。そこにこれらの五つの坑があった。それぞれが二十四時間で一千二百人から一千四百人を焼くことができたわけ。ちょっと考えてみてくださいよ、たった五つだとすると……
ランズマン：これがそれですか……
ミュラー　：……坑は五つ。
ランズマン：この写真ですね。
ミュラー　：そう、いま見ているこの写真。これがクレマトリウムVの裏手の敷地。
ランズマン：坑はどこですか。
ミュラー　：坑はここ、煙が立ち昇っているところです。そしてこれらの死体は放り出された、……から…

ランズマン：……ガス室。
ミュラー　：ガス室です。そしてその前に、女性たちは頭髪を刈られたのです。[3]

このやりとりのなかでランズマンは、表向きは情報を得るために、また、場所や作業工程の詳細をはっきりさせるために写真を利用している。だが同時に、元ゾンダーコマンドが話を語るための気持ちの準備を、ミュラーとおそらくランズマン自身が行っているのである。写真はいわば備忘録であり、（再）想像することを促すきっかけなのである。

アメリカ合衆国ホロコースト記念博物館（USHMM）所蔵の音声テープを書き起こした原稿には、「これらの死体は放り出された」の箇所に角括弧［ ］が付されている。ほかでこうした［ ］が使われているのは、ナレーションの音声をつなぐ言葉として用いられる場合が大半である。[4] これは編集者のズィーヴァ・ポステクが、ナレーションの一部として使うために、その箇所を選び取っていたことを示唆する。それは使用されなかったようであるが、写真のなかの死体（「これらの死体」）に映画として言及する必要があったのかもしれない。結局それは取り込まれなかったが、一時は使用することが検討されていたことがわかる。それゆえこの画像とランズマンとのかかわりは、ディディ＝ユベルマンを取り上げて批判した雑誌『現代《レ・タン・モデルヌ》』の記事が示唆するほどには、絶対的でもなければ単純でもない。ゾンダーコマンドの写真は『ショア』のなかで幽霊のように存在していて、そこにたしかにあるわけではないが、完全に排除されてもいないのである。「アウシュヴィッツの巻物」もまた、映画の撮影済みのフィルムのなかに存在していた。もっともそこにあったことはあまり知られていない。フィリップ・メスナールは最近、ランズマンがゾンダーコマンドの記述証言を重視したことはなく、「彼の企画に取り入れられたことはない」と述べている。[5] ところがこれもまたミュラーとのインタビューのなかで、ランズマンはザルマン・レヴェンタルの人柄をある場面で尋ねているのである。[6] ミュラーはレヴェンタルについて説明し、ついでゾンダーコマンド（そしておそらく、広い意味ではアウシュヴィッツの全ユダヤ人）が世界と人類から見捨てられたことを、この若者がどのように感じていたのかを強調する。この拒絶されているという気持ちは、それでもアウシュヴィッツの外にある世界に手を差し出そうとする感情と結びついていた。レヴェンタルの体験した孤立感について語り終えたミュラーは、すぐさま、この男がそのなかに身を置いていた残虐行為を書き残す義務感を負っていたことを事細かに語りだす。書くことは、したがってあらためて人類との絆を結ぶ手立てであり、非人間的な状況下で人間性を確認することである、と受け取られている。これまでの章で明らかにしようとしたように、書くことは、人間性を奪い取ろうとするナチの計略に抵抗する強力な手段になると考えられていたのである。

レヴェンタルを現在に呼び戻そうとするランズマンの誘いは、同時にミュラーにアウシュヴィッツに戻ることを促す。ミュラーが回想しようとしていることは、ランズマンと話すときに変化する彼の態度に示されている。[7] ミュラーは、証言することへのレヴェンタルの義務感について語り終えると、ランズマンから顔をそむけ、視線を移してカメラのほうを見る。彼は続けて「繰り返しになるが、彼はとても誠実だった」と語る。これらの言葉はランズマンに向けられていない。ミュラーがレヴェンタルをあらためて思い浮かべ、わずかのことしか知らなかったのかもしれないこの人物を想像しようと外見上努めているのと同時に、言葉が語られる。このときカメラはミュラーの顔が正面にくる位置に置かれ、彼はビルケナウを探している。彼の視線は定まらず、カメラのほうを見てはいるが、目をあわせてはいない。このとき彼が語りかけているのは、インタビューアーというよりも、むしろかつての仲間の思い出に向けてである。それは完全な断絶の瞬間である。ランズマンも、そしてこれを視聴する者も、この回想の「なか」に招かれてはいないのである。

続けてミュラーは、レヴェンタルが書いていたときに直面した重圧について論じ、その記述が簡潔であるとされることについて説明する。またゾンダーコマンドの班員たちが書いた文書がどのように地中に埋められ、保存されたのかを詳述している。文書について論じるミュラーは、両手をいっしょに動かし、ついで指を扇形に広げながら両手を引き離すという、短いが注目に値する手ぶりを見せる。手のひらはカメラに向けられている。目立つその話し方は、書くために注がれた努力のほどを強調するかのようである。ミュラーの考えるところでは、死の工場について作成された記述はかなりの数にのぼるのである。彼の身ぶりは映像画面の四方に広がり、画面を覆ってしまっている。繰り返すが、彼が話し、身ぶりを交えるとき、その目はランズマンに向けられていない。過去を注視している。それゆえ身ぶりはゾンダーコマンドの書き物がビルケナウを覆い、概観するものであることを指し示している、と読解することができる。身ぶりは書き物がもつ表象力を表しているのである。

レヴェンタルが何者で、文書がどのように残されたのかを明らかにすると、ミュラーは抜粋した文面を、声にだして読むことを申し出る。抜粋はラングフスの書いた「六百名の若者たち」の話である。若者の集団が殺害された話である。若者たちはみすぼらしい服を着ていたが健康そのものに見えた。彼らは自分たちが殺されようとしていることにいち早く気づき、混乱状態に陥り、逃走を図った。ミュラーが彼らの物語を読みはじめようとすると、カメラは画面を引いてゆく。ミュラーの写る画面に奥行きが与えられる。それは彼の想像上の視聴者のための奥行きである。カメラマンはこのドキュメンタリー映画が後日上映されるとき、ミュラーがどのように観られるのかを考えている。引いた画面で距離感をもたせることは、感情に訴えるような応答がこのとき求められていないことを意味する。感情に訴えるときの場面に、ランズマンとその撮影チームがよく使う手法は大写し《クローズアップ》である。[8]『ショア』では、理髪店の場面に登場するアブラハム・ボンバ（トレブリンカ絶滅収容所の生存者」との忘れがたいインタビュー場面にみられるように、近接した画面はしばしば感情の高揚を示す場面なのである。

ランズマンは「フィリップ・ミュラーを演出したことはまったくない。そのようなことは不可能であった」と主張する。しかしながらラングフスの文章を朗読することはひとつの演出である。それはそれ以前の枠巻きフィルム《リール》にあるような、もっぱら記憶を喚起したり話を促したりするために写真の入った資料を使用するのとは異なり、ここでは一種の演技を求めている。[9] 間違いなくミュラーは話を朗読することをあらかじめランズマンと了解していたはずである。すぐ手にすることができるように、ミュラーのわきに一冊の雑誌(古くて傷んだ『アウシュヴィッツ文書』特集号1であるらしい)が置かれており、彼らがレヴェンタルについて話しているとき、それに何度も視線を向けているのである。

ミュラーは、子どものための物語を語るときのような抑揚をつけて読みはじめる。最初の句はそれこそ「昔、昔、あるところに」といったふうである。何箇所かで中断し、ある種の熱心さをもって詳しく述べたり説明したりするが、なにを言いたいのか、かならずしもはっきりしないところがある。「ここにひとつの証拠がある」と高らかに述べるが、それは文章に書かれてあることをただ繰り返さないためである。これらのことはおそらく彼が朗読に気が進まないでいることを暗示する。それはランズマン(彼は質問ごとに「そう、そう」と必要最小限の受け答えをしている)とのやりとりを続けるために、目の前にある文章に心を奪われないようにしていることを示す。ミュラーは朗読の半ばで、「作業班長《コマンドフューラー》とその補助要員」という意味のない文をもって、読むのを止める。語調を下げたことは、そのあとにくる動詞「殴る」(schlugen)へと続けるよりも、ここで締めくくろうと考えたことを示す。そのかわりに、彼はいま読んだ箇所を要約しようとする。「そう、Wehlage[苦しみの状況。悲嘆を意味するWehklageの発音の誤りもしくは誤解]、それで終わる。そういう話だった……」

ランズマンは、演出とためらいとの緊張のなかで、「受肉」の瞬間に入ってゆく可能性をおそらく感じとり、穏やかに、そして静かな口調で「それで、それで」(Weiter, weiter) と、先を続けるようミュラーに求める(彼は自分が差し出がましい存在になることなく、朗読の論理がおのずから働くのを望んでいるように見える)[10]。ミュラーは話に戻る。読んでいる彼はときどきつかえ、目に涙を浮かべていることがうかがえる。だが、一か所だけ朗読の流れが止まり、少しのあいだ中断するところがある。それは、助命してもらえれば一番きつい仕事につくと申し出たある若者の場面であった。彼は読み進むことができないでいる。ところがあと何節かのところで、回っていたリールが尽きてしまう。新しいリールが装塡されたところで、ミュラーは最後の三節のさらに一節前から読み直さなければならない。そしてやっと彼は「これが六百人の子どもたちの話だ」と最後をまとめることができる。彼はどうにか読み切り、自制することができた。リールの装塡が幸いしたのかもしれない。

ランズマンがこの箇所を映画のなかに取り込まないことを選んだ理由は明らかであろう。音声収録の問題があるとしても、受肉の瞬間はまだ訪れていないのであり、ミュラーの演技自体も完全には破綻していない。映画に取り入れられたのは、〔ガス殺される直前の脱衣場で〕チェコの国歌と「希望《ハティクヴァ》」を歌った家族収容所の収容者たちの場面にミュラーがみせた情動的な反応の箇所であった。彼は泣き崩れ、カメラを止めるようランズマンに求める。それは彼にとって語ることのできないなにかに至ったことを示していた(とはいえ、次のリールで彼はまったく同じ場面をはっきりとそれらしく語り直している)。この場面はまた、ミュラーが歌や女性たちの訴えに感動したことや、ともに死のうと決心して実際にガス室に入っていったこと、そうした映画を構成するほかの場面といっそう鮮やかに共鳴し合う。これらの場面の多くはアブラハム・ボンバがそれ以上話せなくなった瞬間と響き合っている。それはまた、トレブリンカにおける〔生存者〕グラッァールやアウシュヴィッツにおける〔生存者〕ヴルバのように、抵抗し、証言する必要を表現している。

それにもかかわらずランズマンがこの場面に可能性を見出していたことも確かなようである。彼が自ら述べているように、それは「恐ろしい」話であり、ミュラーの様子が物語るとおり、そこから生じる情動を受け止めることはたやすくない。それは若者たちに起きた出来事を描写するものであり、この関心こそが映画で言及されている二人の人物を自殺に追いやったのである。すなわちチェコ人の家族収容所におけるフレディ・ヒルシュ〔子どもたちの保護責任者〕とワルシャワ・ゲットーにおけるアダム・チェルニャクフ〔ユダヤ人評議会議長〕である。とりわけミュラーにとってそれは、ゾンダーコマンドの班員が目撃しながらなにもできないでいた時期や、犠牲者たちと交わりをもつことがそれぞれの時点で不可能であったことを、思い出させるものであった。この話が彼に多大な心痛を与えると考えることはできた。実際〔この出来事を記述した〕ラングフスは、この話が読み手の心を大きく揺さぶることになると考えて取り上げたふしがある。その書かれ方もまた、ときに稚拙な言い回しがあるにせよ、きわだって修辞的であり、ミュラー自身の催眠術的な口調〔ランズマンはそれを「青銅の声」と呼んでいる〕[11]とも合った。したがってランズマンにとって、ゾンダーコマンドの書いた手書き文書は、彼が関心を寄せていた類の瞬間をかなえる可能性を大いにもつものであった。

しかしながらこの場面には次のような側面もある。すなわちこの場面が、たんにランズマン〔および〔映画の編集にあたった〕ズィーヴァ・ポステク〕が後に考え出した映画の図式に合致しないだけでなく、それに疑念を抱かせるか、もしくはこの映画がなにを果たそうとするものであるのかについてのランズマンの現在の主張を少なくとも問い直す可能性をもっている、ということである。ミュラーがつかえたのは、彼の心理的な困難を示すたんなる指標のようなものではない。それらはテクストが編集され、頁に割り付けされた方法によって引き起こされるのである。手書き文書の文章が頁をまたいで書かれているかどうかとは無関係に、元の資料のテクストは、各頁がそれぞれひとつのまとまりとなるように編集されている。ミュラーは手書き文書の最初の頁の末文で朗読を止めているが、それは間違いなく独立したひとまとまりのテクストとして印刷されているからである。そしてこのテクストの割り付け方こそは、この手書き文書がたどった歴史にもとづいているのである。〔その後〕これらの頁が比較的よく保存されていて、このように独立したまとまりとして印刷されているということは、ひとえにアウシュヴィッツ博物館が、それを広範囲にわたって傷んでいて元に戻すことができないと考えられていたザルマン・レヴェンタルの文書に収まるものとして扱ったからなのであった。

しかしそれでもミュラーがそこで朗読を中断したことが、その後に出てくる言葉が「殴る」(schlugen)であるという事実と無関係であるとは考えにくい。したがってこの局面には心理的な要因があるように思われる。ランズマンは、それがすさまじい暴力の話であることを、ミュラーに思い起こさせていた。雑誌はかなり使い古されているようである。もしそれがミュラーのものであれば、この話を以前読んだことがあるのは明らかである。彼は朗読を続けるよう求めるランズマンの指示にすみやかに気を取り直し、すぐさま全文を読むことができた。テクストの題材がもつ抵抗感と、暴力を論じるうえでの彼の心理的なためらいとのあいだには、ある種の相互作用がある。中断は受肉の瞬間そのものではない。それは捉え損ねられた経験(キャシー・カルースの考えるトラウマ経験)や歴史の追体験(ランズマンが考える、行為者となった証言)として、われわれをビルケナウへと導くことはない。[12]「物語る声」は中断され、揺らぎ、そして読まれようとしている頁のうちに含まれる感情的、物質的な歴史によって特徴づけられている。この意味では、ミュラーの朗読は歴史的なトラウマを証言している。それは、意識的になされたものではないにせよ、一種の歴史記述となっている。それゆえそれは、異なるものではあっても、ドミニク・ラカプラが言うところの感情移入によって揺らいだ歴史と共鳴しあうところがある。[13]

すでに述べたとおり、それはまたいくつかの点で破綻した演技でもある。破綻は真実に到達するひとつの手立て以上のものであるから、演技はこの挿話が呼び起こす感情を制御するたんなる手段ではない。この話を演じることは、その作者をいわば生き返らせることである。しかもそれは、出来事を目撃しているときの作者ではなく、書き留めているときの作者を生き返らせることである。ミュラーはクレマトリウム内に生じた創造の瞬間を、不気味に、彼が映画のなかで語っているほかの場面以上に不気味に、追体験しているのである。ラングフスが目にした事柄を解釈し、かたちにすることができたことをミュラーが示している。彼はまたこのかたちにすることが、読み手に、それが二次的な目撃者にすぎないとしても、強烈で耐え難い印象を与えるものであることを示している。ミュラーとこの文書の作者の体験に明らかになんらかの共通項があったにもかかわらず、それはミュラーにとって耐えられる事柄ではない。彼は「この出来事を思い出せない」と述べている。つまり、それは明らかに彼にとってもっとも演技がしにくい題材であったようである。

ラングフスやアレックスの写真とのこうしたかかわり方は、映画の最終編集版には入らなかったとはいえ、アーカイヴにたいするランズマンの公然たる嫌悪に挑戦することは確かである。『ショア』を制作中の彼は、情動を明確にし、引き起こし、そして伝えるために、言葉と画像がもつ力を利用することをためらわなかった。編集で落とされた撮影済みフィルムを見ると、ランズマンがこれらのアーカイヴ源に受肉の瞬間（それらが言及しているか、ことによると体現している恐怖を、実際に受肉するためでないにしても）を促す潜在力があることを評価していることは明白である。ランズマンは記録資料の主要な批判者であり、ホロコーストの表象不可能性の強力な論者である。それだけにランズマンのここでの行動はなおさら示唆に富む。それらは、彼のその後の公的な姿勢にもかかわらず、この映画監督にとりわけ手書き文書の証言がもつ力を認める時期があったことを示している。この力こそわれわれが本書でその諸相を伝えようとしたことである。

ジリアン・ローズは、ホロコーストが表象不可能であると論じることは「**われわれがあえて理解したくないなにかを神秘化すること**である。なぜならホロコーストが、あまりにもそのすべてが理解可能であり、現在のわれわれとあまりにもすべてがつながっている、つまり人間的な、あまりにも人間的なものなのかもしれないことを恐れているからである」と述べている。[14] ランズマンの炎の輪はこうした神秘化をつくり出している。だが『ショア』の制作の過程でランズマンがとった行動は、ゾンダーコマンドたちの人間性のなにかが彼の琴線に触れ、境界を内から外へと通り抜けたことを示している。ゾンダーコマンドの文書は、本書が明らかにしたと願っているが、たんなる情報源ではなく（情報源ではあるけれども）、感情の記録保管所《アーカイヴ》であり、仲間や愛した者たちの記念、苦境下での抵抗行動、そして自我の主張なのである。それらのために、それらを超えるもののために、ゾンダーコマンド文書はわれわれの細心の、そして継続的な注目に値するものであり続けている。

ビルケナウ
クレマトリウムⅡの廃墟
撮影：S.Mucha，1945 年

ビルケナウ
クレマトリウムⅤの破壊されたガス室
撮影：S. Kolovca，1945 年

訳者あとがき

本書はNicholas Chare and Dominic Williams, *Matters of Testimony Interpreting the Scrolls of Auschwitz*, Berghahn Books, 2016の全訳である。カナダのモントリオール大学美術史学科のニコラス・チェア教授と英国のリーズ大学ユダヤ学科のドミニク・ウィリアムズ特別研究員との共著である。

ニコラス・チェアは、視聴覚分野の現代美術やジェンダー論を専門とするが、トラウマ体験を証言する表現形式としての美術や文学にかんする研究でも知られる。『アウシュヴィッツと残像――卑劣な行為、証言と表象』（二〇一一年）などの著作がある。独創的な研究に授与される英国リーヴァーヒューム財団賞を受賞している。他方、ドミニク・ウィリアムズは、二十世紀の英国ユダヤ文学やホロコーストの研究者である。チェアとともに「アウシュヴィッツの巻物」の共同研究を進め、アウシュヴィッツ＝ビルケナウ強制収容所における死体処理作業に従事した特別作業班「ゾンダーコマンド」をめぐる戦後証言とその表象を研究し、チェアとの共著で『証言の縁――アウシュヴィッツの表象』（二〇一三年）などがある。

本書の表題ともなっている「アウシュヴィッツの巻物」は、ナチによるユダヤ人らのガス殺を補助し、その死体を焼却し、灰を処理する一連の工程に従事したゾンダーコマンドの手記をはじめて編纂した歴史家ベル・マルクの命名による。それはヘブライ語聖書の「諸書」のなかの五巻（巻物）がメギロートと呼ばれていることに由来する。わけてもそのなかの「哀歌」はエルサレムの滅亡（「敵は……言う。滅ぼし尽くしたぞ……」）と民の苦悩（「わたしの骨に火を下し」「私のはらわたは溶けて地に流れる」)、そして希望(「わたしは主を待ち望む」)を詠った哀悼詩である。それはくしくもアウシュヴィッツにおける殺戮とそのことを記したゾンダーコマンドの「巻物」、そしてそれを撮った四枚の現場写真を想起させる。「哀歌」が今日もつ意義は、信仰の書であることを別にすれば、それが記述されたこと以上に、「外」の「のち」の人びとにエルサレムの滅亡が想像され、表象されることを願って叙述されたことにある。ゾンダーコマンドたちが敢行した命がけの行動と彼らの書いた「巻物」、そして撮った四枚の現場写真がもつ意味と意義もそこにある。

ホロコーストの記憶を記録したアーカイヴには無数ともいえる証言録が層をなしている。だが戦後になって回顧して書かれたのではないという意味での、同時代の手記や日記、日誌、公文書、目撃録、あるいは調書はそれらの一部にすぎない。そのなかでも本書が取り上げた「アウシュヴィッツの巻物」と現場写真は、絶滅収容所の心臓部で記され、撮られたという点で特異な証言となっている。原著の表題にも使われている testimony は、その語源から、証言のほかに証拠という意味をもつ。証言には証拠を提出するという重い意味があるのである。彼らの証言は自分たちの目撃した出来事と体験を記録し、資料化している。それは死の選別をされずにきょうという日を生きながらえている証しであるとともに、死者の追悼、そして死の工場を運用する者たちの告発でもある。彼らがたとえホロコーストについて記述することに、どこかもどかしさを感じていたとしても、彼らの感情や行動の軌跡、出来事の記憶は間違いなくその語り《ナラティヴ》のなかに証言として刻み込まれている。本書はいわゆるホロコースト史学の一角をなす。著者はホロコーストの心臓部で書かれた作者たちの証言の真価をつぶさに検討し、多角的に読み解き、解釈することによって「証言の歴史学」に光を当てている。

本書の骨子は下記のとおりである。

序文は、「アウシュヴィッツの巻物」やゾンダーコマンドが撮った四枚の現場写真を、さまざまな手法をつうじて批判的に検討することが本書の主眼であることを明らかにしている。ゾンダーコマンドをめぐっては、彼らがナチに戦時協力した冷酷な集団であるとみなす否定的な歴史評価がある。他方、ホロコーストの表象不可能性をめぐる言説も数多い。著者はこれらの問題を取り上げ、前者については「アウシュヴィッツの巻物」の詳細な分析を提示することによって、また後者にたいしては、「巻物」の作者たちが自分たちの目撃した事柄を説明する言葉をぎりぎり追求していたことを明らかにすることによって、本書としての解答を導き出している。また彼らの記述行為こそがナチの絶滅政策と対峙する彼らの抵抗であったことを指摘している。目撃した事柄を紙に刻むという行為、あるいは死者の歯を後世に残すという行為が、記憶のアーカイヴ化を図るだけでなく、彼らのアイデンティティを、そして他者や「死の工場」の外にある世界とのかかわりを彼らに保たせたのである。それがゾンダーコマンドにとっての証言なのであった。

第一章は、歴史記述が語り《ナラティヴ》でもあることを紹介したうえで、アウシュヴィッツで戦後見つかったガス殺された犠牲者の歯やゾンダーコマンドの記した手記、その筆触や筆跡、文書としての体裁、用いられた紙やインクなどが考察される。ゾンダーコマンドの記述は自己表象を見出すための語りであり、極限的な体験においてアイデンティティを維持しようとする営みであった。それはホロコーストにおける言表不可能性に抗する営みでもあった。それらからは感情をもった一人ひとりの個人の人物像が浮かび上がる。彼らの用いた筆記具や容器といった物的な非ナラティヴな要素でさえもが彼らの極限的な歴史体験を指し示しているのであり、全体として歴史についての洞察をもたらすものとなっている。

第二章は、ゾンダーコマンドの一員でありつつ、作家を思わせる修辞的な文体を用いて「死の工場」と「地獄の心臓部」を記述したザルマン・グラドフスキを取り上げている。彼は死体焼却炉に横たわる犠牲者を「生きて活動し、創造した人間」と記し、人びとの死の復讐を訴える。高踏な文体は表現行為《パフォーマンス》なのであり、彼が自意識をもち、状況を解釈できたことを示唆する。それは彼がまた人間として証言できたことを意味し、ホロコーストを「目撃者のいない出来事」であると論じる言説への反論となっている。

第三章ではレイブ・ラングフスの文書を特定する作業が行われる。三人称で書く文体や感情表現の仕方、時系列順に叙述しないといった文書の特徴が多面的に解析され、さらに目撃証人であることの資格性を問おうとするラングフスの問題提起を取り上げる。そして彼の記述形式の多様性は、彼自身が変容していたことを意味するのであり、こうした「不連続なアイデンティティ」を通じたラングフスの記述が、まさしく彼の生を支える営みでもあったことが述べられる。

「ザルマン・レヴェンタルの抵抗史」という副題をもつ第四章において著者は、傷んで判読が困難なレヴェンタルの文書を、いくつかの手がかりをもとに再構成してみせる。そして文書が時系列順の構成となっていないことや、抵抗運動を叙述するために独特な語りが用いられていること、あるいは「ゾンダーコマンドの歴史家」としてのレヴェンタル像が明らかにされる。最後に、文書の配列に関連して文中の「欠落」の意義が論じられる。

第五章は、「巻物」のなかでも周縁的な存在として扱われやすいゾンダーコマンドの手紙を取り上げている。手紙は私的な通信手段である反面、感情を表白する場でもあり、そこからゾンダーコマンドの生を理解する手掛かりが得られることが考察される。「事実に忠実であることが、感情に忠実であることを表明することにならない」からである。著者は、ここで取り上げた手紙の作者がいずれも言葉のもつ力に全幅の信頼を寄せていたことを指摘する。このことは、強制収容所の極限的な状況が収容者から言葉を奪ったとする、これまでの伝統的な視点を問い直す提起ともなっている。

第六章は、絶滅収容所ビルケナウの本質を切り取った四枚の写真を取り上げている。ガス殺された死体の焼却場面二枚と、ガス室に向かう前に脱衣を強要された女性たちを撮った一枚、そして「ほとんど抽象的」である画像が一枚である。これらの写真が、いずれかの時点で修正されたとするジョルジュ・ディディ゠ユベルマンの論考を取り上げ、ゾンダーコマンドによる撮影や写真を修正（修整など）することの意味、画像から読み解くことができるメッセージの核心、現場写真の証言性といった主題を、ジャック・ラカンの精神分析やチャールズ・パースの記号論を適用して吟味する。そして四枚の写真が、わけてもザルマン・グラドフスキの書き物と対照をなし、補完しあう「物質的に残されたイメージ」であることが論じられる。「ほとんど抽象的」な四枚目の写真がもつ意味を読み解いてみせるその最終節は圧巻である。

結論では、ホロコーストの表象不可能性を唱える映画『ショア』の制作者クロード・ランズマンとゾンダーコマンド文書とのかかわりに焦点を当てながら、目撃証言と歴史の追体験との関係を論じ、「巻物」の証言価値をめぐる本書のまとめとしている。

ナチ当局による「客観的」な証言の膨大な史料群がかたや存在する。処刑の指令書やユダヤ人を絶滅収容所に鉄道搬送するための指令票、死体焼却炉の設計図などである。また写真であれば、絶滅収容所を視察するナチ高官や納品された死体焼却炉、整列させられたり、処刑されたりしている犠牲者の記録写真、あるいは屋外で裸の女性たちとともに笑顔で写っているナチ親衛隊員の記念写真などもある。それらは官僚機構や日常性のなかで、作成すること自体が目的であった「即物的」な資料（史料）にほかならない。だがゾンダーコマンドが残した「巻物」と四枚の現場写真はそれらとは性格を異にし、その対極に位置する。これらは命を賭した非日常的な営為から生み出され、作成者の意図や感情、抗議が複雑に交錯する「実存的」な証言となっている。

証言は記述されるか口述される。「巻物」はいうまでもなく前者に属する。ホロコーストが進行するなかでは、記述すること自体が意味をもっていた。よく知られるように、秦の始皇帝による字の書体統一は統一王朝の樹立と不可分であった。字は権力の源泉であり、裏返せば反権力の拠り所ともなる。殺戮する側は字を書き溜め、絶滅される側はそれに抗して字を書き留めようとした。ゾンダーコマンドには字を書くこと、自分たちの筆触を記録することそのものが意味をもっていたのである。それは自分と他者の生のしるし、歴史を刻む営みなのであった。

だが本書で著者たちが語ろうとしている事柄はそこで終わらない。そのことは本書が取り上げる主題が「巻物」に留まらないことに示されている。著者は「巻物」という書き物（およびその書くという行為）とあわせて、絶滅現場を撮影した四枚の写真（および撮るという行為）を取り上げている。それは両者が内包し、喚起する「ホロコーストの表象」にまで踏み込んで言及するためである。著者は「巻物」という記述資料と、別媒体の画像資料とを同次元に置くことによって、ホロコーストの表象そのものに迫ろうと試みている。それは、文書の書き手と撮影者が企てたホロコーストの表象であるが、また同時に、文書の読み手と写真を見る者の表象でもある。歴史は知識として探究されるだけでは足りないのである。本書でもたびたび言及されているように歴史は「感じとられる」ものでなければならない。証言を現前させ、体感するときこそが歴史との接点をもつことであり、歴史を学ぶということなのである。本書の結論もそこにある。

ゾンダーコマンドたちはホロコーストという出来事をその内部で目撃し、しかもそれらに抵抗しようとする証言者であった。テレビ・ジャーナリズムの一角に身を置き、目撃すること、叙述《リポート》することを生業としてきた訳者が本書に関心を抱いたのは、まさにこの点である。ジャーナリズムは、現在形で生起する出来事を目撃し、資料化し、伝える。つまりは証言することを使命としている。訳者が目撃した出来事は、もちろんホロコーストではない。そうした意味では、ゾンダーコマンドの極限的な行動と記述・叙述を、一個人のささやかな取材と比較することは論外であろう。だが彼らが残した営為の痕跡をジャーナリズムという視点から捉え直すことは許されないであろうか。

ジャーナリズムは近代資本主義のなかから勃興した市民階級の言論の手立てとして登場した。それはまた「ハードな記述」に徹しようとするリアリズム的な言語観とも連動するものであった。そして現在進行形の出来事、「現在の痕跡」を記述するのである。たとえ過去の出来事であってもつねに現在とのかかわりにおいて取り扱う。それはたとえば季節の話題であったり交通事故や贈収賄事件であることもあれば、巡航ミサイルによるイラクやシリアへの攻撃、ベルリンの壁の崩壊、米朝首脳会談を伝えるニュースであったりする。報告者は、価値判断を可能な限り排除する「ハードな記述」をとおして、断片的ではあっても、ひとつの情報《ニュース》として伝達する。そこで行われる事柄の多くは、進行する出来事の個々の事実を記述（撮影・録音）し、伝達することである。事実を掘り起こし、組み合わせ、積み重ね、検証する。それはまた出来事を事実自体に語らせる手法でもある。その点では新聞メディアの記事もテレビ・メディアの放送原稿も変わらない。後者も映像をつうじて事実を記述するのである。

その一方で、たとえばテレビ・ドキュメンタリーや調査報道、報道番組は、現在を捉えるために過去の事実や証言がもつ意味に焦点を当てる。もちろんここでも取材者には事実関係を「詰める」ことや証言の「裏をとる」ことが求められる、だがそうした場合でも、報告者は事実や証言の全体像がもつ意味を評価しようとする。そこにはなんらかの価値判断が介在する。「事実に忠実であることが、感情に忠実であることを表明することにならない」のである。これは証言者や視聴者にとって出来事が「どのように知られる（た）のか、感じられる（た）のか」を問う、ポスト・モダニズム的ともいえそうな「解釈」のジャーナリズムでもある。

両者は、記述するだけなのかそれとも評価もするのかで、重心が移動することはあっても、つねに並立してきた。ともに出来事の可能な限り内部に記述者が身を寄せ、取材・伝達し、証言することを追求する。ニュース取材も筋書き《プロット》を中心に据えたニュース番組や報道番組あるいは映像制作も、いずれも現在形で展開する出来事を取り上げる。テレビ・ジャーナリストは自身を歴史の一部と捉え、出来事を記述《リポート》している。それゆえ彼らには、出来事を「見守る」ことを拒絶する瞬間や、目撃証人としての道義的責任をとる、もしくはとらない局面が存在もする。彼らも文字通りある種の「灰色の領域」に足を踏み入れていることがあるからである。これらの事柄は、本書が取り上げるゾンダーコマンドの記述や撮影行為などをめぐる問題提起と通底する。本書に登場する「巻物」の作者や撮影者もまた、これらの事柄の核心部分を自らのうちに抱え込み、制約があるなかでの可能な選択肢を提示した。その意味で、訳者は本書を熟考に値するもうひとつのジャーナリズム論としても捉えたいと思うのである。

本書で批判的に取り上げられているクロード・ランズマンは先般（二〇一八年）、パリで死去した。その追悼記事には、かつて彼が語った言葉として「（ショアは）ネクタイをしめて机の向こう側で思い出として語られる歴史などではない。思い出は薄れるものだ。（その出来事を）追体験するためには語る者は高い代償を払わなければならない。すなわちこの歴史を語ることで苦しまなければならない」と述べたことが紹介されていた。証言者とはそういう存在なのであろう。アウシュヴィッツをめぐる証言や表象をめぐる問題を問い続け、ホロコーストの忘却と闘ってきた戦後の思想家のひとりが鬼籍に入った。

そしてその同じパリで育った新進気鋭の監督ネメシュ・ラースローが、ゾンダーコマンドを取り上げた映画『サウルの息子』（二〇一五年）を制作し、カンヌ国際映画祭グランプリやアカデミー賞外国語映画賞を受賞している。「アウシュヴィッツの巻物」に着想を得ての作品であった。「巻物」の作者や四枚の写真の撮影者は、過去からのメッセージを心に刻むよう、未来の読み手に、現在も促し続けているのである。

最後になるが、本書のような学際的で専門性の高い翻訳書の出版は多くの人びととの尽力によってはじめて可能となる。編集者や校正者をはじめとするこれらの人びとにあらためて心から謝意を表したい。

二〇一九年（東電福島原発メルトダウン事故第八年）

風光る　原山にて　　二階宗人

人名索引

ア 行

カ 行

サ 行

タ　行

ナ　行

ハ　行

マ　行

ヤ　行

ラ　行

ワ　行

付表A　レイブ・ラングフスの「移送」

頁	章	タイトル（イディッシュ語）		開始位置	出来事
［1］6	**1**	der ershter onzog	最初の通達	頁の最初	絞首刑にされたユダヤ人の集団；移送の通告，すなわち労働可能な者はアウシュヴィッツへ，女性と子どもと労働不適格者はマウキニャへ
［10］19	**2**	dezorientatye un endgiltige ×××	混乱と最後の×××	頁の最初	反応；子どものため／とともに脱出する準備；抵抗の呼びかけ
［14］9	**3**	<in der heym>	〈家で〉	頁の最初	レイブと妻と子ども；彼は自分たちが脱出できると息子にうそをつく；絶望して泣き叫ぶ
［22］27	**4**	falsher shvindel	仕掛けられた計略	7行目	シュタインメッツ〔ゲットー担当弁務官〕の偽計；通告があるだろう；労働適格者は炭鉱へ，そして子どもを連れて行くこともできるだろう．抵抗運動の妨害；ある者は信じ，別の者は信じない；警察官が彼らを礼儀正しく扱う　―またもや偽計
［26］31	5	in gaz	通りで	6行目	いくつかの準備，所持品を埋めて隠す，半信半疑で皆眠れない；彼らはシュタインメッツの最初と二つ目〔の通告〕のどちらを信じるべきかを論じるために，通りに出てくる；自殺者たち；脱走者たちがゲットーに戻ってくる；チェハヌフのゲットー解体のニュース
［30］35	**6**	der tilim	詩編	17行目	子どもたちが起きつつある出来事を語った；彼らは詩編を朗唱する；その慟哭は，自分たちの苦しみに応える言葉を詩編に見出すことに変わる．子どもと大人がともに嘆き悲しむ
［34］39	7	<di>komisye	通告	14行目	通告が出され，適格者と不適格者に分けられる
［37］42	［8］	in di tsvishen tsayt	その間に	頁の最初	家族，すなわち子ども，母親，父親；ドイツ人のために労働を強制された者たち；プウォンスクの子どもたちがゲットーに到着

[42]47	[9]	g<eze>g<e>nung	別れ	頁の最初	移送の日が決まる；詳細を協議する会議；グルフィンキェルとエルリフが話し，ついでクラスノシェルツのラビ，マクフのダヤンが続く；誰もが別れを告げるために家に戻り，荷物をまとめて，待つ
[46]51	**10**	fortogs	前日	11 行目	前章の最後の箇所が繰り返され，ついで人びとが通りに出る，死の入り口のように感じられるゲットーの門に近づく，女性たちが自分の子どもたちを死へと連れてゆく；始まりにすぎない
[49]54	**11**	dos trayben	強制退去	22 行目	日が明け，警察官が通りに姿を現す，人びとが家から追い立てられ，撃たれ，父親が子どもたちの目の前で殴られる，荷馬車に乗るために整列する，さらなる殴打，ゲシュタポが彼らの貴重品を奪い取り，荷馬車に投げ込む，脱落する者は皆撃たれる
[55]60	**12**	in Mlawa	ムワヴァで	17 行目	ムワヴァに到着，最近解体されたばかり，ポリカルト〔Polikart〕，人びとが集まる，処刑か？ 解散させられる
[61]66	[13]	in di gefinwnw teg	過ぎ去った日々	頁の最初	（テクストの多くの箇所が判読困難）ムワヴァでの日々
[64]69	14	<f>ehiger	〈興奮〉〔1字加筆〕	頁の最初	共同体に集合が命じられ，荒れ果てた 2 棟の製粉場に押し込められ，人びとは自分たちの運命を悲嘆する
[69]74	[15]	hersraysender un ＊＊＊＊＊	悲痛，そして＊＊＊	頁の最初	彼らの苦悩，母親と子どもの絆
[76]81	[16]			表題は頁の冒頭か？	製粉場の中で座る男たちの思いと感情
[83]88	**17**	tsum bahn	列車へ	18 行目	彼らはゲットーの門の前にある広場に集合し，列車へと歩かされる

本表はラングフスの手書き文書で章分けされている最初の 17 章の概要である．17 章以後に章があるのかははっきりしない．3，15，および 16 章の位置はいくぶん推測であり，修正の可能性があるが，ほかの章分けは，章番号と見出し，もしくはそのいずれかが記されていることから明白である．

章：手書き文書に記されているもの．太字の数字（たとえば **1**）は完全に判読できる．斜字体の数字（たとえば *7*）は完全な判読ではないが想定することができ，角括弧に入れた数字（たとえば [9]）は判読不能である．

開始位置：行の数字は手書きされた原文の何行目であるのかを示す．

付表B　レイブ・ラングフスの「個別の事柄」

	出だしの語句	日 付	事 件	関 連
1	ven es iz gekumen	1944年8月3日と6日のあいだ	ベンジンのラビが歌い踊りながら死ぬ	最後は「kidesh ha shem」〔殉教をも意味する〕
2	tsvey ungarishe idn hoben	1944年5月以降	ハンガリーのユダヤ人がゾンダーコマンドの一員と乾杯する	最後は「kidesh ha shem」〔殉教をも意味する〕 ハンガリー人
3	es iz gevezen in miten zumer	1944年「盛夏」	ハンガリー系ユダヤ人たち―クレマトリウム2から3に裸で走り，射殺される	ハンガリー人 一人ずつ射殺される
4	men hot gebrakht a grupe iden fun a lager	?	射殺されるとき，慰みを感じ，喜んで死ぬ収容者	一人ずつ射殺される
5	es iz gevezen in miten umegefehr far di ende 1943	「1943年の末頃」	ポーランド地下組織の構成員とオランダ系ユダヤ人がともにガス殺される．ポーランド人は国歌を歌う；ユダヤ人はハティクヴァを歌う．彼らはいっしょに革命歌インターナショナルを歌う	自己欺瞞か？
6	es iz gevezen sof zumer 1944	「1944年晩夏」	スロヴァキアからの女性がガス室に入るときに奇跡が起こることを願う	自己欺瞞か？
7	es iz geven far sof zumer 1943	「1943年晩夏」（9月1-2日以降）	タルヌフの人びとは死を甘受するが，ひとりの男が自分たちの殺されることを信じようとしない	自己欺瞞

8	dos is gevezen pwsakh 1944	「1944年 過越祭」	ヴィテルのラビが親衛隊曹長に話しかける	挑戦的なラビ
9	se iz gevezen a Kashoyer transport ende mai 1944	「1944年 5月」	コシツェ出身のラビの妻が堂々と意見を述べる	挑戦的なラビの妻
10	es iz gevezen vinter sof 1943	「1943年晩冬」	シャウレイ（リトアニア）の子どもたちがゾンダーコマンドを公然と非難する	子どもたち
11	es iz gevezen onhoyb 1943	「1943年初め」	ひとりの子どもがこん棒で打たれ，その後射殺される	子どもたち
12	der hoyptsharfihrer Moll flegt	該当なし	モルの性癖	SS隊員の性癖
13	obersharfihrer Forst flegt	該当なし	フォスの性癖 ほかのSS隊員の性癖	SS隊員の性癖
14	ende zumer 1942 iz gekmen	「1942年晩夏」 ［実際は1943年］	プシェムィシル—指導者に裏切られた抵抗運動	

付表C　ザルマン・レヴェンタルの手書き文書

頁	MS	SA	ANC	BŻIH
[1]	$17a^{L}$			
2	$18b^{L}$			
3	$19b^{R}$			
4	$21b^{L}$			
5	$20b^{L}$			
6	$22b^{L}$			
7	$23a^{L}$			
8	$23b^{L}$			
9	$22a^{L}$			
[10]	$20a^{L}$			
11	$21a^{L}$			
12	$19a^{R}$	22	20	213:5
13	$18a^{L}$			
14	$17b^{L}$			
15	$8a^{L}$			
16	$9a^{R}$			
17	$10a^{R}$	93		
18	$11a^{L}$	92		
19	$12b^{L}$			
20	$13a^{R}$			
21	$14a^{R}$	90	47	232:5
22	$15b^{L}$	40	48	233:2
23	$16a^{L}$	41	49	
24	$16b^{L}$	91	36	232:1
25	$15a^{L}$	23	25	214:1
26	$14b^{R}$	27	24	233:1
27	$13b^{R}$	30	23	222:2a
[28]	$12a^{L}$	28	13	232:4
29	$11b^{L}$	32	22	232:3
30	$10b^{R}$	24	26	214:2-3
31	$9b^{R}$	29	14	
[32]	$24a^{R}$			
33	$29b^{L}$	25	27	214:4a
34	$28a^{L}$	26	28	214:4b
[35]	$27b^{L}$	31	29	
36	$26a^{L}$	33	30	232:2; 222:1-2a
37	$25b^{L}$	34	31	221:5a
38	$32a^{R}$	35	32	221:5b
39	$31b^{R}$	36	33	221:5c
40	$31a^{R}$	37	34	
41	$32b^{R}$	38	35	
42	$25a^{L}$	39	54	220:3
43	$26b^{L}$	46	55	220:4
44	$27a^{L}$	44	52	231:6
45	$28b^{L}$	45	53	221:3-4
46	$29a^{L}$	42	50	215:1a
47	$24b^{R}$	43	51	215:1b
48	$8a^{R}$	53	63	223:1
49	$30a^{L}$	47	56	220:5
50	$33b^{R}$	48	58	221:1
51	$35a^{L}$	49	59	221:2; 222:3b
52	$34b^{L}$	54	64	222:3c
53	$38a^{L}$	50	60	215:2; 219:2a
54	$36a^{R}$	51	61	219:2b 220:1a

頁	MS	SA	ANC	BŻIH
55	37a^{L}	52	62	220:1b-2
56	37b^{L}	55	65	223:2
57	36b^{R}	56	66	227:1
[58]	38b^{L}	57	67	233:5; 223:3a
59	34a^{L}	58	68	223:3b
60	35b^{L}	59	69	223:3c-224:2a
61	33a^{R}	60	70	224:2b-3a
62	30b^{L}	61	71	224:3b
63	30a^{R}	62	72	224:3c-225:2a
64	33b^{L}	63	73	225:2b-3a
65	35a^{R}	64	74	225:3b-4a
[66]	34b^{R}	65	75	225:4b-226:1
67	38a^{R}	66	76	226:2-3a
68	36a^{L}	67	77	226:3b
69	37a^{R}	68	78	226:3c-4
70	37b^{R}	69	79	227:3b-4
71	36b^{L}	70	80	227:5-6a
72	38b^{R}	71	81	227:6b-228:1a
73	34a^{R}	72	82	228:1b
74	35b^{R}	73	83	228:2-229:1a
75	33a^{L}	74	84	229:1b-2a
76	30b^{R}	75	85	229:2b-4a
77	8b^{L}	76	86	229:4b-5
78	24a^{L}	77	87	230:1a
79	29b^{R}	78	88	230:1b

頁	MS	SA	ANC	BŻIH
80	28a^{R}	79	89	230:1c-2a; 230:3a
81	27b^{R}	80	90	
82	26a^{R}	81	91	226:5a; 230:3b 226:5b
83	25b^{R}	94	92	231:1
84	32a^{L}	82	93	231:2-3a
85	31b^{L}	83	94	231:3b-5
[86]	31a^{L}	84	96	233:3a
87	32b^{L}	85	97	233:3b
[88]	25a^{R}	86	95	
[89]	26b^{R}			
[90]	27a^{R}	88	57	
[91]	28b^{R}	87	98	
[92]	29a^{R}	89	99	233:4; 233:6
93	24b^{L}	1	1	212:1
[94]	9a^{L}	3	2	212:2
[95]	10a^{L}	6	3	
[96]	11a^{R}	4		
[97]	12b^{R}	9	9	
[98]	13a^{L}	5		
[99]	14a^{L}			
100	15b^{R}	7	4	
[101]	16b^{R}	10	5	
[102]	16a^{R}	8	8	
[103]	15a^{R}			
[104]	14b^{L}	16		
[105]	13b^{L}			
[106]	12a^{R}	19	19	213:1

頁	MS	SA	ANC	BŻIH
107	$11b^{R}$	20	16	213:4
[108]	$10b^{L}$	21	15	213:3
109	$9b^{L}$	11	6	212:3
[110]	$8b^{R}$			
[111]	$17a^{R}$	15	21	
112	$18b^{R}$	17	12	
[113]	$19b^{L}$	12	10	212:4
[114]	$21b^{R}$	13	18	212:7
[115]	$20b^{R}$	18	17	212:6

頁	MS	SA	ANC	BŻIH
[116]	$22b^{R}$			
[117]	$23a^{R}$			
[118]	$23b^{R}$			
[119]	$22a^{R}$			
[120]	$20a^{R}$			
[121]	$21a^{R}$			
[122]	$19a^{L}$	2	7	212:5
[123]	$18a^{R}$			
[124]	$17b^{R}$			

太い横線は折丁（おりちょう）の境目を示す．「手書き文書用紙 8」は半切した 2 枚の別々の用紙である可能性が高く，折丁の最初と最後である．

頁：太字の数字（たとえば**7**）は，手書き文書で頁番号が判読できるものを指す．斜字体の数字（たとえば*6*）は，頁番号が完全には判読できないが推測した．角括弧に入れた数字（たとえば［1］）は判読不能である．

MS：アウシュヴィッツ博物館デジタル・ファイル版．数字はこの版にもとづく．上付き記号 L と R は，各ファイルの原文の向きにもとづいて，頁の左側ないし右側を示す．

SA：ベル・マルク著『アウシュヴィッツの巻物 *Scrolls of Auschwitz*』〔マルク版〕

ANC：『犯罪の悪夢の中で *Amidst a Nightmare of Crime*』．頁番号 37-45 と 100-102 は，レイブ・ラングフスの作であると考える「三千人の裸の女性たち」と「六百名の若者たち」であることから，本表から除いた．〔アウシュヴィッツ博物館 1973 年版〕

BŻIH：『ユダヤ歴史研究所紀要 *Biuletyn Żydowskiego Instytuta Historycznego*』．マルク版（SA）およびアウシュヴィッツ博物館版（MS）と異なり，頁をひとまとまりの段落とした手書き文書を踏襲しない．数字は頁番号とそれに続く段落番号である．段落の位置はアルファベットで示している．「三千人の裸の女性たち」の最後の段落である 213:2 と「六百名の若者たち」の前に置かれた話の残りである 216:1-219:1 は除いた．222.3a，226.4c，227.2-3a，230.2b は特定できない．〔ユダヤ歴史研究所版〕

参考文献

Aaron, Frieda W. *Bearing the Unbearable: Yiddish and Polish Poetry of the Ghettos and Concentration Camps*. Albany, NY: SUNY Press, 1990.

Abramovitsh, S.Y. (Mendele Moykher Sforim). *Fishke der Krumer*. In *Ale shriftn fun Mendele Moykher Sforim*, vol. 1. New York: Hebrew Publishing Company, n.d.

Abrams, M.H. *The Mirror and the Lamp: Romantic Theory and the Critical Tradition*. Oxford: Oxford University Press, 1971.

Agamben, Giorgio. *Remnants of Auschwitz: The Witness and the Archive*. Trans. Daniel Heller-Roazen. New York: Zone, 1999. ジョルジョ・アガンベン『アウシュヴィッツの残りのもの』上村忠男・廣石正和訳，月曜社，2001 年

Ankersmit, Frank. Sublime Historical Experience. Stanford, CA: Stanford University Press, 2005.

———. Meaning, Truth, and Reference in Historical Representation. Ithaca, NY: Cornell University Press, 2012.

Asch, Scholem. *Geklibene verk* vol. 1: *Dos shtetl*. New York: Ykuf Ferlag, 1947.

Baer, Ulrich. *Spectral Evidence: The Photography of Trauma*. Cambridge, MA: MIT Press, 2002.

Ball, Karyn. *Disciplining the Holocaust*. New York: SUNY, 2008.

Balloffet, Nelly. *Preservation and Conservation for Libraries and Archives*. Chicago: American Library Association, 2005.

Bar-Itzhak, Haya. 'Women in the Holocaust: The Story of a Jewish Woman Who Killed a Nazi in a Concentration Camp: A Folkloristic Perspective'. *Fabula* 50(1–2) (2009): 67–77.

Barthes, Roland. *Camera Lucida*. Trans. Richard Howard. London: Vintage, 1993. ロラン・バルト『明るい部屋——写真についての覚書』花輪光訳，みすず書房，1985 年

Bartosik, Igor. *Bunt Sonderkommando: 7 października 1944 roku*. Oświęcim: Państwowe Muzeum Auschwitz-Birkenau, 2014.

Bennett, Jane. *Vibrant Matter: A Political Ecology of Things*. Durham, NC: Duke University Press, 2010.

Bennett, Jill. *Empathic Vision: Affect, Trauma, and Contemporary Art*. Stanford, CA: Stanford University Press, 2005.

———. *Practical Aesthetics: Events, Affects and Art after 09/11*. London: I.B. Tauris, 2012.

Bensoussan, Georges, Philippe Mesnard and Carlo Saletti (eds). *Des voix sous la cendre: Manuscrits des Sonderkommandos d'Auschwitz-Birkenau*. Paris: Calmann Lévy/Mémorial de la Shoah, 2005.

Bernshteyn, Ignats. *Yidishe shprikhverter*. New York: Alveltlekhe Yiddisher Kultur-Kongres, 1983.

Bezwińska, Jadwiga, and Danuta Czech (eds). 'Wstęp edytorski'. In *Wśród koszmarnej zbrodni: Notatki więźniów z Sonderkommando odnalezione w Oświęcimiu*, 1st edn., 5–16. Oświęcim: Wydawnictwo Państwowego Muzeum w Oświęcimiu, 1971.

——— (eds). *Wśród koszmarnej zbrodni: Notatki więźnów z Sonderkommando w Oświęcimiu.* Oświecim: Wydawnictwo Państwowego Muzeum w Oświęcimiu, 1971.

———. *Wśród koszmarnej zbrodni: Notatki więźnów z Sonderkommando w Oświęcimiu.* 2nd edn. Oświęcim: Wydawnictwo Państwowego Muzeum w Oświęcimiu, 1973.

——— (eds). *Amidst a Nightmare of Crime: Manuscripts of Members of Sonderkommando.* Trans. Krystyna Michalik. Oświęcim: State Museum at Oświęcim, 1973.

———. *Wśród koszmarnej zbrodni: Notatki więźnów z Sonderkommando w Oświęcimiu.* 2nd edn. Oświęcim: Wydawnictwo Państwowego Muzeum w Oświęcimiu, 1973.

Bloxham, Donald. *Genocide on Trial: War Crimes Trials and the Formation of Holocaust History and Memory.* Oxford: Oxford University Press, 2001.

Blumental, Nachman. *Shmuesn vegn der yidisher literatur unter der daytsher okupatsye.* Buenos Aires: Tsentral Farband far Poylishe Yidn in Argentine, 1966.

Bowman, Steven. 'Introduction: The Greeks in Auschwitz'. In Rebecca Fromer, *The Holocaust Odyssey of Daniel Bennahmias*, xi–xxv. Tuscaloosa: University of Alabama Press, 1993.

———. *The Agony of Greek Jews, 1940–1945.* Stanford, CA: Stanford University Press, 2009.

Boyarin, Daniel. *Unheroic Conduct: The Rise of Heterosexuality and the Invention of the Jewish Man.* Berkeley and Los Angeles: University of California Press, 1997.

Braham, Randolph L. 'Hungarian Jews'. In *Anatomy of the Auschwitz Death Camp*, eds Yisrael Gutman and Michael Berenbaum, 456–68. Bloomington: Indiana University Press, 1994.

Brandi, Cesare. *Theory of Restoration*, ed. Giuseppe Basile, trans. Cynthia Rockwell. Florence: Nardini Editore, 2005. Translation of *Teoria del restauro*, 1977.

Bronfen, Elisabeth. *Over her Dead Body: Death, Femininity and the Aesthetic.* Manchester: Manchester University Press, 1992.

Brown, Adam. *Judging 'Privileged' Jews: Holocaust Ethics, Representation, and the 'Grey Zone'.* New York: Berghahn Books, 2013.

Butler, Judith. *Bodies that Matter: On the Discursive Limits of 'Sex'.* New York: Routledge, 1993.

———. *Precarious Life: The Powers of Mourning and Violence.* London: Verso, 2004. ジュディス・バトラー『生のあやうさ——哀悼と暴力の政治学』本橋哲也訳，以文社，2007 年

———. *Parting Ways: Jewishness and the Critique of Zionism.* New York: Columbia University Press, 2012.

Candlin, Fiona. *Art, Museums and Touch. Manchester*: Manchester University Press, 2010.

Čapková, Kateřina. 'Das Zeugnis von Salmen Gradowski'. *Theresienstädter Studien und Dokumente* (1999): 107.

Caruth, Cathy. *Unclaimed Experience: Trauma, Narrative, and History.* Baltimore, MD: Johns Hopkins University Press, 1996. キャシー・カルース『トラウマ・歴史・物語——持ち主なき出来事』下河辺美知子訳，みすず書房，2005 年

Chare, Nicholas. 'The Gap in Context: Giorgio Agamben's *Remnants of Auschwitz*'. *Cultural Critique* 64 (Fall 2006): 40–68.

———. *Auschwitz and Afterimages: Abjection, Witnessing and Representation.* London: I.B. Tauris, 2011.

———. 'On the Problem of Empathy: Attending to Gaps in the Scrolls of Auschwitz'. In *Representing*

Auschwitz: At the Margins of Testimony, ed. Nicholas Chare and Dominic Williams, 33–57. Basingstoke: Palgrave Macmillan, 2013.

———. 'Symbol Re-formation: Concentrationary Memory in Charlotte Delbo's *Auschwitz and After*'. In *Concentrationary Memories: Totalitarian Terror and Cultural Resistance*, ed. Griselda Pollock and Max Silverman, 103–13. London: I.B. Tauris, 2013.

———. 'Gesture in *Shoah*'. *Journal for Cultural Research* 19(1) (2015): 30–42.

Chatwood, Kirsty. 'Schillinger and the Dancer: Representing Agency and Sexual Violence in Holocaust Testimonies'. In *Sexual Violence against Jewish Women during the Holocaust*, ed. Sonia Hedgepeth and Rochelle G. Saidel, 61–74. Hanover, MA, and London: University Press of New England, 2010.

Chéroux, Clément (ed.). *Mémoires des camps: photographies des camps de concentration et d'extermination Nazis 1933–1999*. Paris: Marval, 2001.

Chevrie, Marc, and Hervé Le Roux, 'Site and Speech: An Interview with Claude Lanzmann about *Shoah*'. In *Claude Lanzmann's 'Shoah': Key Essays*, ed. Stuart Liebman, 37–45. Oxford: Oxford University Press, 2007.

Ciechanower, Mordechai. *Der Dachdecker von Auschwitz-Birkenau*. Trans. Christina Mulolli. Berlin: Metropol Verlag, 2007. Trans. of Mordechai Ciechanower, *Mirakhok kokhav minatsnats*. Tel Aviv: Yad Vashem, 2005.

Cobb, Peter. 'Forensic Science'. In *Crime Scene to Court: The Essentials of Forensic Science*, ed. Peter White, 1–14. Cambridge: Royal Society of Chemistry, 1998.

Cohen, Arthur A. *The Tremendum: A Theological Interpretation of the Holocaust*. New York: Continuum, 1993.

Cohen, Elie A. *Human Behaviour in the Concentration Camp*. London: Free Association, 1988.

Cohen, Leon. *From Greece to Birkenau: The Crematoria Workers' Uprising*. Trans. Jose-Maurice Gormezano. Tel Aviv: Salonika Jewry Research Centre, 1996.

Cohen, Nathan. 'Diaries of the "Sonderkommandos" in Auschwitz: Coping with Fate and Reality'. *Yad Vashem Studies* 20 (1990): 273–312.

———. 'Diaries of the Sonderkommando'. In *Anatomy of the Auschwitz Death Camp*, ed. Yisrael Gutman and Michael Berenbaum, 522–34. Bloomington: Indiana University Press, 1994.

Cohen, Sande. *History Out of Joint: Essays on the Use and Abuse of History*. Baltimore, MD: Johns Hopkins University Press, 2006.

Colebrook, Claire. *Irony*. London: Routledge, 2004.

Confino, Alon. *Foundational Pasts: The Holocaust as Historical Understanding*. Cambridge: Cambridge University Press, 2012.

Connell, R.W. *Masculinities*. 2nd edn. Cambridge: Polity, 2005.

Cubitt, Sean. 'The Sound of Sunlight', *Screen* 51(2) (2010): 118–28.

Culler, Jonathan. 'Apostrophe', *Diacritics* 7(4) (Winter 1977): 59–69.

Czech, Danuta. 'Kalendarium der Ereignisse im Konzentrationslager Auschwitz-Birkenau', *Hefte von Auschwitz* 3 (1960): 47–110.

———. *Auschwitz Chronicle*. Trans. Barbara Harshav, Martha Humphreys and Stephen Shearier. New York: Henry Holt, 1990.

Dafni, Reuven, and Yehudit Kleinman. *Final Letters from Victims of the Holocaust.* New York: Paragon House, 1991.

——— (eds). *Final Letters: From the Yad Vashem Archive.* London: Weidenfeld and Nicholson, 1991.

Dan, Joseph. 'Hasidism: Teachings and Literature'. In *The YIVO Encyclopedia of Jews in Eastern Europe,* Vol. 1, 670–73. New Haven, CT, and London: Yale University Press, 2008.

Daybell, James. *The Material Letter in Early Modern England: Manuscript Letters and the Culture and Practices of Letter-Writing, 1512–1635.* Basingstoke: Palgrave Macmillan, 2012.

Decker, William Merrill. *Epistolary Practices: Letter Writing in America before Telecommunications.* Chapel Hill: University of North Carolina Press, 1998.

Didi-Huberman, Georges. 'Images malgré tout'. In *Mémoire des camps: Photographies des camps de concentration et d'extermination nazis (1933–1999),* ed. Clément Chéroux, 219–41. Paris: Marval, 2001.

———. *Images malgré tout.* Paris: Les Éditions de minuit, 2003. ジョルジュ・ディディ＝ユベルマン『イメージ，それでもなお——アウシュヴィッツからもぎ取られた四枚の写真』橋本一径訳，平凡社，2006年

———. *Images in Spite of All.* Trans. Shane B. Lillis. Chicago: University of Chicago Press, 2008.

———. *Écorces.* Paris: Éditions de Minuit, 2011.

———. *Blancs soucis.* Paris: Éditions de Minuit, 2013.

Doane, Mary Ann. 'Indexicality: Trace and Sign: Introduction', *Differences* 18(1) (2007): 1–6.

Dobroszycki, Lucjan. 'Introduction', *The Chronicle of the Łódź Ghetto 1941–1944,* ed. Dobroszycki. Trans. Richard Lourie, Joachim Neugroschel et al. ix–lxviii. New Haven, CT and London: Yale University Press, 1984.

Dworkin, Craig. *Reading the Illegible.* Evanston, IL: Northwestern University Press, 2003.

Earle, Rebecca. 'Introduction: Letters, Writers and the Historian'. In *Epistolary Selves: Letters and Letter-Writers, 1600–1945,* ed. Rebecca Earle, 1–12. Aldershot: Ashgate, 1999.

Einhorn, Dovid. *Shtile gezangen.* Varsha: Ferlag Progres, 1910.

Eliach, Yaffa. *Hasidic Tales of the Holocaust.* New York: Oxford University Press, 1982.

Felman, Shoshana, and Dori Laub. *Testimony: Crises of Witnessing in Literature, Psychoanalysis, and History.* New York: Routledge, 1992.

Forster, E.M. *Aspects of the Novel.* London: Penguin, 1990. E・M・フォースター『小説の諸相』中野康司訳，みすず書房，1994年

Forsyth, Donelson R. *Group Dynamics.* 6th edn. Belmont, CA: Wadsworth Publishing, 2013.

Foster, Susan Leigh. *Choreographing Empathy: Kinesthesia in Performance.* London: Routledge, 2011.

Fox, Chaim Leib. *Lodzsh shel Mayle: Dos Yidishe gaystike un derhoybene Lodzsh (100 yor yidishe un oykh hebreishe literatur un kultur in Lodzsh un in di arumike shtet un shtetlekh).* Tel Aviv: I.L. Peretz, 1972.

Frank, Salomon. *Togbukh fun lodzher geto.* Buenos Aires: Tsentral farband fun poylishe yidn in Argentine, 1958.

Frankl, Viktor E. *Man's Search for Meaning: An Introduction to Logotherapy,* 3rd edn. New York: Touchstone, 1984. V・E・フランクル『夜と霧』（新版）池田香代子訳，みすず書房，2002年

Freidman, Anne. *The Machinery of Talk: Charles Peirce and the Sign Hypothesis.* Stanford, CA: Stanford University Press, 2004.

Friedländer, Saul. *The Years of Extermination: Nazi Germany and the Jews, 1939–1945*. London: Phoenix, 2008.

Friedler, Eric, Barbara Siebert and Andreas Kilian, *Zeugen aus der Todeszone: Das Jüdische Sonderkommando in Auschwitz*. Munich: Deutsche Taschenbuch Verlag, 2005.

Fromer, Rebecca Camhi. *The Holocaust Odyssey of Daniel Bennahmias, Sonderkommando*. Tuscaloosa: University of Alabama Press, 1993.

Fulbrook, Mary. *A Small Town near Auschwitz: Ordinary Nazis and the Holocaust*. Oxford: Oxford University Press, 2012.

Gallop, Angela, and Russell Stockdale, 'Trace and Contact Evidence'. In *Crime Scene to Court: The Essentials of Forensic Science*, ed. Peter White, 47–72. Cambridge: Royal Society of Chemistry, 1998.

Garbarini, Alexandra. *Numbered Days: Diaries and the Holocaust*. New Haven, CT: Yale University Press, 2006.

Garrett, Leah. *Journeys beyond the Pale: Yiddish Travel Writing in the Modern World*. Madison: University of Wisconsin Press, 2003.

Gigliotti, Simone. *The Train Journey: Transit, Captivity and Witnessing in the Holocaust*. New York: Berghahn Books, 2009.

Gilbert, Shirli. *Music during the Holocaust: Confronting Life in the Nazi Ghettos and Camps*. Oxford: Clarendon, 2005. シルリ・ギルバート『ホロコーストの音楽――ゲットーと収容所の生』二階宗人訳，みすず書房，2012 年

Giles, Audrey. 'The Forensic Examination of Documents'. In *Crime Scene to Court: The Essentials of Forensic Science*, ed. Peter White, 105–32. Cambridge: Royal Society of Chemistry, 1998.

Gilroy, Amanda, and W.M. Verhoeven, 'Introduction'. In *Epistolary Histories: Letters, Fiction, Culture*, ed. Amanda Gilroy and W.M. Verhoeven, 1–25. Charlottesville: University of Virginia Press, 2000.

Glazar, Richard. *Die Falle mit dem grünen Zaun: Überleben in Treblinka*. Frankfurt: Fischer Taschenbuch Verlag, 1992.

———. *Trap with a Green Fence: Survival in Treblinka*, trans. Roslyn Theobald. Evanston, IL: Northwestern University Press, 1995.

Główna Komisja Badania Zbrodni Hitlerowskich w Polsce. *Obozy hitlerowskie na ziemiach polskich 1939–1945: Informator encyklopedyczny*. Warsaw: Państwowe Wydawnictwo Naukowe, 1979.

Głuchowski, Leszek, and Antony Polonsky (eds), '1968: Forty Years After', *POLIN: Studies in Polish Jewry* 21 (2008).

Goethe, Johann Wolfgang von. 'An den Mond'. In *Sämtliche Werke*, ed. K. Richter, vol. 2.1, 35–36. Munich and Vienna: Carl Hanser Verlag, 1987.「月に寄せて」『ゲーテ詩集』高橋健二訳，新潮文庫，1951 年

Grabowski, Jan. 'The Holocaust in Northern Mazovia (Poland) in the Light of the Archive of the Ciechanów Gestapo'. *Holocaust and Genocide Studies* 18(4) (Winter 2004): 460–76.

Gradowski, Zalman. 'Fartseykhenungen'. In Ber Mark, *Megiles Oyshvits*, 290–352. Tel Aviv: Yisroel Bukh, 1977.

———. *In harts fun gehenem*. Jerusalem: Wolnerman, n.d. [c.1977].

———. 'The Czech Transport: A Chronicle of the Auschwitz Sonderkommando'. Trans. Robert Wolf.

In *The Literature of Destruction: Jewish Responses to Catastrophe*, ed. David Roskies, 548–64. Philadelphia: Jewish Publication Society, 1989.

———. *Au coeur de l'enfer: Témoignage d'un Sonderkommando d'Auschwitz, 1944*. Trans. Batia Baum. Paris: Kimé, 2001.

———. *Au cœur de l'enfer: Témoignage d'un Sonderkommando d'Auschwitz, 1944*. Trans. Batia Baum. Paris: Tallandier, 2009.

———. *V serdtsevine Ada: Zapiski, naidennie v peple vozle pechei Osventsima*. Trans. Aleksandra Polian. Moscow: Gamma Press, 2011.

Greif, Gideon. *We Wept without Tears: Testimonies of the Jewish Sonderkommando in Auschwitz*. Trans. Naftali Greenwood. New Haven, CT: Yale University Press, 2005.

———. 'Between Sanity and Insanity: Spheres of Everyday Life in the Auschwitz-Birkenau *Sonderkommando*'. In *Gray Zones: Ambiguity and Compromise in the Holocaust and its Aftermath*, eds Jonathan Petropoulos and John K. Roth, 37–59. New York: Berghahn Books, 2005.

Gross, Jan Tomasz, and Irena Grudzińska Gross. *Golden Harvest: Events on the Margin of the Holocaust*. Oxford: Oxford University Press, 2012.

Grinberg, Uri Zvi. *Farnakhtengold*. Varshe: Farlag 'Di Tsayt', 1921.

Grynberg, Michał. *Żydzi w rejencji ciechanowskiej*. Warsaw: Państwowe Wydawnictwo Naukowe, 1984.

Gubar, Susan. *Poetry after Auschwitz: Remembering What One Never Knew*. Bloomington and Indianapolis: Indiana University Press, 2003.

Guyer, Sara. *Romanticism after Auschwitz*. Stanford, CA: Stanford University Press, 2007.

Halivni, Tzipora Hager. 'The Birkenau Revolt: Poles Prevent a Timely Insurrection'. *Jewish Social Studies* 41(2) (Spring 1979): 123–54.

Hartley, Jenny. '"Letters are *Everything* these Days": Mothers and Letters in the Second World War'. In *Epistolary Selves: Letters and Letter-Writers, 1600–1945*, ed. Rebecca Earle, 183–95. Aldershot: Ashgate, 1999.

Hartman, Geoffrey. 'The Struggle against the Inauthentic', *parallax* 10(1) (2004): 72–77.

Hedrick Jr, Charles. *History and Silence: Purge and Rehabilitation of Memory in Late Antiquity*. Austin: University of Texas Press, 2000.

Heller, Daniel K. *The Rise of the Zionist Right: Polish Jews and the Betar Youth Movement, 1922–1935*. Ph.D. diss., University of Stanford, CA, 2012.

Herman, Chaim. 'The Manuscript of Chaim Herman'. In *Amidst a Nightmare of Crime: Manuscripts of Members of Sonderkommando*, ed. Jadwiga Bezwińska and Danuta Czech. Trans. Krystyna Michalik, 179–90. Oświęcim: State Museum at Oświęcim, 1973.

Herman, Judith. *Trauma and Recovery: From Domestic Abuse to Political Terror*. London: Pandora, 1994. ジュディス・L・ハーマン『心的外傷と回復』（増補版）中井久夫訳，みすず書房，1999 年

Hirsch, Marianne. 'The Generation of Postmemory'. *Poetics Today* 29(1) (2008): 103–28.

Hoffman, Eva. *Time*. London: Profile, 2009.

Höß, Rudolf. *Kommandant in Auschwitz: Autobiographische Aufzeichnungen*, ed. Martin Broszat. Munich: Deutsche Taschenbuch Verlag, 2013. ルドルフ・ヘス『アウシュヴィッツ収容所』片岡啓治訳，講談社学術文庫，1999 年

Huener, Jonathan. *Auschwitz, Poland, and the Politics of Commemoration, 1945–1979*. Athens: Ohio University Press, 2003.

Imber, Naftali. *Vos ikh zing un zog*. Lviv: n. pub., 1909.

Jockusch, Laura. *Collect and Record!: Jewish Holocaust Documentation in Early Postwar Europe*. Oxford: Oxford University Press, 2012.

Kant, Immanuel. *Critique of Judgment*, Trans. Werner Pluhar. Indianapolis: Hackett, 1987. カント『判断力批判』（上・下）篠田英雄訳，岩波文庫，1964 年

Kaplan, Eran. *The Jewish Radical Right: Revisionist Zionism and its Ideological Legacy*. Madison: University of Wisconsin Press, 2005.

Karny, Miroslav. 'The Vrba and Wetzler Report'. In *Anatomy of the Auschwitz Death Camp*, ed. Yisrael Gutman and Michael Berenbaum, 553–68. Bloomington: Indiana University Press, 1994.

Kárný, Miroslav. 'Fragen zum 8. März 1944', *Theresienstädter Studien und Dokumente* (1999): 9–42.

Karski, Jan. *Story of a Secret State*. Boston, MA: Houghton Mifflin, 1944. ヤン・カルスキ『私はホロコーストを見た——黙殺された世紀の証言 1939–43』（上・下）吉田恒雄訳，白水社，2012 年

Kassow, Samuel. *Who Will Write Our History?: Rediscovering a Hidden Archive from the Warsaw Ghetto*. London: Penguin, 2007.

Kaumkötter, Jürgen, et al. (eds). *Kunst in Auschwitz/Sztuka w Auschwitz*. Bramsche: Rasch Verlag, 2005.

Keenan, Thomas, and Eyal Weizman. *Mengele's Skull: The Advent of a Forensic Aesthetics*. Frankfurt: Sternberg Press, 2012.

Kerner, Aaron. *Film and the Holocaust: New Perspectives on Dramas, Documentaries and Experimental Films*. New York: Continuum, 2011.

Kirshenblatt-Gimblett, Barbara. 'The Concept and Varieties of Narrative Performance in East European Jewish Culture'. In *Explorations in the Ethnography of Speaking*, 2nd edn, ed. Richard Bauman and Joel Sherzer, 283–310. Cambridge: Cambridge University Press, 1989.

Klibansky, Ben-Tsion. 'Unique Characteristics of the Łomża Yeshiva Students after WWI'. *Landsmen: Quarterly Publication of the Suwalk-Lomza Interest Group for Jewish Genealogists* 19(1–2) (2009): 6–14.

Königseder, Angelika, 'Das Sonderkommando'. In *Der Ort des Terrors: Geschichte der nationalsozialistischen Konzentrationslager*, eds Wolfgang Benz and Barbara Distel. Vol. 5: *Hinzert, Auschwitz, Neuengamme*, ed. Königseder, 152–53. Munich: Verlag C.H. Beck, 2007.

———. *The Koren Sacks Siddur*. Trans. and commentary Jonathan Sacks. Jerusalem: Koren, 2009.

Kozlovsky-Golan, Yvonne. '"Public Property": Sexual Abuse of Women and Girls in Cinematic Memory'. In *Sexual Violence against Jewish Women during the Holocaust*, ed. Sonja M. Hedgepeth and Rochelle G. Saidel, 235–51. Hanover, NH: University Press of New England, 2010.

Kraemer, Jolanta. 'Ciechanów'. In *USHMM Encyclopedia of Camps and Ghettos, 1933–1945*, Vol. II, Part A, Vol. ed. Martin Dean, 876. Bloomington: Indiana University Press, 2012.

Krakowski, Shmuel, and Ilya Altman. 'The Testament of the Last Prisoners of the Chelmno Death Camp'. *Yad Vashem Studies* 21 (1991): 105–24.

Kraus, Ota, and Erich Kulka. *The Death Factory: Document on Auschwitz*. Trans. Stephen Jolly. Oxford: Pergamon Press, 1966.

Kremer, S. Lillian. ‘Sexual Abuse in Holocaust Literature’. In *Sexual Violence against Jewish Women during the Holocaust*, ed. Sonja M. Hedgepeth and Rochelle G. Saidel, 177–99. Hanover, NH: University Press of New England, 2010.

Krystal, Henry. ‘Studies of Concentration-Camp Survivors’. In *Massive Psychic Trauma*, ed. Henry Krystal, 23–46. New York: International Universities Press, 1968.

Kulbak, Moishe. *Shirim*. Vilne: Farayn fun di Yidish Literatorn un Zhurnalistn in Vilne, 1920.

Kulka, Erich, and Ota Kraus. *The Death Factory*. Trans. Stephen Jolly. Oxford: Pergamon Press, 1966.

Kulka, Otto Dov. *Landscapes of the Metropolis of Death: Reflections on Memory and Imagination*. Trans. Ralph Mandel. London: Penguin, 2013.

LaCapra, Dominick. *History and Memory after Auschwitz*. Ithaca, NY: Cornell University Press, 1998.

———. *Writing History, Writing Trauma*. Baltimore, MD: Johns Hopkins University Press, 2001.

———. *History, Literature, Critical Theory*. Ithaca, NY: Cornell University Press, 2013.

Lacan, Jacques. *The Seminars of Jacques Lacan 2: The Ego in Freud's Theory and in the Technique of Psychoanalysis 1954–1955*. Trans. Sylvana Tomaselli. New York: Norton, 1991. ジャック・ラカン『フロイト理論と精神分析技法における自我』（上・下）小出浩之・鈴木國文・南淳二・小川豊昭訳，岩波書店，1998 年

———. *The Seminars of Jacques Lacan 3: The Psychoses*. Trans. Russell Grigg. London: Routledge, 1993.『精神病』（上・下）小出浩之・鈴木國文・川津芳照・笠原嘉訳 岩波書店，1987 年

Lang, Berel. ‘The Representation of Limits’. In *Probing the Limits of Representation: Nazism and the ‘Final Solution’*, ed. Saul Friedländer, 300–17. Cambridge, MA: Harvard University Press, 1992. ベレル・ラング「限界の表象」，ソール・フリードランダー編『アウシュヴィッツと表象の限界』上村忠男・小沢弘明・岩崎稔訳，未來社，1999 年所収

———. *Holocaust Representation: Art within the Limits of History and Ethics*. Baltimore, MD: Johns Hopkins University Press, 2000.

Langbein, Herman. *People in Auschwitz*. Trans. Harry Zohn. Chapel Hill: North Carolina Press, 2004.

Langer, Lawrence. *Holocaust Testimonies: The Ruins of Memory*. New Haven, CT: Yale University Press, 1991.

Langfus, Leyb. (Lejb［—］). ‘Wysiedlenie’. Trans. Roman Pytel. *Zeszyty Oświęcimskie* 14 (1972): 15–62.

———. ‘In groyl fun retsikhe’. In Ber Mark, *Megiles Oyshvits*, 351–61. Tel Aviv: Yisroel-Bukh, 1977.

———. (Lejb［Langfus］). ‘Aussiedlung’. Trans. Herta Henschel and Jochen August. In *Inmitten des grauenvollen Verbrechens: Handschriften von Mitgliedern des Sonderkommandos*, ed. Teresa Świebocka, Franciszek Piper and Martin Mayr, 73–129. Oświęcim: Verlag des Staatlichen Auschwitz-Birkenau Museums, 1996.

Langfus, Leyb. (Anon.) ‘W otchłani zbrodni’. *Biuletyn Żydowskiego Instytuta Historycznego* 9–10 (1954): 303–9.

Lanzmann, Claude. ‘Le lieu et la parole’. In *Au sujet de ‘Shoah’: Le film de Claude Lanzmann*, ed. Michel Deguy, 407–25. Paris: Belin, 1990.

———. ‘From the Holocaust to “Holocaust”’. In *Claude Lanzmann's ‘Shoah’: Key Essays*, ed. Stuart Liebman, 27–36. Oxford: Oxford University Press, 2007.

———. *The Patagonian Hare*. Trans. Frank Wynne. London: Atlantic, 2013. クロード・ランズマン

『パタゴニアの野兎　ランズマン回想録』（上・下），中原毅志訳，人文書院，2016 年
Laqueur, Renata. *Schreiben im KZ*. Bremen: Donat Verlag, 1991.
Laqueur, Walter. *The History of Zionism*, 3rd edn. London: Tauris Parke, 2003. ウォルター・ラカー『ユダヤ人問題とシオニズムの歴史』（新版）高坂誠訳，第三書館，1994 年．(1972 年版に基づく翻訳）
Laub, Dori, and Nanette C. Auerhahn. 'Failed Empathy: A Central Theme in the Survivor's Holocaust Experience'. *Psychoanalytic Psychology* 6(4) (1989): 377–400.
Lawson, Tom. *Debates on the Holocaust*. Manchester: Manchester University Press, 2010.
Leivick, H. *Ale Verk*, vol. 1. New York: Posy-Shoulson Press, 1940.
Lengyel, Olga. *Five Chimneys*. Chicago: Ziff-Davis, 1947.
Levi, Primo. *I sommersi e i salvati*. Torino: Einaudi, 1986. プリーモ・レーヴィ『溺れるものと救われるもの』竹山博英訳，朝日新聞社，2000 年
———. *The Drowned and the Saved*. Trans. Raymond Rosenthal. London: Abacus, 1989.
———. 'The Grey Zone'. In *The Drowned and the Saved*. Trans. Raymond Rosenthal. 22–51. London: Abacus, 1989.
———. 'On Obscure Writing'. In *Other People's Trades*, trans. Raymond Rosenthal. 157–63. London: Abacus, 1991.
———. 'Words, Memory, Hope (1984)'. In Levi, *The Voice of Memory: Interview, 1961–1967*, ed. Marco Belpoliti and Robert Gordon, 250–57. New York: The New Press, 2001.『プリーモ・レーヴィは語る——言葉・記憶・希望』マルコ・ベルポリーティ編，多木陽介訳，青土社，2002 年
Lewental, Zalman. 'Rękopis Zełmana Lewentala'. In *Szukajcie w popiołach*, ed. Janusz Gumkowski and Adam Rutkowski. Trans. Szymon Datner. 125–30. Łódź: Wydawnictwo Łodzkie, n.d. [1965].
———. 'Pamiętnik członka Sonderkommando Auschwitz II'. Trans. Adam Rutkowski and Adam Wein. *Biuletyn Żydowskiego Instytuta Historycznego* 65–66 (1968): 211–33
———. (Załmen Lewental). '[Pamiętnik]'. Trans. Roman Pytel. In *Wśród koszmarnej zbrodni: Notatki więźniów z Sonderkommando odnalezione w Oświęcimiu*, ed. Jadwiga Bezwińska and Danuta Czech, 126–71. Oświęcim: Wydawnictwo Państwowego w Oświęcimiu, 1971.
———. 'Fartseykhenungen'. In Ber Mark, *Megiles Oyshvits*, 377–421. Tel Aviv: Am Oved, 1977.
———. 'Hesofe tsum Lodzher ksav-yad'. In Ber Mark, *Megiles Oyshvits*, 430–35. Tel Aviv: Am Oved, 1977.
Leys, Ruth. *Trauma: A Genealogy*. Chicago: Chicago University Press, 2000.
Linfield, Susan. *The Cruel Radiance: Photography and Political Violence*. Chicago: University of Chicago Press, 2010.
Lipszyc, Rywka. *The Diary of Rywka Lipszyc*, ed. Alexandra Zapruder. San Francisco, CA: Jewish Family and Children's Services Holocaust Center, 2014.
Liss, Andrea. *Trespassing through Shadows: Memory, Photography and the Holocaust*. Minneapolis: University of Minnesota Press, 1998.
Locard, Edmond. 'The Analysis of Dust Traces: Part 1'. *The American Journal of Police Science* 1(3) (1930): 276–98.
Lodge, David. *Deaf Sentence*. London: Penguin, 2009. デイヴィッド・ロッジ『ベイツ教授の受難』

高儀進訳，白水社，2010 年
Lustigman, Michael M. *The Kindness of Truth and the Art of Reading Ashes*. New York and Bern: Peter Lang, 1988.
Lyotard, Jean-François. *The Differend: Phrases in Dispute*. Trans. Georges Van Den Abbeele. Minneapolis: University of Minnesota Press, 1988. ジャン＝フランソワ・リオタール『文の抗争』陸井四郎・外山和子・小野康男・森田亜紀訳，法政大学出版局，1989 年
———. *Heidegger and 'the jews'*. Minneapolis: University of Minnesota Press, 1990.『ハイデガーと「ユダヤ人」』本間邦雄訳，藤原書店，1992 年
Mandel, Naomi. *Against the Unspeakable: Complicity, the Holocaust and Slavery in America*. Charlottesville: University of Virginia Press, 2007.
Marcus, Ruth. 'Lunna-Wola during the Second World War and the Holocaust' 〈http://kehilalinks.jewishgen.org/lunna/German.html〉 [accessed 1 March 2014].
Marinkova, Milena. *Michael Ondaatje: Haptic Aesthetics and Micropolitical Writing*. New York: Continuum, 2011.
Mark, Ber. *Megiles Oyshvits*. Tel Aviv: Yisroel-Bukh, 1977.
———. *Des voix dans la nuit*. Paris: Plon, 1982.
———. *The Scrolls of Auschwitz*. Trans. Sharon Neemani. Tel Aviv: Am Oved, 1985.
———. 'Dziennik (grudzień 1965 – luty 1966)'. Trans. Joanna Nalewajko-Kulikov. *Kwartalnik Historii Żydów* 226(2) (2008): 156–92.
Mark, Bernard. 'O rękopisie Załmena Gradowskiego'. In *Wśród koszmarnej zbrodni: Notatki więźniów z Sonderkommando odnalezione w Oświęcimiu*, ed. Jadwiga Bezwińska and Danuta Czech, 1st edn, 69–72. Oświęcim: Wydawnictwo Państwowego Museum w Oświęcimiu, 1971.
Mark, Esther. 'Dergentsung tsu di yedies vegn dem mekhaber "anonim" un zayne ksav-yadn'. In Ber Mark, *Megiles Oyshvits*, 276–82. Tel Aviv: Yisroel-Bukh, 1977.
Matsas, Michael. *The Illusion of Safety: The Story of the Greek Jews during the Second World War*. New York: Athens Printing Company, 1997.
Mesnard, Philippe. 'Ecrire au-dehors de soi'. *Des voix sous la cendre: Manuscrits des Sonderkommandos d' Auschwitz-Birkenau*, ed. Georges Bensoussan, Philippe Mesnard and Carlo Saletti, 215–43. Paris: Calmann-Lévy/Mémorial de la Shoah, 2005.
———. 'Le fiction et ses dispositifs à l'épreuve des Sonderkommandos'. In *La Shoah: Théatre et cinéma aux limites de la representation*, eds. Alain Kleinberger and Philippe Mesnard, 233–62. Paris: Éditions Kimé, 2013.
Mesnard, Philippe, and Claudine Kahan. *Giorgio Agamben: À l'épreuve d'Auschwitz*. Paris: Éditions Kimé, 2001.
Mickenberg, David, Corinne Granoff and Peter Hayes, (eds). *The Last Expression: Art and Auschwitz*. Evanston, IL: Mary and Leigh Block Museum of Art, Northwestern University, 2003.
Miron, Dan. 'Uri Zvi Grinberg's War Poetry'. In *The Jews of Poland between Two World Wars*, ed. Yisrael Gutman, 368–82. Hanover, NH: University Press of New England, 1989.
———. *A Traveler Disguised: The Rise of Modern Yiddish Fiction in the Nineteenth Century*. Syracuse, NY: Syracuse University Press, 1996.

———. *The Image of the Shtetl and Other Studies of Modern Jewish Literary Imagination*. Syracuse, NY: Syracuse University Press, 2000.

Miron, Guy (ed.). *Yad Vashem Encyclopedia of the Ghettos during the Holocaust*, co-ed. Shlomit Shulhani. 2 vols. Jerusalem: Yad Vashem, 2009.

Moseley, Marcus. *Being for Myself Alone: Origins of Jewish Autobiography*. Stanford, CA: Stanford University Press, 2006.

Mowat, Hannah, and Emma Wilson. 'Reconciling History in Alain Resnais's *L'Année dernière à Marienbad* (1961)'. In *Representing Auschwitz: At the Margins of Testimony*, ed. Nicholas Chare and Dominic Williams, 151–73. Basingstoke: Palgrave Macmillan, 2013.

Müller, Filip. *Sonderbehandlung: Drei Jahre in den Krematorien und Gaskammern von Auschwitz*. Literary collaboration with Helmut Freitag. Munich: Steinhausen, 1979.

———. *Eyewitness Auschwitz: Three Years in the Gas Chambers*. Trans. Susan Flatauer. Chicago: Ivan R. Dee, 1999.

Mulvey, Laura. *Fetishism and Curiosity*. Bloomington: Indiana University Press, 1996.

Munslow, Alun. *Narrative and History*. Basingstoke: Palgrave, 2007.

———. *A History of History*. Abingdon: Routledge, 2012.

Nader, Andrés. *Traumatic Verses: On Poetry in German from the Concentration Camps, 1933–1945*. Rochester, NY: Camden House, 2007.

Nadjary, Marcel. *Khroniko, 1941–1945*. Thessaloniki: Etz Khaim, 1991.

Nalewajko-Kulikov, Joanna. 'Trzy kolory: szary: Szkic do portretu Bernarda Marka', *Zagłada Żydów* 4 (2008): 263–84.

———. 'The Last Yiddish Books Printed in Poland: Outline of the Activities of Yidish Bukh Publishing House'. In *Under the Red Banner: Yiddish Culture in the Communist Countries in the Postwar Era*, eds Elvira Grözinger and Magdalena Ruta, 111–34. Wiesbaden: Harrassowitz, 2008.

Niethammer, Günther. 'Beobachtungen über die Vogelwelt von Auschwitz/Ost-Oberschlesien', *Annalen des Naturhistorischen Museums in Wien* 52 (1942): 164–99.

Nyiszli, Miklos. *Im Jenseits der Menschlichkeit: Ein Gerichtsmediziner in Auschwitz*. Trans. Angelika Bihari. Berlin: Karl Dietz, 2005.

———. *Auschwitz: A Doctor's Eyewitness Report*. Trans. Tibère Kremer and Richard Seaver. London: Penguin, 2012.

Ogle, Robert R. *Crime Scene Investigation and Reconstruction*. Upper Saddle River, NJ: Pearson Prentice Hall, 2004.

Ogólny Żydowski Związek Robotniczy 'Bund' w Polsce. *Geto in Flamen: Zamlbukh*. New York: Amerikaner Representants fun Bund, 1944.

Oleksy, Krystyna. 'Salman Gradowski: Ein Zeuge aus dem Sonderkommando'. *Theresienstädter Studien und Dokumente* (1995): 121–35.

Pagnoux, Elisabeth. 'Reporter photographique à Auschwitz'. *Les temps modernes* 56 (2001): 84–108.

Patterson, David. *Along the Edge of Annihilation: The Collapse and Recovery of Life in the Holocaust Diary*. Seattle and London: University of Washington Press, 1999.

Peirce, Charles S. 'On a New List of Categories'. *Proceedings of the American Academy of Arts and Sci-*

ences 7 (1868): 287–98.

———. 'On the Algebra of Logic', *American Journal of Mathematics* 7(2) (1885): 180–96.

———. 'An American Plato: Review of Royce's *Religious Aspect of Philosophy* (1885)'. In *The Essential Peirce: Selected Philosophical Writings Volume 1, 1867–1893*, ed. Nathan Houser and Christian Kloesel, 229–41. Bloomington: Indiana University Press, 1992.

Pentlin, Susan L. 'Testimony from the Ashes: Final Words from Auschwitz-Birkenau Sonderkommando'. In *The Genocidal Mind*, ed. Dennis B. Klein et al., 245–62. St Paul, MN: Paragon House, 2005.

Perlman, Elliot. *The Street Sweeper*. London: Faber, 2012.

Phelan, James. *Reading Characters, Reading Plots*. Chicago and London: University of Chicago Press, 1989.

Piper, Franciscek. '*Sonderkommando* Prisoners: Details of their Living Condition and Work'. In *Auschwitz 1940–1945: Central Issues in the History of the Camp*, 5 vols, eds Wacław Długoborski and Franciszek Piper. Trans. William Brand. Vol. 3, 180–97. Oswiecim: Auschwitz-Birkenau State Museum, 2000.

Polian, Pavel. 'I v kontse tozhe bylo slovo (vmesto predisloviya)'. In Zalman Gradowski, *V serdtsevine Ada: Zapiski naidennie v peple vozle pechei Osventsima*. Trans. Aleksandra Polian, 12–53. Moscow: Gamma Press, 2011.

———. 'Svidetel', khronist, obvinitel'. Zalman Levental' i yevo teksty', *Ab Imperio* 3 (2012): 229–31.

Pollock, Griselda. *Vision and Difference: Feminism, Femininity and the Histories of Art*. London: Routledge, 1988. グリゼルダ・ポロック『視線と差異——フェミニズムで読む美術史』萩原弘子訳，新水社，1998 年

———. *Mary Cassatt: Painter of Modern Life*. London: Thames & Hudson, 1998.

———. 'Art as Transport Station of Trauma? Haunting Objects in the Works of Bracha Ettinger, Sarah Kofman and Chantal Akerman'. In *Representing Auschwitz: At the Margins of Testimony*, ed. Nicholas Chare and Dominic Williams, 194–221. Basingstoke: Palgrave Macmillan, 2013.

Pollock, Griselda, and Max Silverman. 'Introduction. The Politics of Memory: From Concentrationary Memory to Concentrationary Memories'. In *Concentrationary Memories: Totalitarian Terror and Cultural Resistance*, ed. Pollock and Silverman, 1–28. London: I.B. Tauris, 2013.

Południak, Jan. *Sonder: An Interview with Sonderkommando Member Henryk Mandelbaum*. Trans. Witold Zbirohowski-Kościa. Oświęcim: Frap-Books, 2009.

Pressac, Jean-Claude. *Auschwitz: Technique and Operation of the Gas Chamber*. New York: Beate Klarsfeld Foundation, 1989.

Prstojevic, Alexandre. 'L'indicible et la fiction configuratrice'. *Protée*, 37(2) (2009): 33–44.

Pytel, Roman. 'Od tłumacza'. *Zeszyty oświęcimskie* 14 (1972): 11–14.

Rancière, Jacques. *The Emancipated Spectator*. Trans. Gregory Elliott. London: Verso, 2009. ジャック・ランシエール『解放された観客』梶田裕訳，法政大学出版局，2013 年

Rees, Laurence. *Auschwitz: The Nazis and the 'Final Solution'*. London: Random House, 2005.

Reichelt, Katrin, and Martin Dean, 'Maków Mazowiecki'. In *USHMM Encyclopedia of Camps and Ghettos, 1933–1945*, Vol. II, Part A, ed. Martin Dean, 15–17. Bloomington: Indiana University Press,

2012.

Rogers, Spencer L. *The Testimony of Teeth: Forensic Aspects of Dentition*. Springfield, IL: Charles C. Thomas, 1988.

Rose, Gillian. *Mourning Becomes the Law: Philosophy and Representation*. Cambridge: Cambridge University Press, 1996.

Rosen, Alan. *The Wonder of their Voices*. Oxford: Oxford University Press, 2010.

———. (ed.). *Literature of the Holocaust*. Cambridge: Cambridge University Press, 2013.

———. 'Introduction'. In *Literature of the Holocaust*, ed. Rosen, 1–11. Cambridge: Cambridge University Press, 2013.

Rosenfeld, Alvin H. *A Double Dying: Reflections on Holocaust Literature*. Bloomington: Indiana University Press, 1980.

Roskies, David. 'The Pogrom Poem and the Literature of Destruction', *Notre Dame English Journal*, 11(2) (April 1979): 103–7.

———. *Against the Apocalypse*. Cambridge, MA: Harvard University Press, 1984.

———. 'Wartime Victim Writing in Eastern Europe'. In *Literature of the Holocaust*, ed. Alan Rosen, 15–32. Cambridge: Cambridge University Press, 2013.

Rothberg, Michael. *Traumatic Realism: The Demands of Holocaust Representation*. Minneapolis: University of Minnesota Press, 2000.

Rothenberg, Jerome. *Khurbn and Other Poems*. New York: New Directions, 1989.

———. *The Literature of Destruction: Jewish Responses to Catastrophe*. Philadelphia: Jewish Publication Society, 1989.

———. 'Wartime Victim Writing in Eastern Europe'. In *Literature of the Holocaust*, ed. Alan Rosen, 15–32. Cambridge: Cambridge University Press, 2013.

Rozental, Ben-Tsion. 'Makov shel mayle'. In *Sefer zikaron lekehilat Makov-Mazovyetsk*, 388–402. Tel Aviv: Komitet fun makover landsmanshaftn in Yisroel un Amerike, 1969.

Ryman, Shloime. 'Betar'. In *Yizker-bukh Suvalk*, 405–8.

Sakowicz, Kazimierz. *Ponary Diary 1941–1943: A Bystander's Account of a Mass Murder*. Trans. uncredited. New Haven, CT and London: Yale University Press, 2005.

Saletti, Carlo. 'À propos des manuscrits des membres du *Sonderkommando* de Birkenau'. In *Des voix sous la cendre*, 21–30. Paris: Le Livre de Poche, 2005.

——— (ed.). *La voce dei sommersi: Manoscritti ritrovati di membri del Sonderkommando di Auschwitz*. Venezia: Marsilio, 1999.

Schivelbusch, Wolfgang. *The Railway Journey: The Industrialization of Time and Space in the Nineteenth Century*. Trans. uncredited. Leamington Spa, Hamburg and New York: Berg, 1986. ヴォルフガング・シヴェルブシュ『鉄道旅行の歴史——19 世紀における空間と時間の工業化』（新装版）加藤二郎訳，法政大学出版局，2011 年

Schlesak, Dieter. *Capesius, der Auschwitzapotheker*. Bonn: Dietz, 2006.

Schneider, Rebecca. *Performing Remains: Art and War in Times of Theatrical Reenactment*. Abingdon: Routledge, 2011.

Schwarz, Jan. *Imagining Lives: Autobiographical Fiction of Yiddish Writers*. Madison: University of Wis-

consin Press, 2005.

Scott, Joan W. 'The Evidence of Experience'. *Critical Inquiry* 17(4) (Summer 1991): 794.

Segal, Hanna. *Dream Phantasy and Art*. Hove and New York: Brunner-Routledge, 1991. ハンナ・シーガル『夢・幻想・芸術――象徴作用の精神分析理論』新宮一成訳，法政大学出版局，1994年

Sevillias, Errikos. *Athens – Auschwitz*. Trans. Nikos Stavroulakis. Athens: Lycabettus Press, 1983.

Sfard, Dovid. 'Eynike zikhroynes vegn Zalman Gradowski'. In Gradowski, *In harts fun gehenem*, 6–8. Jerusalem: Wolnerman, n.d. [c.1977].

———. 'Prof. B. Mark', *Mit zikh un mit andere: Oytobiografishe un literarishe eseyen*, 375–79. Jerusalem: Farlag 'Yerushalayim Almanakh', 1984.

Shallcross, Bożena. *The Holocaust Object in Polish and Polish Jewish Culture*. Bloomington and Indianapolis: Indiana University Press, 2011.

Shapiro, Robert Moses. 'Diaries and Memoirs from the Lodz Ghetto'. In *Holocaust Chronicles: Individualizing the Holocaust through Diaries and Other Contemporaneous Personal Accounts*, ed. Shapiro, 95–115. Hoboken, NJ: Ktav, 1999.

Shavit, Yaakov. 'Politics and Messianism: The Zionist Revisionist Movement and Polish Political Culture'. *Studies in Zionism* 6(2) (1985): 233–35.

Shushkes, Kh. *Bleter fun a Geto-Tog-Bukh*. New York: H.H. Glants, 1943.

Sieradzka, Agnieszka (ed.). *Szkicownik z Auschwitz/The Sketchbook from Auschwitz*. Oświęcim: Państwowe Muzeum Auschwitz-Birkenau, 2011.

Silverman, Kaja. *The Subject of Semiotics*. New York: Oxford University Press, 1983.

Smith, Mark L. 'No Silence in Yiddish: Popular and Scholarly Writing about the Holocaust in the Early Post-War Years'. In *After the Holocaust: Challenging the Myths of Silence*, eds David Cesarani and Eric L. Sundquist, 55–66. London: Routledge, 2012.

Sofsky, Wolfgang. *The Order of Terror: The Concentration Camp*. Trans. William Templer. Princeton, NJ: Princeton University Press, 1997.

Sontag, Susan. *On Photography*. London: Penguin, 1977. スーザン・ソンタグ『写真論』近藤耕人訳，晶文社，1979年

Stafford, Fiona J. *The Last of the Race: The Growth of a Myth from Milton to Darwin*. Oxford: Clarendon Press, 1994.

Stanislawski, Michael. *Zionism and the Fin-de-Siècle: Cosmopolitanism and Nationalism from Nordau to Jabotinsky*. Berkeley and Los Angeles: University of California Press, 2001.

Stanley-Price, Nicholas. 'The Reconstruction of Ruins: Principles and Practice'. In *Conservation: Principles, Dilemmas and Uncomfortable Truths*, ed. Alison Richmond and Alison Bracker, 32–46. Oxford: Elsevier, 2009.

Steinbacher, Sybille. *Auschwitz: A History*. Trans. Shaun Whiteside. London: Penguin, 2005.

Steiner, George. *Language and Silence: Essays on Language, Literature and the Inhuman*. New Haven, CT: Yale University Press, 1998. ジョージ・スタイナー『言語と沈黙――言語・文学・非人間的なるものについて』由良君美訳，せりか書房，2001年

Stone, Dan. 'The Sonderkommando Photographs'. *Jewish Social Studies* 7(3) (2001): 132–48. ダン・ス

トーン『野蛮のハーモニー――ホロコースト史学論集』上村忠男訳，みすず書房，2019年，第七章「ゾンダーコマンドの撮った写真」
———. *Histories of the Holocaust*. Oxford: Oxford University Press, 2010.
———. 'Introduction: The Holocaust and Holocaust Methodology'. In *The Holocaust and Holocaust Methodology*, ed. Dan Stone, 1–19. New York: Berghahn Books, 2012. 同上書，第五章「ダン・ストーン編『ホロコーストと歴史の方法論』序論」
———. 'The Harmony of Barbarism: Locating the Scrolls of Auschwitz in Holocaust Historiography'. In *Representing Auschwitz: At the Margins of Testimony*, eds Nicholas Chare and Dominic Williams, 11–32. Basingstoke: Palgrave Macmillan, 2013. 同上書，第八章「野蛮のハーモニー――「アウシュヴィッツの巻物」をホロコースト史学のなかに位置づける」
Struk, Janina. *Photographing the Holocaust: Interpretations of the Evidence*. London: I.B. Tauris, 2004.
Strzelecki, Andrzej. *The Evacuation, Dismantling and Liberation of Auschwitz*. Oświęcim: Auschwitz-Birkenau State Museum, 2001.
Stutshkov, Nokhem. *Der oytser fun der yiddisher shprakh*. New York: YIVO Institute for Jewish Research, 1950.
Suchoff, David. 'A Yiddish Text from Auschwitz: Critical History and the Anthological Imagination', *Prooftexts* 19(1) (January 1999): 59–69.
Surminski, Arno. *Die Vogelwelt von Auschwitz*. Munich, Langen Müller Verlag, 2008.
Świebocka, Teresa. *Auschwitz: A History in Photographs*. Indianapolis: Indiana University Press, 1993.
Świebocka, Teresa, Franciszek Piper and Martin Mayr (eds). *Inmitten des grauenvollen Verbrechens: Handschriften von Mitgliedern des Sonderkommandos*. Trans. Herta Henschel and Jochen August. Oświęcim: Verlag des Staatlichen Auschwitz-Birkenau Museums, 1996.
Szczepański, Janusz. *Dzieje społeczności żydowskiej powiatów Pułtusk i Maków Mazowiecki*. Warsaw: Pułtuskie Towarzystwo Społeczno-Kulturalne and Towarzystwo Miłośników Makowa Mazowieckiego, 1993.
Szlamkowicz, Jakob, et al. 'Death Camp in Kolo County'. In Shmuel Krakowski and Ilya Altman, 'The Testament of the Last Prisoners of the Chelmno Death Camp', *Yad Vashem Studies* 27 (1991): 105–23.
Szlengel, Władysław. *Poeta Nieznany*, ed. Magdalena Stańczuk. Warsaw: Bellona Spółka Akcyjna, 2013.
Szpek, Heidi. 'Jewish Epitaphs from Białystok, 1892–1902: Embracing the Spirit of Dubnow', *East European Jewish Affairs* 42(2) (August 2012): 129–58.
Tapper, Colin. *Cross & Tapper: On Evidence*, 10th edn. London: Reed Elsevier, 2004.
Taub, Shmuel. 'A bintl troyerike zikhroynes'. In *Sefer zikaron lekehilat Makov-Mazovyetsk*, 283–90. Tel Aviv: Komitet fun makover landsmanshaftn in Yisroel un Amerike, 1969.
Taub, Shmuel. 'A bintl troyerike zikhroynes', 289–90. *Maków Yizker Book*.
Tec, Nehama. *Resilience and Courage: Men, Women and the Holocaust*. New Haven, CT, and London: Yale University Press, 2003.
Tomasik, Wojciech. *Ikona nowoczesności: Kolej w literaturze polskiej*. Wroclaw: Wydawnictwo Uniwersytetu Wroclawskiego, 2007.
Trezise, Thomas. *Witnessing Witnessing: On the Reception of Holocaust Survivor Testimony*. New York: Fordham University Press, 2013.

Venezia, Shlomo. *Inside the Gas Chambers: Eight Months in the Sonderkommando of Auschwitz.* Trans. Andrew Brown. Cambridge: Polity, 2009.

Wajcman, Gérard. 'De la croyance photographique'. *Les temps modernes* 56 (2001): 47–83.

Waxman, Zoe. *Writing the Holocaust: Identity, Testimony, Representation.* Oxford: Oxford University Press, 2006.

Wells, Leon W. *The Death Brigade (The Janowska Road).* New York: Holocaust Library, 1978.

White, Hayden. *Metahistory: The Historical Imagination in Nineteenth-Century Europe.* Baltimore, MD: Johns Hopkins University Press, 1973. ヘイドン・ホワイト『メタヒストリー――19世紀ヨーロッパにおける歴史的想像力』岩崎稔監訳，作品社，2017年

———. 'Figural Realism in Witness Literature', *parallax* 10(1) (2004): 113–24.

———. 'Historical Discourse and Literary Writing'. In *Tropes for the Past: Hayden White and the History/Literature Debate*, ed. Kusima Korhonen, 25–33. Amsterdam: Rodopi, 2006.

Wiesel, Elie. 'The Holocaust as Literary Inspiration'. In *Dimensions of the Holocaust*, by Wiesel et al., 5–19. Evanston, IL: Northwestern University Press, 1977.

———. 'Preface'. In Ber Mark, *Des voix dans la nuit*, Trans. Esther Fridman, Joseph Fridman and Liliane Princet, i–v. Paris: Plon, 1982.

Williams, Dominic. 'The Dead Are My Teachers: The Scrolls of Auschwitz in Jerome Rothenberg's *Khurbn*'. In *Representing Auschwitz: At the Margins of Testimony*, eds Nicholas Chare and Dominic Williams, 58–84. Basingstoke: Palgrave Macmillian, 2013.

———. 'Figuring the Grey Zone: The Auschwitz Sonderkommando in Contemporary Culture', *Holocaust Studies*, forthcoming.

Wollaston, Isabel. 'The Absent, the Partial and the Iconic in Archival Photographs of the Holocaust'. *Jewish Culture and History* 12(3) (2010): 443–45.

Wolnerman, Chaim. 'Araynfir'. In Zalman Gradowski, *In harts fun gehenem*, 1–5. Jerusalem: Wolnerman, n.d. [c.1977].

Wygodzki, Yehoshua. 'A vort fun a gevezenem asir'. In Zalman Gradowski, *In harts fun gehenem*, 9–15. Jerusalem: Wolnerman, n.d. [c.1977].

Yerushalmi, Yosef. *Zakhor: Jewish History and Jewish Memory.* Seattle and London: University of Washington Press, 1996. ヨセフ・ハイーム・イェルシャルミ『ユダヤ人の記憶　ユダヤ人の歴史』木村光二訳，晶文社，1996年

Young, James. 'Interpreting Literary Testimony: A Preface to Reading Holocaust Diaries and Memoirs'. *New Literary History* 18(2) (1987): 403–23.

Zawoznicki, Yehoyesh. 'Portretn fun lomdim, askonim un nedivim in Suvalk'. *Yizker-bukh Suvalk*, 431–74.

———. 'Di toyre-yugnt in Suvalk'. *Yizker-bukh Suvalk*, 365–72.

Zelizer, Barbie. *Remembering to Forget: Holocaust Memory through the Camera's Eye.* Chicago: University of Chicago Press, 1998.

Żółkiewska, Agnieszka (ed.). *Słowa pośród nocy: Poetyckie dokumenty Holokaustu.* Warsaw: Żydowski Instytut Historyczy, 2012.

原 註

原書による凡例

1　これには例外がひとつある．本書はザルマン・レヴェンタルの綴り方を書き換えるというマルクの判断に従わなかった．それは標準の綴りであればヘブライ語のヴァヴの文字を使うところを，ユッドの文字を使用するというものであった．したがってたとえば un は in となり，unts は ints となる（YIVO 表記では undz）．これは翻字したときの理解をいっそう難しくしかねない．そのうえ両文字とも，手書きすると基本的には縦線であるために双方の唯一の違いはその長さだけとなり，しばしばただの見え方の違いの問題となってしまう．マルクがユッドの文字に書き取っているものの多くは，手書き文書からヴァヴの文字とみなすことができる．

序 文

1　Andrzej Strzelecki, *The Evacuation, Dismantling and Liberation of Auschwitz* (Oświęcim: Auschwitz-Birkenau State Museum, 2001).〔強制収容所の〕解放直後にアレクサンドル・ヴォロンツォフの撮った映像が映画『アウシュヴィッツの解放』（監督 イルムガルト・フォン・ツア・ミューレン , 1986）に使われている．Jacek Lechandro, 'From Liberation to the Opening of the Memorial', http://en.auschwitz.org/m/index.php?option=com_content&task=view&id=227&Itemid=13&limit=1&limitstart=1.

2　Andrzej Zaorski, 'Relacja' AŻIH 301/7182. ザオルスキがみつけた「本」が機関誌の論文であったのはほぼ間違いないと思われ，おそらくルドルフ・ヘス〔アウシュヴィッツ司令官〕に贈呈するためにそうした体裁が施されたのであろう．Günther Niethammer, 'Beobachtungen über die Vogelwelt von Auschwitz/Ost-Oberschlesien', *Annalen des Naturhistorischen Museums in Wien* 52(1942): 164–99. ニートハマーのアウシュヴィッツでの活動は近年刊行された小説 Arno Surminski, *Die Vogelwelt von Auschwitz* (Munich, Langen Müller Verlag, 2008) が書かれるきっかけとなっている．

3　本書ではゾンダーコマンドという言葉が何度も登場するため斜体活字にしなかった．また「特別作業班」や「SK」も彼らを指す．SK が Strafkompanie，すなわち懲罰作業班を指す場合もあったが，ゾンダーコマンドにたいしても使われたと思われる．

4　ハイム・ヴォルネルマンは子どもたちによる墓荒らしをやめさせる対策を話し合うためにオシフィエンチムで開かれた町の会合に出席したことを記憶している．出席者は，経済的にもっとも貧しい家庭を援助することでこうした事案が減らせることを議論した．ザルマン・グラドフスキの *In harts fun gehenem* (Jerusalem: Wolnerman, n.d.［c.1977］) 2–3 の序文．アンジェイ・ザオルスキはより強い嫌悪感を抱いているようで，「人間の姿をしたハイエナ」（AŻIH 301/7182）と呼んでいる。この種の出来事を最近論じてい

るものとして下記がある．Jan Tomasz and Irena Grudzińska Gross, *Golden Harvest: Events on the Margin of the Holocaust* (Oxford: Oxford University Press, 2012).

5 Gideon Greif, *We Wept without Tears: Testimonies of the Jewish Sonderkommando in Auschwitz*, trans. Naftali Greenwood (New Haven, CT: Yale University Press, 2005), 165. Ber Mark, *Megiles Oyshvits* (Tel Aviv: Yisroel-Bukh, 1977), 260–61.

6 Wolnerman, 'Araynfir', 3–4.

7 Wojciech Borowczyk and Gustaw Borowczyk, report of 5 Nov and 14 Nov 1970, APMO Wspomnienia Tom 78A. この初期の段階にクレマトリウム（死体焼却施設）の地中から見つけられたもうひとつの文書は，ゾンダーコマンドが書いたものではなく，ウーチ・ゲットーの十代の少女の日記であった．これは赤軍の医官ジナイーダ・ベレゾフスカヤが1945年春に見つけたもので，2008年まで彼女の家族によって保管されていた．Rywka Lipszyc, *The Diary of Rywka Lipszyc*, ed. Alexandra Zapruder (San Francisco, CA: Jewish Family and Children's Services Holocaust Center, 2014). ほかにも下記を参照のこと．http://www.rywkadiary.org および http://jfcsholocaustcenter.org/diary-rywka-lipszyc/. この日記が隠された経緯がもつ意味は第三章原註2で簡潔に論じた．

8 Jan Kucia, 'Relacja', 2 April 1974, APMO Wspomnienia Tom 73, 156644/420. アウシュヴィッツのアーカイヴには，少なくとも1950年代半ばまで，手書き文書にかんする首尾一貫した保存方針がなかった．Jonathan Huener, *Auschwitz, Poland, and the Politics of Commemoration*, 1945–1979 (Athens: Ohio University Press, 2003), 142.

9 Wojciech Borowczyk and Gustaw Borowczyk, reports of Nov 1970.

10 その所在はいまも不明である（ユダヤ歴史博物館，私信）．

11 Franciszek Piper, 'Protokoł', Nov 1980, APMO, Wspomnienia Tom 135.

12 Nachman Blumental, *Shmuesn vegn der Yidisher Literatur unter der Daytsher Okupatsye* (Buenos Aires: Tsentral Farband far Poylishe Yidn in Argentine, 1966), 178. 彼が執筆していた当時，これより短い二つのテクストが刊行されているだけであった．'W otchłani zbrodni', *Biuletyn Żydowskiego Instytuta Historycznego* 9–10 (1954) のなかの匿名の手書き文書および Janusz Gumkowski and Adam Rutkowski (eds), Szukajcie w popiotach, trans. Szymon Datner (Łódź: Wydawnictwo Łodzkie, n.d.［1965］のなかの，ザルマン・レヴェンタルによるウーチ・ゲットーの日記の評釈である．

13 Joanna Nalewajko-Kulikov, 'Trzy kolory: szary: Szkic do portretu Bernarda Marka', Zagłada Żydów 4 (2008): 263–84. Bernard Mark, 'Dziennik (grudzień 1965 - luty 1966)', trans. Joanna Nalewajko-Kulikov, *Kwartalnik Historii Żydów* 226(2) (2008): 156–92. Dovid Sfard, 'Prof. B. Mark', *Mit zikh un mit andere: Oytobiografishe un literarishe eseyen* (Yerushalyim: Farlag 'Yesushalayim Almanakh', 1984), 375–79.

14 Joanna Nalewajko-Kulikov, 'The Last Yiddish Book Printed in Poland: Outline of the Activities of Yidish Bukh Publishing House', in *Under the Red Banner: Yiddish Culture in the Communist Countries in the Postwar Era*, ed. Elvira Grözinger and Magdalena Ruta (Wiesbaden: Harrassowitz, 2008), 133. 反シオニスト運動については下記を参照のこと．Leszek Głuchowski and Antony Polonsky (eds), *1968*: *Forty Years After, POLIN: Studies*

in Polish Jewry 21 (2008). 15. エステル・マルクのほかにも，本書に名があがっている多くの人が当時，ポーランドからの出国を強いられている．たとえばドヴィド・スファルドやイェホシュア・ヴィゴツキ（第二章），およびアダム・ルトコフスキやアダム・ヴェイン（第四章）．

15 エステル・マルクがこの研究に貢献し，実際ながらくこれに従事したことから，本書ではときにこのベル・マルクの本をマルク夫妻の版として扱っている．

16 ベル・マルクの長年の友人であったドヴィド・スファルドがヴォルネルマン版に短い序文を寄稿しているのは少々意外である．'Eynike zikhroynes vegn Zalman Gradowski', in Gradowski, *In harts fun gehenem*, 6–8.

17 Jadwiga Bezwińska and Danuta Czech (eds), *Wśród koszmarnej zbrodni: Notatki więźnów z Sonderkommando w Oświęcimiu* (Oświęcim: Wydawnictwo Państwowego Muzeum w Oświęcimiu, 1st edn 1971; 2nd edn 1973).

18 Zalman Gradowski, 'The Czech Transport: A Chronicle of the Auschwitz Sonderkommando', trans. Robert Wolf, in *The Literature of Destruction: Jewish Responses to Catastrophe,* ed. David Roskies (Philadelphia: Jewish Publication Society, 1989), 548–64; Ber Mark, *The Scrolls of Auschwitz*, trans. Sharon Neemani (Tel Aviv: Am Oved, 1985); Jadwiga Bezwińska and Danuta Czech (eds), *Amidst a Nightmare of Crime: Manuscripts of Members of Sonderkommando*, 2nd edn, trans. Krystyna Michalik (Oświęcim: State Museum at Oświęcim, 1973).

19 たとえば下記を参照のこと．Carlo Saletti (ed.), *La voce dei sommersi: Manoscritti ritrovati di membri del Sonderkommando di Auschwitz* (Venice: Marsilio, 1999); Georges Bensoussan, Philippe Mesnard and Carlo Saletti (eds), *Des voix sous la cendre: Manuscrits des Sonderkommandos d'Auschwitz-Birkenau* (Paris: Calmann Lévy/Mémorial de la Shoah, 2005); Zalmen Gradowski, *Au Coeur de l'enfer: Témoignage d'un Sonderkommando d'Auschwitz, 1944*, trans. Batia Baum (Paris: Kimé, 2001); Teresa Świebocka, Franciszek Piper and Martin Mayr (eds), *Inmitten des grauenvollen Verbrechens: Handschriften von Mitgliedern des Sonderkommandos*, trans. Herta Henschel and Jochen August (Oświęcim: Verlag des Staatlichen Auschwitz-Birkenau Museums, 1996); Zalman Gradowski, *V serdtsevine Ada: Zapiski, naidennie v peple vozle pechei Osventsima*, trans. Aleksandra Polian (Moscow: Gamma Press, 2011). 最後のロシア語版は，マルク版とアウシュヴィッツ博物館版についで，唯一手書き文書の原本を取り上げたものである．グラドフスキの文書はチェコ語，オランダ語，ヘブライ語，そしてスペイン語でも翻訳出版されている．

20 Dan Stone, 'The Harmony of Barbarism: Locating the Scrolls of Auschwitz in Holocaust Historiography', in *Representing Auschwitz: At the Margins of Testimony*, eds. Nicholas Chare and Dominic Williams (Basingstoke: Palgrave Macmillan, 2013), 27 n. 3.

21 フィリップ・ミュラーはこの「Aschenkommando」〔人灰処理班〕という呼称を使用しているが，ほかの文献には見出せない．*Sonderbehandlung: Drei Jahre in den Krematorien und Gaskammern von Auschwitz*, literary collaboration with Helmut Freitag (Munich: Steinhausen, 1977), 222.

22 ゾンダーコマンドの歴史にかんするもっとも包括的な著作としてはEric Friedler, Barbara Siebert and Andreas Kilian, *Zeugen aus der Todeszone: Das Jüdische Sonderkommando in Auschwitz* (Munich: Deutsche Taschenbuch Verlag, 2005) がある．下記の概説は役に立つ．Angelika Königseder, 'Das Sonderkommando', *Der Ort des Terrors: Geschichte der nationalsozialistischen Konzentrationslager*, ed. Wolfgang Benz and Barbara Distel, vol.5: *Hinzert, Auschwitz, Neuengamme*, ed. Königseder (Munich: Verlag C.H. Beck, 2007), 152–53; Franciszek Piper, '*Sonderkommando* Prisoners: Details of their Living Condition and Work', in *Auschwitz 1940–1945: Central Issues in the History of the Camp*, ed. Wacław Długoborski and Franciszek Piper, trans. William Brand, 5 vols (Oswiecim: Auschwitz-Birkenau State Museum, 2000), vol.3, 180–97. ギデオン・グライフのインタビューの本 *We Wept without Tears* のほかにもゾンダーコマンドの証言には下記のものがある．Miklós Nyiszli, *Ausvhwitz: A Doctor's Eyewitness Report*, trans. Tibère Kremer and Richard Seaver (London: Penguin, 2012), trans. Of *Dr. Mengele boncolóorvasa voltam az Auschwitzi krematóriumban*, 1946; Filip Müller, *Eyewitness Auschwitz: Three Years in the Gas Chambers*, trans. Susan Flatauer (Chicago: Ivan R. Dee, 1999), trans. of *Sonderbehandlung: Drei Jahre in den Krematorien und Gaskammern von Auschwitz*, 1979; Marcel Nadjary, *Khronniko, 1941–1945* (Thessaloniki: Etz Khaim, 1991)（英訳はない）; Leon Cohen, *From Greece to Birkenau: The Crematoria Workers' Uprising*, trans. Jose-Maurice Gormezano (Tel Aviv: Salonika Jewry Research Centre, 1996)（フランス語の手書きの原文は刊行されていない）; Rebecca Camhi Fromer, *The Holocaust Odyssey of Daniel Bennahmias, Sonderkommando* (Tuscaloosa: University of Alabama Press, 1993); Jan Południak, Sonder: *An Interview with Sonderkommando Member Henryk Mandelbaum*, trans. Witold Zbirohowski-Kościa (Oświęcim: Frap-Books, 2009), trans. of *Zonder: Rozmowa z członkiem Sonderkommando Henrykiem Mandelbaumem*, 1994; Sholomo Venezia, *Inside the Gas Chambers: Eight Months in the Sonderkommando of Auschwitz*, tran. Andrew Brown (Cambridge: Polity, 2009), trans. of *Sonderkommando: Dans l'enfer des chambres de gaz*, 2007.

23 Piper, '*Sonderkommando* Prisoners', 180–83.

24 イェフダ・バコン，モルデカイ・チェハヌヴェル，サム・イツコヴィツやシュムエル・タウブはいずれもゾンダーコマンドとなんらかの接触をもつことができた．USC VHF 26983 Yehuda Bacon（とりわけ segs. 218, 228–29）; Mordechai Ciechanower, *Der Dachdecker von Auschwitz-Birkenau*, trans. Christina Mulolli (Berlin: Metropol Verlag, 2007), 164–67; USC VHF 15815 Sam Itskowitz (segs. 25–26); Shmuel Taub, 'A bintl troyerike zikhroynes', *Maków Yizker Book*, 289–90. 以下も参照のこと．Gideon Greif, 'Between Sanity and Insanity: Spheres of Everyday Life in the Auschwitz-Birkenau *Sonderkommando*', in *Gray Zones: Ambiguity and Compromise in the Holocaust and its Aftermath*, ed. Jonathan Petropoulos and John K. Roth (New York: Berghahn Book, 2005), 57.

25 Greif, 'Between Sanity and Insanity', 52. USC VHF 1770 中のレオン・ヴェルベル (seg.

80) も参照のこと．

26 ミクロス・ニーシュリは犠牲者たちが所持していた〔食べ〕物を並べて催されたゾンダーコマンドの饗宴について記している（*Auschwitz*, 23-24）．だが空腹で食べ物のことが頭から離れないときがあったことを報告している班員もいる．USC VHF 1770 Leon Welbel (seg. 74).

27 シビル・シュタインバッハーを含む多くの歴史家がいまもなおこの神話を語っている．Sybille Steinbacher, *Auschwitz: A History*, trans. Shaun Whiteside (London: Penguin, 2005), 103. ギデオン・グライフはゾンダーコマンドの歴史で7回の選別が行われたことを記しているが，このうち全員が殺害されたのはわずか1回である．*We Wept without Tears*, 347 n. 34. この話はミクロス・ニーシュリに由来する．Nyiszli, *Im Jenseits der Menschlichkeit: Ein Gerichtsmediziner in Auschwitz*, trans. Angelika Bihari, ed. Andreas Kilian and Friedrich Herber (Berlin: Karl Dietz, 2005), 167 n.39. しかしこれはゾンダーコマンドをめぐる初期の出来事におそらく触発されて収容所内に流布していた噂であったのかもしれない．レオン・コーヘンは3，4か月で殺されることになるから加わらないほうがよい，と言われたことを記憶している．Cohen, *From Greece to Birkenau*, 29. ルドルフ・ヘス〔収容所司令官〕もアドルフ・アイヒマン〔ユダヤ人問題担当の親衛隊将校〕から定期的に集団を殺害するよう指示を受けていたと主張した．Rudolf Höß, *Kommandant in Auschwitz: Autobiographische Aufzeichnungen*, ed. Martin Broszat (Munich: Deutsche Taschenbuch Verlag, 2013), 242. しかし彼らは，クロード・ランズマンが述べているように，実際は「熟練労働者」（Facharbeiter）であり，それゆえに殺害しないでおくほうが収容所の管理当局には都合がよかった．フィリップ・ミュラーとのインタビュー内容の写し，107（http://www.ushmm.org/online/film/display/detail.php?file_num=4745 からPDFをダウンロードできる）．

28 Randolph L. Braham, 'Hungarian Jews', in *Anatomy of the Auschwitz Death Camp*, eds. Gutman and Berenbaum, 463-66.

29 ヘンルィク・シフィエボツキはこれを「差し迫った危険を前にしての反乱」に分類している．*Auschwitz 1940-1945*, vol. 4, 245-49.

30 Danuta Czech, *Auschwitz Chronicle*, trans. Barbara Harshav, Martha Humphreys and Stephen Shearier (New York: Henry Holt, 1990), 725-26; Friedler, Siebert and Kilian, *Zeugen aus der Todeszone*, 270-80; Igor Bartosik, *Bunt Sonderkommando: 7 października 1944 roku* (Oświęcim: Państwowe Muzeum Auschwitz-Birkenau, 2014), 15-33. レオン・ヴェルベルはクレマトリウムⅤの近くにいた．USC VHF 1770 Leon Welbel (segs. 124-25). フィリップ・ミュラーはクレマトリウムⅣの近くにいた．*Sonderbehandlung*, 250-53. ザルマン・レヴェンタルとマルセル・ナジャリはクレマトリウムⅢにいた．Zalman Lewental, 'Fartseykhenungen', in Ber Mark, *Megiles Oyshvits*, 411-16; Marcel Nadjary, *Khroniko*, 1941-1945, 58-60.

31 ラングフスは10月7日の死者のうちにしばしば列挙されるが，この主張を退ける本書の理由については第三章を参照のこと．

32 ギデオン・グライフはゾンダーコマンドにかんする史料を網羅的に記載している．

We Wept without Tears, 75–83. 彼らの表象にかんする文化史もあるが，本書では取り上げて論じる頁の余裕がないゆえ下記を参照のこと．Adam Brown, *Judging 'Privileged' Jews: Holocaust Ethics, Representation, and the 'Grey Zone'* (New York: Berghahn Books, 2013), Dominic Williams, 'The Dead Are My Teachers: The Scrolls of Auschwitz in Jerome Rothenberg's *Khurbn*', in *Representing Auschwitz: At the Margin of Testimony*, ed. Nicholas Chare and Dominic Williams (Basingstoke: Palgrave Macmillian, 2013), 58–84; Dominic Williams, 'Figuring the Grey Zone: The Auschwitz Sonderkommando in Contemporary Culture',（近刊）．われわれもまたこの表象史について取り組むつもりでおり，仮の書名であるが，*Figuring the Grey Zone: Representations of the Auschwitz Sonderkommando 1944- Present* でさらに詳しく論じることにしたい．

33　Ota Kraus and Erich Kulka, *The Death Factory: Document on Auschwitz*, trans. Stephen Jolly (Oxford: Pergamon Press, 1966), 152.

34　Nyiszli, *Auschwitz*, 23–25, 144.

35　Primo Levi, 'The Grey Zone,' *The Drowned and the Saved*, trans. Raymond Rosenthal (London: Abacus, 1989), 22–51.［プリーモ・レーヴィ『溺れるものと救われるもの』竹山博英訳，朝日新聞社，2000 年］．

36　この主題に関連して，ランズマンが映画『ショア』でゾンダーコマンドの証言を少なからず強調したのと同様に，ベンヤミン・マーメルシュタイン（テレージエンシュタットのユダヤ人評議会の一員）との詳細なインタビューを当初，映画に含めることを考えていたことは注目される．それらのインタビューはのちに単独で映画『不正義の果て』（監督 クロード・ランズマン，2013）で使われた．

37　Levi, 'The Grey Zone', 37.

38　同上．

39　同書 41. イタリア語の原文は Levi, *I sommersi e I salvati* (Torino: Einaudi, 1986), 43 を参照のこと．

40　同書 35.

41　同書 36–37.

42　同書 36.

43　たとえば Greif, *We Wept without Tears*, 87–88, 122–24, 286–87.

44　同書 22–32，とりわけ 30–31.

45　たとえばレーヴィの場合，自死しているため付随的にしか言及されていない（321）．立証に向けた著者たちの強い熱意が，ゾンダーコマンドについて知りうる事柄以上の確信を彼らに与えたかもしれない．4 枚の写真の撮影者をアルベルト・エレーラとすることが，彼らの信じるほどには十分な根拠がないことはその一例である（本書第六章の議論を参照のこと）．ゾンダーコマンドの蜂起にかんする彼らの語りもまた，証言間の食い違いを取り除こうとしすぎるきらいがある．蜂起で中心的な役割を担った者にかんする説明はギリシャ人とポーランド人とでは相当異なっている．ザルマン・レヴェンタルがあげている指導者名を，レオン・コーフェンやマルセル・ナジャリのものと比較せよ．Cohen, *From Greece to Birkenau*, 51–53. Nadjary, *Khroniko*, 58.

46　とりわけ1947年にクラクフで開かれたルドルフ・ヘス裁判と1963–65年のフランクフルトにおけるアウシュヴィッツ裁判が注目される．

47　Adam Brown, *Judging 'Privileged' Jews*, 124–30.

48　Ziva Postec, 'Editing *Shoah*'. 議論の詳細は本書の「結論」を参照のこと．

49　この論争にかんする立ち入った議論は第六章を参照のこと．

50　Friedler, Siebert and Kilian, *Zeugen aus der Todeszone*, 265.

51　Greif, *We Wept without Tears*, 165, 247, 361 n. 62.

52　「ヴルバ–ウェツラー・レポート」とともに「ロシン–モルドヴィチ・レポート」がもっともよく知られている．Miroslav Karny, 'The Vrba and Wetzler Report', in *Anatomy of the Auschwitz Death Camp*, ed. Yisrael Gutman and Michael Berenbaum (Bloomington: Indiana University Press, 1994), 553–68.

53　さまざまなリストが秘密裏にオットー・ヴォルケン，ヤン・オルシェフスキ，イズィドル・ウーシュチェクおよびヴラスタ・クラディヴォヴァによって保管された．タデウシュ・ヨアヒモフスキは「ジプシー収容所」にかんする記録帳をバケツに隠して敷地に埋めており，1949年に掘り出された．ルドヴィク・ラヴィンとタデウシュ・クビャクは公式写真のコピーをとり，それらを建設部局の建物のひとつの近くに埋めた．写真は1946年に回収されている．*Auschwitz 1940–1945*, vol. 3, 260–65.

54　たとえば下記を参照のこと．Jürgen Kaumkötter et al. (eds), Kunst in Auschwitz/Sztuka w Auschwitz (Bramsche: Rasch Verlag, 2005); David Mickenberg, Corinne Granoff and Peter Hayes (eds), *The Last Expression: Art and Auschwitz* (Evanston, IL: Mary and Leigh Block Museum of Art, Northwestern University, 2003); Agnieszka Sieradzka (ed.), *Szkicownik z Auschwitz/The sketchbook from Auschwitz* (Oświęcim: Państwowe Muzeum Auschwitz-Birkenau, 2011).

55　Alan Rosen, *The Wonder of their Voices* (Oxford: Oxford University Press, 2010), 110–19.

56　AŻIH 226/326. この詩もしくは歌は，マレク・トゥシェヴィツキによるポーランド語の訳とともに下記から刊行されている．Agnieszka Żółkiewska (ed.), *Słowa pośród nocy: Poetyckie dokumenty Holokaustu* (Warsaw: Żydowski Instytut Historyczy, 2012), 186–89.

57　Andrés Nader, *Traumatic Verses: On Poetry in German from the Concentration Camps, 1933–1945* (Rochester, NY: Camden House, 2007), 33, 67.

58　Otto Dov Kulka, *Landscapes of the Metropolis of Death,* trans. Ralph Mandel (London: Penguin, 2013), 52–55. 詩はジェラード・ターナーによる訳．

59　Alan Rosen, 'Introduction', in *Literature of the Holocaust*, ed. Rosen (Cambridge: Cambridge University Press, 2013), 15–16. ローゼンはゾンダーコマンドの記述や歌詞に例外的にしか言及していない．

60　Samuel Kassow, *Who Will Write Our History ? : Rediscovering a Hidden Archive from the Warsaw Ghetto* (London: Penguin, 2007); Laura Jockusch, *Collect and Record!: Jewish Holocaust Documentation in Early Postwar Europe* (Oxford: Oxford University Press, 2012). カッソウはエマヌエル・リンゲルブルムの戦前の歴史研究とワルシャワ・ゲット

ーでの活動とのあいだに明確な継続性を認めている．ローラ・ジョクシュはリンゲルブルムと戦後に生き残った歴史家との連続性を研究している（とくに34-36を参照のこと）．

61 Lucjan Dobroszycki, 'Introduction', *The Chronicle of the Łódź Ghetto 1941–1944*, ed. Dobroszycki, trans. Richard Lourie, Joachim Neugroschel et al. (New Haven, CT and London: Yale University Press, 1984), xvii.

62 Renata Laqueur, *Schreiben im KZ* (Bremen: Donat Verlag, 1991).

63 Alexandra Garbarini, *Numbered Days: Diaries in the Holocaust* (New Haven, CT and London: Yale University Press, 2006), 149–57.

64 Leon W. Wells, *The Death Brigade* (*The Janowska Road*) (New York: Holocaust Library, 1978).

65 Kassow, *Who Will Write Our History?* 287–93, 309–10.

66 〈http://www.jhi.pl/en/resistance_and_the_holocaust/international_academic_conference_being_a_witness_to_the_holocaust/75〉.

67 Kazimierz Sakowicz, *Ponary Diary 1941–1943: A Bystander's Account of a Mass Murder*, trans. uncredited (New Haven, CT and London: Yale University Press, 2005).

68 Reuven Dafni and Yehudit Kleiman (eds). *Final Letters: From the Yad Vashem Archive* (London: Weidenfeld and Nicholson, 1991), 119–22; Shmuel Krakowski and Ilya Altman, 'The Testament of the Last Prisoners of the Chelmno Death Camp', *Yad Vashem Studies* 21 (1991): 105–24.

69 Władysław Szlengel, *Poeta Nieznany*, ed. Magdalena Stańczuk (Warsaw: Bellona Spółka Akcyjna, 2013), 218–19. シュレンゲルについての読解は Bożena Shallcross, *The Holocaust Object in Polish and Polish Jewish Culture* (Bloomington and Indianapolis: Indiana University Press, 2011), 17–35; Frieda W. Aaron, *Bearing the Unbearable: Yiddish and Polish Poetry of the Ghettos and Concentration Camps* (Albany, NY: SUNY Press, 1990), 20–27, 39–53 を参照のこと．

70 ブルメンタルの著作は Jockusch, *Collect and Record !*, 84–120 のなかで一部詳しく論じられている．下記も参照のこと：Mark L. Smith, 'No Silence in Yiddish: Popular and Scholarly Writing about the Holocaust in the Early Post-War Years', in David Cesarani and Eric J. Sundquist (eds), *After the Holocaust: Challenging the Myths of Silence* (London: Routledge, 2012), とりわけ 58–59.

71 Blumental, *Shmuesn*, 148–65. Aaron, *Bearing the Unbearable*, 119–30. リベスキンドはトレブリンカ〔絶滅収容所〕からザクセンハウゼン〔強制収容所〕に移動させられたとみられ，彼はそこでアレクサンデル・クリシェヴィチに歌を伝えている．Shirli Gilbert, *Music during the Holocaust: Confronting Life in the Nazi Ghettos and Camps* (Oxford: Clarendon, 2005), 151 n.17［シルリ・ギルバート『ホロコーストの音楽』二階宗人訳，みすず書房，2012］.「kh shem zikh」〔わたしは恥じている〕がワルシャワ・ゲットーで書かれた詩としても列挙されていることは注目される．Żółkiewska, *Słowa pośród nocy*, 335. だがその由来にかんするブルメンタルの記述を同書が是認しない理由については説明がない．

72 Zoe Waxman, *Writing the Holocaust: Identity, Testimony, Representation* (Oxford: Oxford University Press, 2006), 7–87.

73 Garbarini, *Numbered Days*, 93.

74 Tom Lawson, *Debates on the Holocaust* (Manchester: Manchester University Press, 2010), 243–44.

75 George Steiner, *Language and Silence: Essays on Language, Literature and the Inhuman* (New Haven, CT: Yale University Press, 1998), 168.［ジョージ・スタイナー『言語と沈黙――言語・文学・非人間的なるものについて』由良君美訳，せりか書房，2001 年］

76 Nathan Cohen, 'Diaries of the Sonderkommando', in *Anatomy of the Auschwitz Death Camp*, ed. Yisrael Gutman and Michael Berenbaum (Bloomington: Indiana University Press, 1998), 522–34; Susan L. Pentlin, 'Testimony from the Ashes: Final Words from Auschwitz-Birkenau Sonderkommando', in *The Genocidal Mind*, ed. Dennis B. Klein他（St Paul, MN: Paragon House, 2005）, 245–62. 下記も参照のこと．Waxman, *Writing the Holocaust*, 81–84. デイヴィッド・パターソンは*Along the Edge of Annihilation: The Collapse and Recovery of Life in the Holocaust Diary* (Seattle and London: University of Washington Press, 1999) でグラドフスキに何度も言及している．これらの見解はしばしば有益であるが，ワックスマンが指摘するように，パターソンは，彼があげるほかの日記作者と比べると，グラドフスキが書いていたときの諸状況を具体的には論じていない（*Writing the Holocaust*, 54–55).

77 Jerome Rothenberg, *Khurbn and Other Poems* (New York: New Directions, 1989); Dieter Schlesak, *Capesius, der Auschwitzapotheker* (Bonn: Dietz, 2006); Elliot Perlman, *The Steet Sweeper* (London: Faber, 2012). ピエール・ショレのオラトリオ，*Le chant des rouleaux* (2005) は，グラドフスキからの抜粋を含む．歌うというよりは語られている．Michael M. Lustigman, *The kindness of Truth and the Art of Reading Ashes* (New York and Bern: Peter Lang, 1988) は，こうした種類の応答に分類しておくのがふさわしいであろう．

78 Pierre Mesnard, 'Ecrire au dehors de soï', *Des voix sous la cendre*, 215–43. Pavel Polian, 'I v kontse tozhe bilo slovo... (vmesto predisloviya)', in Gradowski, *V serdtsevine Ada*, 47–53.

79 David Roskies, 'Wartime Victim Writing in Eastern Europe', in *Literature of the Holocaust*, ed. Alan Rosen (Cambridge: Cambridge University Press, 2013), 29–31.

80 Lawson, *Debates on the Holocaust*, 244–45. ローソンがマルク版に含まれるテクストにもっぱら焦点をあてたことが，テクストが絶滅の工程にあまり言及していないことを彼に過大に強調させている．とはいえテクストがたんなる記録ではなく，解釈を示しているのだとする彼の視点は重要である．

81 Stone, 'The Harmony of Barbarism', とりわけ 23–26.

82 Alexandre Prstojevic, 'L'indicible et la fiction configuratrice', *Protée*, 37(2) (2009): 35.

83 とりわけ David Roskies, *Against the Apocalypse* (Cambridge, MA: Harvard University Press, 1984), 196–224 を参照のこと．またフリーダ・アーロン，ナフマン・ブルメンタル，アレクサンドラ・ガルバリーニ，サミュエル・カッソウ，アンドレス・ナデル，ボ

ジェナ・シャルクロスが引用している上記のテクストも参照のこと．

84　Dominick LaCapra, *History, Literature, Critical Theory* (Ithaca, NY: Cornell University Press, 2013), 19.

85　たとえばジョルジョ・アガンベンは『アウシュヴィッツの残りのもの』［上村忠男訳，月曜社，2001 年］で，ホロコーストの言表不可能性の論理を拒むよう強く主張している．というのも，それが言語から人間の命のひだをはぎとり，むきだしの生にすることによって，ナチの生政治（biopolitics）を意図的でないとしても繰り返すからである，としている．Giorgio Agamben, *Remnants of Auschwitz: The Witness and the Archive*, trans. Daniel Heller-Roazen (New York: Zone, 1999). 下記も参照のこと．Karyn Ball, *Disciplining the Holocaust* (New York: SUNY, 2008) および Naomi Mandel, *Against the Unspeakable: Complicity, the Holocaust and Slavery in America* (Charlottesville: University of Virginia Press, 2007).

86　Nicholas Chare, 'The Gap in Context: Giorgio Agamben's *Remnants of Auschwitz*', *Cultural Critique* 64 (2006): 62, Nicholas Chare, *Auschwitz and Afterimages* (London: I.B. Tauris, 2011), 86–87，および Dan Stone, 'The Harmony of Barbarism', 22–23 を参照のこと．

87　Shoshana Felman and Dori Laub, *Testimony: Crises of Witnessing in Literature, Psychoanalysis, and History* (New York: Routledge, 1992), 80–81.

88　Thomas Trezise, *Witnessing Witnessing: On the Reception of Holocaust Survivor Testimony* (New York: Fordham University Press, 2013), 8–39 を参照のこと．

89　Felman and Laub, *Testimony*, 84. ゾンダーコマンドの手書き文書は日記としてたびたび言及されてきた（第五章を参照のこと）．

90　同上．

91　Cathy Caruth, *Unclaimed Experience: Trauma, Narrative, and History* (Baltimore, MD: Johns Hopkins University Press, 1996), 4.

92　カルースのトラウマ概念にかんする有益な概説と評論については下記を参照のこと．Ruth Leys, *Trauma: A Genealogy* (Chicago: Chicago University Press, 2000), 266–97; および Trezise, *Witnessing Witnessing*, 40–62.

93　Felman and Laub, *Testimony*, 69.

94　同書 57.

95　フランクルのアウシュヴィッツとダッハウ〔強制収容所〕での時期については Viktor E. Frankl, *Man's Search for Meaning: An Introduction to Logotherapy*, 3rd edn (New York: Touchstone, 1984)［ヴィクトール・E・フランクル『夜と霧』（新装版）池田香代子訳，みすず書房，2002 年］を参照のこと．

96　Felman and Laub, *Testimony*, 82.

97　Lawrence Langer, *Holocaust Testimonies: The Ruins of Memory* (New Haven, CT: Yale University Press, 1991), 20.

98　同書 21.

99　同書 20.

100 Felman and Laub, *Testimony*, 59.

101 トラウマ体験にかかわる受肉をめぐるランズマンの考察については下記を参照のこと．Claude Lanzmann, 'Le lieu et la parole', in *Au sujet de 'Shoah': Le film de Claude Lanzmann*, ed. Michel Deguy (Paris: Belin, 1990), 414.〔受肉にかんする説明は本書の「結論」原註 10 を参照のこと〕.

102 Langer, *Holocaust Testimonies*, 19.

103 Berel Lang, *Holocaust Representation: Art within the Limits of History and Ethics* (Baltimore, MD: Johns Hopkins University Press, 2000), 19.

104 同書 22.

105 本書第五章の日記にかんする議論を参照のこと．

106 Lang, *Holocaust Representation*, 51. また下記を参照のこと． Lang, 'The Representation of Limits', in *Probing the Limits of Representation: Nazism and the 'Final Solution'*, ed. Saul Friedländer (Cambridge, MA: Harvard University Press, 1992), 300.

107 Judith Herman, *Trauma and Recovery: From Domestic Abuse to Political Terror* (London: Pandora, 1994), 2.［ジュディス・L・ハーマン『心的外傷と回復（増補版）』中井久夫訳，みすず書房，1999 年］.

108 Dominick LaCapra, *Writing History, Writing Trauma* (Baltimore, MD: Johns Hopkins University Press, 2001), 42.

109 同書 90.

110 同書 93.

111 同書 91.

112 MS〔手書き文書〕5 頁．この手書き文書のギリシャ語訳の写しはナジャリの *Khroniko, 1941–1945*, 11–23 にある．本書はアウシュヴィッツ博物館が採用した手書き文書の頁番号を採用した．それは 9 頁から 11 頁に誤って飛んでいて，10 頁が見あたらない．ナジャリの手紙の訳はすべてニコス・パパステルギアティスとクリスウラ・スタムリスの好意による．

113 Lang, *Holocaust Representation*, 123–24.

114 David Rousset, *L'univers concentrationnaire* (Paris: Ēditions de Minuit, [1946] 1981). ホロコーストの表象との関連で，「強制収容所の世界」という用語がもつ有効性の限界にかんする議論は Michael Rothberg, *Traumatic Realism: The Demands of Holocaust Representation* (Minneapolis: University of Minnesota Press, 2000), 115–16 を参照のこと．ルーセの用語の分析については下記も参照のこと．Griselda Pollock and Max Silverman, 'Introduction. The Politics of Memory: From Concentrationary Memory to Concentrationary Memories', in Pollock and Silverman (eds), *Concentrationary Memories: Totalitarian Terror and Cultural Resistance* (London: I.B. Tauris, 2013), 2–5.

115 Agamben, *Remnants of Auschwitz*, 41.

116 同書 12.

117 Zalman Lewental, 'Hesofe tsum Lodzher ksav-yad', in Ber Mark, *Megiles Oyshvits*, 433.

118 Philippe Mesnard and Claudeine Kahan, *Giorgio Agamben: À l'épreuve d'Auschwitz*

(Paris: Éditions Kimé, 2001), 23–27.
119 同書 30.
120 同上.

第一章

1　Zalman Lewental, 'Fartseykhenungen'in Ber Mark, *Megiles Oyshvits* (Tel Aviv: Am Oved, 1977), 420 (92.10).（　）内の番号については第四章原註 21 を参照のこと.
2　アウシュヴィッツ＝ビルケナウ強制収容所を指す言葉として「死の工場」をはじめて用いたのはエーリヒ・クルカとオタ・クラウスである．Kraus and Kulka, *The Death Factory* (Oxford: Pergamon Press, 1966), trans. of *Továrna na smrt*, 1946 を参照のこと.
3　Zalman Gradowski, 'Fartseykhenungen', in Mark, *Megiles Oyshvits*, 347.
4　しるしの意味で使用されている言葉 simen は,「記号」や痕跡，目印，あるいは記憶符号すらも指す拡がりをもつ.〔ユダヤ教の〕タルムードでは，死体を確認するための場合を含め，標徴の意味でも用いられる.
5　Georges Didi-Huberman, *Images in Spite of All*, trans. Shane B. Lillis (Chicago: University of Chicago Press, 2008), 110.［ジョルジュ・ディディ＝ユベルマン『イメージ，それでもなお――アウシュヴィッツからもぎ取られた四枚の写真』橋本一径訳，平凡社，2006 年］
6　Spencer L. Rogers, *The Testimony of Teeth: Forensic Aspects of Dentition* (Springfield, IL: Charles C. Thomas, 1988), 88.
7　だがレオンと呼ばれていたゾンダーコマンドの料理人はコンクリート製の容器をつくり，歯だけでなく，死者からとった人体でもっとも脆い組織のひとつである毛髪もそのなかに隠した．彼はまた祈りのためのショール〔タリート〕と聖句箱の一式〔テフィリン〕，そして祈禱書を収めた．この容器の所在は不明である．Ber Mark, *Megiles Oyshvits* (Tel Aviv: Am Oved, 1977), 259 を参照のこと.
8　Lewental, 'Fartseykhenungen', 386 (12.16).
9　ランズマンの見解にかんする議論は Didi-Huberman, *Images in Spite of All*, 89–119 を参照のこと.
10　同書 90.
11　同書 92.
12　同書 96.
13　Rogers, *The Testimony of Teeth*, v-vi.
14　同書 vi.
15　同書 4.
16　Thomas Keenan and Eyal Weizman, *Mengele's Skull: The Advent of a Forensic Aesthetics* (Frankfurt: Sternberg Press, 2012), 19.
17　たとえば Danuta Czech, *Auschwitz Chronicle*, trans. Barbara Harshav, Martha Humphreys and Stephen Shearier (New York: Henry Holt, 1990), 799, 802 に複製されている写真を参

照のこと.

18 Lewental, 'Fartseykhenungen', 418 (86.17–19).

19 同書, 420(92.8–9). ***** は手書き文書のテクストに見られるさまざまな長さの脱落を示す. 表記符号についての説明は「原書による凡例」を参照のこと.

20 Dan Stone, 'The Harmony of Barbarism: Locating the "Scrolls of Auschwitz" in Holocaust Historiography', in *Representing Auschwitz: At the Margins of Testimony*, ed. Nicholas Chare and Dominic Williams (Basingstoke: Palgrave Macmillan, 2013), 25.

21 同書 25.

22 同上

23 Rebecca Schneider, *Performing Remains: Art and War in Times of Theatrical Reenactment* (Abingdon: Routledge, 2011), 14.

24 Alun Munslow, *Narrative and History* (Basingstoke: Palgrave, 2007), 22.

25 同書 25.

26 Griselda Pollock, *Vision and Difference: Feminism, Femininity and the Histories of Art* (London: Routledge, 1988), 6.

27 Munslow, *Narrative and History*, 9.

28 われわれはロシアのサンクトペテルブルク軍事医学博物館への入館および同博物館が所蔵するグラドフスキの文書を実見する許可を得ることができなかった.

29 James Daybell, *The Material Letter in Early Modern England: Manuscript Letters and the Culture and Practices of Letter-Writing, 1512–1635* (Basingstoke: Palgrave Macmillan, 2012).

30 「巻物」の物質性がもつ意義についての初期の研究は以下に見出すことができる. Chare, *Auschwitz and Afterimages: Abjection, Witnessing and Representation* (London: I.B.Tauris, 2011), 77–91; Chare, 'On the Problem of Empathy: Attending to Gaps in the Scrolls of Auschwitz', in *Representing Auschwitz: At the Margins of Testimony*, ed. Nicholas Chare and Dominic Williams (Basingstoke: Palgrave Macmillan, 2013), 33–57.

31 Keenan & Weizman, *Mengele's Skull*, 28.

32 同上.

33 ベル・マルクは, ヘンルィク・ポレンプスキが 36 か所の文書の隠し場所に言及し, それがすべてでないとも推測している証言について述べている. Mark, *Megiles Oyshvits*, 259.

34 Gradowski, 'Fartseykhenungen', 288. この文書を 2007 年に調査したアレクサンドラ・ポリャーンは, これらのうちフランス語とドイツ語のわずか数語しか判読できず, ポーランド語のものはまったく判読できなかった. Zalman Gradowski, *V serdtsevine Ada: Zapiski naidennye v peple vozle pechei Osventsima* (Moscow: Gamma, 2011), 57 n.1.

35 Audrey Giles, 'The Forensic Examination of Documents', in *Crime Scene to Court: The Essentials of Forensic Science*, ed. Peter White (Cambridge: Royal Society of Chemistry, 1998), 108.

36 Shoshana Felman and Dori Laub, *Testimony: Crises of Witnessing in Literature,*

Psychoanalysis, and History (NewYork: Routledge, 1992), 82. とくに明記しない限りすべての強調は原文にもとづく．

37　Felman and Laub, *Testimony*, 81.

38　戦時中にユダヤ人の書いた日記を「自我の意識を，もはやその可能性が抹殺されたときにあっても，懸命に保とうとする試み」と読解する，アレクサンドラ・ガルバリーニの主張と比較すること．しかしながらガルバリーニは書くという行為よりも，記述が記録している内容に焦点を合わせている．Alexandra Garbarini, *Numbered Days: Diaries and the Holocaust* (New Haven, CT: Yale University Press, 2006), 9.

39　Giles, 'The Forensic Examination of Documents', 111.

40　Gradowski, 'Fartseykhenungen', 349.

41　くわえてナジャリは，その上で書くことに適した平らな表面をクレマトリウムで確保することがなかなかできなかったかもしれない．こうした場合，帳簿やノートにはルーズリーフ式の用紙にはない支える役割があった．

42　MS の頁 30b.

43　Hayden White, 'Figural Realism in Witness Literature', *Parallax* 10(1) (2004): 123.

44　Dan Stone, 'Introduction: The Holocaust and Holocaust Methodology', in *The Holocaust and Holocaust Methodology*, ed. Dan Stone (New York: Berghahn Books, 2012), 8.

45　Lewental, 'Fartseykhenungen', 391 (38. 12–15).

46　Craig Dworkin, *Reading the Illegible* (Evanston, IL: Northwestern University Press, 2003), 57.

47　Schneider, *Performing Remains*, 37.

48　同上.

49　Dominick LaCapra, *Writing History, Writing Trauma* (Baltimore, MD: Johns Hopkins, 2001), 40.

50　同書 41.

51　同書 102.

52　Bernard Mark, 'O rękopisie załmena Gradowskiego', in *Wśród koszmarnej zbrodni: Notatki więźniów z Sonderkommando odnalezione w Oświęcimiu*, ed. Jadwiga Bezwińska and Danuta Czech (Oświęcim: Wydawnictwo Państwowego Museum w Oświęcimiu, 1971), 69. このテクストには水筒と手書き文書の写真が 1 枚収載されている（同書 70）．英語版については以下を参照のこと．Jadwiga Bezwińska and Danuta Czech (eds), *Amidst a Nightmare of Crime*, trans. Krystyna Michalik (Oświęcim: State Museum at Oświęcim, 1973), 71–74.

53　ハイム・ヴォルネルマンはそれを箱もしくは缶（'ablekhene［原文のまま］pushke'）と記し，見つけた人から文書を買いとったと述べている．だが箱についてはそれ以上言及していない．Chaim Wolnerman, 'Araynfir', in Zalman Gradowski, *In harts fun geheynem* (Jerusalem: Wolnerman, n.d.), 3–4.

54　Carlo Saletti, 'À propos des manuscrits des membres du *Sonderkommando* de Birkenau',

in *Des voix sous la cendre* (Paris: Le Livre de Poche, 2005), 27. Reports by Wojciech Borowczyk, 5 November 1970, and Gustaw Borowczyk, 14 November 1970, Tom76A, Auschwitz State Museum Archives.

55 Jan Kucia, 'Relacja', 2 April 1974, APMO Wspomnienia Tom 73 156644/420.

56 *Amidst a Nightmare of Crime*, 125; Saletti, 'Ā propos des manuscrits', 25 を参照のこと.

57 アウシュヴィッツに到着すると，通常，旅行かばんを車両内かその近辺に置くように命じられたが，なかにはそうした指示を無視する者もいたようで，わずかながら所持品を持ち込んでいた．アウシュヴィッツ到着時にかんする説明は以下を参照のこと．Simone Gigliotti, *The Train Journey: Transit, Captivity and Witnessing in the Holocaust* (New York: Berghahn Books, 2009), 186–90.

58 Didi-Huberman, *Images in Spite of All*, 36.

59 同上.

60 Andrzej Zaorski, 'Relacja', 11 March 1971, AŻIH 301/7182.

61 ヘルマンが計画をみずから変更した可能性はある．だが縁者にあてた手紙（おそらくヘルマンのものを含む）をクレマトリウムの地中に埋めることについてのレオン・コーフェンの記述は，ほかの可能性も示唆するかもしれない．Cohen, *From Greece to Birkenau: The Crematoria Workers' Uprising*, trans. Jose-Maurice Gormezano (Tel Aviv: Salonika Jewry Research Centre, 1996), 60 を参照のこと.

62 Jane Bennett, *Vibrant Matter: A Political Ecology of Things* (Durham, NC: Duke University Press, 2010), 10.

63 Gradowski, 'Fartseykhenungen', 347.

64 Edmond Locard, 'The Analysis of Dust Traces: Part 1', *The American Journal of Police Science* 1(3) (1930): 276.

65 同書 278.

66 Nicholas Stanley-Price, 'The Reconstruction of Ruins: Principles and Practice', in *Conservation: Principles, Dilemmas and Uncomfortable Truths*, ed. Alison Richmond and Alison Bracker (Oxford: Elsevier, 2009), 32.

67 Nelly Balloffet, *Preservation and Conservation for Libraries and Archives* (Chicago: American Library Association, 2005), 84.

68 LaCapra, *Writing History, Writing Trauma*, 103.

69 Dominick LaCapra, *History and Memory after Auschwitz* (Ithaca, NY: Cornell University Press, 1998), 110.

70 同書 21.

71 Stone, 'The Harmony of Barbarism', 24.

72 James Young, 'Interpreting Literary Testimony: A Preface to Reading Holocaust Diaries and Memoirs', *New Literary History* 18(2) (1987): 404.

73 LaCapra, *Writing History, Writing Trauma*, 99.

74 Munslow, *Narrative and History*, 86.

75 同書 114. および Sande Cohen, *History Out of Joint: Essays on the Use and Abuse of*

History (Baltimore, MD: Johns Hopkins University Press, 2006), 103-25 を参照のこと.
76　同書 97.
77　Alun Munslow, *A History of History* (Abingdon: Routledge, 2012), 64.
78　Gradowski, 'Fartseykhenungen', 347.
79　Munslow, *A History of History*, 110.
80　Mark, *Megiles Oyshvits*, 370.
81　この行には小さな綴りの間違いもある.「rozstrzelone」(銃殺・射殺) とすべきところが「rostrzelone」となっている. この誤りは, 書き手の母語がポーランド語でないことによるか, もしくはその教育水準のせいか, あるいはたんなる不注意にもとづくものかもしれない.
82　Fiona Candlin, *Art, Museums and Touch* (Manchester: Manchester University Press, 2010), 71.
83　Frank Ankersmit, *Sublime Historical Experience* (Stanford, CA: Stanford University Press, 2005), 74.
84　Judith Butler, *Bodies that Matter: On the Discursive Limits of 'Sex'* (New York: Routledge, 1993), 30.
85　同上.
86　Ankersmit, *Sublime Historical Experience*, 6-7.
87　同書 177.
88　同上.
89　同書 226.
90　同書 229.
91　事物とシニフィアンの関係にかんするバトラーの考え方によれば, アンカースミットとは逆に, そうした体験は実のところ言語の別の領域を構成するというべきで, 表象的であるよりも感情にかかわるものである. この感情の問題については第三章で触れる.
92　同書 113.
93　同上.
94　同書 275.
95　同書 265.
96　Frank Ankersmit, *Meaning, Truth, and Reference in Historical Representation* (Ithaca, NY: Cornell University Press, 2012), 203.
97　Ankersmit, *Sublime Historical Experience*, 265.
98　同書 351.
99　同上.
100　Alon Confino, *Foundational Pasts: The Holocaust as Historical Understanding* (Cambridge: Cambridge University Press, 2012), 6-14. コンフィノの著作はホロコーストとフランス革命の研究を相互に深化させる息の長い検討である.
101　同書 6.
102　Arthur A. Cohen, *The Tremendum: A Theological Interpretation of the Holocaust* (New

York: Continuum, 1993), 98.

103 同書 31.

104 Jean-François Lyotard, *Heidegger and 'the jews'* (Minneapolis: University of Minnesota Press, 1990), 47.［ジャン＝フランソワ・リオタール『ハイデガーと「ユダヤ人」』本間邦雄訳，藤原書店，1992 年］

105 Lewental, 'Fartseykhenungen', 421 (24.2).

106 同書 (24.10)

107 Ankersmit, *Sublime Historical Experience*, 280.

108 同書 274.

109 Munslow, *A History of History*, 162.

110 Confino, *Foundational Pasts*, 56. アンカースミットによる〔ヨハン・〕ホイジンガの引用に言及するなかで，コンフィノは両者が論じる「歴史感覚」〔historical sensation〕は，日記の「書かれた頁の素材性やペン，あるいはもっとも恐ろしい状況で書くという行為」に見出すことができるとも述べている（60）.

111 同書 57.

112 Saul Friedländer, *The Years of Extermination: Nazi Germany and the Jews, 1939–1945* (London: Phoenix, 2008), xxv.

113 Confino, *Foundational Pasts*, 57.

114 同上.

115 Colin Tapper, Cross & Tapper: *On Evidence*, 10th edn (London: Reed Elsevier, 2004), 62.

116 Peter Cobb, 'Forensic Science', in *Crime Scene to Court: The Essentials of Forensic Science*, ed. Peter White (Cambridge: Royal Society of Chemistry, 1998), 3.

117 Angela Gallop and Russell Stockdale, 'Trace and Contact Evidence', in *Crime Scene to Court: The Essentials of Forensic Science*, 47.

118 Charles S. Peirce, 'On a New List of Categories', *Proceedings of the American Academy of Arts and Sciences* 7 (1868): 287–98; 290.

119 殺人の事例をあげたパースの指標記号概念にかんする論考については以下を参照のこと．Anne Freadman, *The Machinery of Talk: Charles Peirce and the Sign Hypothesis* (Stanford, CA: Stanford University Press, 2004), 5–31.

120 われわれはこの点でジェイムズ・ヤングとは見解を異にする．ジェイムズ・ヤングは，ゾンダーコマンドの手書き文書が「示す出来事との指標関係」を，むしろそうしたテクストの「物質的な素材性」にもっぱら帰している．ヤングはこれらの文書が，「語りのなかから反復される証言」からよりも，その物質的な状態から「証拠能力」を得ていると論じる．Young, 'Interpreting Literary Testimony', 420–21. 後の章でも論じるように，言葉もまたそれらが叙述する出来事と指標関係をもつと考えることができる．

121 LaCapra, *History and Memory after Auschwitz*, 122.

第二章

1 Yehoshua Wygodzki, 'A vort fun a gevezenem asir', in Zalman Gradowski, *In harts fun gehenem* (Jerusalem: Wolnerman, n.d. [c.1977]), 11.

2 Ber Mark, *Megiles Oyshvits* (Tel Aviv: Yisroel-Bukh, 1977), 263.

3 Philippe Mesnard, 'Ecrire au-dehors de soi', in *Des voix sous la cendre: Manuscrits des Sonderkommandos d'Auschwitz-Birkenau,* ed. Georges Bensoussan, Philippe Mesnard and Carlo Saletti (Paris: Calmann-Lévy/Mémorial de la Shoah, 2005), 238.

4 Kateřina Čapková, 'Das Zeugnis von Salmen Gradowski', *Theresienstädter Studien und Dokumente* (1999): 107. Nathan Cohen, 'Diaries of the Sonderkommando', in *Anatomy of the Auschwitz Death Camp*, ed. Yisrael Gutman and Michael Berenbaum (Bloomington: Indiana University Press, 1998), 525.

5 Dan Stone, 'The Harmony of Barbarism: Locating the Scrolls of Auschwitz in Holocaust Historiography', in *Representing Auschwitz: At the Margins of Testimony*, ed. Nicholas Chare and Dominic Williams (Basingstoke: Palgrave Macmillan, 2013), 26.

6 Pavel Polian, 'I v kontse tozhe bylo slovo (vmesto predisloviya)', in Zalman Gradowski, *V serdtsevine Ada: Zapiski naidennie v peple vozle pechei Osventsima*, trans. Aleksandra Polian (Moscow: Gamma Press, 2011), 52.

7 Wygodzki, 'A vort fun a gevezenem asir', 11.

8 Cohen, 'Diaries of the Sonderkommando', 525.

9 デイヴィッド・ロスキースはグラドフスキがそもそも書き手としての才能をまったく欠いていると考える．そして「彼の文学的な手法は限られていたが，洞察力はあった」と述べることで，グラドフスキが書くための手法がもっぱら洞察の仕方に依存するものであったかのように主張する．'Wartime Victim Writing in Eastern Europe', in Alan Rosen (ed.), *Literature of the Holocaust* (Cambridge: Cambridge University Press, 2013), 43. またグラドフスキは「自分が文学的と考える文体に専念したのである」と語るロスキースのいくぶん尊大な評釈については下記を参照のこと．David Roskies (ed.), *The Literature of Destruction: Jewish Responses to Catastrophe* (Philadelphia: Jewish Publication Society, 1989), 518. クリスティナ・オレクスィは「その文体は事実に無頓着であることを示している」と述べているが，そうした心配は事柄の事実関係に留意すれば解消できるはずである．とはいえ彼女の文章は実のところグラドフスキの記述の仕方に相当注意を払ってはいる．'Salman Gradowski: Ein Zeuge aus dem Sonderkommando', *Theresienstädter Studien und Dokumente* (1995): 133.

10 グラドフスキの文学的な野心に関心を寄せていない研究者も少なくない．たとえば以下を参照のこと．Susan L. Pentlin, 'Testimony from the Ashes: Final Words from Auschwitz- Birkenau Sonderkommando', in *The Genocidal Mind*, ed. Dennis B. Klein 他 (St Paul, MN: Paragon House, 2005), 245–62; Zoë Vania Waxman, *Writing the Holocaust: Identity, Testimony, Representation* (Oxford: Oxford University Press, 2006), 81–84.

11 Mesnard, 'Ecrire au-dehors de soi'. Alexandre Prstojevic, 'L'indicible et la fiction configuratrice', *Protée*, 37(2) (2009): 37–39.

12 Mesnard, 'Ecrire au-dehors de soi', 239.

13 序文で論じたとおりである.

14 ドヴィド・スファルドはグラドフスキがイェシヴァ〔ユダヤ教の学塾〕で教育を受けたと述べている. 'Eynike zikhroynes vegn Zalman Gradowski', in Zalman Gradowski, *In harts fun gehenem* (Jerusalem: Wolnerman, n.d. [c.1977]), 6. これはスヴァウキの「記憶の書」(イズコル書) の情報と完全には一致しない.「記憶の書」にはグラドフスキの兄弟がウォムジャ・イェシヴァに通ったと明記されているが, ザルマンには言及していない (以下の原註を参照のこと). 1927年からのウォムジャ・イェシヴァの記録文書には, 兄弟の名前と一致する2人の生徒の氏名がある. Ben-Tsion Klibansky, 'Unique Characteristics of the Łomża Yeshiva Students after WWI', *Landsmen: Quarterly Publication of the Suwalk-Lomza Interest Group for Jewish Genealogists* 19(1–2) (2009): 6–14. 名簿には「Awraham Gradowski」20歳 (62番) と「Moishe Grodowski」[原文のまま] 14歳 (196番) が列記され, いずれもスヴァウキ出身とある. アヴラハムの年齢が間違って記載されたのはほぼ間違いなく, ヴィルニュスのアメリカ・ユダヤ人共同配給委員会 (JDC) の難民リストによると, 彼の生年月日は1911年となっている (本章の原註20を参照のこと). たとえそうであるとしても, このことはザルマンがイェシヴァでの全教育課程を修了しなかったことを物語る. このイェシヴァに就学している生徒たちの平均年齢が低いことから, クリバンスキーはそれが準備課程と専門課程の双方を兼ねたイェシヴァであったと見る. この相反する事実の解決策として考えられるのは, ザルマンがウォムジャ・イェシヴァの準備課程にのみ就学したと推測することである.

15 Sfard, 'Eynike zikhroynes', 6. アヴラハム〔Awraham〕とモイシェはともにラビの肩書をもつ. *Yizker-bukh Suvalk un di arumike shtetlekh* (Nyu-York: Suvalker relif komiter in Nyu-York, 1961), 367–69. 彼らの父親については下記にその簡単な伝記が記載されている. Yehoyesh Zawoznicki, 'Portretn fun lomdim, askonim un nedivim in Suvalk', *Yizker-bukh Suvalk*, 451. 1929年版ポーランド企業要覧にはスヴァウキの洋服仕立屋として2人のグラドフスキの名が記載されている (157).

16 Sfard, 'Eynike zikhroynes', 6.

17 Yehoyesh Zawoznicki, 'Di toyre-yugnt in Suvalk', Yizker-bukh Suvalk, 369.

18 Shloime Ryman, 'Betar', *Yizker-bukh Suvalk*, 407. 修正主義については Walter Laqueur, *The History of Zionism*, 3rd edn (London: Tauris Parke, 2003), 338–83 を参照のこと. ベタルに限定し, ワルシャワを除いたポーランドの地方にかんすることは下記を参照のこと. Daniel K. Heller, *The Rise of the Zionist Right: Polish Jews and the Betar Youth Movement, 1922–1935* (Ph. D. diss., University of Stanford, CA, 2012).

19 Sfard, 'Eynike zikhroynes', 6.

20 R. ズロトヤプルコは1929年版ポーランド企業要覧 (137) で輸入雑貨商として記載されている. 彼は町で一番大きな食料雑貨店を所有していた. 〈http://kehilalinks.jewishgen.org/Lunna/Urban.html〉.

21　Gideon Greif, *We Wept without Tears: Testimonies of the Jewish Sonderkommando from Auschwitz*, trans. Naftali Greenwood (New Haven, CT, and London: Yale University Press, 2005), 247. エリエゼル・アイゼンシュミットもまたこのことをルース・マーカスに私信で確認している．グラドフスキのほかの家族は別の場所に逃れていた．「チェコ人の搬送」への序言のなかでザルマンは，妹のひとりがオトヴォツク〔ポーランド〕で，そして両兄弟がリトアニアで逮捕されたと述べている．1940 年に作成されたヴィルニュスの JDC〔アメリカ・ユダヤ人共同配給委員会〕の難民リストにはスヴァウキ出身の Abram Gradowski という名の人物が記載されている（7732 番）．http://74.127.32.5/multimedia/Documents/Names%20Databank/Vilna%20Refugees/Vilna_AR33-44_00876_00181.pdf.

22　Ruth Marcus, 'Lunna-Wola during the Second World War and the Holocaust' 〈http://kehilalinks.jewishgen.org/lunna/German.html〉.

23　Mark, *Megiles Oyshvits*, 262.

24　ギデオン・グライフへの証言のほかにも，初期の研究には蜂起の指導者としてグラドフスキの名をあげているものが多くある．オタ・クラウスとエーリヒ・クルカは彼を「Suwalk の S. Grandowski」と記している．Kraus and Kulka, *The Death Factory: Document on Auschwitz*, trans. Stephen Jolly (Oxford: Pergamon Press, 1966), 259. フィリップ・ミュラーもまたクロード・ランズマンとのやりとりのなかで彼に言及しているが，その名は「Grabowsky」と表記されている．

25　活動に熱心であるとされている者で，別の分野でも熱心であるという記述に登場する者はほかにいない．Zawoznicki, 'Di toyre-yugnt in Suvalk', 365–72; Ryman, 'Betar', 405–8.

26　Michael Stanislawski, *Zionism and the Fin-de-Siècle: Cosmopolitanism and Nationalism from Nordau to Jabotinsky* (Berkeley and Los Angeles: University of California Press, 2001), 116–237. Eran Kaplan, *The Jewish Radical Right: Revisionist Zionism and its Ideological Legacy* (Madison: University of Wisconsin Press, 2005).

27　筆記帳の最終頁が 9 月 6 日付の手紙と同じ時期に書かれたと見るのは理にかなっているようである．それらは筆記帳を灰のなかに隠し，ついで再度掘り起こしたことに触れている．そうした出来事が二重に起こるとは考えにくい．彼はおそらく経緯的な事柄を帳面に書き残し，それによってたとえ手紙が失われてもなんらかの記録が残るようにしたのであろう．

28　Zalman Gradowski, 'Fartseykhenungen', in Ber Mark, *Megiles Oyshvits*, 288. この著作にかんする言及はこのあとの本文にある．

29　このテクストのロシア語版は，手書き文書の最近の研究によっており，これらの三つの段落に先立って部分的に判読可能な段落がある．「柵［ograd］がない自由な世界の人よ，私のところに来なさい，そうすれば教えてあげよう，どう ***** 柵［zaborom］のなかに閉じ込められ，鎖につながれたのかを」．Zalman Gradowski, *V serdtsevine Ada: Zapiski naidennye v peple vozle pechei Osventsima,* Trans. Alexandra Polian (Moscow: Gamma, 2011), 57.

30　これらの形式をさす用語は対句法，交錯配列法，首句反復法ということになる．

31　時間的な切迫感は，局面に応じて感じられていたようである．最後の原稿では，手書きの字が最初は小さく整然と書かれ，しかも線を引いて削除されたりしていないが，筆記帳の中ほどでは次第にまとまりのない，急いでいるふうの筆跡に変わり，それがまた最後には整った，小さな字に戻っている．

32　テクストは列車の発車場面からはじまっている．Jadwiga Bezwińska and Danuta Czech (eds), *Wśród koszmarnej zbrodni: Notaki więźniów z Sonderkommando odnalezione w Oświęcimiu* (Oświęcim: Wydawnictwo Państwowego Muzeum w Oświęcimiu, 1971), 75 (in 2nd edn, 133).

33　この点について指摘いただいたジョシー・リドル＝ブラウンに感謝する［DW］．

34　この文の調子や含意から，自分としては「fotografishn aparat」を「写真機具の部品」と訳したいところであるが，これはイディッシュ語では慣用的にカメラを意味する［DW］．われわれは第六章においてこの箇所をジョルジュ・ディディ＝ユベルマンの読解と対照させながら考察する．

35　アレクサンドル・プルストイェヴィチはまた，この箇所がグラドフスキが旅程を脚色したものであり，彼が会うことのなかった人びとの考えや感情が想像されていると読解している．Prstojevic, 'L'indicible et la fiction configuratrice', 37.

36　グラドフスキは後の手書き文書のなかで，拘束された者たちの気持ちを通して自分の思い出を映画のように描いている．Zalman Gradowski, *In harts fun gehenem* (Jerusalem: Wolnerman, n.d.［c.1977］), 43.

37　ヴォルフガング・シヴェルブシュが指摘するように，鉄道は一国の時間と空間の双方をひとつにし，遠く離れた町が近くにあるかのようにする．*The Railway Journey: The Industrialization of Time and Space in the Nineteenth Century* (Leamington Spa, Hamburg and New York: Berg, 1986), 33–44［『鉄道旅行の歴史――19 世紀における空間と時間の工業化〈新装版〉』加藤二郎訳，法政大学出版局，2011 年］．これは一国を全体として把握するのに役立った．シヴェルブシュはまたスピードや景色からの分離を大いに強調する．ヴォイチェフ・トマシクはポーランド文学に同じような傾向があることを見出している．*Ikona nowoczesności: Kolej w literaturze polskiej* (Wrocław: Wydawnictwo Uniwersytetu Wrocławskiego, 2007). レア・ギャレットは似た要素をイディッシュ文学に見出しており，そこには鉄道旅行がもたらす離別の悲しみや，ユダヤ人にとって公共空間が危険であることについての独特の意識が見られる．しかし彼女は同時に，列車がより広い世界やほかのユダヤ人共同体と交わる機会をもたらすと書き手たちが考えていることも記している．*Journeys beyond the Pale: Yiddish Travel Writing in the Modern World* (Madison: University of Wisconsin Press, 2003), 90–122. グラドフスキはこうしたあらゆる要素をその書き物に用いているといえる．

38　Simone Gigliotti, *The Train Journey: Transit, Captivity, and Witnessing in the Holocaust* (New York and Oxford: Berghahn Books, 2009).

39　エリエゼル・アイゼンシュミットはギデオン・グライフに，左方向に進まなければトレブリンカ〔絶滅収容所〕に行くことはないだろうと自分の父親が言ったことも語っている．Greif, *We Wept without Tears*, 219.

40　Dori Laub, 'An Event without a Witness', in Shoshana Felman and Dori Laub, *Testimony: Crises of Witnessing in Literature, Psychoanalysis and History* (London: Routledge, 1992), 80–81.

41　*Megiles Oyshvits*, 325–45. ダン・ストーンがこの箇所を，とりわけグラドフスキの音楽についての省察を，今日高く評価していることを指摘しておきたい．Stone, 'The Harmony of Barbarism', 26.

42　Zalman Gradowski, 'A levonedike nakht', *In harts fun gehenem*, 22–31. この文書については後述の本文で言及する．

43　Elie Wiesel, 'The Holocaust as Literary Inspiration', in Wiesel et al., *Dimensions of the Holocaust* (Evanston, IL: Northwestern University Press, 1977), 11.

44　Oleksy, 'Salmen Gradowski', 128.

45　四か所が稼働しているという事実は，これが 1944 年夏以前に書かれたとする見方と矛盾しない．というのもブンカー（掩蔽壕）Ⅱ（「白い小屋」）はこのころブンカーⅤとして再稼働していたからである．

46　Zalman Gradowski, *Au cœur de l'enfer: Témoignage d'un Sonderkommando d'Auschwitz, 1944*, trans. Batia Baum (Paris: Tallandier, 2009), 233–34 n. 5.

47　*The Koren Sacks Siddur*, trans. and commentary Jonathan Sacks (Jerusalem: Koren, 2009), 716. またバビロニア・タルムード「サンヘドリン」編 41b–42a を参照のこと．

48　S.Y. Abramovitsh (Mendele Moykher Sforim), 'Fishke der Krumer', in *Ale shriftn fun Mendele Moykher Sforim*, vol. 1 (New York: Hebrew Publishing Company, n.d.), 48–49, 63–64.

49　Scholem Asch, *Geklibene verk* vol. 1: *Dos shtetl* (New York: Ykuf Ferlag, 1947), 131.

50　Dovid Einhorn, 'In a Levone-Nakht', *Shtile gezangen* (Warsaw: Ferlag Progres, 1910), 20; Moishe Kulbak, 'A Levone Nakht', *Shirim* (Vilnius: Farayn fun di Yidish Literatorn un Zhurnalistn in Vilne, 1920), 8; Uri Zvi Grinberg, *Farnakhtengold* (Warsaw: Farlag 'Di Tsayt', 1921), 5, 204, 205; Naftali Imber, *Vos ikh zing un zog* (Lviv: n. pub., 1909), 47–55.

51　H. Leivick, 'Di Shtol', *Ale Verk* vol. 1 (New York: Posy-Shoulson Press, 1940), 199–200. David G. Roskies, 'The Pogrom Poem and the Literature of Destruction', *Notre Dame English Journal* 11(2) (April 1979): 103–7 を参照のこと．

52　Dan Miron, 'Uri Zvi Grinberg's War Poetry', in *The Jews of Poland between Two World Wars*, ed. Yisrael Gutman (Hanover, NH: University Press of New England, 1989), 368–82.

53　ジョン・キーツ「鶯に寄せて」(1819)，ユリウシュ・スウォヴァツキ「月」(1825)，ハインリヒ・ハイネ「夜が見知らぬ道の上に横たわっている」(1826)，ジャコモ・レオパルディ「アジアのさまよえる羊飼いの夜の歌」(1830)．この点でデイヴィッド・ロスキースはグラドフスキをポーランド・ロマン主義の一追随者とみる．Roskies, 'Wartime Victim Writing in Eastern Europe', 43.

54　Johann Wolfgang von Goethe, 'An den Mond', in *Sämtliche Werke*, ed. K. Richter, vol. 2.1 (Munich and Vienna: Carl Hanser Verlag, 1987), 35–36. [「月に寄せて」『ゲーテ詩集』

高橋健二訳，新潮文庫，1951 年〕

55 Sara Guyer, *Romanticism after Auschwitz* (Stanford, CA: Stanford University Press, 2007), 25–45. M.H. Abrams, *The Mirror and the Lamp: Romantic Theory and the Critical Tradition* (Oxford: Oxford University Press, 1971).

56 Jonathan Culler, 'Apostrophe', Diacritics 7(4) (Winter 1977): 63.

57 Fiona J. Stafford, *The Last of the Race: The Growth of a Myth from Milton to Darwin* (Oxford: Clarendon Press, 1994). スタフォードは「同胞で最後の者」がしばしば詩人であったことを指摘している．第 4 章，'The Last Bards', 83–108. ナフマン・ブルメンタルが，トレブリンカ〔絶滅収容所〕の蜂起に加わった者たちを「最後の「モヒカン族」」と述べるとき，直接この表現を用いている．Nachman Blumental, *Shmuesn vegn der yidisher literatur unter der daytsher okupatsye* (Buenos Aires: Tsentral Farband far Poylishe Yidn in Argentine, 1966), 128–29.

58 Yaakov Shavit, 'Politics and Messianism: The Zionist Revisionist Movement and Polish Political Culture', *Studies in Zionism*, 6(2) (1985): 233–35.

59 この有名な独白のなかで，ロシア統治にたいする反乱のかどで投獄されている登場人物のコンラトは，ポーランド民族を助けることのできない神を大声で冒とくし，その詩のなかで人びとを覚醒させることを謳っている．彼は「民衆」を退散させるが，その山場で「わが民族はわが魂のうちに受肉している」と述べる．Adam Mickiewicz, *Dziady/Forefathers' Eve III*, Scene II.〔アダム・ミツキェーヴィチ『祖霊祭　ヴィリニュス篇』関口時正訳，未知谷，2018 年〕

60 これはまた証言をどこに埋めて隠したのかを思い出すための，いわば実用的な必要に関係し，ゾンダーコマンドは閉じ込められていた空間を一種の記憶符号に変えていた．シュロモ・ドラーゴンはそれらの文書がどこに埋められたのかを思い出す必要があった．Greif, *We Wept without Tears*, 165.

61 命日を追悼する記念祭のろうそくは男女のいずれもが灯すことができるが，安息日のろうそくは一家の女性たちによって灯される．

62 その前の 2001 年版はヴォルネルマンと同じ順序を採用している．Zalman Gradowski, *Au cœur de l'enfer*, trans. Batia Baum (Paris: Editions Kimé, 2001).

63 この選択肢をかなり詳細に取り上げることは，ヤド・ヴァシェムの手書き文書の三つ目の節をここで論じるスペースがなくなることを意味した．

64 もっともよく知られているものとしては，フィリップ・ミュラーが映画『ショア』（監督 クロード・ランズマン，1985）と自著，*Sonderbehandlung: Drei Jahre in den Krematorien und Gaskammern von Auschwitz*, literary collaboration with Helmut Freitag (Munich: Steinhausen, 1979), 143–89 の双方で述べたものがある．ミロスラフ・カイルニはグラドフスキのほうがミュラーよりも信頼のおける目撃者であると考えている．だがカイルニの関心は，蜂起がこの段階で計画されていたかどうかという広範な問題に向けられている．彼はミュラーがその *Sonderbehandlung* のなかで語っていた出来事を，以前の証言では多く語っていなかったと指摘している．Miroslav Kárný, 'Fragen zum 8. März 1944', *Theresienstädter Studien und Dokumente* (1999): 9–42. この一連の出来事にか

んする最近のすぐれた論考として Otto Dov Kulka, *Landscapes of the Metropolis of Death: Reflections on Memory and Imagination*, trans. Ralph Mandel (London: Penguin, 2013) を参照のこと．

65　これはよく言及される話である．ハヤ・バル＝イツハクは 14 の別々の翻案をあげているが，グラドフスキのものは含まれていない．Haya Bar-Itzhak, 'Women in the Holocaust: The Story of a Jewish Woman Who Killed a Nazi in a Concentration Camp: A Folkloristic Perspective', *Fabula* 50(1–2) (2009): 67–77. 下記も参照．Kirsty Chatwood, 'Schillinger and the Dancer: Representing Agency and Sexual Violence in Holocaust Testimonies', in *Sexual Violence against Jewish Women during the Holocaust*, ed. Sonia Hedgepeth and Rochelle G. Saidel (Hanover, MA, and London: University Press of New England, 2010), 61–74.

66　Leyb Langfus, 'Di 3000 nakete', in Mark, *Megiles Oyshvits*, 364. Filip Müller, *Sonderbehandlung*, 169.

67　ミロスラフ・カイルニが指摘するように，家族収容所の人びとはゾンダーコマンドがカポであるかのように容易に接することができた．'Fragen zum 8. März 1944', 34–35.

68　Hermann Langbein, *People in Auschwitz* (Chapel Hill: University of North Carolina Press, 2004), 402–3.

69　Alvin H. Rosenfeld, *A Double Dying: Reflections on Holocaust Literature* (Bloomington: Indiana University Press, 1980), 164.

70　Elie A. Cohen, *Human Behaviour in the Concentration Camp* (London: Free Association Books, 1988), 141.

71　Richard Glazar, *Trap with a Green Fence: Survival in Treblinka*, trans. Roslyn Theobald (Evanston, IL: Northwestern University Press, 1995), 67. Trans. of *Die Falle mit dem grünen Zaun: Überleben in Treblinka* (Frankfurt: Fischer Taschenbuch Verlag, 1992), 69–70.

72　USC VHF 26983 Yehuda Bacon (seg 227).

73　ここではカントの「無関心性」の概念を「対象の現存に無関心でいるという判断」(Ak. V 209) の意味で用いた．Immanuel Kant, *Critique of Judgment*, trans. Werner Pluhar (Indianapolis: Hackett, 1987), 51.［カント『判断力批判』（上・下）篠田英雄訳，岩波文庫，1964 年］

74　Shlomo Venezia, *Inside the Gas Chambers: Eight Months in the Sonderkommando of Auschwitz* (Cambridge: Polity, 2009), 97.［シュロモ・ヴェネツィア『私はガス室の「特殊任務」をしていた』鳥取絹子訳，河出文庫，2018 年］

75　とりわけオットー・モルは裸の女性たちを拷問し，殺すことに快感を味わっていたと伝えられる．Müller, *Sonderbehandlung*, 226–27. Leon Cohen, *From Greece to Birkenau: The Crematoria Workers' Uprising*, trans. Jose-Maurice Gormezano (Tel Aviv: Salonika Jewry Research Centre, 1996), 47. David Olère, *Le SS Moll abat et précipite des jeunes femmes dans une des fosses d'incinération du crématoire V* (drawing, pen and ink, 1945).

76　これはクリスティナ・オレクスィによるおおよその読解の仕方である．Oleksy,

'Salmen Gradowski', 130.

77 スーザン・グバーは活喩法について，それは死者の代わりに語る願望である反面，成し遂げることができないことでもあると論じている．Susan Gubar, *Poetry after Auschwitz: Remembering What One Never Knew* (Bloomington and Indianapolis: Indiana University Press, 2003), 177–206.

78 筆者の訳はいくぶん逐語訳的であるとはいえ，ロバート・ウルフの訳にきわめて近い．Zalman Gradowski, 'The Czech Transport', trans. Robert Wolf, in *The Literature of Destruction*, ed. Roskies, 562–63［DW］.

79 ここでも筆者は完全な私訳と呼ぶにはロバート・ウルフの訳に忠実すぎたかもしれない．Gradowski, 'The Czech Transport', 563–64［DW］. だがウルフがグラドフスキが述べていることの細部を繰り返し婉曲に訳していることにも留意したい．たとえば彼は「der boykh platst」〔胃が割れる〕を「腹が崩れる」と訳し，「di kishkes un di gederem loyfn shnel fun im aroys」〔腸や内臓はすぐに体内からあふれ出て〕を「腸や内臓がまたたくまに焼き尽くされる」と訳している (563). グラドフスキのあらわな描写法を和らげた，この控えめな訳に留意すべきである．それは訳者の不快感，つまり読み手はこの種の人体描写から放免されるべきであるとする感情があることを示唆する．もちろんこれは翻訳の倫理性という興味深い問題を提起することになるが，ここでは以上を指摘するだけにとどめておく．

80 ヴィゴツキは復讐への呼びかけではないと考える（「A vort fun a gevezenem asir」, 10）. だがオレクスィは，グラドフスキはそれを含意していると指摘する ('Salmen Gradowski', 127).

81 マルク版のイディッシュ語は，原文ではなくポーランド語からイディッシュ語に訳し戻されたものであることに注意したい．イスラエルへの出国を余儀なくさせられたとき，エステル・マルクは本のための書類を移転する過程で原物の写真コピーを紛失した．Mark, *Megiles Oyshvits*, 350 n. 45. しかしながらサンクトペテルブルク軍事医学博物館にある手紙の複製写真をアウシュヴィッツのアーカイヴで閲覧することができる．

82 Polian, 'I v kontse', 46.

第三章

1 Ber Mark, *Megiles Oyshvits* (Tel Aviv: Yisroel-Bukh, 1977), 361 における Leyb Langfus, 'In groyl fun retsikhe'. MS〔手書き文書〕の原文の所在は知られていないが，その複製写真は制作されている．APMO Tom 73 156644/420. この訳は，アウシュヴィッツという語に引用符を付していないことを含め，MS の句読法を遵守している．

2 ルィフカ・リプシツの日記の発見は，この分担のネットワークにこれまで以上の意味をもたせる．日記はクレマトリウムの敷地で見つかっており，ゾンダーコマンドによって埋めて隠されたと推測される．ルィフカは最初の選別を免れたようで，その所持品はアウシュヴィッツの「カナダ」区域内で処置された可能性が高い．このことは「カナダ」区で働いていた者たちが，ゾンダーコマンドが文書を埋めて隠していたことをおそ

らくは知っており，彼らがゾンダーコマンドに日記を渡したことを示す．そうであるならば，証言を書き記し保存することはゾンダーコマンドだけでなく，ビルケナウのほかの収容者との集団的なプロジェクトでもあったことになる．Rywka Lipszyc, *The Diary of Rywka Lipszyc*, ed. Alexandra Zapruder (San Francisco, CA: Jewish Family and Children's Services Holocaust Center, 2014). また以下も参照のこと．〈http://www.rywkadiary.org and http://jfcsholocaustcenter.org/diary-rywka-lipszyc/.〉

3　本書の序文を参照のこと．

4　エステル・マルクはまた，ポーランド語で書かれた1944年10月の死者のリストがラングフスの手になるものだとしている．Esther Mark, 'Dergentsung tsu di yedies vegn dem mekhaber "anonim" un zayne ksav-yadn', in Mark, *Megiles Oyshvits*, 276–77. そう判断した理由は明確でないが，ラングフスが搬送列車のリストをもっているとシュムエル・タウブが述べていることにもとづくのかもしれない．Shmuel Taub, 'A bintl troyerike zikhroynes', *Sefer zikaron lekehilat Makov-Mazovyetsk* (Tel Aviv: Komitet fun makover landsmanshaftn in Yisroel un Amerike, 1969), 290（以下，マクフの「記憶の書」）．われわれはこの文書の作者を，確信をもって特定するだけの十分な証拠はないと考えているが，Bunaを「Bunau」とつづる癖はザルマン・レヴェンタルを想起させる．第四章を参照のこと．

5　彼女はそれが「Yehuda Aryeh Regel Arukha」であることを示唆する．Yehuda と Aryeh はイディッシュ語の名であるレイブに相当するヘブライ語表記であり，ラングフス（その字義は「長い足」）はヘブライ語で「regel arukha」となる．Mark, 'Dergentsung tsu di yedies vegn dem mekhaber "anonim"', 278.

6　翻訳者のロマン・ピテルは，氏名不詳の1952年の手書き文書の作者の書体がレヴェンタルと同じであると考えていたようである．Jadwiga Bezwińska and Danuta Czech, 'Wstęp edytorski', in *Wśród koszmarnej zbrodni: Notatki więźniów z Sonderkommando odnalezione w Oświęcimiu*, ed. Bezwińska and Czech (Oświęcim: Wydawnictwo Państwowego Muzeum w Oświęcimiu, 1971), 8. この2人の作者の書体が大きく異なることから，われわれとしてはピテルがこの比較を，レヴェンタルの筆記帳といっしょに発見されたルーズリーフ用紙，すなわちわれわれが（マルク版にもとづき）レイブ・ラングフスが書いたと考える箇所にもとづいて行ったと推量するに留めたい．

7　エステル・マルクはラングフスがサンドミエシュのイェシヴァで学んだと述べているが，その出典は明確でない．('Dergentsung tsu di yedies vegn dem mekhaber "anonim"', 278). 彼女はゾンダーコマンドについてのザルマン・レヴェンタルの記述がこのイェシヴァに言及している（44.15）という読解を根拠としているのかもしれない．だがMS〔手書き文書〕の傷みがかなり激しく，そこで誰が学んでいたのかを読み取ることはできない．

8　エステル・マルクがこれらの文書の作者がラングフスであると同定した当時，彼女が手にすることのできたおもな原資料は，マクフの「記憶の書」（イズコル書）と「ベル・マルクのアーカイヴ」のなかにあるものとして彼女が列挙している三つの証言であった．だがこれらの証言を確認することはできなかった．ワルシャワのユダヤ歴史研究

所とテルアビブのゴールドシュタイン＝ゴーレン・ディアスポラ研究センターのいずれもが，それらを所蔵していないようである．証言のうちの二つは「記憶の書」の編纂に貢献した人びとのものである．すなわちモルデカイ・チェハヌヴェルとシュムエル・タウブの2人である．三つ目の証言はマクフ・ゲットーのユダヤ人評議会議長アブラム・ガルフィンキェルのものであった．'Dergentsung tsu di yedies vegn dem mekhaber "anonim"', 276–81.

9 エステル・マルクはそれがシュムエル＝ヨイセフ・ロゼンタルであったとしているが，ほかの記録はイツホク・ツヴィ・アダルベルグであることを明らかにしており，何通かの往復書簡がリンゲルブルム・アーカイヴに保存されていた．ARG II 217 (Ring II/119). Janusz Szczepański, *Dzieje społeczności żydowskiej powiatów Pułtusk i Maków Mazowiecki* (Warsaw: Pułtuskie Towarzystwo Społeczno-Kulturalne and Towarzystwo Miłośników Makowa Mazowieckiego, 1993), 148. 次の原注も参照のこと．

10 Ben-Tsion Rozental, 'Makov shel mayle', *Maków Yizker Bukh*, 394. この選出はシュムエル・ヨイセフ・ロゼンタルの死に伴って行われることになった．このことはラングフスがおそらくハシドでなかったことを示す．しかしながらレオン・サロモンによれば，ラングフスの甥（ラングフスの妻の妹の子）のシュムエル・ヨイセフ・ロゼンタルがアレクサンデル・ハシド派（8節）であったことに留意したい．ラングフスの結婚，ダヤンへの選出，子の誕生をめぐるサロモンの記述はエステル・マルクの情報や「記憶の書」の内容に近い．USC VHF 46403 Leon Salomon.

11 ダヌータ・チェフの『アウシュヴィッツ編年史』はムワヴァからの搬送が1942年12月6日に到着した1回だけで，このとき2,094人がガス殺され，また406人の男たちが労働従事者として収容されたとしている．Danuta Czech, *Auschwitz Chronicle*, trans. Barbara Harshav, Martha Humphreys and Stephen Shearier (New York: Henry Holt, 1990), 280. だがほかにも搬送があったとする証言がある．チェフの搬送リストにかんするいくつかの難点については第四章で論じる．シュロモ・ドラーゴン（80359）もまたムワヴァからアウシュヴィッツに到着している．ドラーゴンの証言によると，彼は1942年12月7日に到着し，9日の晩にゾンダーコマンドに徴用され，10日から作業に従事している．Gideon Greif, *We Wept without Tears: Testimonies of the Jewish Sonderkommando in Auschwitz* (New Haven, CT: Yale University Press, 2005), 130.

12 Miklós Nyiszli, *Auschwitz: A Doctor's Eyewitness Account*, trans. Tibère Kremer and Richard Seaver (London: Penguin, 2013), 140–42; Filip Müller, *Sonderbehandlung: Drei Jahre in den Krematorien und Gaskammern von Auschwitz*, literary collaboration with Helmut Freitag (Munich: Steinhausen, 1979), 104–6, 262–63. ドイツ語の原文で，ミュラーが自分はマクフの出身であると明記している点は特筆に値する．英訳はこの細部を省略している．Filip Müller, *Eyewitness Auschwitz: Three Years in the Gas Chambers*, ed. and trans. Susanne Flatauer (Chicago: Ivan R. Dee, 1999), 66–67, 161–62.

13 Mordechai Ciechanower, *Der Dachdecker von Auschwitz-Bikenau*, trans. Christina Mulolli (Berlin: Metropol, 2007), 164–67. このドイツ語訳は元のヘブライ語の「dayan」に「Religionslehrer」〔宗教教師〕の語をあてている．Mordechai Ciechanower, *Mirakhok*

kokhav minatsnats (Tel Aviv: Yad Vashem, 2005), 199–203.（筆者はヘブライ語のテクストを参照するにあたりドイツ語訳に多く依拠した［DW］）.

14　Greif, *We Wept without Tears*, 247; Nyiszli, *Auschwitz*, 140; Müller, *Eyewitness Auschwitz*, 66. ニーシュリもミュラーもともにラングフスがもっぱらパンとマーガリン，タマネギを食べていたと述べている．ミュラーとニーシュリの発言が相当程度一致することは，この場合，ミュラーの記述がニーシュリのそれとまったく無関係ではないかもしれないことを示唆する．

15　Greif, *We Wept without Tears*, 165, 247; Taub, 'A bintl troyerike zikhroynes', 290.

16　Greif, *We Wept without Tears*, 165, 246–47, 318–19, 330. Müller, *Eyewitness Auschwitz*, 66–67, 161–62. アウシュヴィッツ博物館版はラングフスが10月7日の蜂起において死亡したとしている．これは主としてレヴェンタルが参加者リストに彼の名を載せていることにもとづくようである．それらの数名はすでに死亡した者として氏名が記載されているのは事実である一方，3名についてレヴェンタルは末尾に目下の居所を書き加えている．その最後がレヴェンタル本人である．ラングフスについては「今もなおクレマトリウムにいる」と特記されている．ラングフスがガス室で自爆したという話もままある．エステル・マルクは，彼がその準備をしていたとだけ述べている．これはマクフの「記憶の書」のなかのシュムエル・タウブの報告にもとづいていると思われる．彼はそのなかでラングフスがガス室を爆破するつもりだと語っていたと述べている．Taub, 'A bintl troyerike zikhroynes', 290.

17　Nyiszli, *Auschwitz*; Müller, *Eyewitness Auschwitz*; Greif, *We Wept without Tears*, 318–19; Ciechanower, *Der Dachdecker*, 1.

18　ヤッファ・エリヤフが収集した *Hasidic Tales of the Holocaust* (New York: Oxford University Press, 1982) のなかの話（明らかに回顧談）と比較すること．神の摂理について少なくともなんらかの表明がほとんどつねに見出される．

19　Dominick LaCapra, *Writing History, Writing Trauma* (Baltimore, MD: Johns Hopkins, 2001), 36–42.

20　フランス語訳にあたったモーリス・フェフェルは「言語は簡潔であり，作者はただ事実だけを報告すると主張している」と記している．Georges Bensoussan, Philippe Mesnard and Carlo Saletti (eds), *Des voix sous la cendre: Manuscrits des Sonderkommandos d'Auschwitz Birkenau* (Paris: Calmann-Lévy/Mémorial de la Shoah, 2005), 32. ロマン・ピテルもまたラングフスの記述がしばしば拙劣で，読み手に不快な念を起こさせると述べている．Roman Pytel, 'Od tłumacza', Zeszyty oświęcimskie 14 (1972): 14.

21　歴史証言の「文学性」に留意することの重要性にかんするジョーン・スコットの論述と比較せよ．Joan W. Scott, 'The Evidence of Experience', *Critical Inquiry* 17(4) (Summer 1991): 794.

22　「移送」はイディッシュ語のテクストもその英語訳も刊行されていない．筆者は手書き文書に直接あたるとともに，ポーランド語訳も利用した．Lejb［–］, 'Wysiedlenie', trans. Roman Pytel, *Zeszyty Oświęcimskie* 14 (1972), 15–62（以後，'Wysiedlenie'〔移送〕）［DW］．このテクストは，Lejb［Langfus］, 'Aussiedlung', trans. Herta Henschel and

Jochen August, in *Inmitten des grauenvollen Verbrechens: Handschriften von Mitgliedern des Sonderkommandos*, ed. Teresa Świebocka, Franciszek Piper and Martin Mayr (Oświęcim: Verlag des Staatlichen Auschwitz-Birkenau Museums, 1996), 73–129 としてドイツ語訳されている．引用文末に二つの番号を示し，ポーランド語版には［ ］を付した．MS〔手書き文書〕の頁番号は判読以前に付されたが，判読の段階ではじめのほうの数頁の順序が乱れていることが判明した．［ ］を付した数字は再構成した番号を示し，判読不能と考えた手書き文書の 6 頁分（100–105）は除いた．二つ目の番号は博物館側が手書き文書に現在あるように付したものを示す．

23 Michał Grynberg, *Żydzi w rejencji ciechanowskiej 1939–1942* (Warsaw: Państwowe Wydawnictwo Naukowe, 1984), 18, 55–57; Szczepański, *Dzieje społeczności żydowskiej powiatów Pułtusk i Maków*, 150–56; Czech, *Auschwitz Chronicle*, 280. 役に立つ概説書としては Katrin Reichelt and Martin Dean, 'Maków Mazowiecki', USHMM *Encyclopedia of Camps and Ghettos, 1933–1945*, Vol. II, Part A, ed. Martin Dean (Bloomington: Indiana University Press, 2012), 15–17; 'Maków Mazowiecki', *Yad Vashem Encyclopedia of the Ghettos during the Holocaust*, ed-in-chief Guy Miron, co-ed. Shlomit Shulhani, 2 vols (Jerusalem: Yad Vashem, 2009), 450–51 がある．

24 ツィヘナウ県の秘密国家警察《ゲシュタポ》の記録によると集団絞首刑が 1942 年 7 月 9 日に執行されている．AŻIH 233/60. Akt. Zeichen II B2 2904/42. マクフの集団絞首刑として彼らが記録しているのはこの 1 件だけであり，また証言で言及されている唯一の事案である．AŻIH 301/4480 Henia Mławska（1941 年の日にちを間違えているが，内容的にはラングフスのものと合致する）; USC VHF 15815 Sam Itskowitz; USC VHF 5384 Aron Blum; USC VHF 10853 Hersch Unger; USC VHF 29430 Moishe Silberman.

25 ヤン・グラボフスキは集団絞首刑が 1942 年春からチェハヌフ地域のいくつかのゲットーで行われたことを書き留めている．ゲシュタポはこうした作戦の目的が「恐怖を広める」ためであると明確に述べている．'The Holocaust in Northern Mazovia (Poland) in the Light of the Archive of the Ciechanów Gestapo', *Holocaust and Genocide Studies* 18(4) (Winter 2004): 463–64. メアリー・フルブルックはシレジアにおける同種の出来事について次のように述べている．「公開絞首刑が主要な移送のおよそ 1 か月前に，広い範囲のさまざまな場所で，ほぼ同時に実施されたようである」．Fulbrook, *A Small Town near Auschwitz: Ordinary Nazis and the Holocaust* (Oxford: Oxford University Press, 2012), 208.

26 'Wysiedlenie'〔移送〕．アウシュヴィッツ博物館版では第 1 章の表題が簡潔に付されているが，MS〔手書き文書〕にはそれに先立って数字の 1 が記されている．続く論述において［ ］を付した章番号は，MS では判読できないものであることを示す．ほかの章は判読可能である．

27 'Wysiedlenie', 10.

28 ×××は判読できない 1 語を示す．***** はさまざまな長さの脱落であることを示す．本書で使用した表記符号にかんする説明については本書「原書による凡例」を参照のこと．

29　ピテルはこれを「W pochodzie」（「進行中」）と訳しているが，「Der tilim」（「詩編」）と明らかに読める．

30　これを考える方法のひとつは，「ゲルニカ」が深く感動させる作品であるだけでなく，それを提示する構造を追求した作品であるとするハナ・シーガルの解釈を参照することであろう．Hanna Segal, *Dream Phantasy and Art* (Hove and New York: Brunner-Routledge, 1991), 61, 71.

31　Nathan Cohen, 'Diaries of the "Sonderkommandos" in Auschwitz: Coping with Fate and Reality', *Yad Vashem Studies* 20 (1990), 284–85. このあと明らかにするように，これはまったく正しくない．

32　これは，19 世紀末に半自叙伝体のイディッシュ作家たちが探究し，また思索した自我と共同体にかんして論じることの難しさを，より簡潔かつ切迫したかたちでふたたび取り上げている．以下を参照のこと．Dan Miron, *A Traveler Disguised: The Rise of Modern Yiddish Fiction in the Nineteenth Century* (Syracuse, NY: Syracuse University Press, 1996); Dan Miron, *The Image of the Shtetl and Other Studies of Modern Jewish Literary Imagination* (Syracuse, NY: Syracuse University Press, 2000); および Jan Schwarz, *Imagining Lives: Autobiographical Fiction of Yiddish Writers* (Madison: University of Wisconsin Press, 2005). マーカス・モーズリーはこのディレンマの起源を考察している．Marcus Moseley, *Being for Myself Alone: Origins of Jewish Autobiography* (Stanford, CA: Stanford University Press, 2006).

33　ロマン・ピテルの「krasnashelder rov」を「krasnosheltser rov」と読む．これによってウクライナのクラスノ出身のラビがマクフに登場するという誤訳を排除できる．

34　'Wysiedlenie', 36 n. 18.

35　モルデカイ・チェハヌヴェルに加えて，ベン＝ツィオン・ロゼンタルとシュムエル・タウブ，レオン・サロモン，ミルトン・ブキそしてダヴィド・ネンツェルの全員がラングフスを「マクフのダヤン」と認めている．USC VHF 46403 Leon Salomon. ブキはナタン・コーヘンのインタビューを受けている ('Diaries of the "Sonderkommandos" in Auschwitz', 282 n. 13); Nencel by Andreas Kilian (Eric Friedler, Barbara Siebert and Andreas Kilian, *Zeugen aus der Todeszone: Das jüdische Sonderkommando in Auschwitz* [Munich: Deutscher Taschenbuch, 2008], 206).

36　こうした慣行がホロコーストの年代記にないわけではない．なかでももっとも有名なのがシュロモ・フランクのもので，彼は自分がいたウーチ・ゲットー当時の日記を戦後に書きかえた．彼はゲットーの警察官〔ユダヤ人治安隊員〕であったことを伏せ，自身の経験をたびたび「警察官」もしくは「警察」のものとして記した．しかしここでは，ラングフスが共同体で果たした役割を隠さなければならない差し迫った動機は見あたらないように思われる．Salomon Frank, *Togbukh fun lodzher geto* (Buenos Aires: Tsentral farband fun poylishe yidn in Argentine, 1958). このことについては以下を参照のこと．Robert Moses Shapiro, 'Diaries and Memoirs from the Lodz Ghetto', in Shapiro (ed.), *Holocaust Chronicles: Individualizing the Holocaust through Diaries and Other Contemporaneous Personal Accounts* (Hoboken, NJ: Ktav, 1999), 101–4.

37 Dori Laub and Nanette C. Auerhahn, 'Failed Empathy: A Central Theme in the Survivor's Holocaust Experience', *Psychoanalytic Psychology* 6(4) (1989): 383.

38 ダヴィド・ネンツェルはそのビデオ証言のなかで「私」のことをもっぱら語りたくないと何度か述べている．彼はこれを倫理的な観点から述べているのであり，ローブとアウエルハーンが主張するようになにかを隠そうとしているためではない．〈http://www.google.com/culturalinstitute/asset-viewer/testimony-of-david-nencel-born-in-rypin-1916-regarding-his-experiences-in-german-captivity-ghettos-in-poland-sonderkommando-in-auschwitz-and-mauthausen/jgHuY64vC0kWzA?hl=en&l.expanded-id=_gHpehtbnzcnHA.〉

39 たとえば［3］12,［6］15,［7］16,［12］7,［36］41,［40］45,［60］65,［63］68,［65］70,［68］73,［82］87. これらのいくつかはピテルが拙劣か誇張であると表現したくだりであることに留意したい（前出の原註 20 を参照のこと）．

40 身体的な経験が伝わることを重要視すると，それを伝達する物理的な手段に注意を向けはじめる．すなわちラングフスの未来の読み手が掘り出すことになる文書である．

41 Jill Bennett, *Empathic Vision: Affect, Trauma, and Contemporary Art* (Stanford, CA: Stanford University Press, 2005). ベネットは *Practical Aesthetics: Events, Affects and Art after 09/11* (London: I.B. Tauris, 2012), 20–26 のなかで，情動をどう理解するかを簡潔に述べている．情動が証言記述において果たす役割にかんする説得力のある読解は下記を参照のこと．Milena Marinkova, *Michael Ondaatje: Haptic Aesthetics and Micropolitical Writing* (New York: Continuum, 2011), 63–92.

42 Primo Levi, *The Drowned and the Saved*, trans. Raymond Rosenthal (London: Abacus, 1989), 63–64.

43 序論の論述を参照のこと．

44 この話についての詳細は，映画『ショア』の未使用映像のなかでのフィリップ・ミュラーの朗読と関連させて，本書の結論で論じることとしたい．

45 Leyb Langfus, 'Di 3000 nakete', *Megiles Oyshvits*, 368.

46 Langfus, 'Di 3000 nakete', 366–67. 手書き文書に準拠して句読点を施した．

47 モーリス・フェフェルは「umnatirlikh」〔不自然な〕を「surnaturel」〔超自然的な〕と訳し，なんらかの含みをもたせようとしている．だがこの言葉は一般的には「異様な」とか「普通でない」を意味し，かなり否定的な言外の意味をもつ．*Des voix sous la cendre*, 118.

48 Langfus, 'In groyl fun retsikhe', 354.

49 同書 355.

50 たとえば格言を集めた下記を参照のこと．Ignats Bernshteyn, *Yidishe shprikhverter* (New York: Alveltlekhe Yiddisher Kultur-Kongres, 1983), 138–40; および Nokhem Stutshkov, *Der oytser fun der yiddisher shprakh* (New York: YIVO Institute for Jewish Research, 1950), 307–10.

51 APMO Wspomnienia Tom 73 autor nieznany 156644/420.

52 Langfus, 'In groyl fun retsikhe', 358.

53 Claire Colebrook, *Irony* (London: Routledge, 2004), 66. 原文では強調がなされている．

54　これらの一部は明らかに些細な修正であるが，このうち二つは単語に横線が引かれ，その少しあとに書き直してある．これは書き写す作業で少し先に飛ばして書いてしまったと考えることができる．APMO Wspomnienia Tom 73 autor nieznany 156644/420.

55　ハシド派の語り物をユダヤ教のほかの系統の伝統と区別されるものとして捉えるジョゼフ・ダンの懐疑的な論考を参照のこと．Joseph Dan, ‘Hasidism: Teachings and Literature’, *The YIVO Encyclopedia of Jews in Eastern Europe* Vol. 1 (New Haven, CT, and London: Yale University Press, 2008), 670–73.

56　Barbara Kirshenblatt-Gimblett, ‘The Concept and Varieties of Narrative Performance in East European Jewish Culture’, in *Explorations in the Ethnography of Speaking*, 2nd edn, ed. Richard Bauman and Joel Sherzer (Cambridge: Cambridge University Press, 1989), 291.［　］を付した言葉は補足である．

57　同上．斜字体と［　］は原文のまま．

58　Ciechanower, *Der Dachdecker*, 165; Ciechanower, *Mirakhok kokhav minatsnats*, 201. チェハヌヴェルが用いている「目を大きく見開いて」（「קרועות בעניים」）という言い回しは驚くというより衝撃を受けることを含意する．いうまでもなくこの出来事についてのチェハヌヴェルの思い出は，ラングフスの文書についての彼の知識によって潤色されたかもしれない．

59　David Roskies, *Against the Apocalypse* (Cambridge, MA: Harvard University Press, 1984); および Yosef Yerushalmi, *Zakhor: Jewish History and Jewish Memory* (Seattle and London: University of Washington Press, 1996)［ヨセフ・ハイーム・イェルシャルミ『ユダヤ人の記憶　ユダヤ人の歴史』木村光二訳，晶文社，1996年］を参照のこと．

60　彼はこのことを「判事や歴史家が再構成しようとする絶滅の機構に，犠牲者たちの私的な体験がとって代わる」と記している．Alexandre Prstojevic, ‘L’indicible et la fiction configuratrice’, *Protée*, 37(2) (2009): 37.

61　Greif, *We Wept without Tears*, 30.

62　Langfus, ‘In groyl fun retsikhe’, 361.

第四章

1　Elie Wiesel, ‘Preface’, in Ber Mark, *Des voix dans la nuit*, trans. Esther Fridman, Joseph Fridman and Liliane Princet (Paris: Plon, 1982), v.

2　***** はさまざまな長さの脱落を示す．本書で使用した表記符号の説明は「原書による凡例」を参照のこと．

3　彼がウーチ日記の作者であるとするいくつかの指摘があるが，はっきり特定されるには至っていない．マルク版は書き手がエマヌエル・ヘルシュベルグであったとするハイム・レイブ・フォックスの指摘を支持する．エマヌエル・ヘルシュベルグはユダヤ教改革派を志向するラビで，1920年代にイディッシュ語の詩集を刊行したほか，ウーチ・ゲットーの芸術館の責任者でもあった（*Megiles Oyshvits*, 274 n. 14）．このことについてのフォックスの説明はかならずしも明快でない．彼の主張の骨子は，ヘルシュベルグ

が「Willi Gottlieb」という名で本を刊行しており，日記は手紙の形式で「Willi 様」にあてて書かれているということのようである．Chaim Leib Fox, *Lodzsh shel Mayle: Dos Yidishe gaystike un derhoybene Lodzsh (100 yor yidishe un oykh hebreishe literatur un kultur in Lodzsh un in di arumike shtet un shtetlekh)* (Tel Aviv: I.L. Peretz, 1972) 184–85. だが作者がヘルシュベルグであるとする十分な確証はないとわれわれは考える．日記の作者は，同居しているらしい娘が 3 人おり，ゲットーで男の子 1 人を養っていると記している．ゲットーの記録によるとヘルシュベルグは妻のほかに 2 人の娘（ベルリアとジムラティヤ）と暮らしていた．ウーチ・ゲットーの記録は以下で入手できる．〈http://www.jewishgen.org/databases/Poland/LodzGhetto.html.〉

4 Ber Mark, *Megiles Oyshvits* (Tel Aviv: Yisroel-Bukh, 1977), 272. APMO Tom 51b.

5 Alexandre Prstojevic, 'L'indicible et la fiction configuratrice', *Protée*, 37(2) (2009): 36. Dan Stone, 'The Harmony of Barbarism: Locating the Scrolls of Auschwitz in Holocaust Historiography', in *Representing Auschwitz: At the Margins of Testimony*, ed. Nicholas Chare and Dominic Williams (Basingstoke: Palgrave Macmillan, 2013), 24. この立場はレヴェンタルに限られない．埋めて隠された，収容者のものとされる一群の文書の前書きは，ほかの者たちもまた資料を収集したいと考えていたことを明らかにしている．下記を参照のこと．David Suchoff, 'A Yiddish Text from Auschwitz: Critical History and the Anthological Imagination', *Prooftexts* 19(1) (January 1999): 59–69.

6 Pavel Polian, 'Svidetel', khronist, obvinitel'. Zalman Levental' i yevo teksty', *Ab Imperio* 3 (2012): 229–31.

7 Mark, *Megiles Oyshvits*, 267. マルクはもっぱらゴスティンスキを信用していた．カプチツ＝ゴスティンスカは下記のなかで言及されている．Jadwiga Bezwińska and Danuta Czech, '*Wstęp edytorski', in Wśród koszmarnej zbrodni: Notatki więźniów z Sonderkommando odnalezione w Oświęcimiu*, ed. Bezwińska and Czech (Oświęcim: Wydawnictwo Państwowego w Oświęcimiu, 1971), 8.

8 レヴェンタルのテクストには三つの異なる版がある．一つは 1968 年に刊行されたアダム・ルトコフスキのユダヤ歴史研究所版であり，もう一つが 1971 年にアウシュヴィッツ博物館が刊行した版，そして 1977 年に刊行されたマルク版である．Zelman Lewental, 'Pamiętnik członka Sonderkommando Auschwitz II', trans. Adam Rutkowski and Adam Wein, *Biuletyn Żydowskiego Instytutu Historycznego* 65–66 (1968): 211–33; Załmen Lewental, '［Pamiętnik］', trans. Roman Pytel, in *Wśród koszmarnej zbrodni: Notatki więźniów z Sonderkommando odnalezione w Oświęcimiu*, ed. Jadwiga Bezwińska and Danuta Czech (Oświęcim: Wydawnictwo Państwowego w Oświęcimiu, 1971), 126–71; Zalman Levental, 'Fartseykhenungen', in Ber Mark, *Megiles Oyshvits* (Tel Aviv: Yisroel-Bukh, 1977), 377–421. チェフとベスヴィンスカはルトコフスキの版が，それが記されていた頁を顧慮せずに何箇所かを編集していることを取り上げて，いくつかの難点があると指摘している．だがこの批判には別の背景があるようにも思われる．ルトコフスキと同僚の翻訳者アダム・ヴェインは，誤った国民的連帯をことによると謳ったことや，またポーランドのレジスタンスがゾンダーコマンドの支援に失敗したと偽って，レヴェン

タルのテクストをその反論に利用したのではないかと，非難されているからである（8–16）．ルトコフスキとヴェインにたいするこれらの批判は，1973年の版には見当たらないものの，1971年の版には記されており，明らかに1968年3月のいわゆる反シオニズム宣伝活動の産物にほかならない．これについて論じた本書の序文を参照のこと．チェフとベスヴィンスカはこの版がポーランド抵抗運動をどう歪曲しているのかを示す事例をまったくあげていない．そこで彼ら自身の刊行版では，レヴェンタルがポーランド人を誤解していたとする注釈を加えなければならなかった（たとえば168 n. 94）．

9　アダム・ルトコフスキは「頁番号が付されていない」と記している（'Pamiętnik', 211）．ベスヴィンスカとチェフもまた頁番号が欠落していることを語るが（*Wśród koszmarnej zbrodni* (1971), 8），彼らが「大部分が頁付けされていない」と述べるとき，作者は「頁番号をふらなかったのかもしれない」（121）と付け加えることで含みをもたせている．ベル・マルクは「レヴェンタルは自分の書き物に頁番号をふらなかった」と述べている．(*Megiles Oyshvits*, 267).

10　MS〔手書き文書〕の37a頁．本書はアウシュヴィッツのアーカイヴのデジタル・コピーに付された手書き文書の番号にもとづき論じている．アーカイヴの初期の写真コピーは，各用紙の各面の取り扱い方がわずかずつ異なり，しかも一貫性を欠いている．通常，一方の側に用紙の番号だけを付し，もう一方の側には番号に「a」を付けて表示されている（デジタル画像の「a」面と写真複写のそれとが，かならず合致するわけではない）．ところが用紙20は対面に誤った番号がふられ，20aであるべきところが21となっている．アウシュヴィッツ博物館の出版物はときに写真コピーの番号を用いているため，それらと本書のいくつかの頁番号に食い違いがある．

11　表紙のどの四方もこれまでのところ判読できていないが，実際なにかが書かれているようにみえる．筆者としてはこれらがレヴェンタルの書いた最後の頁であったことを示唆したい．

12　MS〔手書き文書〕の用紙17–23．これらの用紙の順番を折丁の一番外側から一番内側に向けて17,18,19,21,20,22,23とした．

13　MSの頁9bと8b．アウシュヴィッツ博物館が特定している用紙8はほかのいずれの一群ともなじまない．頁番号と判読可能なテクスト，そしてほかの用紙と合致する傷みとから，現在のところこれは筆記帳の最初と最後の折丁の外側の用紙をなしていた，別々の2枚の半裁した用紙であるとほぼ考えられる．すなわちこの筆記帳の最初と最後の頁は，レヴェンタルが話を書きはじめ，頁に番号付けする以前に，切り分けられていたことになる．修復の過程で頁が混じってしまったため，博物館側はおそらくこれら2枚の半裁した用紙が合わせて1枚の用紙をなしていたと考えたのであろう．

14　MS〔手書き文書〕の頁24aと9a.

15　MS〔手書き文書〕の頁7, 17a, 18b, 19b.

16　われわれの再構成による頁番号と，刊行されている三つの版およびアウシュヴィッツ博物館のアーカイヴが所蔵する手書き文書との照合は，付表Cを参照のこと．

17　各行に書かれた単語がおよそ9語であり，各頁の行数が19行，そして82頁余であることから全体では約14,000から15,000語となる．これを3日間で記述することは可能

である．1時間に1,000語を書き記したと豪語する作家は何人もいる（アントニー・トロロープ〔19世紀のイギリスの小説家〕が有名であろう）．またゾンダーコマンドの労働は12時間交替制であった．Gideon Greif, *We Wept without Tears: Testimonies of the Jewish Sonderkommando from Auschwitz*, trans. Naftali Greenwood (New Haven, CT, and London: Yale University Press, 2005), 106.

18　たとえば「乗り物」が「samokhod」（ポーランド語ではsamochód，標準イディッシュ語でoyto）であり，「飛行機」が「samolyot」（ポーランド語ではsamolot，イディッシュ語では(a)eroplan），また「似た」が「podobne」（ポーランド語ではpodobnyであり，イディッシュ語の一部の方言にも見出せる）となっている．

19　「ゲームを終わりにする」については54.4と64.5を，また「ゲームをはじめる」については72.3–4を参照のこと．「材料」にかんしては51.19, 55.15および87.12を参照のこと．

20　Cesare Brandi, *Theory of Restoration*, ed. Giuseppe Basile, trans. Cynthia Rockwell (Florence: Nardini Editore, 2005), 57–59, 90–93. Translation of *Teoria del restauro*, 1977. ブランディが強調したのは欠落〔空白〕を背景に後退させ，美術作品のたんなる構成要素にすることであった．われわれは欠落がむしろ重視されなければならないと，もちろん論じている．このことは画像とテクストとでは，欠落が異なる役割を果たすことを示している．基本的には，それらが作品を構成するという点では考え方は同じである．

21　われわれの頁番号の付し方にもとづき，ここよりレヴェンタルの長文のテクストに論及する．終止符〔句点〕のあとの数字は手書き文書の頁の何行目かを示す．付表Cの一覧はわれわれの頁番号と，手書き文書の頁やほかの版があてがっている節番号との対応関係を示す．1行当たりの語数は平均約9語であることから，行数は欠落の分量をある程度推察するうえでの参考となる．

22　ひどい性暴力について記している一頁を除いて，最後の数頁もまた大部分が判読し難い．この頁にかんしては本書第六章で簡潔に論じる．

23　この点で，目撃者がなにかを名づけることができないでいることをあらわすblancs soucis「白い心配」，すなわち証言における脱落ということとは異なる．Georges Didi-Huberman, *Blancs soucis* (Paris: Éditions de Minuit, 2013), 92–93を参照のこと．

24　Charles Hedrick Jr, *History and Silence: Purge and Rehabilitation of Memory in Late Antiquity* (Austin: University of Texas Press, 2000), 246.

25　アウシュヴィッツ博物館はグラドフスキのテクストの最初の数頁を一種の沈黙として扱っている．情報を伝達していないゆえに省略できる箇所となっている．第二章を参照のこと．

26　23.12はhobnでなく，visenと読んだ．

27　ダヴィド・ネンツェルの証言はこれとどうやら似た話を伝えている．彼は1942年12月初めにムワヴァから搬送され，まずブナ〔アウシュヴィッツ第三強制収容所〕に送られたが，伝染病が発生したためビルケナウに移された．そして明らかにほかの者たちとともにゾンダーコマンドに徴用された．http://www.google.com/culturalinstitute/asset-viewer/testimony-of-david-nencel-born-in-rypin-1916-regarding-his-experiences-in-german-

captivity-ghettos-in-poland-sonderkommando-in-auschwitz-and-mauthausen/jgHuY64vC0kWzA?hl=en&l.expanded-id=XAE5LAJAcIq5zQ（テープ 3, 43:00–45:00）．レヴェンタルの手書き文書にかんする別の厄介な問題は，彼が入念に，しかも無点表記《ニクード》（母音表記）をまじえて書き，「בענאַו」(「benau」) もしくはただたんに「בונאַו」(「bunau」)(10.2) と表記していることである（10.2）．ポーランド西部にはドイツ人の小村 Benau，現在の Bieniów があったが，これはアウシュヴィッツの衛星収容所ではなかった．それゆえおそらくレヴェンタルの綴りの間違いであろう．本文書とあわせて見つかった 1944 年 10 月に殺された人びとのリストでは「Bunau」と綴られている．彼が自身の手稿でそのように綴っていたのだとすれば，このリストの作者もまた彼であったという証拠を補強するものとなる．

28　Hayden White, *Metahistory: The Historical Imagination in Nineteenth-Century Europe* (Baltimore, MD: Johns Hopkins University Press, 1973), 7–11.［ヘイドン・ホワイト『メタヒストリー——19 世紀ヨーロッパにおける歴史的想像力』岩崎稔監訳，作品社，2017 年］

29　ツィポラ・ハリヴニはそれがポーランド人の ZOW (Związek Organizacji Wojskowej)〔軍事組織連合〕であったことを示唆するが，むしろゾンダーコマンドの同志によって引き留められたとみるべきであろう．Tzipora Hager Halivni, ‘The Birkenau Revolt: Poles Prevent a Timely Insurrection’, *Jewish Social Studies* 41(2) (Spring 1979): 133.

30　E.M. Forster, *Aspects of the Novel* (London: Penguin, 1990), 73–77; James Phelan, *Reading Characters, Reading Plots* (Chicago and London: University of Chicago Press, 1989), 9.

31　SS 親衛隊員の心理にたいする関心は，収容者が彼らに関心を抱いた事例がいくつかあるとはいえ，おそらく当然のこととしてまったくなかった．グラドフスキは「地獄の心臓部にて」*In the Heart of Hell: In harts fun gehenem* (Jerusalem: Wolnerman, n.d.),（とりわけ 82–91）で，SS の思考法を表現するにあたって間接自由話法を用いている．アウシュヴィッツの MM〔氏名の頭文字〕のスケッチ・ブックは，暴虐を体現する方法として SS 隊員がとるさまざまなポーズに関心を示している．Agnieszka Sieradzka (ed.), *Szkicownik z Auschwitz/The Sketchbook from Auschwitz* (Oświęcim: Państwowe Muzeum Auschwitz-Birkenau, 2011), 42, 52.

32　彼の名をアウシュヴィッツ博物館版は「Majerko」と記し，またマルク版は「Malinka」としている．筆者には明らかに「Malinka」であるように思われる．とりわけ 79.19 を参照のこと［DW］.

33　グラドフスキの紹介は 53 頁にある．その「Gradowski Zalman, aleyn」という語法はレヴェンタルがほかの人びとを紹介する場合と同じであり，彼についてもまたある種の人物批評がなされていることを示唆する．

34　この見方については本書の第六章でより詳しく論じる．

35　「vikhtiges」（重大な）ではなく，「tsaytiges」と読み取る．

36　David Nencel, Yad Vashem interview（テープ 4, 1:25–3:20）; ‘Vernehmung des Zeugen Milton Buki’, 127. Verhandlungstag (14.01.1965), *Der 1. Frankfurter Auschwitz-Prozess*,

27890; Greif, *We Wept without Tears*, 226; Marcel Nadjary, *Khroniko 1941–1945* (Thessaloniki: Etz Khaim, 1991), 57. 時期は7月から9月までと幅があるが，同じ出来事を取り上げているように思われる．Erich Friedler, Barbara Siebert and Andreas Killian, *Zeugen aus der Todeszone: Das jüdische Sonderkommando in Auschwitz* (Munich: Deutsche Taschenbuch, 2008), 262を参照のこと．ツィポラ・ハーガー・ハリヴニはそれが，彼女自身を含むハンガリー人女性を整列させていたときのことであり，蜂起が阻まれた区域内であったと述べている．この話を即座に退けることはできないとしても，彼女はレヴェンタルをいくぶん歪曲して訳すことで，それを裏書きしようとしている．「その区域内である搬送になにか重大なことが生じたため，われわれはそこで中断を余儀なくされ，その結果として作戦全体が中止された」（'The Birkenau Revolt', 136）．レヴェンタルの文章はそれほど明快でもないので，「obhaltn」に欠けているか，もしくは仮定される再帰代名詞があると考えることによってこのことは解決できるかもしれないが，「区域内で」の句が搬送を修飾すると考えなければならない必然性はない．（筆者のこの訳もモーリス・フェフェルのフランス語訳に沿ったものである．[DW]）．

37 Forster, *Aspects of the Novel*, 77–81. Phelan, *Reading Characters*, 2–3.

38 Heidi Szpek, 'Jewish Epitaphs from Białystok, 1892–1902: Embracing the Spirit of Dubnow', *East European Jewish Affairs* 42(2) (August 2012): 129–58.

39 Halivni, 'The Birkenau Revolt', 142.

40 「geyresh fun」という語は一般的には人びと「の移送」の意味で用いられる．町「からの移送」という場合は，普通は複合名詞で表現される．たとえば「geyresh Shpanie」「geyresh Mlave」「geyresh Plotsk」．だが場合によってはある場所からの移送を意味するのに用いることもできる．

41 手書き文書のほかの箇所でレヴェンタルが使った町の綴りは מאקוב (39.1) である．彼はまたチェハヌフについてヘブライ語の綴り ציהנוב を用いている（45.3).

42 「arayngefirt」でなく，「aropgefirt」と読み取る．

43 たとえば以下を参照のこと．Simone Gigliotti, *The Train Journey: Transit, Captivity, and Witnessing in the Holocaust* (New York: Berghahn Books, 2009), 118のなかで引用されている手紙；Donald Bloxham, *Genocide on Trial: War Crimes Trials and the Formation of Holocaust History and Memory* (Oxford: Oxford University Press, 2001), 116 n. 125で引用されているJTA報告；Ogólny Żydowski Związek Robotniczy 'Bund' w Polsce, *Geto in Flamen: Zamlbukh* (New York: Amerikaner Representants fun Bund, 1944), 22, 24, 53; Kh. Shushkes, *Bleter fun a Geto-Tog-Bukh* (New York: H.H. Glants, 1943), 40, 58, 117.

44 レヴェンタルが自分の出発した日だとしている1942年11月17日は，移送車両がチェハヌフを発ったと大多数の文書が記録している期日（11月5日，6日に中継収容所と鉄道基地のある北のムワヴァに向かう）のあとになる．Michał Grynberg, *Żydzi w rejencji ciechanowskiej* (Warsaw: Państwowe Wydawnictwo Naukowe, 1984), 107–8. その日はノヴェ・ミャストのゲットーが解体された日であり，またチェハヌフのユダヤ人1,200人が1941年にノヴェ・ミャストに搬送された日でもある．ノヴェ・ミャストはレヴェンタルがゲットーの制度を論じるときに言及する町のひとつである．しかし移送

者たちはプウォンスクに一夜だけ留まったのち，アウシュヴィッツに搬送されている（VHF interviews 17375, 1260, 2110, 2242）．これにもっとも近い日付はマクフ・ゲットーの解体にかんする報告のなかに見出すことができ，モルデカイ・チェハヌヴェルによると，彼らは11月18日にムワヴァに移送され，12月10日にアウシュヴィッツに着いている．*Der Dachdecker von Auschwitz* (Berlin: Metropol Verlag, 2007), 103, 109.

45 ダヌータ・チェフはマウキニャからアウシュヴィッツに到着した移送車両を2便記載している．一つは1942年12月10日（彼女は収容所の収容者番号を81400–81923としている），もう一つが1942年12月12日（選別された男性の同番号は82047–82462，女性を26800–26805としている）である．Danuta Czech, *Auschwitz Chronicle*, trans. Barbara Harshav, Martha Humphreys and Stephen Shearier (New York: Henry Holt, 1990), 283, 284. しかしモルデカイ・チェハヌヴェル（収容者番号81434），スタンレー・グロゴヴァー（同81481），ヘルシュ・ウンゲル（同81843），モイシェ・シルベルマン（同81920），サム・イツコヴィツ（同82190）およびダヴィド・ネンツェル（同82321）の全員がマクフからムワヴァへ，ついでムワヴァからアウシュヴィッツに移動させられたと述べている (VHF archives, nos. 19721, 28862, 10853, 29430, 15815; Nencel interview, 前掲)．ポーランドにおけるナチ犯罪調査員会が編纂した収容所事典にはマウキニャ収容所にかんする記載はない．Główna Komisja Badania Zbrodni Hitlerowskich w Polsce, *Obozy hitlerowskie na ziemiach polskich 1939–1945: Informator encyklopedyczny* (Warsaw: Państwowe Wydawnictwo Naukowe, 1979). チェフの『アウシュヴィッツ編年史』の初期の版では搬送がチェハヌフから来たとだけ記載されている．Danuta Czech, 'Kalendarium der Ereignisse im Konzentrationslager Auschwitz-Birkenau', *Hefte von Auschwitz* 3 (1960): 106–7. 1962年にレヴェンタルのテクストが発見されたことが，変更の理由である公算が強い．

46 歴史家から疑問が呈されているが，ムワヴァからトレブリンカに向かう搬送があったとする報告もいくつかある．Katrin Reichelt and Martin Dean, 'Maków Mazowiecki', in USHMM *Encyclopedia of Camps and Ghettos,* 1933–1945, Vol. II, Part A, ed. Martin Dean (Bloomington: Indiana University Press, 2012), 16. マウキニャはトレブリンカの婉曲的な表現として使われていた．ラングフスは，そこが女性や子どもたちが行くことになる所だとマクフ・ゲットーの人びとは聞かされていた，と述べている（第三章を参照のこと）．南カリフォルニア大学ショア財団ビデオ・アーカイヴがインタビューしたマクフやノヴェ・ミャストもしくはチェハヌフの人で，マウキニャ経由でアウシュヴィッツに行ったと語っている人はいない．大半の人が旅程は2，3日であったと語っている．

47 Primo Levi, *The Drowned and the Saved*, trans. Raymond Rosenthal (London: Abacus, 1989), 36–37. ［プリーモ・レーヴィ『溺れるものと救われるもの』竹山博英訳，朝日新聞社，2000年］

48 Zalman Lewental, 'Hesofe tsum Lodzher ksav-yad', in Ber Mark, *Megiles Oyshvits* (Tel Aviv: Yisroel-Bukh, 1977), 432. 以後，本章の主要部でこのテクストを参照した．

第五章

1　この記述については序文で詳述している.

2　David Lodge, *Deaf Sentence* (London: Penguin, 2009), 279.［デイヴィッド・ロッジ『ベイツ教授の受難』高儀進訳, 白水社, 2010 年］

3　リースの著書は上記書の 308-9 の謝辞に言及されている.

4　同書 279.

5　Laurence Rees, *Auschwitz: The Nazis and the 'Final Solution'* (London: Random House, 2005), 291.

6　スティーヴン・バウマンは, レオン・コーヘンもまた手紙を 1 通埋めて隠し, それが後日掘り出されたこと, そして「そのことで彼の妻がサロニカのイタリア領事から弔意を伝えられた」と述べている. Bowman, 'Introduction: The Greeks in Auschwitz', in Rebecca Fromer, *The Holocaust Odyssey of Daniel Bennahmias* (Tuscaloosa: University of Alabama Press, 1993), xxii. だが手紙はむしろヘルマンのものであった公算が強い. 後段で論じるように, ヘルマンは自分の手紙にコーヘンの伝言を追記していたのである. 原註 74 も参照のこと.

7　Ber Mark, *Des voix dans la nuit* (Paris: Plon, 1972), 325.

8　Nathan Cohen, 'Diaries of the Sonderkommando in Auschwitz: Coping with Fate and Reality', *Yad Vashem Studies* 20 (1990): 273–312; 274.

9　以下を参照のこと. Saul Friedländer, *The Years of Extermination: Nazi Germany and the Jews 1939–1945* (London: Phoenix, 2008), 580; Susan Linfield, *The Cruel Radiance: Photography and Political Violence* (Chicago: University of Chicago Press, 2010), 89.

10　Nathan Cohen, 'Diaries of the Sonderkommando', in *Anatomy of the Auschwitz Death Camp*, ed. Yisrael Gutman and Michael Berenbaum (Bloomington: Indiana University Press, 1994), 522–34; 522.

11　Alexandra Garberini, *Numbered Days: Diaries and the Holocaust* (New Haven, CT: Yale University Press, 2006).

12　Griselda Pollock, 'Art as Transport Station of Trauma? Haunting Objects in the Works of Bracha Ettinger, Sarah Kofman and Chantal Akerman', in *Representing Auschwitz: At the Margins of Testimony*, ed. Nicholas Chare and Dominic Williams (Basingstoke: Palgrave Macmillan, 2013), 195.

13　James Young, 'Interpreting Literary Testimony: A Preface to Reading Holocaust Diaries and Memoirs', *New Literary History* 18(2) (1987), 413.

14　David Patterson, *Along the Edge of Annihilation: The Collapse and Recovery of Life in the Holocaust Diary* (Seattle and London: University of Washington Press, 1999), 18.

15　規則的な日付を欠くにしろ, パターソンはホロコーストの日記にかんする考察のなかで, 精神的抵抗のあり方としてグラドフスキに言及している. 同書 274.

16　Garberini, *Numbered Days*, 162.

17　Cohen, 'Diaries of the Sonderkommando in Auschwitz', 276.

18　Georges Bensoussan, Philippe Mesnard and Carlo Saletti (eds), *Des voix sous la cendre* (Viborg: Calmann-Lévy, 2005).

19　Chaim Herman, 'The Manuscript of Chaim Herman', in *Amidst a Nightmare of Crime*, 190（訳を改めた）.

20　同書 188.

21　ポーランドの独立以前に成人した世代に属しているヘルマンは，ポーランド語の教育をおそらく受けていなかった．それゆえポーランド語をほぼ間違いなく話せたとしても，書くことは特段上手でなかったかもしれない．Jadwiga Bezwińska and Danuta Czech (eds), *Wśród koszmarnej zbrodni: Notatki więźnów z Sonderkommando w Oświęcimiu*, 2nd edn (Oświęcim: Wydawnictwo Państwowego Muzeum w Oświęcimiu, 1973), 181.

22　Ber Mark, *The Scrolls of Auschwitz*, trans. Sharon Neemani (Tel Aviv: Am Oved, 1985), 49.

23　Herman, 'The Manuscript of Chaim Herman', 182.

24　同書 181.

25　スーザン・ソンタグは日記とともに手紙，調書および精神病患者の病歴を亜流文学の書き物としている．Susan Sontag, *On Photography* (London: Penguin, 1977), 74.［スーザン・ソンタグ『写真論』近藤耕人訳，晶文社，1979 年］

26　Reuven Dafni and Yehudit Kleinman, *Final Letters from the Yad Vashem Archive* (London: Weidenfeld and Nicholson, 1991).

27　Chaim Herzog, 'Foreword', in *Final Letters*, 7.

28　Amanda Gilroy and W.M. Verhoeven, 'Introduction', in *Epistolary Histories: Letters, Fiction, Culture*, ed. Amanda Gilroy and W.M. Verhoeven (Charlottesville: University of Virginia Press, 2000), 1.

29　Herman, 'The Manuscript of Chaim Herman', 188.

30　Rebecca Earle, 'Introduction: Letters, Writers and the Historian', in *Epistolary Selves: Letters and Letter-Writers, 1600–1945*, ed. Rebecca Earle (Aldershot: Ashgate, 1999), 6.

31　William Merrill Decker, *Epistolary Practices: Letter Writing in America before Telecommunications* (Chapel Hill: University of North Carolina Press, 1998), 39.

32　同書 40.

33　同書 22.

34　Jenny Hartley, '"Letters are Everything these Days": Mothers and Letters in the Second World War', in *Epistolary Selves*, 184–85.

35　Herman, 'The Manuscript of Chaim Herman', 190.

36　MS〔手書き文書〕の 8 と 11 頁.

37　同書の 11 頁.

38　同上.

39　Rebecca Schneider, *Performing Remains: Art and War in Times of Theatrical Reenactment* (New York: Routledge, 2011), 14.

40 Primo Levi, 'On Obscure Writing', in *Other People's Trades*, trans. Raymond Rosenthal (London: Abacus, 1991), 157–63.

41 Hayden White, 'Figural Realism in Witness Literature', *parallax* 10(1) (2004): 115.

42 Levi, 'On Obscure Writing', 161.

43 同書 162.

44 White, 'Figural Realism in Witness Literature', 116.

45 Judith Butler, *Parting Ways: Jewishness and the Critique of Zionism* (New York: Columbia University Press, 2012), 183.

46 Herman, 'The Manuscript of Chaim Herman', 181, 190.

47 同書 188.

48 同書 185.

49 グラドフスキとラングフス，そしてレヴェンタルの証言にもとづいて，ギデオン・グライフはゾンダーコマンドの感情について簡潔に論じ，彼らが感情的には超然としていたことを示唆する．しかしながら彼らの記述の，内容というより，その多様な文体は，その超然が全体的でも永続的でもなかったことを示している．Greif, *We Wept without Tears*, 20–22 を参照のこと．

50 Ota Kraus and Erich Kulka, *The Death Factory*, trans. Stephen Jolly (Oxford: Pergamon, 1966), 152.

51 R.W. Connell, *Masculinities*, 2nd edn (Cambridge: Polity, 2005), 164.

52 Mark, *Megiles Oyshvits*, 382.

53 Herman, 'The Manuscript of Chaim Herman', 185.

54 同書 182.

55 MS〔手書き文書〕の 11 頁．

56 同上．

57 ダニエル・ボヤーリンは正統派ユダヤ教徒の男性性と，非ユダヤ教徒の男性にたいして用いる「goyim naches」(「異教徒の快楽」) との差異を論じている．*Unheroic Conduct: The Rise of Heterosexuality and the Invention of the Jewish Man* (Berkeley and Los Angeles: University of California Press, 1997), 33–80. ネハマ・テクは地位の喪失と無力感に打ちひしがれた，宗教者を含む，幾人かの男性に言及している．Nehama Tec, *Resilience and Courage: Men, Women and the Holocaust* (New Haven, CT, and London: Yale University Press, 2003), 24–29.

58 Decker, *Epistolary Practices*, 14.

59 Herman, 'The Manuscript of Chaim Herman', 181.

60 同書 184.

61 Greif, *We Wept without Tears*, 56–57.

62 同書 70.

63 MS〔手書き文書〕の 11 頁．

64 Herman, 'The Manuscript of Chaim Herman', 182.

65 Shlomo Venezia, *Inside the Gas Chambers: Eight Months in the Sonderkommando of*

Auschwitz (Cambridge: Polity, 2009), 5.

66　レオン・ヴェルベルもまたポーランドのユダヤ人について,「Litvaks」(「リトアニア」のユダヤ人だが，ポーランド北東部のユダヤ人も含まれる）と「Galitsyaner」(ここでは前者以外のポーランド全土をさし，ガリツィアだけをさすものではない）とが互いに悪感情を抱いていたと証言している．VHF1770 seg. 78.

67　Venezia, *Inside the Gas Chambers*, 5.

68　Bowman, 'Introduction: The Greeks in Auschwitz', xv.

69　Venezia, *Inside the Gas Chambers*, 7.

70　Bowman, 'Introduction', xxii.「ホレラ！」「クルヴァ！」はいずれもポーランド語の侮蔑語だが，後者は強いののしりの言葉であり，女性を侮辱する場合に用いられるが，男性にたいしてはあまり使われない．ギリシャ系ユダヤ人が，侮辱されていないにもかかわらず侮辱されたと受け止めていたとは考えにくいが，彼らがおそらく言葉を誤解していたという事実は意思疎通の難しさを物語っている．

71　だがナジャリとポーランド人やポーランド出身のフランス系ユダヤ人との人間関係でさえも複雑でありえた．戦後の回想録で彼はレムケ・ストラセンフォーゲルと仲のよい友人であったことに言及しているほか，クレマトリウムⅡとⅢの上級カポであったヤコブ・カミンスキはいつもギリシャ人に愛想がよかったと述べている．ところがナジャリはクレマトリウムⅢのフランス系とポーランド系のユダヤ人が蜂起に加わらなかったことを非難し，またクレマトリウムⅤのポーランド系ユダヤ人が皆に連絡しなかったことを痛烈に批判している．Marcel Nadjary, *Khroniko 1941–1945* (Thessaloniki: Etz Khaim, 1991), 48–49, 59–60.

72　Fromer, *The Holocaust Odyssey of Daniel Bennahmias*, 56.

73　Cofen は Cohen に由来する．ヘルマンはほぼ間違いなくレオン・コーヘンのことを述べている．レオン・コーヘンの妻はサロニカのユニオン銀行（その住所がこの短い追伸の宛先となっている）の社主の娘であった．

74　レオン・コーヘンはその回顧録で，ガラス瓶に 1 通の手紙を入れて「クレマトリウムの構内」に埋めたことに触れている．彼は，その手紙が見つかり，フランスで刊行されたと述べているので，これはたぶん実際に彼がヘルマンの手紙に追記したことを指すのであろう．Leon Cohen, *From Greece to Birkenau: The Crematoria Workers' Uprising*, trans. Jose-Maurice Gormezano (Tel Aviv: Salonika Jewry Research Centre, 1996), 60 を参照のこと．

75　たとえばサロニカ出身のイサァク・ヴェネツィアは 1944 年 10 月 9 日に「カナダ」区域の労働部隊に逃れ，戦後ゾンダーコマンドの蜂起にかんする記録を残すことができた．Michael Matsas, *The Illusion of Safety: The Story of the Greek Jews during the Second World War* (New York: Athens Printing Company, 1997), 249. 1944 年夏には，ギリシャ系ユダヤ人の一団がゾンダーコマンドへの徴用を拒否するという前例のない行動に踏み切り，ただちに処刑されている．Steven Bowman, *The Agony of Greek Jews, 1940–1945* (Stanford, CA: Stanford University Press, 2009), 95. マイケル・マチャスは，ゾンダーコマンドの班員として働くことを拒否したギリシャ系ユダヤ人にかんする二つの事例を挙

げている．それらはサロニカの港湾労働者 400 人とアテネからの 100 人である．*The Illusion of Safety*, 241.

76 Matsas, *The Illusion of Safety*, 265.

77 Bowman, 'Introduction', xx.

78 MS〔手書き文書〕の 2 頁.

79 Herman, 'The Manuscript of Chaim Herman', 185.

80 Donelson R. Forsyth, *Group Dynamics*, 6th edn (Belmont, CA: Wadsworth Publishing, 2013), 433–68.

81 手書き文書が書かれた速さは，今日のその読まれ方とは著しく対照的である．われわれは自分たちの読み方がゆっくりとなり，時間をかけて手紙を丁寧に扱うようになっていることを知っている．それは考えてみれば，内容をただ読み解こうとするのではなく，尊敬の念を無意識のうちに表明することであり，どの言葉にも刻印され，結局のところどの文字にも形をとってあらわれる緊迫した状況を認識することなのである．

82 Eva Hoffman, *Time* (London: Profile, 2009), 100.

83 MS〔手書き文書〕の 13 頁.

84 Herman, 'The Manuscript of Chaim Herman', 190.

85 同書 185.

86 同上．訳を改めた．

87 Wolfgang Sofsky, *The Order of Terror: The Concentration Camp*, trans. William Templer (Princeton, NJ: Princeton University Press, 1997), 73.

88 同書 74.

89 MS〔手書き文書〕の 8 頁.

90 Rees, *Auschwitz*, 291.

91 Nadjary, *Khroniko 1941–1945*, 58–59.

92 Greif, *We Wept without Tears*, 80.

93 Herman, 'The Manuscript of Chaim Herman', 184.

94 MS〔手書き文書〕の 5 頁.

95 同書の 3 頁.

96 Herman, 'The Manuscript of Chaim Herman', 185.

97 MS〔手書き文書〕の 5 頁.

98 同書の 11 頁.

99 Earle, 'Introduction: Letters, Writers and the Historian', 8.

100 Decker, *Epistolary Practices*, 17.

101 Herman, 'The Manuscript of Chaim Herman', 184.

102 同上.

103 Decker, *Epistolary Practices*, 41.

104 Miklos Nyiszli, *Auschwitz: A Doctor's Eyewitness Account*, trans. Tibère Kremer and Richard Seaver (London: Penguin, 2013), 85–87.

105 Judith Butler, *Precarious Life: The Powers of Mourning and Violence* (London: Verso,

2004), 32–33.［ジュディス・バトラー『生のあやうさ――哀悼と暴力の政治学』本橋哲也訳，以文社，2007 年］

106 Henry Krystal, 'Studies of Concentration-Camp Survivors', in *Massive Psychic Trauma*, ed. Henry Krystal (New York: International Universities Press, 1968), 23–46; 32.

107 Jakob Szlamkowicz et al., 'Death Camp in Koło County', in Shmuel Krakowski and Ilya Altman, 'The Testament of the Last Prisoners of the Chelmno Death Camp', *Yad Vashem Studies* 27 (1991): 105–23. この英訳は，ヤド・ヴァシェム図書館が所蔵するポーランド語の原文から訳されたロシア語の手書き文書にもとづいている．

108 同書 123.

109 同書 112.

110 同書 113.

111 同書 116.

112 同上.

113 同書，118–19.

114 もちろんグラドフスキもニューヨークにおじがいることや，イスラエルや米国にほかの縁者たちがいることを記している．(Mark, *Megiles Oyshvits*, 346).

115 Szlamkowicz et al., 'Death Camp in Kolo County', 119.

116 Dafni and Kleinman, *Final Letters from Victims of the Holocaust*, 121.

117 同書 119.

118 同書 120.

119 Szlamkowicz et al., 'Death Camp in Koło County', 111–12.

120 同書 112.

121 MS〔手書き文書〕の 8 頁.

122 同書の 3 頁.

123 同書の 11 頁.

124 同上.

125 同書の 11 頁．最後の頁は，そこに住所が明記されていることから，手紙の最後の頁であるよりも，むしろ封筒の部分であるように思われる．

第六章

1　Georges Didi-Huberman, *Images in Spite of All*, trans. Shane B. Lillis (Chicago: University of Chicago Press, 2008), 26.

2　これは Clément Chéroux (ed.), *Mémoires des camps: photographies des camps de concentration et d'extermination Nazis 1933–1999* (Paris: Marval, 2001), 86 にあるダヴィド・シュムレフスキの話である．シュムレフスキは記憶違いをしているようでアブラハム・ドラーゴンをヨセルと呼んでいる．『イメージ，それでもなお』ではファインジルベルグを最後までアルテル・フォインツィルベルとして言及している．

3　ディディ＝ユベルマンはその『イメージ，それでもなお』(116) で，写真が別の順序

で撮られたのではないかとする推論について考察している．彼はクレマン・シェルーが，通常一連のシークエンスの最初に位置するとされる写真のふちにカバノキの一部が写っているのを見出したことに注目する．このことはガス室内から外を写した画像に先立って，まず屋外が撮られたことを示唆するものとなる．ディディ＝ユベルマンは「クレマン・シェルーが取り上げた*画像のふち*は，歴史の痕跡を考えるにあたってあらゆる研究が直面せざるをえない*非決定のふち*を象徴するのではなかろうか」と問う（116, 斜字体は原文）．本書が提示した読解もまたこれらの痕跡から明らかになるものであり，それゆえ必然的に仮説に留まる．ディディ＝ユベルマンが提示するシークエンスはプレサックへのシュムレフスキの証言にもとづいており，説得力をもっているので，この解釈をわれわれは彼の解釈として提示した．

4　Janina Struk, *Photographing the Holocaust: Interpretations of the Evidence* (London: I.B. Tauris, 2004), 114. シュムレフスキが自分は見張り役ではあっても，撮影はしていないとジャン＝クロード・プレサックに認めているのを参照のこと．Jean-Claude Pressac, *Auschwitz: Technique and Operation of the Gas Chamber* (New York: Beate Klarsfeld Foundation, 1989), 424.

5　Eric Friedler, Barbara Siebert and Andreas Kilian, *Zeugen aus der Todeszone: Das jüdische Sonderkommando in Auschwitz* (Munich: Deutsches Taschenbuch Verlag, 2005), 214.

6　Errikos Sevillias, *Athens - Auschwitz*, trans. Nikos Stavroulakis (Athens: Lycabettus Press, 1983), 42.

7　Steven B. Bowman, *The Agony of Greek Jews, 1940–1945* (Stanford, CA: Stanford University Press, 2009), 271. フィリップ・ミュラーは *Sonderbehandlung: Drei Jahre in den Krematorien und Gaskammern von Auschwitz* (Munich: Steinhausen, 1979), 125 で，彼をアレックス・エレーラと呼んでいる．英訳では名前は省かれている．

8　Teresa Świebocka, *Auschwitz: A History in Photographs* (Indianapolis: Indiana University Press, 1993), 42.

9　ギデオン・グライフのシュロモ・ドラーゴンとのインタビューは撮影者の身元を解明する手掛かりを与えている．ドラーゴンはいくつかの質問にたいして二度，クレマトリウムⅣにカメラが存在したことに注意を喚起している．グライフはこの発言にそれ以上切り込んでいない．Greif, *We Wept without Tears*, 166, 170.

10　Georges Didi-Huberman, 'Images malgré tout', in *Mémoire des camps: Photographies des camps de concentration et d'extermination nazis (1933–1999)*, ed. Clément Chéroux (Paris: Marval, 2001), 219–41; Dan Stone, 'The Sonderkommando Photographs', *Jewish Social Studies* 7(3) (2001): 132–48.

11　Didi-Huberman, *Images in Spite of All*, 110–11.

12　同書 110. ここで巻物とあるのは原文では「rouleau」である．ベル・マルクの『アウシュヴィッツの巻物《メギラー》』がフランス語に *Des voix dans la nuit*『暗闇のなかの声』(Paris: Plon, 1982) として訳されたさい，巻物という語は書名にはなく，本文で使われた．

13　Didi-Huberman, *Images in Spite of All*, 34.

14　同上.

15　ストーンもゾンダーコマンドの写真の静と動が織りなす緊張関係に注目している．しかし彼は，このこととの関連では，最初の 2 枚の画像に焦点を絞り，この静と動の摩擦を操作の枠外に置いて記している．彼にとって写真は本質的に静止状態を内在し，彼はそれを停止と固定と表現している．それは，写真が動を主題とするときにひとつの逆説となりうる．Stone, 'The Sonderkommando Photographs', 135.

16　この画像を『イメージ，それでもなお』に転載されているものよりもいっそうはっきり修正した画像が，ベル・マルクの『アウシュヴィッツの巻物』のイディッシュ語版と英語訳版のなかで使われている．これらの画像にかんする論述でマルクは錯誤から 2 枚の写真についてしか言及していない．彼は写真の撮影者を特定していない．これらの写真は『死の工場』でも用いられており，4 枚の写真をシュムレフスキによるものとしている．Ota Kraus and Erich Kulka, *The Death Factory*, trans. Stephen Jolly (Oxford: Pergamon Press, 1966), 92 を参照のこと．

17　Griselda Pollock, *Mary Cassatt: Painter of Modern Life* (London: Thames & Hudson, 1998), 39.

18　Elisabeth Bronfen, *Over her Dead Body: Death, Femininity and the Aesthetic* (Manchester: Manchester University Press, 1992), xii.

19　同上.

20　同書 113.

21　同書 52.

22　Didi-Huberman, *Images in Spite of All*, 3.

23　同書 60.

24　Gérard Wajcman, 'De la croyance photographique', *Les temps modernes* 56 (2001): 47–83.

25　同書 81. 訳はすべてニコラス・チェアによる．

26　同上.

27　Laura Mulvey, *Fetishism and Curiosity* (Bloomington: Indiana University Press, 1996), 6.

28　Wajcman, 'De la croyance photographique', 67.

29　Didi-Huberman, *Images in Spite of All*, 34.

30　Marianne Hirsch, 'The Generation of Postmemory', *Poetics Today* 29(1) (2008): 115.

31　Didi-Huberman, *Images in Spite of All*, 34.

32　同書 79–80. ジョルジュ・ディディ＝ユベルマンからの訳，*Images malgré tout* (Paris: Les Éditions de minuit, 2003), 103. 太字は原文による．

33　同書 80–81.

34　同書 80.

35　Primo Levi, 'Shame', in *The Drowned and the Saved* (London: Abacus, 1989), 64. 以下も参照のこと．Primo Levi, 'Words, Memory, Hope (1984)', in Levi, *The Voice of Memory: Interview, 1961–1967* (New York: The New Press, 2001), 252.［『プリーモ・レーヴィは語る――言葉・記憶・希望』マルコ・ベルポリーティ編，多木陽介訳，青土社，2002 年］

36 Giorgio Agamben, *Remnants of Auschwitz: The Witness and the Archive*, trans. Daniel Heller-Roazen (New York: Zone Books, 1999), 81.

37 Jacques Lacan, *The Seminars of Jacques Lacan 2: The Ego in Freud's Theory and in the Technique of Psychoanalysis 1954–1955*, trans. Sylvana Tomaselli (New York: Norton, 1991), 154.［ジャック・ラカン『フロイト理論と精神分析技法における自我』（上・下）小出浩之・鈴木國文・南淳二・小川豊昭共訳，岩波書店，1998 年］

38 同書 164.

39 Jacques Lacan, *The Seminars of Jacques Lacan 3: The Psychoses*, trans. Russell Grigg (London: Routledge, 1993), 268.［ジャック・ラカン『精神病』（上・下）小出浩之・鈴木國文・川津芳照・笠原嘉共訳 岩波書店，1987 年）

40 Bronfen, *Over her Dead Body*, 53.

41 Didi-Huberman, *Images in Spite of All*, 34.

42 Stone, 'The Sonderkommando Photographs', 137.

43 Elisabeth Pagnoux, 'Reporter photographique à Auschwitz', *Les temps modernes* 56 (2001): 84–108.

44 Wajcman, 'De la croyance photographique', 53.

45 同上.

46 同書 80.

47 バービー・ゼリザーは，たとえば強制収容所の解放時の写真が，ナチの犯した残虐行為を認めさせることに大きく貢献したことを述べている．Barbie Zelizer, *Remembering to Forget: Holocaust Memory through the Camera's Eye* (Chicago: University of Chicago Press, 1998), 12.

48 Jacques Rancière, *The Emancipated Spectator*, trans. Gregory Elliott (London: Verso, 2009), 89.［ジャック・ランシエール『解放された観客』梶田裕訳，法政大学出版局，2013 年］

49 同書 90.

50 Robert R. Ogle, *Crime Scene Investigation and Reconstruction* (Upper Saddle River, NJ: Pearson Prentice Hall, 2004), 35.

51 同上.

52 『イメージ，それでもなお』の写真はいずれも複写されたものである．

53 まさに 4 枚目の写真の存在自体が，認められていないことがある．たとえば *The Agony of Greek Jews, 1940–1945* では，バウマンは「焼却坑でのゾンダーコマンドたちを撮った 3 枚の写真」の存在にだけ言及している．Bowman, *The Agony of Greek Jews*, 96.

54 Georges Didi-Huberman, *Écorces* (Paris: Éditions de Minuit, 2011), 48–49. 書名を英訳すると樹皮となるが，皮とか皮膚をも意味する．Isabel Wollaston, 'The Absent, the Partial and the Iconic in Archival Photographs of the Holocaust', *Jewish Culture and History* 12(3) (2010): 443–45 も参照のこと．

55 異なる観点から，マイケル・レヴィンやウルリヒ・ベーアといった現代写真家は，見

る者の想像力に逆らうことでホロコーストを証言するような，そうした画像の力を追求している．Baer, *Spectral Evidence: The Photography of Trauma* (Cambridge, MA: MIT Press, 2002), 65 を参照のこと．

56　Didi-Huberman, *Images in Spite of All*, 111.

57　Hayden White, 'Historical Discourse and Literary Writing', in *Tropes for the Past: Hayden White and the History/Literature Debate*, ed. Kusima Korhonen (Amsterdam: Rodopi, 2006), 25–33 を参照のこと．

58　Didi-Huberman, *Images in Spite of All*, 88.

59　Wajcman, 'De la croyance photographique', 74.

60　Didi-Huberman, *Images in Spite of All*, 88. 太字は原文による．

61　同上.

62　Susan Leigh Foster, *Choreographing Empathy: Kinesthesia in Performance* (London: Routledge, 2011), 127. アンドレア・リスはホロコーストの写真をめぐるこの感情移入の観念について慎重な姿勢をとっている．Liss, *Trespassing through Shadows: Memory, Photography and the Holocaust* (Minneapolis: University of Minnesota Press, 1998), 7.

63　ヤン・カルスキは，所与の証言をできるだけ明確に伝えるために，身ぶりに留意することが重要であることに着目する．そして次のように述べている．「自分の性格を理解してもらうもっとも効果的な手立ては，温和であったり説明したりすることではなく，できるだけ直截に表現することであった．またそれは考え方や助言だけではなく，言語や身ぶり，あるいは人格的要因に由来するニュアンスであった」．ここで彼は感情移入を語るために無意識のうちに身ぶりがもつ効果に言及しているようである．Jan Karski, *Story of a Secret State* (Boston, MA: Houghton Mifflin, 1944), 335.［ヤン・カルスキ『私はホロコーストを見た——黙殺された世紀の証言 1939–43』（上・下）吉田恒雄訳，白水社，2012 年］

64　Didi-Huberman, *Images in Spite of All*, 81.

65　同書 46.

66　同上.

67　同書 37.

68　同書 38.

69　Charles S. Peirce, 'On the Algebra of Logic', *American Journal of Mathematics* 7(2) (1885), 181.

70　Charles S. Peirce, 'An American Plato: Review of Royce's *Religious Aspect of Philosophy* (1885)', in *The Essential Peirce: Selected Philosophical Writings Volume 1, 1867–1893*, ed. Nathan Houser and Christian Kloesel (Bloomington: Indiana University Press, 1992), 232.

71　Kaja Silverman, *The Subject of Semiotics* (New York: Oxford University Press, 1983), 19.

72　Didi-Huberman, *Images in Spite of All*, 75.

73　Roland Barthes, *Camera Lucida*, trans. Richard Howard (London: Vintage, 1993), 4.［ロラン・バルト『明るい部屋——写真についての覚書』花輪光訳，みすず書房，1985 年］

代名詞の「This」は，言語《ランガージュ》の転換子《シフター》として，パースの指標記号《インデックス》の一例とされている．パースのシフターは指示的用法をもつ指標記号であり，それが使われる文脈によって意味内容が転換《シフト》する．それは，不変である現実界を意味するバルトの「This」とは異なる．

74 Anne Freadman, *The Machinery of Talk: Charles Peirce and the Sign Hypothesis* (Stanford, CA: Stanford University Press, 2004), 107.

75 同上．

76 Didi-Huberman, *Images in Spite of All*, 75.

77 Mary Ann Doane, 'Indexicality: Trace and Sign: Introduction', *Differences* 18(1) (2007): 2.

78 同書 5.

79 Barthes, *Camera Lucida*, 93–97.

80 同書 81.

81 Hannah Mowat and Emma Wilson, 'Reconciling History in Alain Resnais's *L'Année dernière à Marienbad* (1961)', in *Representing Auschwitz: At the Margins of Testimony*, ed. Nicholas Chare and Dominic Williams (Basingstoke: Palgrave Macmillan, 2013), 158.

82 同上．

83 Didi-Huberman, *Images in Spite of All*, 63.

84 Zalman Lewental, 'Hesofe tsum Lodzher ksav-yad', in Ber Mark, *Megiles Oyshvits* (Tel Aviv: Yisroel-Bukh, 1977), 433.

85 同上．

86 Wajcman, 'De la croyance photographique', 71. アウシュヴィッツの内部にいる収容者が想像しようとすることの難しさを論じたものとしては下記を参照のこと．Nicholas Chare, 'Symbol Re-formation: Concentrationary Memory in Charlotte Delbo's *Auschwitz and After', in Concentrationary Memories: Totalitarian Terror and Cultural Resistance*, ed. Griselda Pollock and Max Silverman (London: I.B. Tauris, 2013), 103–13.

87 Wajcman, 'De la croyance photographique', 73.

88 Didi-Huberman, *Images in Spite of All*, 45.

89 Charles S. Peirce, 'On a New List of Categories', *Proceedings of the American Academy of Arts and Sciences* 7 (1868): 290.

90 Freadman, *The Machinery of Talk*, 14.

91 同書 119. Silverman, *The Subject of Semiotics*, 20.

92 Wajcman, 'De la croyance photographique', 63.

93 Jean-François Lyotard, *The Differend: Phrases in Dispute*, trans. Georges Van Den Abbeele (Minneapolis: University of Minnesota Press, 1988), 3.［ジャン＝フランソワ・リオタール『文の抗争』陸井四郎・外山和子・小野康男・森田亜紀訳，法政大学出版局，1989 年］

94 Wajcman, 'De la croyance photographique', 80.

95 Simone Gigliotti, *The Train Journey* (New York: Berghahn Books, 2009).

96 Dan Stone, *Histories of the Holocaust* (Oxford: Oxford University Press, 2010), 190.［ダ

ン・ストーン『ホロコースト・スタディーズ――最新研究への手引き』武井彩佳訳，白水社，2012 年〕

97 Leyb Langfus, *Der Geyresh*,〔99〕111. この文書はイディッシュ語テクストとしては刊行されていない．筆者はポーランド語訳を参照しつつ，手書き文書に直接あたった．Lejb〔–〕, 'Wysiedlenie', trans. Roman Pytel, *Zeszyty Oświęcimskie* 14 (1972), 15–62〔DW〕.

98 Filip Müller, *Eyewitness Auschwitz: Three Years in the Gas Chambers*, trans. Susanne Flatauer (Chicago: Ivan R. Dee, 1999), 139 (Trans. of *Sonderbehandlung*, 222).

99 同上.

100 同書 138 (Trans. of *Sonderbehandlung*, 222).

101 リヒャルト・グラツァールは，トレブリンカ〔絶滅収容所〕で赤章労働部隊〔脱衣工程の担当班〕のなかで唯一の「落伍者」は，「脱衣させること，とりわけ女性を脱衣させることに耐えることができなかった者であった」と述べている．*Trap with a Green Fence: Survival in Treblinka*, trans. Roslyn Theobald (Evanston, IL: Northwestern University Press, 1995), 54.

102 Didi-Huberman, *Images in Spite of All*, 110.

103 Zalman Lewental, 'Fartseykhenungen', in Ber Mark, *Megiles Oyshvits* (Tel Aviv: Am Oved, 1977), 377. われわれの構成順では 122 頁となるこの頁は，判読できたほかのすべての頁の後に位置し，ぎりぎり読み解くことができる．女性や子どもたちに言及していることから，これらがアウシュヴィッツで起きた出来事であるとは考えにくい．それらはチェハヌフ・ゲットーをめぐる話だけでなく，ほかの場所で起きた数多くの出来事とも矛盾しない．その前とこの頁がまったく判読できていないことから状況の前後関係を論じるのは難しい．Jolanta Kraemer, 'Ciechanów', *USHMM Encyclopedia of Camps and Ghettos, 1933–1945*, Vol. II, Part A, Vol. ed. Martin Dean (Bloomington: Indiana University Press, 2012), 11. *Megiles Oyshvits*, 423 n. 2.

104 Leyb Langfus, 'Eyntselheyten', in Ber Mark, *Megiles Oyshvits* (Tel Aviv: Am Oved), 357.

105 同上.

106 Zalman Gradowski, *In harts fun gehenem* (Jerusalem: Volnerman, n.d.〔c. 1977〕), 71.

107 'Geyresh Mlave', 5/6 December 1940, ARG 929 (Ring I 865), 2. ジャニナ・シュトルクは全裸のユダヤ人やポーランド人，ロマの人びとを撮っていたドイツ人についての話をいくつか書き留めている．Struk, *Photographing the Holocaust*, 71–73, 80–81. また Yvonne Kozlovsky-Golan, '"Public Property": Sexual Abuse of Women and Girls in Cinematic Memory', in *Sexual Violence against Jewish Women during the Holocaust*, ed. Sonja M. Hedgepeth and Rochelle G. Saidel (Hanover, NH: University Press of New England, 2010), 235 を参照のこと．

108 エリ A. コーヘンはオルガ・レンギェルの証言を，*Human Behaviour in the Concentration Camp* (London: Free Association, 1988), 120 のなかの説明で使用している．

109 Olga Lengyel, *Five Chimneys* (Chicago: Ziff-Davis, 1947), 17–19.

110 ゾエ・ワックスマンは，「経験についての「妥当性」が了解されているか」が証言などが出版されるのにどう影響することがあったのかに着目している．Zoë Vania

Waxman, *Writing the Holocaust: Identity, Testimony, Representation* (Oxford: Oxford University Press, 2006), 128 を参照のこと．

111 S. Lillian Kremer, 'Sexual Abuse in Holocaust Literature', in *Sexual Violence against Jewish Women during the Holocaust*, 179.

112 Wajcman, 'De la croyance photographique', 78.

113 同書 49, 66.

114 同書 49, 77.

115 同書 77.

116 Gradowski, *In harts fun gehenem*, 101–2.

117 同書 70.

118 Müller, *Eyewitness Auschwitz*, 100 (Trans. of Sonderbehandlung, 158).

119 同上.

120 Geoffrey Hartman, 'The Struggle against the Inauthentic', *Parallax* 10(1) (2004): 77.

121 Stone, 'The Sonderkommando Photographs', 138.

122 Rancière, *The Emancipated Spectator*, 90.

123 Didi-Huberman, *Images in Spite of All*, 頁番号はない．原文のフランス語を活かすため訳を手直しした．〔邦訳では本扉に掲載されている〕．

124 Gradowski, 'Fartseykhenungen', 292.

125 グラドフスキの引用における省略はディディ＝ユベルマンによる．Didi-Huberman, *Images in Spite of All*, 32.

126 Gradowski, 'Fartseykhenungen', 291.

127 Didi-Huberman, *Images in Spite of All*, 45.

128 Herman Langbein, *People in Auschwitz*, trans. Harry Zohn (Chapel Hill: North Carolina Press, 2004), 255. 英訳では食べ物を入れるバケツと表現している．

129 Langbein, *People in Auschwitz*, 240.

130 Didi-Huberman, *Images in Spite of All*, 43.

131 同書 32.

132 Stone, 'The Sonderkommando Photographs', 138.

133 Didi-Huberman, *Images in Spite of All*, 16.

134 Stone, 'The Sonderkommando Photographs', 133.

135 Didi-Huberman, *Images in Spite of All*, 33.

136 Stone, 'The Sonderkommando Photographs', 131.

137 Didi-Huberman, *Images in Spite of All*, 38.

138 Bronfen, *Over Her Dead Body*, 53.

139 同上.

140 Sean Cubitt, 'The Sound of Sunlight', *Screen* 51(2) (2010): 118–20.

141 Didi-Huberman, *Images in Spite of All*, 81.

結 論

1　Claude Lanzmann, 'From the Holocaust to "Holocaust"', in *Claude Lanzmann's 'Shoah': Key Essays*, ed. Stuart Liebman (Oxford: Oxford University Press, 2007), 30.

2　作品に使用されなかった撮影映像を編集したカットを視聴することができる．またドイツ語の原語からの書き起こしと英訳の PDF ファイルは下記からダウンロードできる．http://www.ushmm.org/online/film/display/detail.php?file_num=4745.

3　書き起こしの訳文，51; ドイツ語の書き起こし，51.

4　たとえばドイツ語書き起こしの 3，33 および 87．これらの箇所の言葉は『ショア』第一部，2:25:12–2:26:01 (DVD1, ch. 56) のナレーションをつくるためにつなぎ合わされた．編集工程にかんするポステク自身の説明は下記を参照のこと．http://www.zivapostec.com/Shoah.php.

5　Philippe Mesnard, 'Le fiction et ses dispositifs à l'épreuve des Sonderkommandos', in *La Shoah: Théatre et cinéma aux limites de la representation*, eds. Alain Kleinberger and Philippe Mesnard (Paris: Éditions Kimé, 2013), 258.

6　この部分はカメラロールの 17 と 18 に撮影されている．ドイツ語書き起こし 77–82; 書き起こしの訳文，77–82.

7　『ショア』における身ぶりの重要性を総合的に論じたものとしては下記を参照のこと．Nicholas Chare, 'Gesture in *Shoah*', *Journal for Cultural Research* 19(1) (2015), 30–42.

8　Aaron Kerner, *Film and the Holocaust: New Perspectives on Dramas, Documentaries and Experimental Films* (New York: Continuum, 2011), 209.

9　Marc Chevrie and Hervé Le Roux, 'Site and Speech: An Interview with Claude Lanzmann about *Shoah*', in *Claude Lanzmann's 'Shoah': Key Essays*, 45.

10　ランズマンにとって受肉とは，過去が現在から遠く離れ，異質であるものとして受け止められるときのことではなく，むしろ過去が追体験されるときを合図するものである．下記を参照のこと．Dominick LaCapra, *History and Memory after Auschwitz* (Ithaca, NY: Cornell University Press, 1998), 104.

11　Claude Lanzmann, *The Patagonian Hare*, trans. Frank Wynne (London: Atlantic, 2013), 422.

12　証言者が受肉するためには「演じる」必要がある．下記を参照のこと．Chevrie and Le Roux, 'Site and Speech', 45. Cathy Caruth, *Unclaimed Experience: Trauma, Narrative and History* (Baltimore, MD: Johns Hopkins, 1996).

13　Dominick LaCapra, *Writing History, Writing Trauma* (Baltimore, MD: Johns Hopkins University Press, 2001), 108–9.

14　Gillian Rose, *Mourning Becomes the Law: Philosophy and Representation* (Cambridge: Cambridge University Press, 1996), 43.

著者略歴

(Nicholas Chare)

モントリオール大学美術史学科教授．視聴覚分野の現代美術やジェンダー論が専門．トラウマ体験を証言する表現形式としての美術・文学研究でも知られる．2007 年，フランシス・ベーコンの絵画研究により，独創的な研究に授与される英国リーヴァーヒューム財団賞を受賞．著書に *Auschwitz and Afterimages: Abjection, Witnessing and Representation* (2011), *After Francis Bacon: Synaesthesia and Sex in Paint* (2012).

(Dominic Williams)

リーズ大学ユダヤ学科特別研究員．20 世紀の英国ユダヤ文学やホロコーストを研究．ニコラス・チェアと「アウシュヴィッツの巻物」の共同研究を進め，戦後証言とその表象を考察している．チェアとの共著に *Representing Auschwitz: At the Margins of Testimony* (2013).

訳者略歴

二階宗人〈にかい・むねと〉1950 年生まれ．早稲田大学卒（労働経済論専攻）．ジャーナリスト．NHK 記者としてローマ（エルサレム），ジュネーヴ，ロンドン，パリの各総支局に駐在．東西冷戦下のヨーロッパ，中東紛争，バチカンの動静などを取材した．ヨーロッパ中東アフリカ総局長をはじめ NHK エンタプライズ・ヨーロッパ社長を歴任．ホロコーストをめぐる思潮と宗教間対話に関心をもち，ナチ強制収容所の遺構やゲットー所在地跡の多くを訪ねている．これまでに上智大学神学部非常勤講師や米国フェッツァー財団の顧問をつとめた．訳書にシルリ・ギルバート著『ホロコーストの音楽』（みすず書房，2012 年）がある．日本宗教学会会員．現在，長野県在住．

ニコラス・チェア／ドミニク・ウィリアムズ
アウシュヴィッツの巻物　証言資料
二階宗人訳

2019年 5 月10日　第1刷発行
2020年10月 8 日　第2刷発行

発行所 株式会社 みすず書房
〒113-0033 東京都文京区本郷2丁目20-7
電話 03-3814-0131(営業) 03-3815-9181(編集)
www.msz.co.jp

本文印刷所 萩原印刷
扉・表紙・カバー印刷所 リヒトプランニング
製本所 誠製本
装丁　安藤剛史

ISBN 978-4-622-08703-8
[アウシュヴィッツのまきものしょうげんしりょう]
落丁・乱丁本はお取替えいたします

トレブリンカの地獄 ワシーリー・グロスマン前期作品集	赤尾光春・中村唯史訳	4600
システィーナの聖母 ワシーリー・グロスマン後期作品集	齋藤紘一訳	4600
レーナの日記 レニングラード包囲戦を生きた少女	E. ムーヒナ 佐々木寛・吉原深和子訳	3400
ベルリンに一人死す	H. ファラダ 赤根洋子訳	4500
ピネベルク、明日はどうする!?	H. ファラダ 赤坂桃子訳	3600
夜 新版	E. ヴィーゼル 村上光彦訳	2800
罪と罰の彼岸 新版 打ち負かされた者の克服の試み	J. アメリー 池内紀訳	3700
片手の郵便配達人	G. パウゼヴァング 高田ゆみ子訳	2600

（価格は税別です）